Offert

au nom du Conseil Municipal de la ville d'Amiens

à

Le Maire,

Décembre 1843.

605 16

CATALOGUE

DES MANUSCRITS

DE LA

BIBLIOTHÈQUE COMMUNALE

DE LA VILLE D'AMIENS.

CATALOGUE

DESCRIPTIF ET RAISONNÉ

DES MANUSCRITS

DE LA

BIBLIOTHÈQUE COMMUNALE

DE LA VILLE D'AMIENS,

PAR J. GARNIER,

Bibliothécaire-Adjoint, Membre de l'Académie d'Amiens, Secrétaire-Perpétuel de la Société des Antiquaires de Picardie, etc.

AMIENS,

IMP. DE **DUVAL** ET **HERMENT**, PLACE PÉRIGORD, 1.

—

1843.

A Monsieur Fʀᴇ́ᴅ.ⁱᵉ *DUROYER, Maire d'Amiens,*

et

A Messieurs les Membres du Conseil Municipal,

Messieurs,

En 1823 un monument s'éleva, digne de la munificence municipale et de la collection qu'il devait renfermer. En 1826 la nouvelle Bibliothèque fut ouverte au public.

Il importait d'en faire enfin connaître les richesses. C'est dans ce but que j'ai entrepris, par vos ordres, le Catalogue des Manuscrits.

Ma tâche est à peine terminée que déjà vous m'en imposez une autre, en me chargeant de dresser le Catalogue des 5,0000 volumes qui composent le fonds des imprimés.

Permettez-moi, Messieurs, de vous remercier de cette nouvelle marque de confiance : elle est à la fois une récompense pour le travail accompli et un encouragement pour le travail à entreprendre.

J. Gᴀʀɴɪᴇʀ.

2 Septembre 1843.

Nunquid venit lucerna ut sub modio ponatur. S. Marc. c. iv. v. 21.

Il fut un temps ou la province inquiète n'osait ni faire connaître, ni seulement avouer ses richesses littéraires, dans la crainte de s'en voir dépouillée. On conçoit dès lors le silence qu'elle a dû garder jusqu'au moment où les administrations municipales plus indépendantes et plus libres, furent assurées de posséder les titres qu'elles avaient été assez heureuses pour sauver de la flamme ou du pillon. Aussi quand elle n'eut plus à redouter le dépouillement au profit des savants privilégiés et des riches dépôts de la capitale, elle n'est point restée en arrière du mouvement général qui poussait tous les esprits vers l'étude du passé, et elle s'est hâtée de réunir les titres épars de ses annales, d'en rechercher les traces, d'en sauver au moins les souvenirs. De toute part les villes se sont empressées de secouer la poussière de leurs bibliothèques et de mettre au jour les vieux cartulaires et les antiques manuscrits, précieux héritages des monuments des arts et des connaissances des siècles passés, qu'elles avaient recueillis au milieu des orages qui naguère avaient renversé les trônes, les églises, les monastères, les usages et les croyances.

La collection qu'avait réunie la ville d'Amiens, et dont nous publions aujourd'hui l'inventaire, quelque réduite qu'elle ait été en l'an XI, est encore assez riche pour fixer l'attention, soit qu'on l'envisage au point de vue de l'art ou sous le rapport littéraire ou historique. Puissions-nous être assez heureux pour avoir atteint le but que s'est proposé l'administration municipale en nous chargeant de ce travail; car nous ne sommes que

pour un peu de zèle et de dévouement dans l'exécution de cette pensée ; à l'administration revient tout
l'honneur de l'entreprise ; depuis long‑temps elle
avait reconnu qu'à force de soigner les choses on les
cache et que le boisseau finit par éteindre la lampe.

Notre bibliothèque communale, comme la plupart
des bibliothèques publiques, a pris naissance en
1791, et s'est formée des dépouilles enlevées aux
maisons religieuses, et aux émigrés, prêtres et
laïcs. L'antique et royale abbaye de Corbie, les
riches abbayes de Selincourt, St.‑Martin‑aux‑
Jumeaux, St.‑Fuscien, St.‑Jean, St.‑Acheul, les
Augustins, les Carmes, l'Oratoire, le Séminaire,
le Chapitre, ont fourni les éléments dont elle s'est
long-temps composée.

Le 26 floréal an ii, une commission formée des
citoyens Dhervillez, médecin, Adviné, ingénieur
des ponts-et-chaussées, Rousseau, ingénieur‑archi-
tecte, Gruau, sculpteur, Huchette, bibliothécaire,
Lendormi, médecin, Crotwel, peintre, Levrier,
juge, et Delorme, ci‑devant oratorien, fut nommée
pour la recherche, transport, inventaire, recol-
lement et conservation des monuments des arts

appartenant à la nation dans l'étendue du district.

Hullin, administrateur délégué par le conseil général, l'installa le 14 prairial et Baron, commis bibliothécaire, fut investi des fonctions de secrétaire.

Huchette et Delorme, qui déjà avaient adopté la partie littéraire et dressé quelques-uns des catalogues que nous avons inventoriés dans le nôtre, continuèrent d'être attachés à cette partie ; le citoyen Levrier se chargea de la description des manuscrits.

C'est dans l'abbaye de St.-Jean-des-Prémontrés, aujourd'hui le Collége royal, que la commission tenait ses séances ; la bibliothèque et quelques salles avaient été converties en dépôt ou bibliothèque provisoire.

Alors le comité de l'instruction publique pressait l'exécution des mesures prises par l'administration pour les catalogues des bibliothèques et en réclamait à Amiens le prompt envoi, par une lettre du 25 prairial. Pour hâter le travail on adjoignit donc aux trois premiers un quatrième commissaire, le citoyen Arrachart, qualifié homme de lettres , qui ne conserva que peu de temps ces fonctions , et plusieurs expéditionnaires dont on vantait le patriotisme et la capacité. Hullin les installa dans ce modeste emploi , non sans leur parler, avec le style animé de l'époque , des grands avantages qui doivent résulter de leurs travaux pour la république , celui de l'instruction qui en est le plus ferme , après la liberté (1).

Le travail s'exécuta avec rapidité et, dès le 24 messidor , une caisse contenant plusieurs catalogues des imprimés fut expédiée au comité d'instruction publique.

Levrier avançait plus lentement , car il rencontrait des difficultés que n'éprouvaient point ses collègues. Trouvant peu satisfaisant l'état des manuscrits , il crut découvrir la cause de la détérioration dans les reliures et proposa de les enlever dans la séance du 2 thermidor. Ainsi, c'est un zèle malentendu qui lui fit proposer une mesure désastreuse que l'on attribue généralement à une autre cause, et ce n'est point pour les vendre au

(1) L'inventaire se dressait sur des cartes distinctes pour chaque article ; elles furent payées un sol d'abord, puis deux.

poids, comme on le dit, et sur le refus des
brocanteurs d'acheter avec le bois, le cuivre et
le cuir, le parchemin de nos manuscrits qu'ils
furent dépouillés des antiques reliures qui les re-
couvraient, mais, par amour de conservation, que
cette triste opération fut exécutée. Les nombreuses
précautions à prendre que signale le procès-verbal (1) disent assez quel prix et quelle valeur on

(1)   *Séance du 2 thermidor, an 11.*

Le citoyen Levrier, commissaire pour la partie des Mss., a dit
que plus il avance dans son travail, plus il reconnaît que la première et principale cause du dépérissement des Mss. de ce dépôt
provient de la piqûre des vers ; que ces insectes naissent et sortent
principalement du bois qui forme la couverture de la plupart des anciens
d'où ils se répandent dans les peaux qui les enveloppent et enfin
dans le vélin et le papier ; que la vermoulure des dossiers est par-
venue à un tel degré qu'il n'y a plus lieu d'espérer que l'on puisse
y remédier par aucun soin ni par aucun procédé, que le son qui
sort de ces vermoulures, joint à la poussière qui s'amasse insensi-
blement et à toutes les ordures que ces livres ont pu recueillir dans
leur transport, fait avec peu de précaution, s'insinue entre tous les
feuillets, macule et fait écailler les peintures et l'encre et altère le
vélin même ; que le seul moyen qu'il trouve convenable pour arrêter
le progrès du mal, c'est de débarrasser tous ces volumes indistincte-
ment des vestiges délabrés de toutes ces couvertures de bois vermou-
lues et de peaux rongées ; qu'il serait fort utile sans doute de travailler de suite à les relier à neuf, mais que cette entreprise pou-
vant devenir très-coûteuse, il serait prudent que le comité d'instruction

attachait aux manuscrits; elles suffisent pour re-
pousser toute idée de vandalisme, et ne prouvent
que la vérité de cet adage :

Rien n'est plus dangereux qu'un imprudent ami.

eût prononcé sur le sort de ces monuments en indiquant ceux qui
doivent être conservés et ceux qui seront réformés.

Il estime donc qu'il faut se borner dans le moment présent à enlever, comme il vient d'être dit, toutes les couvertures de bois et
les peaux qui peuvent donner asile aux insectes rongeurs, secouer,
brosser, essuyer à fonds les livres, pour en faire sortir toutes les ordures, la poussière et les semences des vers, redresser et mettre
en presse les volumes qui sont froissés et qui ont des faux plis,
et ensuite les envelopper d'un papier double, contenu avec une ficelle, y mettre le numéro et l'étiquette, et les laisser en cet état
jusqu'à ce que l'on ait prononcé définitivement sur leur sort. On trouvera dans cette opération provisoire l'avantage de décharger ces livres de leurs anciennes garnitures de cuivre ou de fer, d'agraffes et
de clous énormes qui, n'étant plus en état de servir, suivant leur
ancienne destination, parce que tout est mutilé et délabré, ne font
aujourd'hui que percer et déchirer les feuillets et augmenter jour-
nellement leur état de dépérissement. Enfin on diminuera par ce moyen
le poids considérable d'un grand nombre d'in-folio qui les rend peu
maniables et les expose à être transportés, lorsque cela est nécessaire,
avec des moyens rudes et qui nuisent à leur conservation.

L'opération que l'on propose ici n'est nullement coûteuse, puisqu'il
ne s'agit que de quelques journées d'ouvriers, mais à la vérité d'ouvriers experts en ce genre, c'est-à-dire de relieurs, car cette main-
d'œuvre demande de l'intelligence et des précautions, le commissaire
se chargerait de les diriger et de les surveiller. Il pense que cet
ouvrage doit être fait sans déplacement, dans l'enceinte même de

Ces mesures furent adoptées, et dans sa séance du 12, Levrier proposa et fit accepter pour le démontage et le nettoyage des Mss. le citoyen Lefebvre Corbinière, cartier, lequel se chargea de ce travail pour 4 liv. 10 s. par jour.

En fructidor, une griffe portant *District d'A-miens* fut apposée sur tous les volumes. Peut-

la bibliothèque, soit afin que le commissaire se trouve à portée d'indiquer le procédé propre à chacun des volumes, soit pour éviter la mutilation et l'enlèvement de certains feuillets riches et précieux, mutilation qui, en déshonorant ces pièces antiques et originales, leur ôterait le seul prix qu'elles peuvent avoir. L'ouvrier le plus fidèle étant exposé à recevoir chez lui toutes sortes de personnes, ne pourrait répondre de cet inconvénient qui n'est que trop commun et dont plusieurs morceaux de ce dépôt offrent déjà un triste exemple, par la négligence de ceux qui les possédaient avant l'époque où ils sont devenus propriété nationale.

Sur quoi les commissaires délibérant, ont adhéré à la justesse de mesures proposées par le citoyen Levrier, ils ont reconnu la nécessité de remédier instamment aux dommages que la piqûre des vers occasionne aux Mss. En attendant qu'ils puissent être reliés, il convient d'enlever les couvertures de bois et les peaux formant l'ancienne reliure, de nettoyer très-exactement tous les livres de la manière indiquée par le citoyen Levrier, a été arrêté unanimement de proposer à l'administration de faire venir un relieur qui procédera à cette opération sous les yeux dudit citoyen Levrier.

GAUDEFROY. DELORME. ARRACHART. CROTWEL. LENDORMY. LEVRIER. ROUSSEAU GRUAU. ADVINÉ. BARON, secrétaire.

être faut-il rapporter à cette époque quelques déprédations qu'une trop libre circulation dans les
salles mises successivement à la disposition des
commissaires avait pu faciliter. Aussi un réglement
plus sévère fut-il introduit pour le prêt des livres
et la visite de cet immense dépôt.

De nouvelles instructions du comité de Paris
engagèrent Levrier à demander, par suite d'un
rapport du citoyen Poirier qui traîtait des pièces
trouvées dans les archives nationales et qui étaient
de nature à être remises aux bibliothèques, qu'il
fût établi entre le citoyen Masse, commis au ran-
gement des archives, et les citoyens employés à
la bibliothèque, un concert d'opérations qui paraissait avantageux pour les deux parties.

Le délégué Hullin, en attendant une décision de
l'administration, autorisa une proposition qui,
disait-il, ne pouvait qu'être utile alors qu'il s'agissait
de procéder au triage et à la suppression, distraction et conservation des titres. En effet, Masse
était admis le 7 vendémiaire au nombre des membres de la commission littéraire qui devait, au
terme de la loi, réunir à la bibliothèque les mo-

numents concernant l'histoire qui se trouveraient parmi les archives.

Le zèle de la commission n'était point méconnu, le district ne laissait point sans éloge l'active surveillance qu'elle apportait au recueillement de richesses nationales bien précieuses sans doute , dit une lettre du 20 fructidor , puisqu'elles sont enviées par nos ennemis. Ces éloges animent encore le zèle civique des commissaires qui se proposent unanimement de ne rien négliger pour les mériter de plus en plus. Le travail de Levrier allait donc croissant à mesure que le triage des archives lui envoyait les chartes , les pièces historiques et les registres des établissements supprimés et des émigrés dont il lui fallait transcrire les titres : aussi de nouveaux adjoints l'aidèrent dans ce travail.

Alors il empêcha avec Masse que le papetier Corbinière, qui enlevait les papiers dits de rebuts provenant du triage des archives, ne procédât à une refonte trop précipitée , et il demanda que ces pièces rapportées au districts, y fussent examinées de nouveau dans l'intérêt de l'histoire et des propriétés.

Déjà la précieuse charte sur Papyrus, signalée dans les archives de Corbie, et que Montfaucon avait fait mieux connaître, attirait l'attention du directoire des arts, et une lettre du 20 nivôse an III, sollicitait sur cette bulle des renseignements qui furent l'objet d'une lettre de Levrier, dont la teneur nous est inconnue.

Au mois de fructidor an III, les inventaires étaient presque terminés et le délégué Dherveloy, qui venait de remplacer Hullin dans les fonctions de président, exhortait les commissaires à satisfaire à l'impatience que la commission exécutive de l'instruction publique manifestait dans une lettre du 11 thermidor. Cependant Bruni, l'un de ses membres, témoignait au directoire du district toute sa satisfaction pour l'état où il avait trouvé la bibliothèque dans la visite qu'il en avait faite, et la commission, jalouse de ces nouveaux éloges, signalait le 28 brumaire l'état d'abandon où venaient d'être laissées les archives par suite de nouveaux emplois donnés aux fonctionnaires qui en étaient chargés, abandon qui en compromettait l'existence et l'intégrité. Levrier offrit d'y continuer ses soins,

b.

comme il l'avait fait pour les Mss. et pour une partie de ces mêmes archives.

Tels sont les renseignements que nous fournit le registre aux procès-verbaux de la commission des arts dont les fonctions cessèrent avec la suppression du district, le 10 frimaire an IV.

Qu'advint-il d'une proposition de M. Traullé, président du district d'Abbeville, du 2 germinal an III, tendant à ce que celui d'Amiens réunisse au dépôt de cette dernière ville les titres qui seraient jugés concerner Abbeville et l'ancien Ponthieu, proposition prise en considération et par suite de laquelle M. Traullé dut se concerter dans ce but avec la commission des arts d'Amiens? Le transfert des archives eut-il lieu? Quelle partie fut distraite de notre fonds? Ce sont autant de questions sur lesquelles ce registre ne nous fournit aucune réponse.

Mais alors le sort de la bibliothèque était assuré, car, après avoir visité les divers locaux qui pouvaient convenir à cet établissement, trouvé insuffisant et incommode l'évêché que l'on avait proposé dès le 3 vendémiaire an III, la commission avait adopté définitivement et le dictrict accordé l'abbaye de St.-Jean-des-Prémontrés, où l'on songeait vers cette époque à établir l'école centrale à laquelle étaient destinées les collections que l'on venait de recueillir et d'amasser. Baron, Huchette et Bellegueulle restaient chargés de la surveillance de ce dépôt et complétaient les copies des catalogues qu'ils avaient dressés.

Levrier avait terminé le sien et nous en retrouvons une copie certifiée Baron, bibliothécaire de l'école centrale, sous le titre : Notice des Mss. de la ci-devant abbaye de Corbie, papier in-fol., 50 feuilles, contenant 405 articles, dans les archives du département de la Somme. Elle était adressée au préfet Quinette sur sa demande, le 21 prairial an XI.

Il nous faut maintenant descendre jusqu'en l'an VII pour suivre l'histoire de nos Mss. Le 3 prairial, des questions sont adressées touchant l'état actuel des objets de sciences et d'arts dans le département. A ces quatre questions : 1.° trouve-t-on des Mss. dans les bibliothèques du département ? 2.° d'où proviennent-ils ? 3.° y en a-t-il de précieux ou de très-remarquables ? 4.º quels sont les plus importants? Le secrétaire Baron répondait avec une briéveté laconique : 1.º Il y en a dans le dépôt d'Amiens ; 2.º ils proviennent des maisons religieuses ; à la troisième question on ne croit pas, étant tous ouvrages théologiques et beaucoup copiés d'après des imprimés ; enfin à la quatrième: comme en fait de Mss. les goûts diffèrent, on invite le citoyen Ministre à faire examiner les cartes des catalogues qui ont été envoyés à Paris.

Nous ne saurions comment qualifier ces étranges réponses, car Baron connaissait le catalogue de Levrier qui, tout incomplet qu'il est, ne laissait pas que de fournir assez de renseignements pour faire apprécier l'importance des Mss. et lui faire éviter le ridicule contre-sens de donner comme copiés sur des imprimés, des volumes tous écrits pour la plupart avant la fin du XV.º siècle. Mais une autre lettre dont nous parlerons plus loin, nous fait croire que cette apparente indifférence n'était qu'une feinte de Baron pour ne point exciter la convoitise de la bibliothèque nationale, et pour écarter une spoliation qu'il avait pressentie.

En effet, si le bibliothécaire paraissait peu soucieux de nos Mss., l'administration supérieure l'était davantage. Le 9 germinal, an XI, le ministre de l'intérieur Chaptal demandait au préfet une notice qui fît connaître le contenu de ces Mss. qui, depuis leur dépouillement opéré par Levrier, étaient demeurés ficelés et enveloppés de papier. (1) Camus, dans son voyage fait dans le département à la fin de l'an X, n'avait point été édifié de l'état où il les avait trouvés, et le tableau qu'il nous en trace n'était point fait pour rassurer celui qui connaissait le prix de cette collection. (2) Aussi avait-il appelé sur ce dépôt l'atten-

---

(1)   *Paris, 9 germinal, an XI.*

Il existe, citoyen préfet, dans la bibliothèque d'Amiens, beaucoup de Mss. provenant de l'abbaye de Corbie, qui peuvent être précieux; ils ont été enveloppés et ficelés pour suppléer aux couvertures en bois qui ont été arrachées dans la révolution; comme il serait intéressant de connaître le contenu de ces Mss., je vous invite à donner, sans délai, les ordres nécessaires pour qu'ils soient examinés avec attention. Vous voudrez bien m'en adresser une notice aussitôt qu'elle sera adressée.   CHAPTAL.

(2) Parmi les Mss., sont la plupart ceux de l'abbaye de Corbie. Pendant l'administration du district, quelques savants, qui en étaient alors membres, s'aperçurent, sans doute avec bien de l'étonnement, que ces Mss. étaient couverts en bois; ils virent dans la couverture

tion du ministre et provoqué la lettre qu'il écrivait.

La réponse du préfet ne se fait point attendre, il réclame la notice qui lui était demandée, et le 23 prairial, MM. Bourgeois, Baron et Trannoy, professeurs à l'école centrale, lui adressent la copie de la notice de Levrier dont nous avons parlé.

Le catalogue examiné, le choix du ministre fut bientôt arrêté (1), la liste dressée par Capperonnier, conservateur de la bibliothèque nationale, le 22

beaucoup de piqûres de vers, et, en bons philosophes, ils prononcèrent qu'il fallait extirper le mal dans sa racine, en supprimant toutes les couvertures de bois. L'exécution fut rapide : aujourd'hui tous ces volumes de Mss. ne sont plus qu'autant de liasses enfermées dans une feuille de papier, sous une ficelle. Il faut défaire le paquet chaque fois que l'on veut regarder le Ms. : sans doute on est très-attentif à empêcher alors qu'aucun feuillet ne sorte de la liasse.

Voyage fait dans les départements, à la fin de l'an X, par Camus. Paris. Baudouin, 1803. tom. 2. pag. 205.

(1) *Paris, 8 thermidor, an* XI.

Vous trouverez ci-joint, citoyen préfet, la note des Mss. choisis parmi ceux provenant de la ci-devant abbaye de Corbie, pour être placés à la bibliothèque nationale. Je vous invite à vouloir bien les adresser à l'administration de cet établissement. En vous renvoyant le catalogue que vous m'avez adressé, je vous prie de faire faire la plus exacte recherche du n.º 97 qui n'est peut-être qu'égaré. Il serait avantageux de retrouver un ouvrage de cet intérêt ; au surplus, je ne doute pas que vous ne preniez toutes les précautions néces-

messidor an XI, comprend 75 volumes qui sont les plus précieux. Nous y trouvons tous les cartulaires de l'abbaye de Corbie et tous ses registres

saires pour que ceux à envoyer soient encaissés de manière qu'il ne leur arrive aucun accident par le transport.

Le Secrétaire général : COULOMB.

Extrait de la Notice de la ci-devant Abbaye de Corbie.

1. Fl. Josephi Antiquitates Judaicæ.

6. Petri Comestoris commentaria.

97. Chartes concernant la commune de Corbie.

N. B. Faire toutes les recherches pour retrouver ce volume qui, sur ce catalogue, est dit manquer.

125
126 } Varia variæ ætatis.
127

158. Epistolæ B. Pauli.

195. Quatuor evangelia.

267. Graduale cum notis musicalibus antiquis.

291. Heures in-8.º sur vélin.

330. Geographiæ lucubrationes, in-4.º

331. Geographiæ tractatus, in-12.

332. Historia del tempo del Colarelo. En Italien.

333. Exposé de la cause de Chypre.

334
335 } Recueil de remèdes.

336. Recueil curieux de couplets, épigrammes, en latin et en français.

337. Histoire de la musique, etc., par dom Caffiaux.

342. Vie des Saints.

343. Privilegia Monasterii Corbeiensis.

344. Privilegia Monasterii Corbeiensis.

historiques, trésors inappréciables qui forment aujourd'hui à la bibliothèque royale le fonds Corbie, si peu connu encore et si peu accessible.

Un seul, le n.° 97, *Charte concernant la commune de Corbie*, malgré toutes les recherches, n'a pu être retrouvé. Est-ce la pièce que possédait M. Ledieu, dont il nous a souvent parlé et qu'il promettait d'offrir à la bibliothèque? Nous l'ignorons, la charte de M. Ledieu a également disparue, et il n'en a été fait aucune description, aucune copie.

Le 8 thermidor, le préfet ordonne au conseil de l'école d'envoyer les livres demandés, et de rechercher le n.° 97, objet d'une mention spéciale. Le 16, la commission annonce que ses recherches ont été sans résultats, elle exprime le regret de se voir dépouillée de ce qu'elle a de plus rare et de plus précieux, et réclame au moins un dédommagement en imprimés, dédommagement qui ne lui fut jamais accordé. Cette lettre nous révèle encore un fait dont nous ne trouvons nulle part ailleurs la mention dans nos archives, le transport à Paris du Ms. autographe de l'E-toile, dont sans doute l'abbé de l'Etoile, l'un

401. Table alphabétique de tout le chartrier de Corbie.

402. Registre de toutes les professions de foy faites au Monastère de Corbie.

403. Histoire de la fondation et des abbés de Corbie.

CAPPERONNIER.

des descendants de l'auteur du journal, avait enrichi la bibliothèque de sa congrégation. (1)

Le 22, la caisse contenant 74 volumes est expédiée, la commission rappelle de nouveau le sacrifice qu'elle est obligée de faire, et le sixième jour complémentaire, renouvelle ses instances auprès du préfet, et le presse de recommander sa demande au citoyen Camus qui a provoqué la mesure, et qui est dans le cas d'influencer efficacement en cette circonstance.

(1)   *Amiens, 16 thermidor, an* XI.

Il vous est aisé de concevoir, citoyen préfet, que ces articles sont les plus rares et les plus précieux de la collection, et que c'est avec peine que nous les voyons enlever. Vous partagerez sûrement nos regrets.

Dans cette circonstance, nous croyons être fondés à vous rappeler ce qui s'est passé lorsque vous étiez ministre de l'intérieur, et que vous avez jugé devoir placer à la bibliothèque nationale le Ms. autographe de L'Etoile provenant de St.-Acheul. Sur notre réclamation, appuyée par le commissaire du gouvernement, vous avez bien voulu dédommager la bibliothèque en lui faisant délivrer douze articles imprimés provenant des dépôts de Paris, et formant ensemble 79 volumes de différents formats en ouvrages importants et assez rares. Nous espérons que par vos soins, et à la recommandation même du citoyen Camus, votre ami, qui paraît avoir provoqué la distraction actuelle, la bibliothèque obtiendra aujourd'hui pareil dédommagement de la part du citoyen ministre qui est aussi juste et aussi généreux que vous.   Baron. Bourgeois. Trannoy.

La liste des ouvrages envoyés mérite d'être conservée, ainsi que la lettre de remerciements de Capperonnier, cette lettre est assez piquante, et ne laisse aucun doute sur l'esprit qui l'a dictée (1).

L'année suivante nos Mss. n'éprouvent d'autre mouvement que le transport de la salle du nord où ils reposaient, dans la grande salle de la bibliothèque, où les rats, que le bruit des marteaux avait éloignés pendant les travaux d'appropriation de l'école centrale, viennent, rassurés par le silence, leur déclarer une guerre qui en compromettait le salut et la conservation ; mais dont heureusement les résultats furent moins regrettables qu'ils n'étaient à craindre.

Baron que fatiguaient ces déménagements successifs, ne craignit point, tout en réclamant des hommes de peine pour transporter ces volumes

(1)   *Paris*, 14 *fructidor*, *an* XI.

Le Conservatoire de la bibliothèque nationale a reçu avec satisfaction et la plus vive reconnaissance les Mss. de la ci-devant abbaye de Corbie que vous lui avez adressés le 28 thermidor dernier. Ils sont précieux et intéressants sous bien des rapports ; le Conservatoire me charge de vous en faire tous ses remerciements.

Le Directeur de la bibliothèque nationale : CAPPERONNIER.

très-nombreux et très-lourds, d'en faire diminuer le nombre, et demanda au préfet d'autoriser l'archiviste à faire le transport des chartes et des registres aux archives du département. (1) Le préfet fit droit à cette double requête, mais nous ne trouvons point d'inventaire ou de récépissé qui constate la nature et le nombre des volumes ou piéces dont la bibliothèque s'appauvrissait. Cependant le nombre était encore considérable, car un rapport du 22 fructidor, certifié Baron et remis au préfet, nous apprend qu'il était de 800, presque tous in-folio des plus grands.

Ce chiffre s'accorde peu avec celui de 1500 environ, donné par Rivoire dans son Annuaire, en 1806, un peu plus d'un an après cette distrac-

---

(1)   *Amiens*, 13 *fructidor*, *an* XII.

Les opérations qui se présentent à faire pour le déménagement de la salle des Mss.... m'obligent à vous faire quelques observations.

1.o Il existe parmi les Mss. une assez grande quantité de chartes et registres provenant des divers domaines nationaux qui appartiennent aux archives départementales. Je vous invite à donner à M. l'archiviste départemental l'autorisation nécessaire pour en prendre livraison et en faire le transport au local qui leur est destiné.

2.o Ces Mss. sont très-nombreux et très-lourds, je ne puis les transporter ailleurs sans le secours d'hommes de peine.... BARON.

tion (1), et cette différence nous semble ne pouvoir s'expliquer, à moins d'admettre que beaucoup de traités, réunis aujourd'hui, formaient alors autant de liasses distinctes, partant plus nombreuses.

L'établissement du Lycée en 1806 rendit nécessaire l'évacuation de la bibliothèque. Elle quitta donc le local qu'elle occupait depuis son origine, et fut disposée dans une galerie à l'étage supérieur du Palais de Justice. Les Mss. enliassés suivirent les imprimés et avec eux furent encore déménagés, cinq ans plus tard, au mois d'août 1810, et empilés de nouveau dans une salle de la maison des Moreaucourt.

Dès 1813 on pensait à l'établissement d'une bibliothèque publique : divers projets furent présentés et toujours ajournés ; c'est au zèle de l'un de nos anciens préfets, M. le comte d'Allonville, et à ses sollicitations auprès du conseil municipal que nous sommes redevables de la bibliothèque actuelle, qui fut élevée sur les dessins de l'architecte M. Cheussey, et ouverte régulièrement le 4 novembre 1826, car jusques-là il n'y avait point eu réelle-

(1) Rivoire. Annuaire du département de la Somme. 1086. pag. 126.

ment de bibliothèque à Amiens, bien que par arrêté du 20 pluviose an XI, celle qui avait été affectée d'abord à l'école centrale, eût été donnée à la ville par le gouvernement.

Si nos Mss. étaient longtemps restés empilés comme rebut, un meilleur sort leur était réservé.

M. Le Prince aîné, qui venait de quitter le commerce, offrit de consacrer ses loisirs à la reliure de ces volumes. Dès lors il alla à Paris étudier cet art auquel il était tout-à-fait étranger, et après un apprentissage qui dura près d'une année, il se créa un atelier, revint à Amiens et, avec un zèle et une générosité sans exemple, donna à plus de 500 volumes et à ses frais, une reliure simple, riche, solide et convenable. On n'a point craint de l'accuser de vandalisme, et de lui reprocher d'avoir rogné et dénaturé plusieurs de nos Mss. (1) Nous ne savons sur quelles preuves on s'est fondé, mais nous, qui avons examiné tous ces volumes un par un, feuillet par feuillet, nous pouvons assurer qu'ils ont été reliés avec une atten-

---

(1) Du Vandalisme et du Catholicisme dans l'art (fragments), par le comte de Montalembert. Paris. Debecourt, 1839, in-8.°, pag. 23.

tion qui allait jusqu'au scrupule ; que toutes les
feuilles de vélin, même les plus insignifiantes et
les plus inutiles, ont été conservées aux recueils
dont elles faisaient partie. Nous sommes heureux
de pouvoir rendre cet hommage à un homme
dont la générosité nous a sauvé tant de précieux
volumes qui, sans lui, peut-être, seraient encore
ensevelis dans la poussière , et auxquels on re-
gretterait assurément aujourd'hui plus d'un feuillet, plus d'une miniature.

En même temps nous devrons ajouter que depuis
le travail de M. Le Prince, terminé en 1828, des
vols ont été commis, et nous avons signalé, dans
le cours de notre catalogue, plus d'un recueil de
pièces où des lecteurs infidèles ont arraché des
feuillets. Nous ne dirons point, avec l'indignation
de Sir Philipps, *si iste vivat, penderi debet*, mais
nous regretterons de ne point pouvoir livrer au
mépris le nom du pillard, avec celui du bibliothécaire d'Arras , auquel s'adressent ces paroles du
bibliophile anglais.

Depuis lors le fonds des Mss. ne reçut que peu
d'accroissements ; toutefois l'achat du recueil com-

posant le n.° 400; la correspondance si curieuse
pour l'histoire locale de l'Intendant de Picardie
M. de Breteuil, pendant les années 1680, 81, 82
et 83, achetée par la ville en 1839, à M. le baron de Marguerites; et la précieuse acquisition faite
cette année même du dénombrement présenté en
1301 à la chambre des Comptes par Guillaume de
Macon, magnifique rotulus qui forme notre n.° 572,
témoignent de la sollicitude de l'administration et
de l'empressement avec lequel elle saisit les occasions
qui se présentent d'augmenter son trésor littéraire.
Quelques dons particuliers sont venus aussi l'en-
richir. M. Delahaye a fait hommage d'une petite
chronique d'Amiens n.° 510; M. F. Tillette d'A-
cheux, d'un recueil de cantiques n.° 125. Les
héritiers de M. Hanocq ont ajouté les œuvres de
l'abbé Vittement, sous-précepteur de Louis XV,
sur la Bible et sur la grâce; M. Ledieu, plusieurs volumes pleins d'intérêt concernant l'histoire
du chapitre, qu'il avait eu le bonheur de sauver
de la destruction; M. de Cayrol les Mss. du Père
Daire concernant l'histoire des doyennés et l'histoire littéraire de notre Picardie.

Mais si l'on s'est occupé d'accroître le nombre des Mss. a-t-on du moins essayé de les faire connaitre ? Nous sommes forcés de répondre négativement. Disons cependant que M. Delahaye, conservateur actuel, avait dressé un catalogue, ou plutôt une nomenclature pour son usage.

Au temps de Baron, les Mss. reposaient paisiblement, et il n'en est question qu'une seule fois, dans une lettre du 3 novembre 1809. Baron y rappelle le dépouillement de l'an XI, l'utilité dont seront les cartulaires et les registres expédiés, pour les savants que Sa Majesté a chargés de la continuation des travaux relatifs à l'histoire nationale ; et il sollicite une suite d'ouvrages dont il donne la liste, avec l'autorisation de faire un choix dans les doubles de la Bibliothèque Impériale.

Jusqu'en 1841, nos Mss. ne portaient point encore de numéros, comme on peut s'en convaincre par l'*Essai sur les arts du dessin en Picardie.* Dans cet ouvrage où M. Rigollot a fait connaître quelques-uns de nos volumes qu'il se proposait d'examiner seulement sous le point de vue de l'art et de la peinture, il a semé des considérations et des détails que nous avons souvent reproduits, et qui ne seront pas les moins intéressants de notre travail.

On avait fait plus autrefois et mieux compris l'importance pour l'histoire littéraire et pour l'histoire civile des documents que pouvaient fournir les bibliothèques dont nous possédons le reste.

Montfaucon, dans le *Bibliotheca Biblothecarum Manuscriptorum nova*, a publié les catalogues des manuscrits de l'abbaye de Selincourt (1) et de St.-Pierre de Corbie (2). Ce dernier est divisé en deux sections comprenant l'une les in-folio, l'autre les in-4.°, in-8.° et in-12 ; les volumes y sont disposés par ordre de matières, ce qui n'a point été fait pour l'autre.

Don Grenier, dans la précieuse collection qu'il a composée, nous a donné plusieurs catalogues de cette dernière abbaye, l'un, daté de 1701, avec des

(1) Catalogus Manuscriptorum codicum abbatiæ S. Petri de Selincurte Diœcesis. Ambianensis. Tom. II, page 1197.

(2) Catalogus codicum Manuscriptorum qui nunc extant in biblithecâ Monasterii Sancti Petri Corbeiensis quem misit V. Cl. D. Joseph Avril illius Cœnobii prior. Tom. II, page 1406.

c.*

notes nombreuses, où les volumes sont décrits sans ordre, contient 285 titres ; un autre, où les volumes sont rangés d'après un système bibliographique, mais sans notes, contient les mêmes ouvrages, et devait servir de pièce justificative à l'histoire du savant bénédictin ; un troisième enfin, copie du premier, se trouve dans une autre liasse.

Nous avons déjà parlé du catalogue dressé en l'an III par Levrier, dont une copie est conservée aux archives du département. Les volumes y sont inscrits dans le même ordre que pour le catalogue de 1701 de dom Grenier, auquel plus d'une indication paraît avoir été empruntée, mais il est préférable à ce dernier, en ce qu'il renferme un plus grand nombre de volumes et la liste des archives et des cartulaires enlevés en l'an XI.

Malheureusement les mêmes travaux n'ont point été exécutés partout et nous ne retrouvons que çà et là de rares inventaires, sans valeur et tout incomplets. Chose étrange, dans les nombreuses archives de tant d'Abbayes, aucun catalogue de livre n'a été conservé qui pût nous en faire apprécier la valeur et la composition.

Dans le seul qui nous soit resté, celui de St.-Martin-aux-Jumeaux, n.° 553 du nôtre, nous trouvons indiqués 47 Mss. sans désignation autre qu'un titre très-concis. Nous possédons encore les plus importants.

Le P. Daire, dans ses notes manuscrites, que nous devons à M. de Cayrol, nous a laissé une liste de 17 Mss. de l'abbaye de St.-Jean-des-Prémontrés qui tous ne nous sont point parvenus.

Il en est de même de ceux que possédait l'abbaye des Célestins. Que sont dévenus par exemple ces volumes qui avaient attiré l'attention de Dom Martenne et de Dom Durand (1), dans leur Voyage Littéraire (2)? Le Père Daire avait également signalé ces volumes en même temps qu'un traité de la république, par Raoul de Presles, ouvrage qui

(1) La bibliothèque (des Célestins) est fort bonne. On y trouve même quelques manuscrits dont les plus considérables sont un Lactance, quelques ouvrages d'Okam, de Petrarque, de Thomas de Cracovie sur l'Eucharistie, la vie de St.-Pierre Célestin, l'épître aux frères du Mont-Dieu, sous le nom de Saint Bernard, deux Commentaires sur la règle de Saint Benoit, l'un du V. P. P. Pocquet Célestin, qui mourut en 1546, et l'autre de Pierre de Lantwic, Célestin de Brabant qui vivait en 1569. — 2e partie, page 171.

(2) Histoire d'Amiens, tom II, page 293.

n'a point paru, et les expositions sur les épîtres et les évangiles du cardinal d'Abbeville. Qu'est devenu aussi le bréviaire in-4.° écrit sur le vélin, appelé le *Bréviaire des princesses*, aux armes de *Nemors* et de Guise, que le Père Daire admirait chez les Clarisses?

Si nous parcourons les ouvrages écrits sur la localité, dans lesquels il est question de la bibliothèque, ouvrages peu nombreux du reste, et qui consistent en annuaires et en quelques volumes concernant l'histoire de la ville et du département, nous y trouverons la description du monument et seulement quelques lignes, le plus souvent insignifiantes, sur les richesses manuscrites qu'il renferme.

L'Annuaire que Rivoire publia en 1806, indique 1500 Mss. le plus grand nombre du xi.° au xv.° siècle, écrits sur vélin et sans luxe. La plupart, disait-il, sont relatifs à la théologie, au droit canonique, et à l'histoire. Parmi ces derniers on en remarque quelques-uns sur l'histoire plutôt ecclésiastique que civile de la province de Picardie. Ceux de cette espèce qui provenaient de Corbie ont été demandés et envoyés pour la Bibliothèque impériale. — Binet, dans son Annuaire de 1827, donne seulement un chiffre, 450 Mss. — M. Wast, en 1837, n'en dit point un mot. — MM. Dusevel et Machart, dans leur notice sur la ville d'Amiens, en 1825, ont repété le chiffre de Binet, modifié l'indication de Rivoire en faisant remonter au IXe, X.^{e}, XIe, XIIe siècle nos Mss. et parlé du travail de reliure dont s'occupait à cette époque M. Leprince aîné. — M. Dusevel, dans son histoire d'Amiens, en 1832. (Tom. 2, p. 409 et suiv.) a reproduit cette note et cité comme les plus précieux 11 Mss. dont il donne une courte description dans laquelle il serait facile de relever quelques erreurs. — M. Caron (Guide du Voyageur à Amiens), ne paraît avoir connu les Mss. que d'après l'histoire d'Amiens de M. Dusevel dont il analyse la notice. — Enfin, dans ses lettres sur le département de la Somme, M. Dusevel cite la charte sur Papyrus, le Froissart *offrant quelques variantes avec les éditions imprimées*, et le Rapport qu'il adressa au ministre *avec un des correspondants du comité* et dans lequel, dit-il, il a fait connaître la charte sur Papyrus. M. Dusevel ignorait sans doute la lettre du ministre du 20 nivose an III , de laquelle il résulte que ce précieux document n'était point inconnu et que l'on n'avait point cessé de connaître la bibliothèque qui le possédait. Dans ce rapport où il s'agissait surtout de relever les documents historiques, nous ne trouvons mentionné que les mémoires de Jacques Du Clercq, l'histoire de St Louis, (2ᵉ partie), la chronique de Corbie, de Caulincourt et la bulle d'Honoré; à cette exception près, les autres manuscrits sont plus remarquables, dit-on, sous le rapport de l'art, que sous celui de l'histoire (1). Il y avait plus à faire assurément, en parlant de Froissart, de la traduction de Guillaume de Tyr et de la chronique des évêques de Trèves.

Au dehors, en Allemagne, les recherches bibliographiques avaient devancé l'arrêté de M. Guizot, à l'administration duquel l'histoire et la littérature

(1) Documents historiques inédits tirés des collections manuscrites de la bibliothèque royale ou des archives et des bibliothèques des départements, publiés par M. Champollion. Paris. Didot 1841. tom 1, p. 430.

doivent tant et de si importantes découvertes, et une impulsion toute nouvelle. Nous devons à l'un des érudits professeurs de Leipsik, un tableau des plus riches collections de manuscrits de l'Europe.

En 1830, M. Gustave Haenel publia sous le titre : *Catalogi librorum manuscriptorum quæ in bibliothecis Galliæ, Helvetiæ, Belgii, Britanniæ, Hispaniæ, Lusitaniæ asservantur tunc primus editi; Lipsiæ,* in-4.° en trois parties, un catalogue général de Mss. de la France et d'une partie de l'Europe, où la Bibliothèque d'Amiens compte 550 Mss. Malheureusement les recherches rapides du savant professeur ne lui ont permis de dresser qu'un inventaire de titres succincts, où se sont glissées plusieurs erreurs, mais qui, toutefois, n'aura pas laissé que de rendre un service réel en groupant ces indications et en appellant l'attention sur les titres qu'il avait signalés. La notice qui précède cette énumération, faite en 1827, nomme l'abbaye de Fontenelle comme ayant contribué à la formation de notre fonds. Nous ignorons sur quoi s'appuye M. Haenel, car aucun volume n'en provient, pas même la Chronique des abbés, n.° 524.

J'ai nommé tous les ouvrages nouveaux où j'ai cru pouvoir trouver les éléments dont j'avais besoin pour mon travail, on pourra juger du parti que j'en ai tiré et des renseignements qu'ils m'ont fournis. J'ai regretté d'avoir connu trop tard la notice de Levrier, elle m'eut donné l'origine, pour moi inconnue, de plusieurs volumes dont aucune note ne pouvait faire deviner la provenance et quelques observations qui n'eussent pas été sans intérêt.

Si l'on se rappelle les noms des abbayes dont nous avons recueilli les Mss. et les nombreux souvenirs de gloire, de richesses et de sciences qu'ils réveillent, on devra concevoir une haute idée de la collection qu'à pu réunir la ville d'Amiens, surtout quand on sait que l'administration à cette époque de dilapidation et de ruine, recueillait avec un soin religieux les trésors littéraires dont la nation venait de s'emparer et que son zèle pour leur conservation avait devancé la motion de l'abbé Grégoire dont la voix éloquente avait avec tant d'énergie stigmatisé les nouveaux Omar, les brûleurs de livres et de Mss., et fait cesser la destruction.

Mais déjà les temps avaient changé, les abbayes qui conservaient avec tant de soin les Mss., seconde édition de chefs-d'œuvre des vieux siècles, précieux travaux des laborieuses veilles des érudits du moyen-âge, avaient oublié cette pieuse sollicitude et n'attachaient plus tant de prix à ces livres d'une lecture difficile et fatiguante et qui peut-être était devenue impossible et hiéroglyphique, alors que d'autres idées avaient remplacé dans les couvents, occupés de procès et de l'agrandissement de leurs domaines, l'amour de l'étude et le culte des sciences et des arts.

On se rappelle les nombreuses richesses bibliographiques que constatait le célèbre inventaire des Mss. de l'abbaye de Corbie au XII.e siècle, publié par les auteurs du *Nouveau traité de diplomatique* (1), librairie précieuse, dont il nous reste encore quelques rares volumes.

Un précieux inventaire de 1347, celui du trésor du chapitre d'Amiens, dressé par Hugues de Montreuil qui en avait la garde, et que nous trouvons

(1) Tom VI. Page 230 et suivantes.

dans les archives du département, présente 89
volumes parmi lesquels, outre les livres liturgiques
et bibliques, on remarque plusieurs martyrologes,
des commentaires de St. Augustin, St. Grégoire,
Cassiodore, Origène, Senèque *de naturis rerum*,
Rufin, Bède, Solin *de Mirabilibus*, Guillaume
d'Autun, Papias, le répertoire de Guillaume
Durand, Richard de St.-Victor et les épîtres de
Sénèque.

Un autre inventaire, qui nous paraît plus ancien, est uniquement consacré à la librairie.
Dressé avec plus de soin et plus de méthode, il
serait facile de reconnaître les ouvrages qu'il mentionne et dont il cite les premiers mots de chaque
second feuillet. On y trouve indiqués 142 volumes, dont quelques-uns richement ornés d'agrafes
de cuivre et d'argent, ou de médaillons et de figures
ciselées ou relevées en bosses, ou bien recou-
verts de ces riches diptyques d'ivoire si recherchés
aujourd'hui des artistes et des antiquaires.

Ce catalogue vraiment descriptif, est plus considérable que le précédent; il contient, sous forme
d'appendice, une liste des livres des enfants (*libri*

puerorum), composé d'un *doctrinal*, de psautiers, d'antiphoniers, de la fête des Innocents et d'un recueil d'hymnes.

Les livres de St-Jacques qui suivent cette liste, *libri Sti Jacobi*, consistent en quatre bréviaires et un recueil de cantiques.

Mais que nous sommes loin d'avoir recueilli toutes ces richesses ! Qu'on n'en accuse point toutefois la révolution, car si la plupart des dépôts ont été dispersés à cette époque, les pertes, pour notre pays du moins, datent de plus loin, car dès le commencement du siècle dernier, des déprédations étaient signalées. Ecoutous les plaintes de l'auteur d'une chronique abrégée de Corbie, qui nous paraît écrite en 1678, n°. 525.

« Tanta sacræ scripturæ SS. Patrum, variarum
» elucubrationum et omnis generis scriptorum mul-
» titudine bibliotheca enituit; ut ex iis quæ su-
» persunt voluminibus et quæ ex eâ desumpta
» in lucem sæpenumero eduntur, res litteraria
» auctior correctiorque fieret. Et nisi plures viri
» doctissimi ingentem ex eâ pretiosamque supel-
» lectilem abripuissent, vix altera in toto regno

» copiosior aut nobilior reperiretur. Hoc pium,
» ut dicunt, furtum exercuere viri clarissimi,
» Massonius, Pithœus, Brissonius in supremà Pa-
» risiensi curià præses, Rozæus, Sirmondus, An-
» dræas Du Chesne et Thuanus. Hic unà vice
» quinque aut sex ingentia voluminum dolia dolo
» et arte pelasgâ abripuisse non negavit.

» Plures codices Bibliothecæ Sangermanensi Pa-
» risiensi commodati sunt. Reliqui adhuc non pauci
» nobis superfuere. »

Plus tard, quand les savants bénédictins dom
Durant et Martenne accomplissent leurs Voyages
littéraires, de 1708 à 1715, ils signalent aussi
cet appauvrissement des bibliothèques des monastères. L'abbaye de Corbie ne possédait plus alors
que 200 Mss. environ, car les principaux avaient
été apportés à St.-Germain-des-Près (1).

Les Célestins, qui avaient hérité de la bibliothèque de St.-Martin-aux-Jumeaux, en avaient été
dépouillés en faveur de St.-Wast d'Arras. Enguerrand de St.-Fuscien, prévost de la cathédrale

(1) 2.ᵉ partie, pag. 171.

d'Amiens, avait donné les Mss., sans que l'on puisse comprendre pour quel motif, à moins d'admettre, avec les auteurs du voyage, que ces Pères les avaient vendus au commencement de l'impression, pour avoir des livres imprimés.

Le catalogue de sir Thomas Philips nous apprend quelle était la valeur de ces Mss. Il cite, comme provenant des Célestins d'Amiens, 80 volumes parmi lesquels nous trouvons les ouvrages de St.-Augustin, St. Ambroise, Eusèbe, St. Bernard, St. Anselme, St. Athanase, St. Jean-Chrysostôme, St. Bonaventure, St. Grégoire (*Pastorale*), Aristote, Porphyre, Albert-le-Grand, Thomas de Cantipré, Guillaume de Paris, Hugues de Saint-Victor, Nicolas de Hanap, Gauthier de l'Ile *(de rebus macedum)*, et les métamorphoses d'Ovide, que possède encore aujourd'hui la bibliothèque d'Arras, presqu'entièrement composée de celle de St.-Wast.

Nous n'avons rien appris de celle du Gard, d'où nous vient notre précieux Ms. de Froissart, car le sous-prieur ne s'est point trouvé disposé à faire visiter aux deux voyageurs les archives de l'abbaye.

Sélincourt était fière de sa riche collection des Pères de l'église, et l'on remarquait l'excellente bibliothèque de St.-Jean, où il y avait plusieurs antiquités.

St.-Riquier n'avait plus qu'un petit nombre de Mss. Abbeville possède son magnifique évangéliaire et le peu que la guerre et l'incurie des religieux avaient conservés. Le nombre n'en paraîtrait point tout-à-fait si réduit cependant, si l'on fait attention au rapport que Barre présentait en l'an VI. Ce commissaire, passant sous silence les noms des Mss., établissait qu'il en avait été transportés à la bibliothèque d'Abbeville, et demandait que la commune eût à en rendre compte (1), après l'aliénation qu'elle avait faite de la maison où ils avaient été déposés. Mais aucun volume n'est venu de St.-Riquier à Amiens, non plus que de Péronne, qui d'ailleurs n'en possédait aucun, suivant le rapport de l'an X, qui cite un catalogue dressé par Croiset, en 1794, et dont il n'est point resté de double ; il ajoute cependant qu'ils avaient bien pu être enlevés de la bibliothèque des Cor-

(1) Archives du département.

deliers, que l'état de désordre dans lequel elle se trouvait n'avait pu défendre ni protéger contre les déprédations auxquelles elle était exposée.

Ce désordre malheureusement a été trop commun, et il est à regretter que les catalogues qui avaient dû nécessairement exister n'aient pu être retrouvés, et que plus tard, lors de la suppression des ordres monastiques, les Mss. n'aient point été inventoriés comme les imprimés; au moins, nous devons le croire, car nous ne connaissons qu'un seul inventaire, celui de Corbie; il est regrettable aussi que des états exacts n'aient point été tenus lors des restitutions aux émigrés. C'est ainsi qu'une lettre de Baron constate la remise faite le 28 thermidor an VIII, aux héritiers de l'ancien évêque d'Amiens, Mgr. de Machaut, de ses livres et de ses Mss., sans qu'il reste ni liste ni détail des objets composant cette restitution.

Ainsi allait se détruisant peu à peu ces trésors amassés avec tant de peine et tant de labeur, ces riches collections qui nous transmettaient l'héritage des travaux de l'antiquité. Toutefois nous devons nous consoler, plus heureux que bien d'au-

d.

tres villes placées dans les mêmes circonstances, nous avons pu recueillir encore une riche succession digne, sous plus d'un rapport, de fixer l'attention des amis des lettres et des arts.

En effet, du IXe au XVe siècle, nous pouvons suivre les progrès de l'art du calligraphe, montrer les bibles et les psautiers avec leur écriture sans élégance, leurs lettrines au dragon, aussi grossières que le texte, et à côté de ces essais de nombreuses initiales ou lettres tournures diversifiées avec un art infini, qui feront voir comment l'artiste a su, pour ainsi dire, traduire en français le style bizantin et, malgré son ignorance, donner à ses dessins un tour aisé et naturel, et une expression propre et nouvelle. A la grossièreté et aux défauts de la barbarie, succèdera la prétention qui tourmente les dessins et les exagère, chargeant les miniatures d'ornements et de fioritures; puis une simplicité sans élégance remplacera ce luxe et cette recherche. Enfin, par une heureuse révolution, nous voyons une gracieuse simplicité, un goût plus pur, un alphabétisme plus correct, distinguer nos Mss. du XIIIe siè-

cle; mais ce siècle de goût a bientôt disparu. In-
sensiblement ou, pour être plus exact, assez rapi-
dement l'écriture s'allonge, plus un trait de plume
qui ne se termine en pointe; les lettres s'entor-
tillent, se hérissent d'abréviations, grimacent, tandis que les queues contournées, aiguës, écrasées,
deviennent aussi grossières que disgracieuses. Cependant on pourra s'arrêter quelque fois encore,
alors que l'art voulant tout améliorer rend tout
vicieux, sur quelques volumes d'un caractère différent et particulier, appartenant à l'école Italienne
qui fit, au XIV.ᵉ siècle, tant de progrès, avant
d'arriver à cette époque où l'écriture devenait tout-
à-fait indéchiffrable, comme si déjà l'on pressen-
tait l'inutilité d'un art qui devait cesser avec la
découverte de l'imprimerie.

Que si nous parlons de la composition de notre bibliothèque manuscrite, elle ne méritera pas
un moindre intérêt. Sans parler des bibles et de
leurs commentaires, et des ouvrages de liturgie, si nombreux, et dont la correction, dans ces
temps, était à la fois une affaire religieuse, politique et littéraire, nous citerons le commentaire

inédit de St. Ambroise sur les lettres de St.
Paul, déjà signalé par les bénédictins dans la
belle édition de ses œuvres qu'ils ont publiés; un
rituel d'Amiens du XIII.ᵉ siècle, où nous trouvons consigné les nombreuses cérémonies en usage
dans ces temps de naïve simplicité. N'oublions
point les procès-verbaux si curieux des assemblées
capitulaires de St.-Quentin, dont on a si peu
parlé; signalons la collection d'ouvrages de jurisprudence que Corbie devait presque toute entière
à l'un de ses officiaux, Étienne de Conty, qui les
avait fait écrire lui-même, comme l'indique chaque volume, et dont un même nous donne le
prix, dans une sorte de mémoire fort détaillé (n.°
365.) C'est qu'en effet l'étude du droit, à cette
époque, était de la plus haute importance. La doctrine du grand empire romain venait d'être re-
trempée dans un monde devenu romain; Gratien,
dans son décret, retraçait l'état primitif de l'é-
glise, les decrétales des pontifes succédaient aux
canons des conciles, et les questions les plus su-
blimes de la foi, comme aussi celles de la philosophie étaient tranchées par les decrétales à côté

des questions les plus ordinaires du droit civil. On n'est point surpris dès lors de les trouver si nombreuses et si souvent commentées par les professeurs de Bologne, quand on songe qu'elles étaient là enseignées comme règle universelle du droit, et que jamais établissement scientifique ne remplit le monde d'un pareil éclat. A la suite de cette jurisprudence générale, les statuts de l'église d'Amiens offrent un intérêt tout particulier pour la localité.

A l'exception d'un commentaire de Bacon, la partie philosophique ne mérite point d'être citée, il en serait de même de la partie littéraire, si nous ne possédions le Roman de La Rose, qui présente plus d'une variante remarquable au point de vue linguistique, le Reclus de Moliens et le Roman de Parthenay, œuvres inédites de nos vieux poètes; car les poésies des anciens, que nous possédons, n'offrent rien de remarquable. Enfin, la partie historique serait assez riche quand elle ne se composerait que du Froissart dont les extraits donnés par MM. Rigollot et De Cayrol, font si vivement désirer la publication; mais nous possédons encore la traduction de Guillaume de Tyr de Hugues Plagon, l'histoire de St. Louis (2.ᵉ partie inédite), de Varillas, les négociations de M. de Marquemont, de 1617 à 1626, la chronique des évêques de Cologne dont l'auteur, inconnu jusqu'ici, a un nom aujourd'hui, quelques chroniques inédites relatives à l'histoire d'Artois, et le dénombrement si précieux de Guillaume de Macon.

Cette composition de notre bibliothèque se conçoit aisément si l'on remonte à son origine, les livres des abbayes étaient en effet plus pieux que profanes, la théologie, la scholastique et l'histoire occupaient plus les religieux que les études des classiques latins.

Je termine ici cet historique déjà trop long des Mss. de notre bibliothèque, je n'ai point besoin de parler du plan que j'ai suivi; j'ai adopté les divisions bibliographiques les plus en usage (1),

_____

(1) Je crois devoir faire connaître quelques abbréviations en usage dans ce volume :

    r. L.   signifie   *reliure de M. Le Prince.*

    d. r.   —   *demi-reliure.*

    r. a. ou *r. anc.* *reliure ancienne.*

    r. parc.   —   *reliure en parchemin.*

    r. m.   —   *reliure en mouton blanc.*

j'ai fait suivre le titre de la provenance et cité le n.° correspondant du catalogue de 1701, pour les Mss. de Corbie, indiquant ceux qui faisaient partie du catalogue de Montfaucon ou du Nouveau traité de diplomatique, rattachant ainsi l'ancienne bibliographie à la nouvelle. Quelques notes paléographiques et historiques ont accompagné la description pour ainsi dire physique de chaque volume. J'ai donné pour les ouvrages que j'ai crus inédits *l'incipit* et *l'explicit*, comme on l'a fait à Bruxelles, pour le catalogue de la Bibliothèque des ducs de Bourgogne, afin d'aider à leur détermination.

Qu'il me soit permis de remercier M. le docteur Rigollot des conseils qu'il a bien voulu me donner et des nombreux emprunts qu'il m'a permis de faire à son travail sur l'iconographie de nos Mss., je saisis avec empressement cette occasion de lui témoigner toute ma reconnaissance. Je prie également M. Bouthors, dont j'ai mis si souvent la complaisance à l'épreuve, de vouloir bien recevoir mes sincères remerciements.

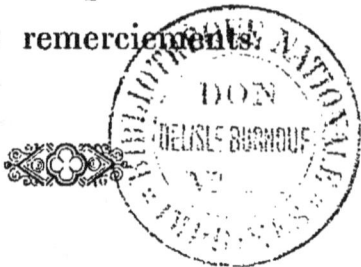

CATALOGUE

DESCRIPTIF ET RAISONNÉ

DES MANUSCRITS

DE LA

BIBLIOTHÈQUE

DE LA VILLE D'AMIENS

THÉOLOGIE.

Ire SECTION. — ÉCRITURE SAINTE.

A. Bibles.

1. BIBLIA SACRA.

In-4.° vélin, 345 f. d.r. L.

Corbie. 205 A.

XIIe siècle. Écriture très-fine et très-élégante, avec lettres ornées, à 2 colonnes de 52 lignes, réglées à l'encre, avec indication des livres au haut des pages. Très-bien conservé.

Ce Ms. comprend l'Ancien et le Nouveau Testament, avec les préfaces de St. Jérôme ; en tête, la lettre à Paulin, re-produite ensuite par fragments, et les deux lettres de Raban sur les Machabées.

Esdras contient quatre livres. Une partie du 4.e se trouve placée après les deux premiers chapitres du 3.e, ce qui fait paraître le volume incomplet. Les deux derniers livres se rencontrent dans peu de nos manuscrits ; ils n'ont point été

1.

donnés par St.-Jérôme ; et le Concile de Trente , on le sait, ne les a point rangés parmi les livres canoniques.

Le livre des psaumes présente un travail curieux. De chaque côté des 2 colonnes principales qui renferment la version de St.-Jérôme, dite PSALTERIUM GALLICANUM , sont deux autres colonnes plus étroites où sont rapportées les variantes selon la version hébraïque et celle des Septante.

A la suite on trouve :

1.° *Interpretationes hebraïcorum nominum.* 26 f. à 3 colonnes. C'est l'ouvrage de Bède. V. *Bedæ opera omnia Coloniæ.* 1612. tom 3. pag. 371. L'écriture est du même temps , mais d'une autre main ;

2.° Une préface pour le Pentateuque , attribuée à St.-Jérôme , et qui n'est point dans les œuvres de ce docteur ;

3.° Une table contenant les titres des livres , le nombre de versets , la distinction, l'ordre et la correspondance, suivant l'église , des différentes parties de la Bible ;

4.° Enfin sous le titre : *Biblia sub brevi eloquio,* une suite de vers barbares donnant les sommaires des chapitres des divers livres. Entre ces vers on a placé l'explication ou commentaire d'un grand nombre de mots , et facilité ainsi l'intelligence d'une partie de cette œuvre incompréhensible.

Voici quelques-uns de ces vers pour la Génèse :

Sex. prohibet. peccant. abel. enoc. archafit. intrant.
Egreditur. dormit. variantur. turris. it abram
Loth. reges. credidit. fuga. circumsio. risus. (sic).

Cette sorte de mnémonique , de 218 vers , est l'ouvrage d'Alexandre de Ville-Dieu , minime , qui vivait en 1240 (V. Scriptores ordinis minorum. Romæ. 1650 in-fol. pag. 9. et Hist. littéraire de la France, t. XVI. p. 189. et t. XVIII. p. 207.)

Ce Ms. porte pour titre : *Biblia ex Venusto.*

2. BIBLIA SACRA.

In-8.º vélin , 428 f.   r. L.

Abb. de St.-Acheul.

XIII.ᵉ siècle. Ms. bien conservé, à 2 colonnes de 51 lignes, réglées à l'encre ; titres des livres au haut des pages ; écriture minuscule très-fine et très-correcte, avec initiales peintes, dorées et historiées de fleurs et d'animaux d'une grande élégance et d'une parfaite exécution. Je citerai surtout celles du Lévitique, de Judith, de St.-Luc ; en général toutes celles du Nouveau Testament. Celles des psaumes (Psalterium Gallicanum) sont d'un autre caractère ; elles sont ornées de longs traits ou girandoles courant le long des marges, et qui paraissent plutôt appartenir au XIV.ᵉ siècle.

On y trouve tout l'Ancien et le Nouveau Testament, avec la lettre à Paulin, une partie des prologues et des capitules de St. Jérôme, les deux lettres de Raban sur les Machabées, le 3.ᵉ et le 4.ᵉ livres d'Esdras.

Il y manque le 1.ᵉʳ feuillet de la Genèse, un d'Esdras et un autre dans l'Ecclésiaste.

3. BIBLIA SACRA.

In-fol. vélin, 284 f.   r. L.

Corbie. 129 A.

XIV.ᵉ siècle. Écriture à 2 colonnes de 53 lignes, réglées à l'encre ; titres au haut des pages ; caractères minuscules et sans ornements.

Ancien et Nouveau Testament avec les préfaces et les capitules de St.-Jérôme.

On lit à la fin :

Biblia sit Domini. Sit nobis copia vini.

A la suite se trouvent la liste des épitres et des évangiles de chaque jour, depuis le 1.ᵉʳ dimanche d'Avent jusqu'au 10.ᵉ après la Pentecôte, ainsi que les différentes leçons ; le

Te Deum ; le symbole de St.-Athanase , *Quicumque vult*, etc.; des litanies et un calendrier avec les devises de Bède pour chaque mois; l'indication de l'entrée du soleil dans chaque signe et des jours néfastes.

Les noms des Saints du diocèse ont été ajoutés postérieurement , ce qui semblerait indiquer que le Ms. a été écrit pour un autre diocèse. Il paraît d'ailleurs n'avoir point toujours fait partie de la bibliothèque de Corbie, mais avoir appartenu primitivement aux Augustins d'Amiens; car on lit sur quelques feuillets les noms de : *Johannes Herbelis , Johannes Bellet , Fr. Simon , Johannes Bertholot , ordinis fratrum heremitarum Sancti Augustini Ambianensis ,* écrits au xvi.ᵉ siècle. Les fêtes de St.-Fursy , de St.-Augustin , de S.ᵗᵉ-Monique , y sont l'objet d'une mention spéciale et viennent encore confirmer cette hypothèse.

Sur le dernier feuillet est une table des livres , dressée au xvıᵉ siècle.

Ce Ms. nous semble être le premier du catalogue du prieur de Corbie , publié par Montfaucon. (*Bibl. bibli. Mss. tom.* ii. *pag.* 1416.)

4. BIBLIA SACRA.

In-8.º vélin , 506 f.   r. L.

Corbie. 271. A.

xiv.ᵉ **siècle. Écriture minuscule très-élégante , à 2 colonnes de 49 lignes , réglées à l'encre, avec initiales historiées et peintes.**

Ancien et Nouveau Testament avec la lettre à Paulin , les préfaces de St.-Jérôme et les deux lettres de Raban servant de prologue au livre des Machabées.

Il y manque quelques feuillets, à partir du verset 23,
ch. 28 des Paraboles, jusqu'au verset 28, ch. 12 de l'Ecclésiastique, c'est-à-dire l'Ecclésiaste, la Sagesse et le
Cantique des cantiques.

On trouve à la fin, le vers suivant :

Laus tibi sit Christe quia liber explicit iste ;

et la mention, en cursive du xiv.ᵉ siècle : *Ista Biblia pertinet
conventui Ambianensi ordinis fratrum predicatorum*, qui
donne l'origine du Ms.

A la suite du volume sont :

1.º *De duodecim lapidibus*, de Bède. t. 3. pag. 491.

2.º *Interpretationes hebraicorum nominum* aussi de Bède,
tom. 3. pag. 371 ;

3.º Les canons des évangiles d'Eusèbe.

Les notes que l'on rencontre sur quelques marges sont
postérieures, toutes philologiques ou biographiques, et
relatives aux personnages bibliques.

5. Biblia sacra.

Vélin in-fol. 2 volumes.   d.r. L.

Pars prima. A Genesi ad finem Psalmorum.

224 f.

Corbie. 65 A.

Pars secunda. A libro Parabolarum ad finem novi
testamenti.

214 f.

Corbie. 66. A.

xiii.ᵉ siècle. Belle écriture, à 2 colonnes de 42 et 56 lignes, réglées à la pointe sèche et piquées, avec grandes marges et indication

des chapitres au haut des pages. Initiales ornées d'arabesques rehaussées d'or, d'une grande richesse et variété de dessins.

Les livres y sont précédés des préfaces de St.-Jérôme ou des fragments de la lettre à Paulin qui les concernent, excepté celle du livre de Baruch, que n'a point donné St.-Jérôme. Cette préface se trouve dans le *Biblia sacra cum glossa ordinaria à Strabo Fuldensi collecta.* in-fol. 1634. t. IV. p. 1019.

A la suite des Psaumes on trouve les cantiques extraits des diverses autres parties de la Bible.

Le livre d'Esdras, qui comprend les deux de St.-Jérôme, est suivi du 3.ᵉ avec cette mention : *Explicit liber Ezdre. quod sequitur solet reputari inter apocrypha Esdre.*

A la fin de l'Apocalypse on lit : *Gratia Domini nostri Jhesu Christi cum omnibus vobis. Amen. Explicit liber Apocalypsis.*

Les lettres de Raban précèdent le livre des Machabées. Les marges sont chargées de notes d'une écriture du XVI.ᵉ siècle, criblée d'abréviations et presqu'illisible.

B.   Livres séparés de la Bible, en différentes langues.

6. LIBRI BIBLICI.

Pentateuchum Moysis.

Vélin in-fol., 250 f.   d.r. L.

Corbie. 64 A.

Fin du IX.ᵉ siècle. Ecritures de différentes mains, à 2 colonnes de 24 lignes, réglées à la pointe sèche, pointées sur les marges, avec initiales historiées. **Bien conservé.**

Le texte et les tables sont de St.-Jérôme.

7. LIBRI BIBLICI.

Jesu-Nave. Liber Judicum. Liber Ruth.

In-4.° vélin, 130 f.   d.r. L.

Corbie. 166 A.

IX.ᵉ siècle. **Ms.** à longues lignes, 20 par page, réglées à la pointe sèche. **Bien** conservé. **L'**écriture est en minuscules rustiques avec des semi-unciales pour distinguer les versets. **Les** titres sont en majuscules rouges, bleues et vertes; les initiales des livres diversement coloriées et historiées. **Celle** du livre des rois est surtout remarquable.

Le texte est celui de St.-Jérôme, dont on a suivi la division suivant les *Breves*, placés en tête de chaque livre. Il commence par la préface *Tandem finito;* le livre de Ruth a pour prologue une partie de la lettre à Paulin.

8. LIBER EZECHIELIS.

Vélin in-4.°, 126 f.   d.r. L.

Corbie. 163. A.

XI.ᵉ siècle. **Ms.** à longues lignes, 22 par page, réglées à la pointe sèche sur le recto; titres des chapitres et initiales en grandes capitales romaines; très-bien conservé, seulement quelques feuillets d'une écriture différente en ont remplacé d'autres un peu plus tard.

On lit à la fin: *Explicit Hiezechiel propheta habet versus* M.CCCXL.

En tête est la préface de St.-Jérôme, avec une table comprenant 127 chap.

9. LIBRI BIBLICI.

Daniel et prophetæ minores.

Vélin in-fol., 132 f.   d.r. L.

Corbie. 151. A.

XI.ᵉ siècle. **Ms.** à longues lignes, 21 par page, réglées à la pointe sèche sur le recto. **On a remplacé**, au **XVI.**ᶜ siècle, quelques feuillets manquants.

La préface de St.-Jérôme pour Daniel, s'y trouve deux fois ; la seconde paraît plus moderne.

A la fin on trouve une hymne pour St.-André.

Laus Angelorum inclita spes conditorum (sic) unica lumen.

Deus de lumine tu nos ab alto respice , etc.

10. Libri Esdræ.

Vélin in-4.° 83 f.   d.r. L.

Corbie. 174. A.

IX.ᶜ siècle. **Ecriture minuscule rapide, peu soignée et de plusieurs mains , à 2 colonnes de 30 lignes , non réglées. Le premier feuillet est à demi détruit.**

Esdras est ici divisé en 5 livres.

Le 1.ᵉʳ est composé des deux livres d'Esdras, appelés Canoniques ; les quatre autres comprennent le 3.ᵉ et le 4.ᵉ de la Vulgate.

Le 2.ᵉ du Ms. est le 3.ᵉ de la Vulgate ; le 3.ᵉ comprend les deux premiers chapitres ; le 4.ᵉ les chapitres 3 à 15 ; le 5.ᵉ les chapitres 15 à 16 du 4.ᵉ livre.

On lit à la fin : *Finit liber quintus Esdre profaete deo gratias ago pro hoc facto perfecto.* On y lisait autrefois : *Finiunt quinque libri,* mais ces trois mots ont été effacés pour y substituer l'autre formule.

A la suite est la préface de St.-Jérôme *Utrum difficilius.* C'est sans doute cette division d'Esdras qui a fait dire à l'auteur du catalogue de Corbie , à l'article de ce Ms. : *Cela paraît curieux à examiner.* A moins qu'il n'ait entendu par là, les mots *abhinc non recipitur* ajoutés en tête du 2.ᵉ livre , et non *adhuc non recipitur*, comme on voit dans le catalogue publié par Montfaucon, qui désigne ainsi ce Ms. : *Item 2 libri primi Esdræ semel et iterum et duo postremi semel tantum. cod. memb. saec. 9. nota quod initio 2 postremorum habetur eadem manu*, ADHUC NON RECIPITUR.

11. LIBRI BIBLICI.

Machabæorum libri duo.

Vélin in-fol., 193 f.　　　　d.r. L.

Corbie. 155. A.

IX.ᵉ siècle. **Ms.** à longues lignes, 20 par page, réglées à l'encre.

Ce Ms. est précédé de Capitula et divisé en chapitres.

On lit à la fin : *Explicit Machabeorum liber II versus habet* M.CCC.

12. LIBRI BIBLICI.

Parabolæ. Ecclesiastes. Canticum canticorum. Sapientia. Ecclesiasticus.

Vélin in-4.º, 192 f.　　　　d.r. L.

Corbie. 165. A.

X.ᵉ siècle. **Ms.** bien conservé, à longues lignes, 34 par page, tracées à la pointe sèche, piquées sur les marges, avec rubriques et initiales en grandes capitales romaines de couleur.

Il comprend les livres sapientiaux avec les préfaces et les capitules de St.-Jérôme.

Le premier feuillet est une page d'écriture lombarde qui n'a d'autre intérêt que son ancienneté.

13. Libri Biblici.

Quatuor libri regum. Proverbia. Job. Tobias. Judith. Esther. Libri duo Ezræ et Machabeorum. Ezechiel. Daniel. Prophetæ minores. Apocalypsis.

Vélin in-fol., 205 f.   d.r. L.

Abb. de Selincourt.

XI.ᵉ siècle. **Ms.** à 2 colonnes de 40 lignes, réglées à l'encre, avec indication plus moderne des titres au haut des pages; capitales historiées de personnages et d'animaux, pour la plupart simplement dessinées au trait et d'assez mauvaise exécution.

Les diverses préfaces sont empruntées à St.-Jérôme.

Ce Ms. est incomplet. La préface d'Isaïe est inachevée, à la fin du volume.

L'Apocalypse est d'une autre écriture et provient d'un Ms. du xii.ᵉ siècle.

A la fin de cette dernière partie sont :

1.º Une donation du bois d'Aumont, faite à l'abbaye de Selincourt, par Raoul, seigneur d'Airaines, en 1148 ;

2.º Composition entre l'abbaye de Selincourt et celle de St.-Martin-aux-Jumeaux, au sujet de Warluis et du Faiel, pardevant l'évêque Théoderic ;

3.º Donation à l'abbaye de Selincourt de deux parts de dîmes entre le bois d'Aumont et la vallée d'Alenvillers, par *Wilardus* dit *Catus*, pour 60 sous monnaie d'Abbeville, en 1150 ;

4.º Legs à la même abbaye de plusieurs journaux de terre par Jean des Planches, au mois de juillet 1267, fête de St.-Josse.

C'est à tort que le bibliothécaire de l'abbaye écrivit sur le dernier feuillet *Continet hic liber commentarios in quatuor libros regum*, etc., le Ms. ne contient aucun commentaire, mais le texte simplement, sans annotation.

La formule d'anathême suivante, que l'on trouve sur tous les Ms. provenant de l'abbaye de Selincourt, se lit à la fin du du volume : *Liber canonicorum Sancti Petri Selincurtis si quis legerit (sic) aut alienaverit anathema sit.*

14. LIBRI BIBLICI.

Genesis. Exodus. Leviticus. Numeri. Deuteronomus. Josue. Liber Judicum. Ruth. Ysaias. Jeremias. Actus apostolorum.

Vélin in-fol. , 169 f.   d.r. L.

Abb. de Selincourt.

XII.ᵉ siècle. Écriture irrégulière, à 2 colonnes de 40 lignes, non reglées ; un seul trait pour marquer les marges. Les initiales y sont composées d'arabesques et d'animaux d'un dessin élégant et correct , où le bleu et le rouge sont seuls employés. Ms. très-endommagé.

Le texte est celui de St.-Jérôme , avec ses préfaces pour chaque livre et en tête la lettre à Paulin *Frater Ambrosius.*

On y remarque un grand nombre de corrections faites à la fois par le copiste et par une autre main, un demi-siècle au moins, plus tard.

A la fin du demi-feuillet qui complète les actes, se trouve le Symbole des Apôtres , divisé en versets pour chacun d'eux.

15. Libri Biblici.

Libri quinque Moysis. Josue. Liber Judicum. Ruth.

Vélin in-fol., 154 f.   d.r. L.

Corbie. 90. A.

**XIIe siècle. Ms. à 2 colonnes de 34 lignes, tracées au crayon ;
écriture assez bonne ; mal conservé.**

Il contient les préfaces et les capitules de St.-Jérôme,
mais le texte n'est divisé ni en versets, ni en chapitres.

16. Libri Biblici.

Genesis. Exodus. Esdræ libri duo. Actus apostolorum.

Vélin in-fol., 42 f.   d.r. L.

Corbie. 102. A.

**Fin du XIIIe siècle. Ms. incomplet et d'écritures différentes. Les
deux premiers livres sont à longues lignes, de 45 par page, réglées
à l'encre, ainsi que les Actes des Apôtres que l'on peut attribuer au
même écrivain. On y voit quelques lettres ornées.**

Les deux livres d'Esdras sont à 2 colonnes, avec une
partie de la préface de St.-Jérôme. Le second livre s'arrête
au chap. V.; l'Exode au verset 13 du 21.e chap.; les Actes
des Apôtres commencent au verset 21 du chap. 10 et finis-
sent au verset 21 du chap. 24.

Les notes qui couvrent les marges, excepté pour un livre
d'Esdras, paraissent dues à la même main.

Sur la feuille de garde, se trouve écrit en minuscule diplomatique, un acte du 3 juillet, après la Magdelaine, de
1283, passé à Amiens, pardevant l'official d'Amiens et son

clerc juré de Catresol, portant partage entre ses enfants des biens que possédait à Hamel, Bouzencourt, La Motte, Cerysy et Bayancourt, Marguerite d'Abovilles, épouse de Beauduin *Trenesac*.

C'est une pièce assez curieuse pour les dispositions.

17. LIBRI BIBLICI.

Pentateuchum Moysis. Jesu Nave. Liber Judicum.
Vélin in-fol., 116 f. d.r. L.

Corbie. 71. A.

XII.e siècle, très-beau **Ms.** à 2 colonnes de 35 lignes, non reglées.

Il comprend le texte sans distinction de verset, la préface et les tables de St.-Jérôme, excepté pour l'Exode et le Lévitique.

Les lignes écrites à la fin, au xv.e siècle, sont quelques versets du Lévitique relatifs aux lépreux.

18. Liber Psalmorum cum canticis et antiquis litaniis.

Vélin petit in-fol., 145 f. d.r. L.

Corbie. 175. A.

IX.e siècle. **Ms.** du plus haut intérêt, à 2 colonnes, de 22 lignes, tracées à la pointe sèche; versets distincts avec initiale rouge; les initiales des psaumes toutes historiées.

Il comprend tous les psaumes de David, les cantiques tirés de l'ancien testament et de St.-Luc, le cantique de David *Pusillus eram*, etc. (1) Gloria in excelsis, Te deum,

(1) Imprimé dans Fabricius. Codex pseudepigraphus veteris testamenti. T. 1. pag. 905.

le symbole de St.-Athanase, (incomplet,) deux litanies, la
première incomplète avec les mentions :

Ut imperatorem et exercitum francorum conservare digneris.

Ut eis vitam et sanitatem atque victoriam dones.

Ut sanitatem nobis dones.

Ut pluviam nobis dones.

Ut aeris temperiem bonam nobis dones. Te rogamus.

Elles ont le plus grand rapport avec celles des litanies Carolines et Anglicanes données par Mabillon. Anal. t. 2.
p. 669 et 682. Les secondes litanies sont incomplètes et
renferment cependant plus de 400 noms de saints et
de saintes.

Chaque initiale des psaumes et des cantiques est historiée de figures, d'animaux fantastiques et de feuillages.
Quoiqu'elles soient très-nombreuses, puisqu'on en compte
plus de 160, elles sont toutes différentes, beaucoup sont
coloriées, (1) mais d'autres sont au simple trait. Tout à
la fois naïves et bizarres, elles ont un caractère particulier.

M. Rigollot, dans son histoire de l'art du dessin en
Picardie, (Mém. de la Société des Antiquairrs de Picardie. t. III) a reproduit 14 dessins de ce manuscrit. Nous
renvoyons à ce travail, auquel nous devons une partie
de cette description, les personnes curieuses d'étudier les
dessins de cette époque reculée. Elles liront avec intérêt
l'appréciation de ce manuscrit précieux, sous le rapport
de l'art. (Voyez loc. cit. pag. 306 à 349 et les planches

(1) Les seules couleurs employées sont le rouge, le jaune, le bleu
le violet et le vert.

4. 5. 6. 7. qui renferment les dessins, n.º 4 de grandeur naturelle, n.ᵒˢ 5 et 6 au 1/3, n.º 7 à 1/2 de la
grandeur.

Malheureusement, ce Ms. est en assez mauvais état, et
par suite d'un fréquent usage, un grand nombre de dessins sont effacés et à peine visibles.

Je crois reconnaître dans ce volume celui que le catalogue
des Mss. de Corbie, au XII.ᵉ siècle, (*Nouveau Traité de
diplomatique*, tom VI. pag. 233.) appelle *psalterium depic-
tum* ; car il mérite réellement ce nom.

19. Psalterium Monasticum.

Vélin in-4.º, 243 f.   d.r. L.

Abb. de St.-Fuscien

Ms. du XII.ᶜ siècle, à longues lignes, **20 par page**, réglées à
l'encre ; versets distincts et très-belle écriture.

J'emprunte à M. Rigollot, (Essai historique sur les arts
du dessin en Picardie. Mém. de la Société des Antiquaires de Picardie. t. III pag 375) la description suivante
de ce Ms.

« Ce Ms., dit-il, petit in-folio, en vélin, est précédé
» d'un calendrier fort ancien sur lequel les saints nouveaux
» venus et les fêtes particulières au couvent auquel il a ap-
» partenu sont inscrits en caractères plus modernes. On y
» trouve, à chaque mois, l'indication de deux jours
» égyptiens, *dies ægyptiaci*, c'est-à-dire, jours réputés
» malheureux, indication répétée en outre dans un vers
» inscrit en tête du mois ; (1) ainsi par exemple, en mai,

---

(1) Les vers inscrits sont empruntés au calendrier de Bède. Voir
Bedæ opera t. 1.

» il y a : *Tertius in maio lupus est et septimus anguis;* ce
» qui signifie que le 3.ᵉ jour et le 24.ᵉ (le 7.ᵉ en com-
» mençant par la fin) sont néfastes.

» Dix grandes miniatures suivent le calendrier ; la 1.ʳᵉ
» présente en deux tableaux la création d'Eve et le péché
» originel ; la 2.ᵉ un prêtre assassiné au pied des autels ;
» la 3.ᵉ la résurrection de Notre-Seigneur et sa descente
» aux enfers ; la 4.ᵉ est l'incrédulité de St.-Thomas ; la
» 5ᵉ l'ascension ; la 6.ᵉ le jugement dernier, tel à peu
» près qu'on avait coutume de le figurer sur le portail
» des églises.

» Après les miniatures vient le psautier orné de quel-
» ques grandes lettres, un abrégé de la doctrine chré-
» tienne (1), des litanies, des prières. Le dernier quart
» du volume est occupé par des pages dont l'écriture n'est
» que du XIII.ᵉ ou XIV.ᵉ siècle. Ce volume provient de l'ab-
» baye de St.Fuscien, *S. Fucianus in nemore*, fondée, ou
» suivant d'autres, seulement rétablie en 1105 ; il n'avait
» pas d'abord été écrit pour l'usage de cette maison.
» On y a ajouté plus tard des indications de fêtes et
» d'obits qui lui sont particuliers. »

M. Rigollot a reproduit la 2.ᵉ miniature (pl. 14 n. 34)
dans laquelle il croit reconnaître le martyre de Thomas
Becket, dont la fête est seule marquée en encre bleue
sur le calendrier et la 4.ᵉ (pl. 14. n.º 35.)

On y trouve encore trois belles miniatures dont M. Rigollot n'a point fait mention. Elles figurent la Naissance du
Christ, l'ange annonçant cette nouvelle aux bergers, et la
présentation au temple.

La partie écrite au XIVᵉ siècle, comprend les oraisons

(1) Cet abrégé est le symbole de St.-Athanase *Quicumque vult etc.*

et les hymnes ; une autre main a ajouté les oraisons : *In dedicatione sanctorum Fusciani sociorumque ejus.*

Les sept derniers feuillets, écrits à deux colonnes, au XII.e siècle, semblent dus au même écrivain que le commencement. Ils contiennent les salutations à la Vierge, *Ave Mater advocati etc.*, une antienne et une oraison.

Ce beau Ms. n'a point été achevé ; quelques lettres initiales manquent, la lettre B du premier psaume, *Beatus qui etc.* devait probablement être le sujet d'un tableau, car une page restée blanche lui avait été consacrée.

20. PSALTERIUM MONASTICUM.

Vélin in-4.°, 162 f.   d. r. L.

Abb. de St.-Fuscien

XIII.e siècle. **Ms. à longues lignes, 22 par pages, tracées à l'encre ; initiales ornées, rehaussées d'or ; une miniature.**

Il contient les Psaumes, les cantiques tirés de l'ancien Testament, le Te Deum, le symbole de St.-Athanase, des litanies, des oraisons et des hymnes pour les principales fêtes.

En tête est un calendrier sans devise, ne contenant qu'un très petit nombre de noms de saints ; les noms de St-Germer, St.-Lucien et l'absence de ceux du diocèse feraient supposer qu'il avait été écrit pour le diocèse de Beauvais.

La miniature est un assez grand tableau représentant le roi David jouant de la lyre.

Au bas est un écu *de gueules au chevron et à 3 besans*

d'or, surmonté d'une crosse d'abbé, qui est de Beaune-Samblançay (1), ou de Fontaines en Normandie (2).

La conservation de ce Ms. laisse beaucoup à désirer ; plusieurs feuillets sont tout-à-fait effacés et illisibles.

21. Libri Biblici.

A Genesi ad Canticum canticorum inclusive.
Vélin in-fol., 250 f.   d.r. L.

Corbie. 68 A.

XIII siècle. Ms. à 2 colonnes, de 48 lignes, réglées à l'encre et pointées, avec lettres enrichies d'arabesques en couleur et en or, et de nombreuses miniatures empruntées au sujet, et dans lesquelles on reconnait l'enlumineur du Ms. suivant, n.° 23.

Les préfaces et les capitules sont de St-Jérôme. Le texte des Psaumes est la version selon l'Hébreu.

En tête, se trouve l'indication des épitres et des évangiles pour toute l'année, selon l'usage de Corbie ; elle est continuée à la fin du manuscrit, où l'on trouve aussi l'indication des évangiles et des oraisons pour l'ordination des diacres.

En tête de la table sont les armes d'Etienne de Conty, qui sont écartelées, au 1 coupé au 1 d'azur semé de fleurs de lys d'or, au 2 de gueules, qui est d'Amiens (3) ; au 2 d'or, au corbeau de sable portant une crosse d'azur, adossée de deux clefs de gueules, qui est de l'abbaye de Corbie ;

(1) La Morlière. Recueil des illustres maisons de Picardie. Armorial.

(2) Paillot. Vraie science des armoiries. Pag. 90 et Boisseau. Promptuaire armorial. Pag. 78.

(3) Armes données par Philippe-Auguste, en 1185. Ce fut Louis xi qui diapra la pointe de gueules d'un lierre d'argent.

au 3 d'or au lion de gueules, à 3 chevrons de vairs brochant sur le tout, accompagnés de 3 trèfles 2 en chef un en pointe, qui est de Conty — Amiens (1) ; au 4 de gueules à 3 croissants montant d'hermines.

Etienne de Conty, docteur et official de l'abbaye, la fit écrire à la fin du xiv.ᵉ siècle, après avoir reçu le Ms. pour son usage, comme l'indique la note suivante : *Ista semi Biblia est de ecclesia Corbiensi. Sciendum tamen quod post quam magister Stephanus de Contyaco recepit eam a predicta ecclesia in ipsa fecit scribere notationes omnium epistolarum et evangeliorum totius discursus anni secundum usum predicte ecclesie Corbiensis.*

On lit à la fin :

Explicit istud opus cum magno tedio factum.

22. LIBRI BIBLICI.

Parabolæ. Ecclesiastes. Canticum canticorum. Ecclesiasticus. Job. Tobias. Judith. Hesther. Hesdra. Libri duo Machabæorum.

Vélin in-fol., 165 f.   d.r. L.

Corbie. 92 A.

XII.ᵉ siècle. **Ms.** à 2 colonnes, de 34 lignes non reglées, avec lettres initiales ornées d'arabesques lourdes et grossières ; tables des chapitres en caractère beaucoup plus fin.

Le texte est celui de St.-Jérôme, pour les parties qu'il a traduites, avec ses préfaces et ses capitules. Toutefois la

(1) Ces armes diffèrent de celles qu'indique La Morlière, d'après un tableau de la confrairie de N.-D. du Puy par la présence des 3 trèfles. Dans quelques autres volumes appartenant aussi à Etienne de Conty on croirait le lion seulement semé de vair ; c'est sans doute une altération.

2.*

fin du livre de Job *In terra quidem inhabitans*, *etc.*, diffère beaucoup de la traduction donnée à la fin de la 2.ᵉ version, dans ses œuvres (Edit des Bened. t. 1. p. 1218) d'après les Septante. A en juger par les rapprochements que permettent de faire les variantes données dans les notes de cette édition, le Ms. aurait suivi le texte de celui de Narbonne, si souvent cité dans l'édition des Bénédictins.

A la suite de l'Ecclésiastique on lit : *Explicit oratio filii Syrach* cxxxvi, et trois pièces : 1.º *Oratio Salomonis. Et inclinavit Salomon genua sua*, *etc.* ; 2.º *Incipit expositio de tribus que dixit Salomon intelligere se non posse, et quartum investigare non posse* ; 3.º *Oratio de illo quoniam salvus sit.*

On lit à la fin, de la même main : 1.º *Passio Machabeorum*, commençant par ces mots : *Principium meum philosophie quidem sermones*, *etc.*

2.º Une Homélie sur le chapitre 13 de St.-Jean. *In cena Domini post peractum mandati officium legenda. Ante diem festum Pasche sciens Jesus quia*, *etc.*, dont il manque la fin.

Le manuscrit est d'ailleurs incomplet, car plusieurs feuillets ont été enlevés au livre des Paraboles.

23. Libri Biblici.

Prophetæ majores et minores. Job. Tobias. Judith. Esther. Esdræ libri duo. Libri duo Machabæorum. Novum testamentum integrum.

Vélin grand in-fol., 306 f. d.r. L.

Corbie. 3. A.

xiii.ᵉ siècle. **Ms.** à 2 colones, de 42 lignes, réglées à l'encre, d'une conservation parfaite.

Il renferme le texte et les préfaces de St.-Jérôme, et

celle de St.-Luc qui lui est attribuée. (Edit. des Bened. t. V. p. 923).

Le frontispice présente en deux tableaux le couronnement de la Vierge , magnifique miniature peinte sur fond d'or , reproduite par M. Rigollot, dans son Essai historique des arts du dessin. (*Mémoire de la Société des Antiquaires de Picardie* , *t. 3 p. 372 pl. 18 n. 47*). Au-dessus se trouvent deux grandes figures de St.-Pierre et St.-Paul, patrons de l'abbaye de Corbie, entourés de six apôtres ; au bas , un moine vêtu d'une robe noire , offre son livre à ces saints personnages. M. Rigollot a reproduit encore (*Ibid. p. 374 et pl. 9 f.* 48 *et* 49) les miniatures de St.-Jacques et d'Esther. Chacun des livres est précédé de petits tableaux semblables , dont les sujets sont empruntés à quelques-uns des versets du livre.

Ces dessins sont lourds et sans grâce ; les carnations y rappellent celles des peintures byzantines ; mais ils fournissent de curieux et nombreux exemples des costumes du xiii.ᵉ siècle.

On y trouve aussi quelques lettres historiées , peintes et dorées , ornées d'arabesques assez remarquables.

24. QUATUOR EVANGELIA.

Vélin in-4.° , 132 f.   d.r. L.

Corbie.

x.ᵉ siècle. Ms. à longues lignes , 29 par pages , tracées à la pointe sèche , avec lettres tournures , parmi lesquelles celle de St.-Jean se distingue par l'originalité , celle de St.-Luc par la grâce , le soin et l'exécution.

On y trouve quatre grandes miniatures , dont l'une , St.-Marc, a été reproduite par M. Rigollot. Voir pag. 349. pl. 12. n.° 31. (ouvrage cité).

Ce Ms. comprend 1.º les lettres de St.-Jérome au pape Damase jusqu'à *scienda*. V. Edit. des 'Bened. t. 1. pag. 1427, et à Eusèbe de Crémone ; la lettre d'Eusèbe à Carpianus, puis la fin de la lettre de St.-Jérôme à Damase, enfin son prologue pour St.-Mathieu ;

2.º Les canons d'Eusèbe, enfermés dans une série d'arcades dont les chapiteaux rappellent les ornements en usage dans les églises de cette époque ;

3.º Les quatre évangiles avec les préfaces dues ou attribuées à St.-Jérôme, ses tables, et, sur la marge de St.-Mathieu, les concordances pour les trois autres évangélistes.

Vient ensuite : *Capitulare Evangeliorum de circulo totius anni*, en écriture cursive plus moderne. Les Saints y sont les plus anciens de la légende ; aucun de ceux du Nord n'y est mentionné. On y trouve les indications du calendrier romain pour les stations aux églises de Rome, et des évangiles qu'il faut réciter dans des circonstances particulières : *pro ubertate pluvie, pro sterilitate pluvie, pro commotione gentium, pro natali papæ.*

Enfin quelques pages du xII.ᵉ siècle, contenant les évangiles pour la consécration d'un autel et les ordinations.

Mal conservé. Haut des pages écorné.

25. QUATUOR EVANGELIA.

Vélin petit in-fol., 184 f.   d.r. L.

Corbie. 143. A.

x.ᵉ siècle. Ms. à longues lignes, 25 par pages, tantôt plus, tantôt moins, réglées à la pointe sèche et piquées, avec lettres tournures et 4 miniatures très grossières. Les initiales sont de grandes lettres romaines irrégulières, peintes en 2 couleurs, rouge et vert ; sur les marges sont inscrites les concordances.

Les dessins présentent St.-Mathieu et St.-Luc et pour les

deux autres évangélistes leurs symboles, avec les vers suivants :

> Hoc Matheus hominem generat
> Marcus ut alta fremit vox per deserta Leonis
> Jure sacerdotum Lucas tenet ore juvenci. (Sic.)

Le Ms. contient comme le précédent les canons d'Eusèbe
dans une série d'arcades moins élégante et la distribution
des évangiles pour toute l'année. — Il y manque le dernier feuillet. Il finit au verset 9 du chap. 21 de St.-Jean.

26. QUATUOR EVANGELIA.

Vélin petit in-fol., 102 f.   d.r. L.

Corbie. 144. A.

**Ms. du IX.ᵉ siècle, dans un état peu satisfaisant de conservation;
il est écrit à 2 colonnes, de 33 lignes, tracées à la pointe sèche, sur
vélin de mauvaise qualité, effacé souvent et déchiré.**

Il contient les quatre Evangélistes, avec les préfaces de
St.-Jérôme, la distribution des évangiles jusqu'au mois
d'août, et les canons sous des arcades de l'exécution la plus
grossière.

27. EVANGELIUM SECUNDUM MATHÆUM.

Vélin in-4.°, 113 f.   d.r. L.

Corbie. 219 A.

**XI.ᵉ siècle. Ms. très-bien conservé, d'une belle écriture, 18 lignes
par pages, tracées à la pointe sèche et piquées, avec l'initiale peinte.**

Ce Ms. était destiné à recevoir un commentaire, comme
l'indiquent le tracé des lignes et la place du texte qui n'occupe que le tiers de la page, au centre. Il est précédé de
la préface de St.-Jérôme. Quelques notes interlignées dans
les premières pages sont tirées de ses homélies.

Suivant le catalogue de Corbie, il se trouvait sur la couverture un fragment d'une charte originale donnée par Guy, comte de Ponthieu, en faveur de l'abbaye de Valoires, l'an 1143. Il aura disparu avec l'ancienne couverture, au dedans de laquelle il était collé.

28. Libri Biblici.

Actus apostolorum. Epistolæ canonicæ. Apocalypsis. Quatuor libri Regum. Duo libri Paralipomenon.

Vélin in-fol., 204 f.   d.r. L.

Corbie. 73. A.

Fin du XII.e siècle. Belle écriture à 2 colonnes de 30 lignes, réglées à l'encre et pointées. On remarque quelques lettres tournures d'un dessin fort simple.

On trouve en tête du livre des Rois et des Paralipomènes les prologues de St.-Jérôme. Le texte présente avec celui de ce docteur de nombreuses variantes dont une partie a été donnée dans l'édition de ses œuvres, publiée par les Bénédictins.

Le Ms. est incomplet. Il y manque quelques feuillets dans le livre des Rois et dans le second livre des Paralipomènes, dont la fin a été transposée et qui finit au verset 26.e du 34.e chapitre.

Au XVI e siècle, on a écrit sur les marges des rebus et quelques vers français.

29. Le fait des Apostles, s'ensieult les Epistles de Saint-Pol, les petits Epistles, le livre de l'Apocalypse.

Papier in-4.°, 191 f.   d.r. L.

Abb. de St. Acheul.

XV.e siècle. Ecriture cursive assez nette, à 2 colonnes, de 36 lignes, tracées à l'encre rouge ; avec initiales ornées d'arabesques d'une mauvaise exécution.

Il y manque le dernier feuillet seulement.

Cette traduction française, de la seconde partie du Nouveau Testament, est très remarquable sous le rapport philologique.

30. Livres sapientiaux et fragments des petits Prophètes traduits en français.

Papier in-12., 176 f.   d. r. L.

Origine inconnue.

Ms. du siècle dernier, comprenant l'Ecclésiaste complet, une partie des Proverbes et de la Sagesse, l'Ecclésiastique, et quelques fragments des Prophètes traduits en français ; il est précédé de *réflexions* sur le Pater et de prières pour se préparer à la communion.

Incomplet au commencement et à la fin.

31. PSALTERIUM DAVIDIS ARABICUM.

Papier in-12., 187 f.   r. L.

Origine inconnue.

Ms. du XVIII.ᵉ siècle. Titres en rouge, 15 lignes par pages, versets distincts.

C. Interprètes et Commentateurs.

32. Nicolai de Lyra postille morales seu mystice super omnes libros Bibliorum exceptis libris sapientialibus et epistolis tum Sancti Pauli tum Canonicis et Apocalypsi.

Vélin in-fol., 204 f.   d. r. L.

Corbie. 109. C.

XIV.ᵉ siècle. Ecriture de plusieurs mains, qui n'est nulle part l'œuvre d'un copiste habile, à 2 colonnes, de 55 lignes, reglées à l'encre; lettres ornées.

Le dernier bibliothécaire de Corbie, auquel nous avons emprunté le titre de ce manuscrit, fait observer dans sa note que quelques livres de l'Ancien Testament sont placés après l'Apocalypse. *Notandum, dit-il, aliquos libros Veteris Testamenti reponi post Apocalypsim.*

Une note beaucoup plus ancienne indique ainsi l'ordre des livres, et son origine.

In hoc libro continentur postille morales seu mistice Magistri Nicolay de lyra in sacra pagina doctor qui fuit de ordine minorum super V libris legis Moysayce et super iosue. iudicibus ruth. et super IIII.or libris regum : paralipomenon. esdra. hester. iob. psalterio. ysaya. ieremya. ezechiele. daniele. XII. prophetis. IIIIor euangel. actibz aplor. thobya. iudich et super libris macha-baeorum. quem fecit scribere fr iohannes de crensis decanus al' de ambian. natus que de ciuitat. ac monachus corbiens. Ideo studens oret pro anima eius.

Le commentaire de Nicolas de Leyre est imprimé.

On lit à la fin, de la main du copiste :

Expliciumt postille morales seu mistice super omnes libros sacre scripture exceptis aliquibus qui non uidebantur tali exposicione indigere. Igitur ego frater Nicholaus de lira. De ordine fra-trum minorum deo graciam ago qui dedit michi graciam hoc opus incipiendi et perficiendi in die Scti Georgij. Anno domini M CCC XXXIX Rogo eciam eos qui studerint in hoc opere quatinus deum pro me deprecentur qui auctor est omnis boni.

Et plus bas : *Codex scriptus anno domini MCCCXXXIX cura fratris Johannis de Crensis nati Ambian. et Monachi Cor-beiensis.*

33. Nicolai de Lyra postille in Vetus Testamentum a Genesi ad Judith.

Vélin in-fol., 398 f.   d.r. L.

Corbie. 112. C.

XIV.e **siècle. Ecriture à 2 colonnes de 55 lignes, réglées au crayon; initiales de couleurs ornées de traits.**

Ce Ms. est du même écrivain que le précédent. Jean *de Crensis* le fit également écrire. Les dessins qui se trouvent joints à l'explication du texte sont d'une très-grossière exécution ; on trouve cependant dans quelques-uns une certaine facilité et l'habitude de la règle et du compas.

Ce commentaire est imprimé.

En tête sont les deux prologues :

Primus de comendacione sacre scripture in generali.

Scds de intencione auctoris et modo procedendi.

34. GLOSSA IN GENESIM.

Vélin in-4.°, 109 f.   d.r. L.

Corbie. 168. C.

XIII.e **siècle. Ecritures diverses, tantôt à 2, tantôt à 3 colonnes, tantôt à longues lignes, le texte en caractère plus gros, avec les interlignes remplis de notes de différentes époques. L'initiale est une vignette représentant la désobéissance du premier homme.**

Dans la préface, l'auteur développe quelques considérations sur les règles qu'il doit suivre en écrivant son commentaire.

Il commence par ces mots : *Sicut Paulus pro revelatione didicit etc.*

Les explications y sont de 3 espèces, mystiques, allégoriques, historiques, la plupart empruntées aux Pères de l'église.

Genesis cum glossa, *cod. memb. sæculi* 13. du catalogue publié par Montfaucon ?

35. LIBER JOB CUM GLOSSA.

Vélin in-fol., 119 f.   d.r. L.

Corbie. 85. F.

XIII.e siècle. **Bonne écriture, avec lettres ornées ; initiales sur fond d'or, historiées d'animaux.**

Le texte, en grosses lettres, occupe le centre de la page, divisée en 3 colonnes irrégulières, dont deux réservées au commentaire. Les interlignes du texte sont chargés de notes.

En tête sont les deux préfaces de St.-Jérôme, puis une explication sur la nature du commentaire suivant laquelle *quedam historice hic dicuntur et allegorice et moraliter, quedam nequeunt ad lecturam accipi, quedam erronea;* enfin une revue sommaire du livre où l'on examine le caractère de Job.

36. LIBER JOB CUM GLOSSA.

Vélin in-fol., 112 f.   d.r. L.

Corbie. 86. C.

Beau Ms. du XIIIe siècle, **d'écriture inégale, sur 2 ou 3 colonnes, texte en caractère plus gros, initiales de couleur.**

Même que le précédent. Les 3 feuillets écrits à la suite du commentaire et dont le bibliothécaire a dit : *In fine codicis est aliud scriptum quod legat qui poterit* (note en tête du volume), sont une suite du commentaire, écrite au XIV.e siècle, en cursive ; elle se trouve dans le Ms. précédent, sur lequel on l'aura probablement copiée.

A la fin sont 5 sermons ou homelies : 1.º *In octavis domini* ; 2.º *In die Epiphanie* ; 3.º *In dominica post Epiphaniam* ; 4.º *In die Purificationis* ; 5.º *In die beate Agnetis.*

Sur la feuille de garde on lit le prologue : *Job exemplar patientie , etc.*

Deux commentaires sur Job sont indiqués au catalogue publié par Montfaucon.

37. Glossa in Job.

Vélin in-4.º , 86 f.   d.r. L.

Corbie. 188. C.

XIII.ᵉ siècle. **Bonne écriture , avec initiales de couleur , sur 3 colonnes , dont le texte occupe celle du milieu.**

Ce commentaire comprend trois explications, allégorique, morale et mystique. Il commence par : *inter multos sæpe quæritur.*

La préface qui se trouve en tête est en grande partie empruntée à St.-Grégoire, dont les morales ont été souvent mises à contribution par l'auteur.

38. S. Gregorii Libri moralium in Job à 1.º ad vᵐ inclusivè.

Vélin in-fol. , 110 f.   d.r. L.

Corbie. 78. F.

Beau Ms. du XII.ᵉ siècle, à 2 colonnes, de 33 lignes, tracées à l'encre et pointées, avec lettres initiales historiées d'arabesques et d'animaux or et couleur d'une très-bizarre composition.

Il contient les cinq premiers livres et la lettre à l'évêque Léandre servant de préface.

Les variantes que l'on y rencontre sont signalées dans l'édit. des Bénédictins.

39. S. Gregorii Libri moralium in Job à vi° ad x^m inclusive.

Vélin in-fol., 170 f.   d.r. L.

Corbie. 79. F.

Beau Ms. du **XII.**^e siècle, à 2 colonnes, de 18 lignes, tracées à l'encre et pointées, avec initiales de couleurs, ornées de feuillages.

Les variantes que le texte présente sont signalées dans l'édit. des Bénéd. comme appartenant aux M.ss de Corbie.

40. S. Gregorii Libri moralium in Job à xi° ad xvi^m inclusivè.

Vélin in-fol., 154 f.   d.r. L.

Corbie. 80. F.

XIIe siècle. Ecriture à 2 colonnes, de 28 lignes, tracées à l'encre et pointées, avec initiales de couleurs ornées de feuillages et d'animaux, quelquefois dorées.

Ce Ms. paraît dû au même écrivain que le n.° précédent dont il est la suite; les lettres cependant y sont beaucoup plus riches sous le rapport du dessin à la fois et des couleurs.

41. S. Gregorii Libri moralium in Job à xii° ad xviii^m inclusivè.

Vélin in-fol., 139 f.   d.r. L.

Corbie. 84. F.

XIIe siècle. Ecriture à 2 colonnes, de 33 lignes, tracées à l'encre et pointées, avec initiales ornées d'arabesques et d'animaux, or et couleur

42. S. Gregorii Libri moralium in Job à xix° ad xxiv^m inclusivè.

Vélin in-fol. , 113 f.   d.r. L.

Corbie. 81. F.

XIIe **siècle. Ms. écrit à 2 colonnes, de 33 lignes, tracées à l'encre et pointées, avec initiales historiées, or et couleur.**

C'est la suite du précédent, écrite de la même main.

43. S. Gregorii Libri Moralium in Job à xxv° ad xxx^m inclusivè.

Vélin in-fol. , 143 f.   d.r. L.

Corbie. 82. F.

XIIe **siècle. Ecriture à 2 colonnes, de 30 lignes, reglées à l'encre et pointées, avec lettres initiales ornées ; Ms. moins riche que le précédent.**

Ces trois volumes et le n.° 35 , quoique de formats différents, ont dû faire partie d'une collection complète des Morales sur Job ou des œuvres de St.-Grégoire, car l'écriture qui est fort belle et les dessins sont non seulement du même style et de la même époque , mais encore semblent être de la même main.

44. S. Gregorii Libri moralium in Job a xxiii° ad xxvii^m inclusivè.

Vélin in-fol. , 55 f.   d.r. L.

Corbie. 77. F.

X.^e **siècle, très-belle écriture à 2 colonnes, de 44 lignes, tracées à la pointe sèche sur le recto , avec lettres majuscules peintes de trois couleurs, et une seule lettre tournure d'une très-grossière exécution**

Ces cinq livres sont conformes à l'édition des bénédictins.

Les marges de ce M.s sont en grande partie détruites par l'humidité. On y trouve des points, des virgules et des points d'interrogations qui ne sont pas chose ordinaire à cette époque. L'écriture en est aussi très remarquable et le P. Mabillon, observe le catalogue de Corbie, n'en donne aucune qui ressemble à celle-ci.

On trouve à la fin :

1.º Une lettre du pape Grégoire ıv aux évêques de la Gaule, d'Europe et de Germanie, contre Aldéric évêque du Mans.

Elle ne se trouve ni dans les Tables de Bréquigny, ni dans la collection des Conciles, ni dans Baluze, qui a publié dans ses Miscellanées une histoire d'Aldéric, ni dans la collection des Historiens de France de dom Bouquet, qui tous ont publié une autre lettre du même pape pour la réhabilitation du saint prélat qui avait pris le parti du Roi dont Grégoire avait voulu détacher les évêques. Voyez pour ces faits : *Histoire des évêques du Mans par* Corvaisier de Courteilles pag. 281 *et celle de* Bourdonnet pag. 370 et suiv. Voici le texte de cette pièce :

« *Gregorius universis coepiscopis per Galliam, Europam,*
» *Germaniam et per universas provincias constitutis pro Al-*
» *derico cenomannorum episcopo decretum apostolice sedis mit-*
» *tens ait :*

» Nulli fas est velle et posse transgredi apostolice sedis
» decreta nec ejus positionis ministerium quod omnium
» sequi oportet karitatem. Sitque ruine sue dolore pros-
» tratus quisquis apostolicis sedis voluerit contra ire de-
» cretis nec locum deinceps inter sacerdotes habeat, sed
» extorris a sancto ministerio fiat nec de ejus judicio quis-
» quam præterea curam habeat, cum jam dampnatus a

» sancta et apostolica ecclesia ejusque auctoritate et pro-
» pria inobedientia atque presumptione a quo . . . .   .
» .   . . qui majoris excommunicationis ejectione et exi-
» gentia cui sancte ecclesie commissa fuerat disciplina.
» Quo non solum prelibate sancte ecclesie jussionibus
» parere debuit, sed etiam aliis ne obedirent insinuare.
» Sit ergo alienus a divinis et pontificalibus officiis qui
» noluit preceptis obedire apostolicis. »

2.º Une liste des capitales de la Seconde Belgique.

Provincia Secunde Belgie.

Civitas Remorum Metropolis.

Civitas Suessionum.

Civitas Cadelaunorum.

Civitas Viromandorum.

Civitas Atrebatum.

Civitas Cameracensium.

Civitas Tornacensium.

Civitas Silvanectum.

Civitas Belvacensium.

Civitas Ambianensium.

Civitas Morinum.

Civitas Bononensium.

3.º Un fragment du testament de l'évêque St.-Remi, conforme au texte qui se trouve dans *Flodoart*. Historia ecclesiæ
Remensis lib. 1.

4.º La lettre d'Urbain II à Rainold, archevêque de Reims,
par laquelle il lui ordonne de consacrer l'évêque que se
choisira le peuple d'Arras.

5.º Une seconde lettre du même pape au même évêque,
par laquelle il lui mande une seconde fois qu'il ait à ne
point différer de consacrer l'évêque d'Arras.

Ces deux lettres sont imprimées dans MARLOT, *Metropolis
Remensis historia tom.* II. *page* 206 *et* 207.

Elles sont sans date d'année et de lieu.

6.º Un fragment de la lettre du même pape au clergé

3.

et au peuple d'Arras, par laquelle il ordonne qu'un évêque soit choisi par l'église d'Arras ; il le consacrera *salvo ecclesie Remensis jure.*

Elle est imprimée dans Baluze. Miscellanea. T. v page 247.

On trouve dans le catalogue publié par Montfaucon : *Moralia S. Gregorii Papœ in Job a lib* I *ad* V *inclusive, cod. memb. sœculi* 12. *quœ Moralia sœpe occurrunt in hac Bibliotheca.*

S'agit-il de la collection des Morales ou seulement de la répétition de cette première partie ? Je crois qu'il faut voir dans cette indication la mention de la collection complète, puisque l'on désigne plus loin un autre volume comprenant les livres I à V.

Le catalogue du XII.ᵉ siècle. (Nouv. Trait. de dipl.) contient 6 volumes des Morales sur Job, ce sont probablement les nôtres.

45. Nicolai de Lyra postilla super Psalmos, super Job et super libros Salomonis.

Vélin in-fol., 260 f. d.r. L.

Corbie. 113. C.

XIV.ᵉ siècle. **Ms.** à 2 colonnes, de 54 lignes, tracées au crayon ; titres indiqués au haut des pages.

Ce commentaire de la même époque et de la même main que les précédents, provient aussi de Jean de Crensis ; il est imprimé dans la Bible de Strabus.

On lit à la fin des Psaumes : *Explicit postilla super libris psalmorum edita a fratre Nicholao de lyra de ordine fratrum minorum sacre theologie doctore. Anno domini* M° CCC° XXVI°.

Et à la fin du livre de la Sagesse : *Explicit postilla super librum sapientie edita , etc. Deo gratias. Anno dni millesimo* CCC^mo XXX^mo *die iouis ante* iudica me.

Sit scriptor sanus sit sua sana manus. — Amen.

Ces dates, qui ne se trouvent point dans ses œuvres imprimées, n'ont point été rapportées par ses biographes.

46. GILLEBERTUS PORRETANUS IN PSALMOS.

Vélin in-fol., 322 f.   d.r. L.

Abb. de Selincourt.

XII.ᵉ siècle. Belle écriture qui paraît l'œuvre de plusieurs mains, à 2 colonnes de 33 lignes, réglées à l'encre et pointées. Le dernier feuillet manque et les premiers, altérés par l'humidité, sont devenus illisbles.

Ce commentaire de Gilbert de la Porrée, évêque de Poitiers, en 1141, est divisé en deux parties; la première contient les 75 premiers psaumes, la deuxième, le reste.

Il commence par les mots : *Christus interrogat caput cum membris, etc.*

A la suite de la première partie, on trouve un récit incomplet ayant pour titre : *Inventio et translatio beati Firmini episcopi et martyris que celebratur in octavis epiphanie divini.*

Quoniam multorum sanctorum corpora in hujus Ambianensis civitatis predio condita esse cognoscimus etc.

Et un autre complet : *Miraculum Sancte Marie semper Virginis de Theophilo ,* commençant par les mots : *Factum est autem priusquam incursio fieret in romana republica execrande persarum gentis etc.*

L'histoire littéraire de la France, tom. XII, page 473, cite cet exemplaire du commentaire de Gilbert, d'après Oudin (1), qui l'avait vu dans l'abbaye de Selincourt.

(1) Oudini Commentarius de Scriptoribus ecclesiæ , tom. 2 p. 1286.

Sanderus en cite une autre appartenant à la bibliothèque d'Elnon. Bibl. Belg. pag. 45. n.° 153.

Lipen, tom. II p. 585, dans sa *Bibliothèque théologique*, en cite une édition in-fol. imprimée en 1527.

Ce Ms. formait autrefois 2 volumes, suivant Oudin, et comme on le voit dans le catalogue publié par Montfaucon, où il est indiqué sous le titre : *Gilbertus in Psalmos, duo vol. in-fol.* Bibl. Bibl. Mss. p. 1198.

47. GILLEBERTUS PORRETANUS IN PSALMOS.

Vélin in-4.°, 148 f.   d.r. L.

Corbie. 172 C.

XII.ᵉ siècle. Ms. à 2 colonnes, de 45 lignes, tracées à l'encre et pointées, écriture compacte, surchargée d'abréviations.

Il est conforme au manuscrit précédent, mais complet. On trouve de plus, à la fin, quelques dissertations ayant pour titre :

Cur in Psalmorum titulis auctorum diversa nomina repperiuntur. — De unita inscriptione titulorum. — Quemadmodum in psalmis sit de Christo domino sentiendum.

Elles sont de la même main que le corps de l'ouvrage.

On lit à la fin : *Che livre chy est a lesglise de Corbye psaultier glose.*

48. COMMENTARII IN PSALMOS.

Vélin in-4.°, 210 f.   d.r. L.

Corbie. 202 C.

Ce Ms. écrit au XII.ᵉ siècle, est dans un assez mauvais état de conservation.

Il contient : 1.° un commentaire sur les Psaumes, à deux

colonnes , d'un caractère très-fin , commençant par les mots : *Profeta est inspiratus ;* 2.º le Psautier avec des sommaires et un nouveau commentaire occupant les marges et les interlignes ; 3.º les Cantiques ; 4.º le Symbole de St.-Athanase *Quicumque vult* , dont il manque la fin ; 5.º un recueil d'hymnes écrit à longues lignes , lequel est aussi incomplet.

Voici la désignation de ce Ms. dans le catalogue donné par Montfaucon : *Brevis commentarius in Psalmos, Psalterium deinde cum glossa, cui succedunt Cantici et Hymni Officii Divini* , cod. memb. sœculi. 12.

49. PETRI LOMBARDI IN PSALMOS.

Vélin in-fol., 310 f.   d.r. L.

Abb. de St.-Jean des Prémontrés d'Amiens.

XIII.º siècle. Ms. à 2 colonnes , partagées en demi colonnes , dont le texte occupe une partie ; bonne écriture , avec initiales de couleur ; complet et bien conservé.

La lettre B du premier psaume représente en deux tableaux 1.º David jouant de la lyre ; il est assis et une viole est à ses pieds ; 2.º le combat de David contre Goliath qui est vêtu de la cotte de maille , de la tunique et du casque à nasal. Il porte une lance et un bouclier rond.

Ce commentaire est celui de Pierre le Lombard , dit *le maître des sentences ,* avec la préface. Il est conforme à l'édition publiée à Paris , en 1644.

On lit à la fin le vers :

Finito libro sit laus et gloria Christo.

50. COMMENTARII IN PSALMOS.

Vélin in-fol., 260 f.   d.r. L.

Corbie. 56. C.

XIII.º siècle. Belle écriture à 2 colonnes , de 54 lignes , réglées à l'encre, pointées, avec capitales ornées d'arabesques; initiales avec de longs traits de couleur; texte en plus gros caractère que le commentaire au milieu duquel il est semé.

Ce commentaire est aussi de Pierre le Lombard, le même que le précédent.

51. COMMENTARII IN PSALMOS.

Vélin in-fol., 180 f.   d.r. L.

Corbie. 55. C.

XIIIe siècle.

C'est la reproduction exacte et par le même écrivain, de l'ouvrage précédent, avec quelques légères variantes.

On lit sur le dernier feuillet une note qui peut servir à faire apprécier la valeur d'un pareil manuscrit, à la fin du XIII.e siècle. Ce livre, comme on le voit, fut donné à frère Raoul, prévôt de l'abbaye de Corbie; il lui avait été engagé pour 4 livres et demie, mais il ne lui fut pas donné pour cette somme seulement, l'an 1274.

Salomon Biscocheus tradidit de voluntate et absensu hugichionis Lombardi fratri Radulpho et preposito abbatie Corbeie istum librum. Dominus hugichio obligatur pro quatuor libris et dimidia die veneris in festi beati Bertholomei apostoli anno domini m cc septuagesimo quarto presentibus domino francisco Radulpho et domino h matheo de s dionisio johanne de insula Hugone Picardo clerico Jacobo de carnoto. Isti duo libri scilicet psalterium et evangelia glossata non tantum modo pro quatuor libris et dimidia parte.

Sur un autre feuillet on lit :

Hoc psalterium glossatum et memoriale magri Radulfi normandi pro XXXIII libris parisiensibus VI den. ijᵒ sol pretii acomo-

datis pro Matheo Lombardo. item vult habere viij sol par^{es}.... pro tertia parte vocabulorum biblie quam tradidit ad vendendum.

Et ailleurs :

Matheus tradidit istum librum magistro iohanni de Corbie die sabbati post festum beati petri ad vincula.

52. IN LIBRUM PSALMORUM.

Papier in–4.°, 177 f.   d.r. L.

Abb. de St.-Martin-aux-Jumeaux.

XVIIe siècle. Écriture cursive.

Il comprend un recueil de pensées des Pères et des Docteurs de l'église, sur chacun des psaumes de David, et une introduction composée de fragments empruntés aussi aux mêmes sources.

53. In omnes Psalmos Davidis notæ et paraphrasis cum traductione gallica, argumentis, simul et versione duplici, vetere et nova ex hebræo fonte expressa, et ad veterem, quoad licuit, redacta. Rothomagi. Anno Domini. 1737.°

Papier in–4.°, 495 f.   d.r. L.

Origine inconnue.

Ce Ms. , d'une écriture très-lisible, est parfaitement conservé.

Chaque psaume est précédé d'un argument en latin. La version ancienne, la nouvelle et la traduction française sont placées dans 3 colonnes distinctes.

Au-dessous de chaque verset, on trouve, dans 2 colonnes différentes, les notes et les paraphrases en latin.

A la fin sont deux tables, l'une des psaumes par ordre

alphabétique, l'autre des psaumes suivant les différents sujets auxquels on peut les appliquer.

54. S. Augustini in Psalmos à LXXIII° ad c^m inclusivè.
Vélin in-fol., 193 f.   d.r. L.

Abb. de Selincourt.

XIIe siècle, à longues lignes, 33 par page, réglées à l'encre. **Belle** écriture, avec lettres tournures en couleurs simples et élégantes. **Bien** conservé.

Imprimé. S. Aug. op. édit. Ben. tom. IV.

La première page seule est endommagée.

55. S. Augustini in Psalmos à CI ad CL inclusivè.
Vélin in-fol., 206 f.   d.r. L.

Abb. de Selincourt.

XIIe siècle, à 2 colonnes de 42 lignes, réglées à l'encre et pointées, avec rubriques et lettres tournures coloriées. **Bien conservé.**

Imprimé. S. Aug. op. édit. Ben. tom. v.

Ces deux volumes de St.-Augustin sont inscrits au catalogue de Montfaucon : *S. Augustini in Psalmos, duo vol. in-fol.* Bibl. Bibl. Mss. p. 1198.

56. COMMENTAIRE SUR LA BIBLE, par feu M. l'abbé Vittement, ancien lecteur des Enfants de France, et sous-précepteur du roi Louis XV.

IIe CAHIER. Depuis le IIe chapitre des Nombres, jusqu'à la moitié du 23.e chapitre du IVe livre des Rois.

Papier in-4.°, **32 cahiers.**   Liasse.

Bien conservé.

III.ᵉ CAHIER. Depuis la moitié du IV.ᵉ livre des Rois, jusqu'au 13.ᵉ chapitre du livre de Néhémias, qui est le second d'Esdras, ou jusqu'au livre de Tobie.

Papier in-4.°, 12 cahiers.   Liasse.

Assez bien conservé.

IV.ᵉ CAHIER. Depuis le 13.ᵉ chapitre de Néhémias, ou le livre de Tobie, jusqu'à la moitié du 20.ᵉ psaume de David.

Papier in-fol., 18 cahiers.   Liasse.

Plusieurs cahiers ont été rongés par les rats.

V.ᵉ CAHIER. Depuis la moitié du 20.ᵉ psaume de David, jusqu'au 27.ᵉ verset inclusivement du 4.ᵉ chapitre des Proverbes de Salomon.

Papier in-fol., 41 cahiers.   Liasse.

Assez bien conservé.

M. le Président Hanocq.

L'abbé Jean Vittement naquit à Dormans en Champagne, en 1655; il fut professeur, puis recteur de l'Université et coadjuteur du principal du collége de Beauvais à Paris, il complimenta, lors de la paix de 1697, Louis XIV qui le nomma sous-précepteur des ducs de Bourgogne, d'Anjou et de Berry, ses petits fils. Il accompagna en Espagne le duc d'Anjou, devenu roi en 1700. Philippe V lui offrit l'archevêché de Burgos qu'il refusa. Vittement rentra au collége de Beauvais, d'où le régent l'appela à la cour, pour y être sous-précepteur de Louis XV; il quitta la cour en 1722, refusant tous les titres qui lui étaient offerts, et mourut dans sa patrie en 1731.

L'abbé Vittement ne fit rien imprimer; ses ouvrages restés manuscrits passèrent dans la bibliothèque de M. Hanocq, conseiller, puis président de la Cour royale d'Amiens.

A sa mort, ses héritiers en ont fait don, le 3 décembre 1839, à la bibliothèque d'Amiens, qui possède ainsi tous les ouvrages de l'abbé Vittement, que mentionne M. Lacatte-Joltrois, l'auteur de sa biographie. (Biogr. univ. de Michaud.)

Ce commentaire est l'œuvre d'un homme simple et savant, aussi versé dans la littérature sacrée que dans la littérature profane.

57. S. Ambrosii Mediolanensis
Expositio de Psalmo centesimo octavo decimo.
Vélin in-fol., 171 f.   d.r. L.

Abb. de Selincourt.

XII.ᵉ siècle. Ms. à 2 colonnes de 34 lignes, réglées à l'encre, parfaitement conservé et d'une très-belle écriture.

Il commence par ces mots : *In nomine sancte trinitatis incipit expositio de Psalmo centesimo octavo decimo sancti Ambrosii mediolanensis episcopi.*

Imprimé. Voyez Ambrosii opera. Edit. Ben. tom. 1.

Ce Ms. est indiqué dans le catalogue de la Bibliothèque de Selincourt, publié par Montfaucon. Bibl. Bibl. Mss. t. ii. pag. 1197. *S. Ambrosius in Psal.* 118. *in-fol.*

58. Explication des Pseaumes qui peut aprendre la manière de découvrir J.-C. et son Eglise dans ses divins Cantiques.
Papier in-4.°, 171 f.   d.r. L.

Origine inconnue.

XVIII.ᵉ siècle, non terminé.

L'auteur y donne le triple sens grammatical, historique et prophétique. Son commentaire pour chaque psaume se divise en deux parties, le prélude, sorte de préface toute mystique où l'auteur établit des rapprochements entre David et Jésus–Christ, et l'explication, paraphrase pleine d'exaltation et de mysticisme.

Ce travail comprend l'explication des 25 premiers psaumes. A la fin se trouvent le texte et la traduction de la constitution Unigenitus, publiée à Rome, le 10 septembre 1713, avec quelques réflexions sans intérêt.

59. Paraphrases des 20 premiers psaumes de David. Papier in-fol., 182 f.   d.r. L.

Abb. de St.-Jean d'Amiens. 3.

XVIII.ᶜ siècle. **Ms.** parfaitement écrit, de diverses écritures, doré sur la tranche.

En tête se trouvent quatre sermons ou discours sans valeur et sans intérêt.

60. Commentaire sur le Psaume 118. Papier in-12., 192 pag.   d.r. L.

Bibl. du chanoine Navières.

Ms. du **XVII.**ᶜ siècle.

Il comprend un commentaire ou plutôt une série d'homélies sur le sens spirituel de chacun des versets de ce psaume.

61. Traduction en vers français ou explications des Psaumes, des Cantiques et des Hymnes qui se chantent dans l'église, selon l'usage de la Congrégation de St.-Maur. Papier in-8.°, 177 f.   d.r. L.

Origine inconnue.

Cette traduction, écrite au commencement du dernier siè-

cle, n'a le mérite ni de la fidélité ni de la poésie. L'auteur
du reste, avoue dans l'avertissement qu'il n'est point poète.
Il n'a eu d'autre but, dit-il, que de s'occuper dans la solitude, de s'édifier lui-même, et de chercher dans les psaumes un sens conforme à la piété, sans prétendre avoir trouvé
celui qui serait le plus capable d'exprimer partout les véri-
tables pensées du prophète ; il permet à ceux qui ont des
lumières supérieures d'y changer, d'y effacer et d'y ajouter
ce qu'ils jugent à propos.

62. S. Bernardi sermones in Cantica Canticorum.
Vélin in-4.°, 182 f.   r.p. L.

Corbie. 229. D.

xiv.e siècle. **Ms.** à 2 colonnes, 35 lignes, réglées à l'encre; initiales
de couleur.

Il contient les 82 premiers sermons imprimés dans les
œuvres de St.-Bernard. Edit. de Mabil. tom. iv.

On lit à la fin. *Explicit. Amen. Amen. Amen.*

A la suite se trouve un autre sermon sur le troisième
verset *Recti diligant te*, écrit de la même main, mais qui
n'est point de St.-Bernard.

Le Ms. commence par ces mots *Incipiunt sermones scti
Bernardi abb̄ clarevallensis de canticis canticorum sumpti numero quinquagenta unus.*

Ce Ms. est cité dans le catalogue de Montfaucon. (Loc.
cit. pag. 1408.)

63. Expositio Joannis episcopi Sabinensis quondam decani Ambianensis super Cantica Canticorum
à sacrosancta Romana ecclesia approbata anno
domini mccxxxiii.
Vélin in-4.°, 124 f.   d.r. L.

Abb. de St.-Martin-aux-Jumeaux.

Ms. du XIII.ᵉ siècle, à longues lignes, 16 par page, réglées à l'encre, d'une très-belle écriture et bien conservé.

L'auteur, Jean Allegrin, ou Halgrin, de l'illustre famille d'Abbeville qui portait ce nom, fut successivement prieur de St.-Pierre d'Abbeville, chanoine et chantre de St.-Vulfran, prieur de Cluni et doyen d'Amiens, de 1218 à 1225; sacré à Reims évêque de Besançon, il fut appelé par le pape Honoré III au patriarchat de Constantinople, mais Grégoire IX, qui l'avait connu docteur et professeur à l'Académie de Paris où il jouissait, comme prédicateur, d'une grande réputation, le nomma cardinal en 1227; Jean resta à Rome avec le titre de cardinal évêque de Sabine, et y mourut le 4 des calendes d'octobre (23 septembre 1237).

Il fut envoyé en Espagne et en Portugal pour prêcher la croisade contre les Sarrasins et présida l'assemblée qui fut chargée d'examiner la validité du mariage de Jacques, roi d'Arragon, avec Eléonore qui fut répudiée. De retour en Italie, il y amena Raymond de Pennafort qu'il s'était attaché comme pénitentier. Il fut plus tard envoyé auprès de l'empereur Frédéric, pour arranger ses différends avec la cour de Rome.

Le Père Daire, Hist. d'Amiens t. 2. pag. 170, nous apprend, sans les citer, qu'il a laissé des écrits.

Le Gallia Purpurata, p. 214 et suiv., auquel nous avons emprunté les détails biographiques donnés plus haut, cite cet ouvrage sous le titre : *Expositio in cantica canticorum quæ vocatur sexta lutetiæ typis edita ab Ascensio, anno* 1521.

Il est également indiqué par Chifflet. (*Chiffletii Vesontio.*)

Les autres ouvrages de Jean sont des sermons. *Scripsit sermones de tempore, libros duos; sermones de sanctis, libros duos ex Trithemio.* (Gallia Purpurata.)

L'Histoire littéraire et Oudin ajoutent des homélies sur les épîtres et les évangiles.

Ces sermons et ces homélies faisaient partie de la bibliothèque de Corbie.

Le Père Daire rapporte que dans l'abbaye de Fontaines-les-Blanches, ordre de Citeaux, près Marmoutiers, on conservait un manuscrit ayant pour titre : *Expositio Canticorum Salomonis a Magistro Johanne Rousselle.* (Hist. litt. pag. 34. article Jean Roussel.) Les Bénédictins auteurs du Voyage littéraire, (Paris 1717, 1.re partie p. 180), en font mention aussi. Le même ouvrage se trouve dans la bibliothèque de Cambrai, et M. Le Glay l'attribue à Jean d'Abbeville, nommé ailleurs Jean Roussel.

Il a été imprimé à Paris avec le commentaire de Thomas le Cistercien, sur le même sujet, sous le titre : *Cantica Canticorum cum duobus commentariis. Fr. Thomæ cisterc. et J. Halgrini ; typis Jodoci Badii Ascensii. 1522. in-folio.*

Voyez, pour l'appréciation de ce commentaire, l'article Jean Hallegrin, de M. Petit Radel (Histoire littéraire de la France, tom. XVIII.)

On trouve à la suite : *Sermo beati Augustini episcopi. Legimus sanctum Moisem.*

64. Expositio Johannis episcopi Sabinensis quondam decani Ambianensis super Cantica Canticorum a sacrosancta Romana ecclesia approbata. Anno domini MCCXXXIII.

Vélin in-4.°, 36 f. d.r. L.

Abb. de St.-Martin-aux-Jumeaux.

XIII.e siècle. **Belle écriture**, **à longues lignes**, **32 par page**, **réglées à l'encre.**

Cet ouvrage est le même que le précédent.

65. S. Gregorii Homeliarum in Ezechielem prophetam libri duo.

Vélin in-fol., 132 f.   d.r. L.

Abb. de Selincourt.

XIIᵉ siècle. **Très-belle écriture. Ms.** à 2 colonnes de 36 lignes, réglées à l'encre, mais auquel il manque le premier feuillet, contenant la préface et une partie de la première homélie.

Les variantes que présentent ce Ms. sont consignées dans les notes de l'édit. des Bénédictins.

On lit à la fin.

Cives celestis patrie regi regum concinite, qui est supernus artifex civitatis uranice in cujus edificio talis exstat fundatio.

Istum qui scripsit meliorem scribere gliscit.

Viennent ensuite des vers sur les 12 pierres de l'apocalypse (*Versus duodecim lapidum*), un tercet pour chaque pierre. On pourra juger par celui-ci de cette explication mystique :

Auricolor. crysolytus scintilla velut clybanus
Pretendit mores hominum perfecte sapientium
Qui septiformis gratie splendescit jubare.

Enfin une explication du Cantique des Cantiques, commençant par : *Ibo ad montem myrrhe, etc.*

On lit sur la feuille de garde : *Codex iste continet duos partes homeliarum beati Gregorii Magni super Ezechielem. Deest primum filium. Pars 1ᵃ continet 12 homelias. 2ᵃ Pars 10 homelias. Sub fine codicis inveniuntur pia adagia super lapides pretiosos et Canticum Canticorum. 12ᵒ Seculo scriptus.*

Il est désigné : *S. Gregorii in Ezechielem in fine in Canticis Canticorum*, dans le Catalogue de Montfaucon. Bibl. Bibl. Mss. t. 2. pag. 1198.

66. Nicolai de Lyra postille in majores et minores prophetas ac libros Machabæorum.

Vélin in-fol. , 286 f.   d.r. L.

Corbie. 116. C.

XIV.º siècle. Ms. à 2 colonnes de 63 lignes, réglées à l'encre, avec lettres ornées ; écriture de plusieurs mains.

Ce commentaire est imprimé dans la bible de Strabus. tom. iv. édit. de 1634. in–fol. et dans les œuvres de De Leyre de 1498. car. goth.

Les dessins dont s'est servi le commentateur, pour expliquer le temple et le tabernacle, sont de l'exécution la plus grossière.

On lit à la fin d'Ezéchiel : *Explicit postilla super Ezéchielem edita a fratre Nicolao de Lyra et per ipsum completa cum dei adjutorio anno domini millesimo* cccxxxij *vigilia sanctissime trinitatis.*

Cette date qui ne se trouve point dans ses œuvres, nous apprend que ce dernier travail n'aurait précédé que de huit années la mort de l'auteur, arrivée le 13 octobre 1340.

On lit à la suite de Jérémie : *Hic autem librum Baruch et epistolam Jeremie omitto que non sunt de canone. Sed cum libris non canonicis reperientur.*

Cependant le commentaire sur Baruch vient immédiatement après ; de même que l'on trouve aussi, après Daniel, le commentaire sur l'histoire de Suzanne, de Bel et du Dragon.

Le catalogue des Manuscrits de Corbie, publié par Montfaucon, ne mentionne aucun des commentaires de Nicolas de Leyre. Peut-être sont-ils, avec beaucoup d'autres commentaires, compris sous le titre général : *Multi quoque alii Scripturæ Sacræ libri cum glossis ?*

67. Glossa in Jeremiam.

Vélin in-4.°, 118 f.   d.r. L.

Abb. de Selincourt.

Très-beau Ms. du XII.ᵉ siècle, parfaitement conservé, à 2 colonnes plus ou moins larges, suivant l'abondance des notes qui occupent souvent les interlignes; lettres tournures; capitales de couleur.

St.-Grégoire, St.-Jérôme, St.-Irénée, Origène et surtout Raban ont fourni beaucoup à l'auteur de ce commentaire.

Le livre est incomplet et finit au 52.ᵉ chap.

Le bibliothécaire de Selincourt décrit ainsi ce manuscrit :

Codex iste continet Jeremiam prophetam. Cum notis marginalibus historicis et litteralibus, accedunt quædam notæ interlineariæ quarum notarum plurima pars a B. Gregorio, Hieronimo, aliisque sanctis patribus excerpta videntur. Hoc volumen eximio caractere scriptum est et apte conservatum. Scriptum fuit sæculo 12° aut initio sequentis.

Notanda sunt varia caractera, scribendi compendia, extracta ex codicibus et monumentis Merovingianis quæ videntur super tegumentum interius hujus voluminis.

Les caractères dont il est ici question ont disparu avec la couverture.

Ce Ms. est porté au Cat. de Montfaucon.

68. Plan du St.-Évangile auquel soumis les lieux et temps auxquels Jesus a esté ou a fait ou dit quelque chose selon l'ordre marqué par les Évangélistes.

Papier in-12., 166 f.   d.r. L.

Biblioth. des Feuillants.

L'auteur de ce Ms., de la fin du XVII.ᵉ siècle, ne s'aperçut, dit-il, qu'après avoir terminé son travail, que cette traduction de l'ouvrage de Jacques d'Auzoles de la Peyre, était imprimée.

D'Auzoles, en effet, après avoir publié une édition latine de ses évangiles sous le titre : *Sancta D. N. Jesu Christi Evangelia secundum evangelistas, per Jacobum d'Auzoles à la Peyre*. Parisiis. 1610. in-fol. oblong. en avait donné, la même année, une traduction française in-4.°, dédiée à Marie de Médicis. *Biogr. suppl. tom.* 56. *pag.* 586. *Moreri* au mot *Peyre*.

En tête est une grande feuille offrant la division de la terre de Chanaan en Palestine, empruntée à la *Sainte Géographie* du même auteur, imprimée à Paris, 1 vol. in-fol. 1629.

69. S. Gregorii xl homeliarum in Evangelia libri duo.

Vélin in-fol., 126 f.   d.r. L.

Corbie. 184. F.

XI.e siècle. **Écriture** à 2 colonnes de 31 lignes, réglées à l'encre et pointées, avec lettres initiales et titres en rouge.

Voy. édit. des Bénéd. Gregorii oper. t. I.

Ce Ms. est précédé d'une table des homelies commençant ainsi : *In nomine domini hu xri incipiunt capitulationes evangeliorum quod Sts Gregorius papa romensis per omiliaston fecit.*

A la suite est une partie d'un lectionnaire du xii.e siècle, de 55 feuilles, contenant des homélies des Pères et des Docteurs depuis le cinquième dimanche avant la Nativité jusqu'à l'Epiphanie.

Sur le premier feuillet on trouve une sorte d'*Ordo* pour les diverses parties de l'année et l'acte suivant :

Isti sunt testes de dono decime de rourerio quam dona-verunt nobis ramerius thesaurarius et frater ejus Rotbertus de canonicis beate Marie. Rotgerius decanus. Otbertus de Corbeia. Tescelinus de dono medardi. Geraldus filius her-luildis. Iohannes de haimo. de canonicis sci nicholai. Guarin-fredus et milo........ reas presbiter. Dudemannus de laicis. Eustachius frater Otberti canonici. Drogo filius Sulplicie. Froardus........ Tescelini. Ramerius de demanimonte. ex familia nostra. Thescho. de monachis. Grinbertus tunc prior. Petrus flandensis. Beraldus guarinus halemannus.

Parmi une série de phrases sans suite, écrites sur le dernier feuillet, au xiii.ᵉ siècle, on lit quelques charades, des logogriphes, des vers farcis, des sentences et des épigrammes dont voici les plus curieuses.

— Pes volat ante jovem que semper tendit ad ima
   Significat que novem si desit littera prima.
— In sylvis vado venatum cum cane quino
   Quod capio prendo quod fugit hoc habeo
— Si caput est currit, si sine fine volabit
   Si totum comede, si sine ventre bibe. (Muscatum)
— Sto catha. bel. comites. liugo. xe. lauque. duces
   Bxi. fla. tol. comites. bur. aqui. nor. que. duces. (Pares sunt francie.
— O dives dives non omni tempore vives
   Fac bene dum vivis post mortem vivere si vis,
— Jam judex *vandra* qui cunctis premia *rendra*.
— Ha deus unde locus quod presul fit cadiocus
   Dignior esse cocus si cadat est ne jocus. (Quidam fuit episcopus.)

Nous croyons reconnaître ces deux volumes sous le titre : *Gregorii in Expositione Ihezechielis libri quatuor*, du catalogue des Manuscrits de Corbie, au xii.ᵉ siècle. (Nouveau Trait. de Dipl. t. vi. p. 232.)

4.*

70. Glossa in quatuor Evangelia.

Vélin in-fol., 230 f.   d.r. L.

Corbie. 75. C.

Ms. magnifique du XIV.ᵉ siècle, réglé pour 4 colonnes dont le texte occupe 2 ou 3, suivant l'abondance du commentaire. Ecriture très-pure et très-correcte, plus grosse pour le texte, avec cinq miniature sur fond d'or, représentant les Evangélistes.

Ce Ms. très-bien conservé commence par : *Matheus cum primo predicasset, etc.*

En tête est le prologue *Matheus ex Judea* de St.-Jérôme.

On lit ces vers reproduits par fragments dans le rôle que tient l'évangéliste ou son attribut :

> Est homo Matheus. Vitulus Lucas. Leo Marchus.
> Virgo Iohannes avis. Quatuor ista Deus.

On a écrit sur les marges du livre de St.-Jean un commentaire tout-à-fait effacé, dont une partie reparaît çà et là, et pourrait faire croire à un palimpseste.

71. Glossa in Mathæum et Marcum.

Vélin in-fol., 155 f.   d.r. L.

Corbie. 110. C.

XIII.ᵉ siècle. Ms. avec initiales enluminées, or et couleur, à 2 ou 3 colonnes, selon l'abondance du commentaire, qui est écrit en plus petit caractère.

Ce commentaire est, pour les deux Evangélistes, le même que le précédent.

La note du bibliothécaire de Corbie porte :

In initio et fine est aliquid examinandum.

Ces 2 feuillets à examiner renferment simplement quelques fragments de la Bible commentés, n'offrant aucun intérêt réel, et les vers suivants :

Conceptum semen sex primis omne diebus
Estque latens reliquis que novem fit sanguis. at inde
Consolidat duodena dies. bis nona deinceps :
Effigiat post prima sequens deducit ad ortum
Seni lacte dies tres sunt in sanguine terni
Bis seni carnem. ter seni menbra figurant.

72. Dilucidatio super Mathæum evangelistam ex variis patribus excerpta.

Vélin in-4.°, 209 f.   d.r. L.

Abb. de Selincourt.

XII.ᵉ siècle. **Ms. à 2 colonnes de 28 lignes, réglées à l'encre, d'une belle écriture, bien conservé, avec lettres tournures.**

Ce commentaire, emprunté à St.-Grégoire, à St.-Ambroise, à St.-Jérôme, à St.-Hilaire, à Bède le Vénérable, à S.-Leon et à St.-Remi, est précédé d'une dissertation sur le nombre 12 des apôtres, 4 des évangélistes, et sur leurs attributs symboliques.

L'évangile y est divisée en épisodes avec trois explications historique, allégorique et morale.

Il commence par : *Dominus ac redemptor noster ad commendationem, etc.*

Il manque à la fin quelques feuillets.

Il est inscrit au Catalogue de Montfaucon : *Elucidatio in Mathœum, in-fol.*

73. GLOSSA IN EVANGELIUM SANCTI MATHÆI.

Vélin in-4.°, 80 f.   d.r. L.

Corbie. 220. C.

XIII.ᵉ siècle. **Bonne écriture à 3 colonnes ; le texte, qui occupe la colonne du milieu, est en caractères un peu plus gros, interligné de notes.**

L'initiale est une petite miniature sur fond d'azur, représentant l'apôtre debout sur un monstre. Le dessin en est remarquable pour la pureté des lignes et l'habile agencement des draperies.

On lit à la fin : *Iste liber est thesaurarii.*

Ce commentaire est le même à peu-près que les n.ᵒˢ 70 et 71.

74. Le Saint Evangile de Saint-Mathieu, par feu l'abbé Vittement, ci-devant lecteur de Nosseigneurs les Enfants de France et Sous–Précepteur de Sa Majesté régnante Louis xv.

Papier in-fol., **123** cahiers.   Liasse.

M. le Président Hanocq.

Il manque quelques feuillets à ce commentaire écrit avec érudition et simplicité.

L'histoire du Christ sera lue surtout avec intérêt par ceux qui s'occupent d'exégèse biblique.

75. Expositio Bedæ super Lucam.

Vélin in-fol., 140 f.   d.r. L.

Corbie. 36. F.

XII.ᵉ siècle. **Ms.** à 2 colonnes de 38 lignes, réglées à l'encre, d'une très-belle écriture et d'une conservation parfaite, avec lettres tournures.

Le texte est précédé de la lettre d'Acca et de la réponse de Bede, et conforme à l'édition de Cologne. *Bedæ opera,* tom. v.

On lit à la fin : *Iste liber est Ste. Marie del Vaissi.*

Ce Ms. est inscrit , *Beda in Lucam* , au catalogue de la Bibliothèque de Corbie , dressé au xii.ᵉ siècle. (*Nouv. Trait. de Dipl. tom.* vi. *pag.* 231.)

76. Glossa et expositio in Lucam et Johannem.

Vélin in-fol. , 163 f.   d.r. L.

Corbie. 106. C.

XIII.ᶜ siècle.**Belle** écriture à 3 colonnes; texte plus gros; indication des **Evangiles** au haut des pages; quelques lettres historiées.

En tête de ce Ms. est la préface attribuée à St.–Jérôme, qui se trouve daus le v.ᵉ volume de ses œuvres. Edit. Bénéd. p. 923.

Celle de Bede. (*Bedæ opera. tom.* v. *p.* 45. *Coloniæ* 1612) précède le livre de St–Jean.

Ce commentaire est emprunté aux Pères de l'Eglise et aux principaux Docteurs.

77. Le Saint Evangile de Jésus-Christ, selon St.– Luc, par feu M. l'abbé Vittement.

Papier in–fol. , 20 cahiers.   Liasse.

M. le Président Hanocq.

Commentaire incomplet, ne comprenant que les sept premiers chapitres de l'Evangile de St.–Luc.

78. S. Thomæ Aquinitatis Expositio in Evangelium. S. Johannis.

Vélin in-fol. , 134 f.   d.r. L.

Corbie. 117. G.

XIV.ᶜ siècle. **Mauvaise** écriture à 2 colonnes de 58 lignes tracées à l'encre; initiales de couleur.

Le prologue commence par les mots *Vidi dominum se-dentem super solium excelsum*, *etc.*, comme dans l'édition imprimée à Anvers en 1612.

Ce Ms. présente de nombreuses variantes avec cette édition et plus encore avec celle de Paris de 1640.

A la fin du commentaire on lit la note de Renaud de Priverne : *hoec ergo sunt etc*, que portent un grand nombre de Mss. (Voyez *Scrip. ord. prædicat. t.* I. *pag.* 382, l'article Reginaldus de Priverno).

A la suite est la célèbre censure d'Estienne, évêque de Paris. (Etienne Tempier) de 1277, en partie publiée dans le *Maxima bibliotheca patrum.* tom. XXV. pag. 330 et suivantes. Voyez aussi Duboulay. *Hist. de l'Univ. de Paris.* tom. III *p.* 403 *et suiv.* et aussi d'Argentré. *Coll. jud.* tom. I. *p.* 188 *et suiv.*

Au bas de la première page , qui est à demi entouré d'un cadre peint, on a représenté un moine offrant son livre à un autre qui tient une bannière de gueule à 3 trèfles d'or. Un écu aux mêmes armes est suspendu au-dessous.

Ces armes sont celles de la famille De la Forge de Racquinghem , noble maison d'Artois.

Ce Ms. est compris sans doute dans les *Alia quoque multa S. Thomæ Aquinitatis opera* du catalogue donné par Montfaucon.

79. 1.° Glossulæ super Evangelium S. Johannis.

2.° Speculum ecclesiæ Hugonis a Sancto Victore.

3.° Meditationes S. Bernardo attributæ.

4.° Liber de Conscientia editus ad quemdam religiosum et litteratum virum de ordine Cisterciensi.

5.° Tractatus S. Bernardi de deo diligendo.

6.° Actus Apostolorum.

Vélin in-fol., 291 f.   d.r. L.

Corbie. 106. F.

Beau Ms. du XIII.° siècle, à 2 colonnes de 46 lignes réglées à l'encre et pointées; titres et initiales de couleur; quelques miniatures or et couleur, au livre de St.-Jean.

Ce texte de St.-Jean, écrit en grosses lettres, est d'une très belle écriture ; le commentaire très-abondant occupe les 2 tiers du feuillet et commence par : *Omnibus divine scripture paginis, etc.*

Le miroir de l'église finit au 7.° chapitre à la suite duquel on trouve dans le Ms. 6 lignes qui ne sont ni dans l'édition des œuvres de Hugues, imprimée à Paris par Bouchard pour J. Petit. 1518. in-f.°, ni dans l'édition de Rome de 1581, les voici :

» Quia missa est digna hostia per quem fracta sunt
» tartara institutum fuit in primitivà ecclesià ac in per-
» fectis diebus post missam dicere benedicamus domino, in
» festis ite missa est, quum in perfectis diebus soli mi-
» nistri intersunt misse quorum officium est benedicere
» domino in festis vero cum veniunt laici vero dicitur eis
» ite missa est quasi huc usque debentibus interesse sa-
» cris ministeriis sed modo datur licentia recedendi. *Ex-*
» *plicit sancte ecclesie speculum.*

Les méditations de St.-Bernard se trouvent parmi les œuvres qui lui sont attribuées.

Bernardi opera. Edit. Mabillon. tom. II.

4. Parmi les œuvres supposées on trouve également le livre de la conscience. *tom.* II.

5. Le traité de l'amour de Dieu de St-Bernard, voyez tom I. pag.

6. Les Actes des Apôtres, sont précédés du prologue de St-Jérôme et divisés en chapitres avec un sommaire à l'encre rouge.

On lit à la fin du volume en grosses lettres. *Iste liber est Ste-Marie del Vaissi.*

Ce Ms. est porté au catalogue de Montfaucon, ainsi qu'il suit : *Joannis Evangelium cum glossa, speculum Ecclesiæ Hugonis à Sancto Victore, meditationes S. Bernardo attributæ, liber de conscientia eidem attributus, tractatus S. Bernardi de deligendo Deo, Acta Apostolorum mutila. cod. memb. sœculi* 13

80. Le Saint Evangile de Jésus-Christ, selon St.-Jean, par feu M. l'abbé Vittement.

Papier in-fol., 82 cahiers.   Liasse.

M. le Président Hanocq.

Ce commentaire est incomplet ; il y manque une partie des chap. 6. 7. 9. 12. 13. 16. 19. et aussi le dernier feuillet.

81. Commentarii 1.° Hieronimi in Evangelium Marci.

2.° Augustini in Epistolas Pauli ad Romanos et Galathas.

Vélin in-4.°, 116 f.   d.r. L.

Abb. de Selincourt.

Beau Ms. du XIII.ᵉ siècle, à longues lignes, 22 par pages, réglées à l'encre, bien conservé et d'une fort belle écriture, avec initiales de couleur.

Le bibliothécaire de Selincourt a dit de ce volume *nil completum, nil emandatum, magis videri potest quam hoc volumen*.

Le commentaire de St.–Jérôme sur St.–Marc est imprimé dans l'édit. des Bén. avec la note *hi commentarii non sunt Hieronimi tametsi non indigni qui legantur*. T. v. pag. 885. Toute la partie en italique, dans l'imprimé, ne se trouve pas dans le Ms. dont les différents chapitres ont pour titres : *Virtus prima*, *virtus secunda etc.*

Le commentaire de St.–Augustin est précédé du prologue et des préfaces.

Voy. *Augustini opera*. édit. des Bénéd. Paris. tom. III.ᵉ 2.ᵉ partie.

Inscrit au catalogue de Selincourt publié par Montfaucon.

82. Bedæ expositio Epistolæ Pauli ad Romanos.

Vélin in-fol., 168 f.   d.r. L.

Abb. de Selincourt.

XIII.ᵉ siècle. Ms. à 2 colonnes, avec citations en encre rouge et initiales de couleur.

Il est bien conservé, à l'exception du premier feuillet, contenant une préface, qui est tout-à-fait effacée.

Voy. *Bedæ opera. Coloniæ* 1612. tom. vi.

A la fin sont écrits à trois colonnes, aussi au XIII.ᵉ siècle, les deux poèmes d'Hildebert, évêque du Mans, 1.º *De sacramento altaris*.

Tollimur e medio fatis ingentibus omnes etc.

2.º *Super toto missæ sacrificio*, etc.

Scribere proposui quo mistica sacra piorum

Missa representet.

Ces deux ouvrages sont imprimés. Voy. *Venerabilis Hil-deberti opera, tam edita quam inedita. Accesserunt Marbodii opuscula labore et studio D. Antonii Beaugendre. Parisiis.* 1708 2 *vol. in-fol.*

83. Expositio SS. Patrum super Epistolas S. Pauli apostoli.

Vélin in-fol., 231 f.   d.r. L.

Corbie. 124. C.

XII.ᶜ **siècle. Ms.** bien conservé, à 2 colonnes de 54 lignes, tracées à l'encre et pointées, dont la plus petite est occupée par le texte ; écriture de caractères inégaux, avec lettres ornées, or et couleur et quelques arabesques.

Ce commentaire est tiré des Pères ; St.-Ambroise, St.-Augustin, Haimon, St.-Jérôme, Origène, St. Hilaire, St.-Bazile, Primatius, Ysitius, Joannes Diaconus, St.-Remi, St.-Fulgence etc. y sont fréquemment cités. L'indication des sources est donnée sur les marges. Il commence par les mots : *Principia rerum requirenda sunt prius, etc.*

En tête est une espèce de symbole contenant la génération du Christ. *Pater enim deus semel de sua natura genuit filium, etc.*

84. Commentarii in Epistolas Pauli.

Vélin in-fol., 138 f.   d.r. L.

Abb. de Selincourt.

XII.ᶜ **siècle. Ecriture** inégale, à 2 colonnes de 54 lignes, dont l'une occupée par le texte, l'autre par le commentaire, quelques lettres ornées.

Les auteurs auxquels furent empruntés les éléments de ce commentaire sont cités sur les marges ; les versets sont distincts et marqués par une lettre peinte.

Le commentaire commence par *Sicut profeta post legem.*

Le catalogue de Montfaucon le désigne : *Comment. in Epist. S. Pauli ex August. et aliis , in-fol.*

85. Explicatio Epistolarum S. Pauli apostoli.

Vélin in-fol. , 215 f.   d.r. L.

Corbie. 58. C

XII.ᵉ siècle. Ms. parfaitement conservé , d'une très-belle écriture, à 2 colonnes de 40 lignes, avec lettres or et couleur, historiées d'animaux fantastiques.

Ce commentaire est le même que le précédent

86. 1.º Glossæ in epistolas S. Jacobi, Johannis et Jude.

2.º Liber quartus Sententiarum Petri Lombardi.

Vélin in-4.º , 116 f.   d.r. L.

Corbie. 204. C.

XIV.ᵉ siècle. Ms. à 2 colonnes, avec initiales ornées ; très-bien conservé.

La première partie composée de 41 f. comprend le texte et la glose des Épîtres en tête la dissertation de Bede sur les pierres précieuses et la préface de St-Jérôme *Non ita est ordo etc.*

La deuxième comprend le 4.ᵉ livre des Sentences de Pierre le Lombard, précédé du sommaire et des tables.

Imprimé.

87. Expositio Sancti Ambrosii in Epistolas Pauli.

Vélin in-fol., 188 f.   d.r. L.

Corbie. 50. F.

IX.e siècle. **Ms.** à longues lignes, 26 par pages, réglées à la pointe sèche; bien conservé, avec les citations en encre rouge; sans lettres ornées.

Il comprend le commentaire sur la lettre de St.-Paul aux Romains et les deux lettres aux Corinthiens.

Ils sont imprimés dans l'*Appendix*, à la suite des œuvres de St-Ambroise. édit. des Bénéd. Paris 1690.

Le prologue présente quelques différences avec l'imprimé, qui n'a pas suivi non plus le texte exactement.

88. Expositio Sancti Ambrosii in Epistolas beati Pauli.

Vélin in-fol., 181 f.   d.r. L.

Corbie. 51. F.

Précieux Ms. du IX.e siècle, à longues lignes, 29 par pages, réglées à la pointe sèche; bonne écriture, sans ornement; le titre, en capitales romaines, occupe le premier feuillet.

Il contient le commentaire sur les lettres aux Colossiens, aux Thessaloniciens I.e et II.e; à Thimothée I.e et II.e; à Titus et à Philemon.

Ce volume, qui paraît avec le précédent former tout le commentaire de St.-Ambroise sur les lettres de St.-Paul, à l'exception de celui de la lettre aux Hébreux, n'est point de cet auteur et l'exposition est tout-à-fait différente de celle qu'ont publiée les Bénédictins: *Ambrosii opera t.* II. *Appendix.*

Ce M.s leur était connu, et voici en quels termes ils en parlent dans l'admonition qui précède le commentaire qu'ils ont adopté.

« In bibliotheca Corbeiensi unum habetur tomis duobus
» comprehensum, quo nullum aliud sive antiquitatem, sive
» characterum elegantiam spectes, præstantius videre nobis
» licuit. At cum in eo commentaria in omnes Pauli epis-
» tolas, illa excepta quœ ad Hæbreos inscribitur, sub no-
» mine Ambrosii contineantur, cum aliis codicibus scriptis
» atque editis tantum modo in priores tres epistolas consentit,
» discrepat vero in cœteras. Rabbanus Maurus in commen-
» tario suo ex patribus collecto ulterius progressus, ea om-
» nia nomine Ambrosii donat, quæ ex Ambrosiastro in epis-
» tolas quinque priores petita citat : sed in reliquas quid
» quid inserit sub titulo sancti doctoris, ea in solo Cor-
» beinsi codice reperire est. Citantur quoque ab Ivone Car-
» nutensi ex prologo epistola ad Philemonem verba non-
» nulla, quæ non nisi apud Rabanum et in Corbeiensi co-
» dice reperias. »

On ne doit donc plus s'étonner alors si Lanfranc (*de modo studendi et vita doctorum*), cite comme empruntés aux commentaires de St.-Ambroise plusieurs passages que nous ne retrouvons plus aujourd'hui dans les imprimés. On sait du reste que ces commentaires sont seulement attribués à ce docteur et l'on peut voir, à ce sujet, la préface de la nouvelle édition de ses œuvres.

Le prieur de Corbie dans son catalogue (Montfaucon Biblioth. Bibli. Mss. tom. II. pag. 1406) indique de la manière suivante ces deux volumes : *Commentarii in Epist. Pauli S. Ambrosio attributi. vol. 1. cod. memb. sœc. 9.*

Ejusdem commentarii in epist. Pauli S. Ambrosio attributi. vol 2. cod. memb. sœculi 9.

Ils ne paraissent point appartenir au catalogue du xii.ᵉ siècle, (*Nouveau traité de diplom. tom.* vi *p.* 230 *et suiv.*) du moins être inscrits au nom de St.-Ambroise ; peut-être sont-ils compris sous la désignation. *Expositio cujusdam in Epistolis Pauli et item ad Thessalonicenses expositio.*

89. S. Augustini opera.

1.° In Epistola S. Johannis apostoli omilie numero x de caritate.

2.° De verà religione.

3.° Questiones inter Felicianum et Augustinum de fide trinitatis.

4.° Libellus interrogationum Orosii et responsionum Augustini.

Vélin in-4.°, 112 f.　　　　d.r. L.

Abb. de Selincourt.

Ms. de la fin du **XII.**ᵉ siècle, d'une bonne écriture de diverses mains, à longues lignes ; bien conservé.

Le relieur a maladroitement placé à l'envers les 5 premiers feuillets.

Ces quatre titres sont inscrits au catalogue de Montfaucon.

90. Flores Augustini Yponensis episcopi super epistolam Pauli ad Corinthios.

Vélin in-fol., 176 f.　　　　d.r. L.

Abb. de Selincourt.

XII.ᵉ siècle. **Ms.** à 2 colonnes, très-bien conservé ; initiales de couleur.

La première lettre, outre les arabesques dont elle est ornée, présente une image de St.-Augustin assis, tenant un role. Les draperies de sa robe rappellent, pour la raideur et l'engencement, celles des figures des évangélistes dans le n.º 24.

Chacun des versets des deux lettres de St.-Paul est reproduit en caractères rouges, ainsi que l'indication des différents traités de St.-Augustin dont les sentences ou explications ont été tirées.

91. Epitome beati Thomæ in Epistolas Pauli.

Papier in–4.º, 172 f.   d.r. L.

Bibl. des Dominicains.

Écriture très-fine et très-serrée.

Cet abrégé de l'exposition de St.-Thomas sur les Épîtres de St.-Paul, écrit par un dominicain d'Amiens, a été terminé le 7 juillet 1644.

A la fin est une table des matières par ordre alphabétique.

92. Epistolæ canonicæ cum scholiis et Apocalypsis.

Vélin in–fol., 107 f.   d.r. L.

Corbie. 119. C.

XIII siècle. Écriture à trois colonnes inégales, texte et commentaire de caractères différents; lettres ornées de traits.

Ce commentaire est emprunté aux Pères et aux Docteurs de l'église.

Les six premiers feuillets de ce Ms. forment une prosodie en vers latins barbares ayant pour titre.

Regule quantitatum dictionum versibus explicate, incerto authore

L'écriture est une petite minuscule du XIII.º siècle, peu facile à lire.

En voici les premiers vers.

> Ante b fit brevis a sic scabo sive scabella
> Cum stabit stabulum dabo portabo sive flabellum
> Et labor hic demens labor et fabula flabam , etc.

Je crois ce curieux traité inédit.

Il est porté seul au catalogue de Montfaucon, sous le titre :

Regulæ metricæ quantitatis dictionum. cod. memb. sœc. 13.

93. Glossa in Apocalypsim.

Vélin in-4.°, 49 f.   d.r. L.

Corbie. 189. C.

XII.° siècle. Ms. à 3 colonnes, texte écrit en caractères beaucoup plus grands que celui des commentaires , avec des notes dans les interlignes.

Ce commentaire commence par : *Apocalypsis liber inter reliquos novi testamenti libros etc.*

On trouve, après le chap. 21, la description des 12 pierres précieuses.

L'initiale est fleuronnée et diversement coloriée.

D. Harmonie et Concordances des Evangiles.

94. Zachariæ Chrysopolitani in unum ex quatuor sive de concordia Evangelistarum.

Vélin in-4.°, 106 f.   d.r. L.

Corbie. 173. A.

Ms. du XIII.° siècle , à 2 colonnes , de 42 lignes , réglées à l'encre , d'une belle écriture , avec initiales de couleurs et index sur les marges.

Zacharie Chrysopolitain , né à Goldsborough , dans l'Yorkshire , de l'ordre des Prémontrés , fut chanoine régulier de l'abbaye de St.-Martin de Laon.

Le Ms. contient la 3.ᵉ préface *Cum ex quatuor, etc.* et les trois premiers livres, tels qu'ils sont imprimés dans le *Maxima Bibliotheca veterum patrum. Lugduni. t.* XIX.

On lit sur le dernier feuillet :

Hic absens est index vetus bibliothecæ hujus monasterii in 4 foliis, contentus habetur in manibus domini Andreæ du Chesne, historiographi regii.

Il manque la dernière ligne du 3.ᵉ livre , ce qui fait supposer que ce Ms. n'est qu'une partie de l'ouvrage qui a dû être complet. On n'y trouve point l'admonition au lecteur qui suit la 3.ᵉ préface, dans l'imprimé, mais on ne voit point dans l'imprimé cette note placée à la fin du chapitre 62.ᵉ, dans le Ms. : *Sciendum quia Remigius et Rabanus majorum sententiarum ex magna parte easdem super Matheum collegerunt. Placuit igitur ad eas discernendas : huc usque nomen Rabani , deinceps Remigii nomen adscribere.* Elle donne la raison de l'absence du nom de Raban dans le reste des citations.

Ce Ms. est inscrit au catalogue de Montfaucon :

Zachariæ Chrysopolitani Concordia Evangelica , cod. memb. sæculi 13.

95. CONCORDANTIA BIBLIORUM.

Vélin in-4.°, 412 f.   d.r. L.

Corbie. 428. A.

Beau **Ms.** en cursive du XIV.ᵉ siècle , à 5 colonnes de 51 lignes , réglées à l'encre , avec lettres peintes enrichies d'or.

5.*

Au bas de l'une des pages l'écrivain a mis :

Huc usque scribitur post exemplar B. de tabulis.

Et sur une autre :

Iste liber scribitur post exemplar Bernardi de albulis.

Ce Ms. est inscrit au catalogue de Montfaucon.

E. Critique sacrée ou Traités concernant l'étude de l'Écriture Sainte.

96. TRACTATUS DE SACRA SCRIPTURA TUM GENERATIM TUM SPECIATIM.

> Narraverunt mihi iniqui fabulationes,
> sed non ut lex tua. Ps. 118.

Ambiani. anno domini. 1749.

Papier in-12., 155 f.   d. r. L.

Bibl. des Augustins. C. 12.

XVIII.ᵉ siècle. Écriture très-fine et très-correcte ; en tête une gravure dont le sujet est emprunté à St.-Jean.

Ce Ms., qui commence par les mots : *Cum externæ humanæ que ingenio insertæ disciplinæ etc.,* est un traité de la manière dont on doit étudier l'écriture sainte, écrit par l'auteur, à l'usage et sur la demande de ses frères.

97. SYNOPSIS SANCTÆ SCRIPTURÆ.

Papier in-fol., 91 f.   d. r. L.

Corbie. 141. A.

XV.ᵉ siècle. Ms. à longues lignes ; écriture cursive, avec initiales et titres rouges.

Ce Ms. comprend un abrégé de l'*Histoire des Juifs* depuis

la mort de Salomon jusqu'à la prédication de l'évangile ; il se divise en 3 parties ou époques :

La première depuis Roboam, qui succéda à Salomon, jusqu'à Darius fils d'Arsace ;

La seconde, depuis Philippe, roi de Macédoine (Histoire des Machabées) jusqu'à Hérode ;

La troisième, depuis Hérode jusqu'à la disparition des disciples de Jésus-Christ.

A la suite est une courte notice sur les douze tribus sous le titre : *De benedictionibus* XII *tribuum.*

Ce volume est inscrit au catalogue de Montfaucon.

98. 1.° Contradictions apparentes de la Sainte Ecriture exposées par plusieurs autheurs, recueillies d'une manière plus abrégée.

Ouvrage fort utile aux prédicateurs et aux ecclésiastiques.

2.° Recueil des plus belles difficultés que l'on peut former sur la Sainte Ecriture, tant du Vieux que du Nouveau Testament, soit pour le dogme, soit pour la morale, ou soit pour l'histoire, avec leurs réponses tirées des Pères de l'Eglise ou des Docteurs les plus accrédités des premières Universités du monde, très-utile pour l'intelligence des textes de l'Ecriture Sainte.

Par le P. ANTOINE (ROBUTEL) d'Amiens, Capucin.

Papier in-4.°, 233 f.　　　　　d.r. L.

Bibl. des Capucins d'Amiens.

Ms. de 1746, d'une bonne écriture.

Dans cet ouvrage par demandes et par réponses, l'auteur explique d'une manière nette et précise les diverses contradictions et difficultés qui lui sont proposées.

F. Histoires abrégées et Figures de la Bible.

99. 1.° Chronologie historique des choses récitées dans les livres canoniques du vieux et du nouveau Testament.

2.° Méditations pour la retraite de dix jours qui se fait à la fin de l'institution des Confrères de la Congrégation de l'Oratoire de Jésus.

Papier in-8.°, 263 f.   d.r. L.

Congrégation de l'Oratoire.

Le premier traité porte la date du 13 juin 1699 et le nom de *Fr. Antoine*.

Le titre en indique suffisamment la nature.

La seconde partie est de 1694, avec le nom de *C. Romanet;* elle est due à une autre main.

Dans cette retraite, trois jours sont consacrés aux devoirs du pénitent, deux aux devoirs du chrétien, deux à ceux de l'ecclésiastique et trois aux devoirs des membres de l'Oratoire.

Ces dernières méditations sont assez intéressantes, car elles rappellent les réglements et la bulle d'établissement de cette célèbre congrégation.

100. Petris Manducatoris historia Veteris et Novi Testamenti.

Vélin in-4.°, 201 f.   d.r. L.

Corbie. 467. N.

XIVe siècle. **Ms.** à 2 colonnes de 46 lignes, réglées à l'encre ; titres au haut des pages ; initiales de couleur ; écriture très-correcte ; quelques lettres tournures de mauvais goût.

Cet ouvrage, considéré pendant plus de 300 ans comme un des meilleurs de ce genre, a été plusieurs fois imprimé et traduit. Voy. Hist. litt. de la France t. xiv p. 14.

Il est précédé de la dédicace à Guillaume de Champagne, archevêque de Sens.

On trouve à la fin, mais d'une autre main, quelques vers de *Beata Virgine*, tirés du poème *De laudibus Beate Virginis*, attribué à Pierre-le-Mangeur par Trithème et qu'à donné Fabricius. *Bibl. med. et inf. lat. t. 1. pag. 1136.*

> Si fieri posset quod arene pulvis et unde
> Undarum gutte rosa gramen lilia flamme etc.

Sur la marge on lit des notes, écrites aussi au xive siècle.

À la fin, on a écrit, sur le dernier feuillet, une suite de notes biographiques sur chacun des douze apôtres.

101. Petri Comestoris in historia Veteris et Novi Testamenti.

Vélin in-fol., 165 f.   d.r. L.

Origine inconnue.

XIVe siècle. **Ms.** à 2 colonnes ; écriture grossière ; lettres de couleur avec traits ; l'humidité a détruit totalement l'encre de plusieurs feuillets.

Ce Ms. est le même que le n.º précédent, sans les différentes pièces qui sont à la fin de ce dernier.

Le catalogue de Corbie publié par Montfaucon indique deux exemplaires de l'histoire de Pierre-le-Mangeur. Nous reconnaissons dans le 1.ᵉʳ de ceux que nous venons de décrire le second de ce catalogue *Commentarius iterum, etc.* mais nous n'avons point le 1.ᵉʳ désigné par : *Petri Comestoris commentarius in Vetus et Novum Testamentum , cod. memb. in cujus fine , scriptus fuit a Johanne Monoculo anno incarnati verbi 1183.*

102. Liber de vita domini nostri Jesu-Christi in Evangelio tradita.

Papier in-fol., 330 f.   d.r. L.

Corbie. 132. N.

XV.ᵉ siècle. **Ms.** à 2 colonnes de 36 lignes, non tracées ; écriture cursive ; capitales et titres en rouge ; initiales or et couleur.

Après le prologue, qui commence par les mots : *Fundamentum aliud nemo ponere potest ut ait apostolus etc.* on lit : *Et continet pars prima historiam ab incarnatione usque ad annum domini tricesimum secundum exclusive.*

Et à la fin du 61ᵉ chap. : *Explicit prima pars libri de vita Christi. Anno dni* M.º CCCC.º LX°. Une partie de ce feuillet a été déchirée.

La table des 61 chapitres contenus dans ce volume porte la date de 1461.

A la suite du récit historique dont se compose la première partie des chapitres, se trouvent des considérations empruntées aux Pères de l'Église, et après chaque chapitre une prière.

Ce Ms. est inscrit au catalogue publié par Montfaucon :

Pars prima vitæ J.-C Domini nostri, cod. chartac. sœc. 15.

103. 1.° Le livre de la Passion nostre Seigneur et Redempteur Jesúchrist.

2.° La vie Saincte Ulphe Vierge.

3.° Vita Sancte Ulphie Virginis.

Papier in-8.°, 260 f.   d.r. L.

Abb. du Paraclet d'Amiens.

XVI.ᶜ **siècle. Ms.** à longues lignes, 20 par page, non réglées; pages encadrées de 2 traits verts; écriture noire, très-correcte; titres rouges ou verts alternativement.

Les 2 premières légendes sont aussi remarquables sous le rapport philologique, que pour la naïveté et l'originalité du récit et des détails qu'elles renferment :

1.° La vie du Christ commence par *ung prologue à la louenge de la Vierge souveraine et de tous les Saincts et Sainctes du Paradis ;* elle est divisée en 34 chapitres et commence *tantost après la ressurrection du Ladre,* jusqu'à la prise de Jérusalem par Titus.

On lit à la fin :

« Cy fine la passion de nostre Saulveur Jesuchrist et la
» vengence de sa peneuse mort. Escripte au Paraclit en
» lan de nostre Sgʳ 1539. Laquelle fut commencée le xxx.ᶜ
» jour de janvier et finee le xxi.ᶜ de mars par ung lundi

» de la sepmaine peneuse. Pasques estaient le xxviij.ᵉ jour
» de mars et l'an de lincarnation de nostre Sgᵣ m vᶜ.xl
» 1540. »

2.º La vie de Sainte Ulphe commence par une préface
*en l'honneur de la Sainte Trinité. Père Fils et Sainct
Esperit, et de la benoiste Vierge Marie de tous les Saincts
et Sainctes du Paradis. Ce* xiii.ᵉ *jour de septembre* 1542.
On y dit que le corps de Sainte-Ulphe *de present gist et
repose en la grande église Nostre Dame Damyens. Auprès
du corps du benoist Sainct Domice chanoine Damyens son
conducteur.*

Cette légende est malheureusement incomplète ; elle finit
au 35.ᵉ chapitre où St.-Ulphe, qui connaît sa fin pro-
chaine, ordonne de se reposer de leurs fatigues à ses
deux filles, lesquelles eurent chacune une vision.

Le 36.ᵉ chapitre, dont on ne trouve qu'une partie du
titre, devait, avec les suivants, contenir les soins que
rendit à Ulphe, Aurée, sa compagne, et les miracles de
cette vierge dont la fontaine, au Paraclet, est encore
aujourd'hui le lieu d'un pélérinage assez fréquenté.

L'auteur, dans le prologue, nous apprend qu'il *a translaté de latin en françoys au moins mal qu'il a pu* la plus
grande partie de cette légende, *selon quil a trouvé en
escript aux Célestins d'Amiens et ailleurs.*

3.º La seconde histoire en latin ne commence qu'au milieu du 13.ᵉ chapitre, et fournit quelques détails qui ne
se trouvent point dans la première.

Le dernier chapitre renferme quelques faits intéressants relatifs à la fondation de l'abbaye du Paraclet, par
Enguerrand de Boves, en 1218.

On lit à la fin : « Explicit vita sancte Ulphie Virginis
« scripta anno domini 1542 in venerabili monasterio Pa-
» racliti. Sumens finem 16 die octobris.

» Frater Jacobus le Thomas me possidet et scripsit post-
» quam in predicto monasterio sex annis completis moram
» traxerat. Quamvis sit in laude professus. Sumpsit ini-
» tium 1542 octobris 6. »

104. Libri Biblici heroico carmine juxta sacri textus litteralem sensum exarata expositio.

Papier. 5 vol. in-4.°　　　　　　　d.r. L.

Bibl. des Minimes.

Cette traduction de la Bible en vers latins fut écrite
entre les années 1721 et 1728.

Ce long poème, qui comprend près de 20,000 vers, est
loin d'être parfait ; la versification en est négligée, incor-
recte, presque toujours de mauvais goût ; mais on y rencontre çà et là quelques passages bien écrits.

L'auteur avait beaucoup lu les poètes latins, et l'on y
reconnait de nombreux emprunts faits à Virgile, et surtout aux métamorphoses d'Ovide.

L'ouvrage est divisé en chapitres avec un sommaire en
prose.

Voici la division des 5 volumes.

Tom.	1.	Liber Geneseos	de	168 f.
—	2.	— Exodi	—	130 f.
—	3.	— Levitici	—	87 f.
—	4.	— Numerorum	—	126 f.
—	5.	— Deuteronomi	—	107 f.

105. Lɪʙʀɪ Bɪʙʟɪcɪ heroico carmine juxta sacri textus litteralem sensum exarata expositio.

Papier. 2 vol. in-4.°   d.r. L.

Cet ouvrage est le même que le précédent et de la même écriture.

Il ne comprend que 2 livres :

  Tom. 1. Liber Geneseos   de 170 f.

  Tom. 2. Liber Deuteronomi de 112 f.

La dédicace à Antoine de Beauvillier de St.-Agnan, évêque de Beauvais, datée de 1722, 1.ᵉʳ janvier, pour le premier volume, et de 1728, pour le second, nous donne le nom de l'auteur *humillimus frater Joannes Baptista ordinis minorum religiosus ac sacerdos indignus;* que nous croyons être Jᴇᴀɴ-Bᴀᴘᴛɪsᴛᴇ Pósᴛᴇʟ, religieux de l'ordre des Minimes à Amiens, de qui proviennent ces manuscrits.

106. Cʜʀɪsᴛɪᴀɴɪsᴍus ʜᴇʀᴏɪcus, sive, dramaticum totius catholicæ religionis compendium, aliàs breviarium triumphale.

> Narraverunt mihi iniqui fabulationes, sed non ut lex tua. Psal. 118. V. 85.

Auctore fratre P. Cᴀʀᴏʟᴏ. Mᴀʀɪᴇ Augustiniano eremita, provinciæ sancti Guillelmi Parisinæ; nec non missionario apostolico et regio. Anno domini 1700.ᵐᵒ In conventu dominæ nostræ fidei Ambianensis.

Papier in-4.°, 4 vol.   d.r. L.

En tête de ce poème sont deux préfaces, l'une adressée au doyen et aux chanoines de l'église d'Amiens, l'autre *ad lectorem benevolum non minus necessaria quam salutaris prefatio.*

Le sommaire que nous reproduisons ici fera comprendre la nature de ce poème qui ne renferme pas moins de 40,000 vers hexamètres, prosaïques, plats, diffus, souvent faux, et où le sens se perd dans la multitude des mots.

« Proemiale ac specificum hujusce operis heroici schema ;
» videlicet tripartitæ utriusque Testamenti distributio ac
» ecclesiasticæ historiæ expositio et ordinatio exametra. In
» quarum priore, Isacidum gesta : in sequenti Messiæ ma
» gnalia ; in tertia denique, Electorum prodigia explanan
» tur : sive Christus in figuris, in veritate, et in poste
» ris, in trigenta libris stricta oratione distributus ; quo
» rum decem primi ipsum tam in patriarchis quam in
» prophetis necnon et regibus ducibus quoque, ac judici
» bus antiquis, unde Isacidum gesta, adumbratum decan
» tabunt. Decem vero sequentes, ipsius tam ortum quam
» actus Theandricos, et exitum postremo sive ejus et na
» tivitatem mirificam, et opera super humana, et mortem
» quam maxime durissimam, cum triumphanti ipsius resu
» rectione, ac apotheose divinissima, seu ascensione in
» cœlum plus quam mirabili ; nec non cum præcipuis sa
» cratissimæ virginis, matris ejus superexcellentissimæ unde
» et magnalia Messiæ dotibus ac prærogativis celebrabunt.
» Deum postremi denique ipsum in apostolis præliantem,
» vincentem in martyribus, in evangilistis triumphatem,
» venerabilen in confessoribus, in doctoribus coruscantem,
» florentem seu liliacum in virginibus, in sanctis tandem
» omnibus unde et electorum prodigia, regnaturum peren
» niter sive dominantem commendabunt. »

Ce poëme, comme on le voit, comprend 3 parties et
30 livres ou chants, chaque partie 10 chants, d'inégale
longueur.

Les 2 premiers volumes composent la première partie
ou 10 chants ; la deuxième partie, 10 autres chants,
est contenue dans le troisième volume ; les 10 derniers
chants, composant la troisième partie, forment le 4.ᵉ
volume.

— Tom. 1. 350 f.

Bibl. des Augustins. 35. H.

Il a pour titre : « Prima pars operis hujusce heroici,
» scilicet Isacidum gesta ; sive christus in figuris, et in
» quibus ipsum Adamus exinanitum, sive hominem fac-
» tum, exaltatum Noëmus, Abrahamus constantissimum,
» immolatum Isaacus, Jacobus peregrinum, probatum Jo-
» sephus, Moïses thaumaturgum, integerrimum Judices,
» Reges coronatum, purpuratum Duces, precursor tan-
» dem Messiam quàm maxime adorandum, amandum
» quoque tunc indigitabunt. »

Il contient 7 chants et une partie du 8.ᵉ ; il porte la
date 1700.

— Tom. 2. 246 f.

Bibl. des Augustins. 36. H.

Ce volume contient le 8.ᵉ chant et les chants 9 et 10 ;
il est daté de 1701.

L'auteur annonce à la fin l'achèvement prochain de la
seconde partie.

— Tom. 3. 283 f.

Bibl. des Augustins. 37. H.

Le titre est ainsi conçu : « Secunde pars hujusce operis
» heroici, in quà Messiæ magnalia, sive christus in ve-

» ritate, decem libris contentus, heroico carmine celebra-
» bitur, auctore qui supra in tomi primi nostris prelimi-
» naribus revisendis *et plus loin* dispositio nititur circums-
» tantiis antecedentibus, concomitantibus et proxime subse-
» quentibus more poetico. »

Il porte la date 1702 *sub finem.*

— Tom. 4. 396 f.

Bibl. des Augustins. 38. H.

Ce quatrième volume, *tertia pars hujus operis*, porte
la date 1703.

On lit à la fin du 30.ᵉ et dernier chant :

Hic tandem expliciunt divina oracula quævis,
Sic que coronatum nobile semper opus.

Là ne s'arrête point la poétique fécondité de l'auteur,
et aux trente livres qu'il a composés déjà, il en ajoute un
autre encore, incomplet dans le manuscrit et dont il ne
nous reste que 500 vers.

Ce supplément a pour titre :

« Primi sæculi liber heroicus.

» Appendix ad christianismum heroicum maxime vero
» ad christum in posteris spiritualibus, sive historia ec-
» clesiastica in centurias carmine heroico digesta ; ea me-
» thodo ac ratione, ut unicuique sæculo suus quisque
» pariter respondeat liber etiam heroicus. »

Voici le début de cette œuvre poétique :

Assumpto in cœlos propria virtute Thëandro
Ecce tibi deïcum cœlesti flamen ab axe,
Intima flammivomis succendit pectora linguis,
Plebis apostolicæ, quæ mox divisa per amplum
Telluris corruptæ orbem, convertit et ipsum,
Ad verum reputas sectandum in sæcula nomen.

107. Figuræ Bibliorum.

Vélin petit in-fol., 26 f.   d.r. L.

Bibl. des Augustins. 291.

Ce Ms. peint au xv.e siècle, sur le verso et le recto de ses feuillets, a malheureusement subi de nombreuses mutilations

Le 1.er feuillet, le 4.e, le 17.e, le 21.e, le 23.e et le 26.e ont seuls conservé intacte l'une de leurs faces, et présentent, dans de grands tableaux, l'Annonciation, Jésus livré par Judas, St.-Mathieu l'évangéliste, Jésus devant Caïphe, la Pentecoste et la visite de Marthe à Marie.

Pour les autres feuillets il ne reste que la bordure divisée régulièrement en quatre petits tableaux figurant environ 200 sujets empruntés à l'histoire de l'Ancien Testament ; les histoires d'Adam, de Jacob, de Joseph et de Moïse y sont encore presque complètes.

Le centre, destiné à recevoir un texte ou peut-être une histoire de la passion, comme on pourrait le croire d'après les feuillets entiers, qui prêtent à ces deux hypothèses, a été rempli par des pages enlevées tantôt à d'autres manuscrits du xiv.e, du xv.e et même du xvi.e siècle et dont les miniatures sont, sinon d'une grande correction de dessin, remarquables du moins par la richesse des couleurs et les curieux détails qu'elles présentent, tantôt enfin à un volume imprimé sur vélin et qu'enrichissaient de belles miniatures rehaussées d'or ; on y voit entr'autres quelques feuillets d'un livre d'Heures de Simon Vostre, dont le chiffre se retrouve sur l'un d'eux.

Il est à regretter que le Ms. qui nous occupe n'ait point été conservé intact, le fini et la pûreté des détails, l'élégance du dessin, le mérite de l'engencement et la nombreuse variété des costumes le rendaient digne de la noble famille de Croy, pour laquelle il paraît avoir été composé.

Chacun des feuillets est bordé à droite d'une cordelière enlaçant les deux lettres P. F, dont est parsemée toute la bordure du premier feuillet; en haut se trouvait un écu échancré, sommé d'une couronne d'or et entouré d'une couronne de laurier. Cet écu était sur les recto *d'argent à 3 fasces de gueules*, qui est de CROY; sur les verso il était *ecartelé au 1 et 4 de* CROY, *au 3 et 2 d'argent à 3 doloires de gueules, 2 en chef adossées, 1 en pointe* qui est de RENTY. Ces armes, que l'on reconnait encore très-bien, ont été effacées et recouvertes par d'autres, probablement celles d'un nouveau propriétaire du livre; elles sont sur les verso, *de gueules à 3 lions d'argent armés, lampassés et couronnés d'or ;* sur les recto *de gueules à la croix de vair ancrée.*

Si l'on suivait seulement l'armorial de La Morlière et si ces armes n'appartenaient qu'à des familles alliées à celles de Picardie, on pourrait y reconnaître celles de Gaure et de La Chatre, mais d'autres maisons nobles portaient également les mêmes armes. (Voyez PAILLOT et BOISSEAU).

On y voit encore 2 autres écus.

L'un porte *d'azur au chevron d'or et à 3 roses d'argent ;* il est entouré d'une cordelière et des lettres M. M. Faut-il y reconnaître Montigny d'Oberan ?

L'autre porte *d'azur au chevron d'or et 3 feuilles de chène pointées d'or* , il est timbré d'un casque fermé.

Sur le dernier feuillet, on voit un troisième écu qui

6.

porte *parti* des deux que nous venons de mentionner ; il est également entouré d'une cordelière.

108. Figuræ Bibliorum.

Vélin in-4.°, 256 f.   d.r. L.

Origine inconnue.

Ms. précieux et du plus haut intérêt, de la fin du XII.ᵉ siècle.

C'est un recueil de près de 2,000 sujets tirés de l'Ancien et du Nouveau Testament , exécutés d'une manière facile et naïve pour Sanche VII , roi de Navarre , par un nommé Ferrand , fils de Pierre de Funes.

Chaque feuillet , dessiné sur les deux faces et encadré d'une ligne noire , se divise ordinairement en deux tableaux au-dessus et au-dessous desquels sont écrits les versets correspondants.

L'œil le moins exercé y reconnaît facilement quelques feuilles intercalées.

On lit à la fin cette souscription :

» Explicit hic liber deo gratias quem illustrissimus San-
» cius rex Navarre filius Sancii nobilissimi regis Navarrorum.
» fecit fieri a Ferrando Petri de Funes. et Ferrandus Pe-
» tri composuit hunc librum ad honorem domini regis. et
» ad preces ipsius prout melius potuit. precipue ut omni-
» potentis dei amorem acquirat. et ejusdem regis Sancii
» possit graciam invenire. Fecit autem consumatum hunc
» librum. E. R. MCCXXXV anno ab incarnatione domini.
» M.° C.° LX°XXX V°ij.

Cette note a été traduite en 1630 par Pierre Sirmont , jésuite , avec cette indication : *l'Espagne compte par* ERAS ERES *et commence 38 ans devant l'Incarnation de Notre-*

Seigneur de sorte que ôtant de l'ère 1235 trente-huit res-
tent 1197.

Le traducteur a lu Pierre de Fumai, M. Rigollot a lu
de *Frenes* (*vel funes*).

Ces dessins ont, dit M. Rigollot, un caractère de simplicité et de naturel qui ferait croire que l'artiste n'a fait
que copier ce qu'il voyait tous les jours. Rien ne rappelle
en eux ce que nous connaissons des anciennes écoles. A
l'exception de quelques figures de la Vierge où on n'a
pas osé changer un style bysantin consacré par le temps,
presque tout porte le cachet d'une œuvre originale.

Voyez *Mém. de la Soc. des Antiq. de Pic. tom.* III. *pag.*
360 *et suiv.*, l'appréciation qu'a faite M. Rigollot de ce
Ms. dont il a reproduit six vignettes, n. 36 à 41. Pl. 13
et 15.

G. Philologie sacrée.

109. Annotationes in Novum Testamentum græcum
ou plutôt Lexicon Biblicon.

Papier in-4.°, 294 f.   d.r. L.

Abb. de St.-Martin-aux-Jumeaux.

XVII.e **siècle. Bonne écriture.**

Ce Ms. est une sorte de dictionnaire grec-latin pour le
Nouveau-Testament. Les mots y sont rangés par ordre
alphabétique pour chaque chapitre, avec la traduction
latine et l'analyse grammaticale.

A la fin, sous le titre *Indiculus verborum*, est un dictionnaire où chaque mot grec est traduit par un seul mot
latin, avec l'indication du verset et du chapitre où il se
trouve.

6.*

110. Vocabularium verborum hebraicorum quœ in Biblia inveniuntur.

Vélin in-4.°, 95 f.   d.r. L.

XIII.e **siècle. Ms. à 2 colonnes de 33 lignes, réglées à l'encre; petite minuscule serrée, pleine d'abbréviations; bien conservé.**

Ce Ms. renferme :

1.° Un vocabulaire des noms de la Bible suivant l'ordre des livres saints ;

2.° l'Interprétation des noms hébreux de St.-Jérôme, (Voy. Hieronimi opera . édit. des Bénéd. tom. II.) avec la préface : *Philo vir disertissimus etc.*

3.° Un vocabulaire latin fort curieux où se trouve l'explication d'un très grand nombre des mots de cette époque.

4.° Une pièce de vers tout-à-fait barbares, farcis de mots grecs latinisés , écrits sans distinction , à la suite les uns des autres , excepté les premiers :

> Clerice dicticas lateri ne dempseris unquam
> Coreula labentis fugias ludi fore nece,
> Ledetur fedus sandapila neque toparcha etc.

Ce sont des préceptes de santé et de vertu donnés à un jeune homme; entre les vers se trouve , sous chaque mot , une sorte de traduction litterale souvent aussi peu intelligible que le texte.

5.° La valeur de certaines mesures anciennes telles que *cubitus* , *palma*, etc.

6.° Un nouveau vocabulaire dont une partie écrite à

longues lignes, qui reproduit en partie le n.º 3 ; il est incomplet et s'arrête à la lettre P. On lit à la fin :

Finito libro vinum donetur oberto.
Fiat. Fiat. Amen. Amen.

7.º La valeur, comme chiffres, des lettres de l'alphabet grec.

8.º Une table des noms hébreux de la Bible.

9.º Une hymne à St.-Pierre, notée en plain-chant :

Gaude Roma caput mundi
Primus pastor in secundi
Laudetur victoria.

On trouve à la fin des notes du xiii.ᵉ et du xiv.ᵉ siècle, concernant des chûtes de pierres en 1246 et 1326, ainsi conçues :

— « Anno verbi incarnati m.ºcc.ºxl.ºvi.º ceciderunt la- » pides in crastino assumptionis beate Marie tante magni- » tudinis sicuti ova gallinarum. luna prima et currebat » per duodecim. »

— « Anno verbi incarnati m.ºccc.º vigesimo sexto ceci- » derunt lapides in crastino beati Laurencii tante magni- » tudinis sicuti ova.... avis. luna duodecima currebat per » sexdecim. »

Le bibliothécaire de l'abbaye a décrit ainsi ce volume :

Vocabularium verborum hebraicorum et græcorum quæ in biblia inveniuntur secundum ordinem sacrorum librorum. auctor creditur B. Hieronimus cujus prologus videtur circa tertiam partem hujus voluminis ; in quo utilitatem immo et necessitatem hujus operis exposuit.

Emendate scriptus est codex iste quod pretiosum nec non et perdifficile fuit in hujus generis opere. 12.º sæculo.

Il s'est trompé en attribuant tout ce vocabulaire à St.-Jérôme, qui n'est l'auteur que d'une partie, l'interprétation des noms hébreux.

Sur la feuille de garde on lit les noms de : « Raoul de
» Bules, Raoul de Hupy, Raoul Prencourt, Jehen de
» St.-Just Tonbel, Jehen Platrons de St.-Just, Simon de
» Pronneroy, Villames de Aputerville, Henri de Voiennes,
» Henri de Albeville, Pierre Douci, Jehen Guiot, Hue de
» Buismont, Robert de Noiele, Mahieu de Breteulle, Pierre
» de Pois, Euguerrand de la Neuveville, Aliaume Des-
» quennes, Vicart de Blangy, Raoul de Blangy, Jehen de
» Monthiaut, Jehen Barerey, Jaque d'Amiens, Jehen de
» Grand Vilers, Pierre Hugues Diu, Jehan de Prouville,
» Michiel de Saint-Just, Wernes de Sains, Jehan de Mont-
» didier et cetera.............. »

La suite a été grattée ;

C'est sans doute une liste de témoins de quelque donation, comme nous en avons trouvé une déjà dans le Ms. n.° 69.

1.º Bréviaires et leurs différentes parties.

A. Bréviaires.

111. Breviarium Romanum.

Vélin in-8.º, 354 f.   d.r. L.

Abb. de St.-Fuscien.

XIII.ᵉ siècle. **Ms.** à 2 colonnes de 36 lignes, réglées à l'encre ; titres en rouge ; quelques lettres or et couleur effacées ; une petite miniature figurant l'Annonciation.

Ce Ms., précédé de litanies et de l'office de St.-Fuscien, est incomplet.

L'office placé en tête suffirait pour faire connaître qu'il appartenait au monastère de St.-Fuscien–au-Bois, si l'on ne savait qu'il en provient.

On ne trouve point de calendrier dans ce bréviaire.

112. Breviarium Ambianense.

Vélin in-4.º, 323 f.   d.r. L.

Abb. de St. Acheul.

XIII.ᵉ siècle. **Ms.** à 2 colonnes de 32 lignes, réglées à l'encre ; lettres de couleurs et quelques initiales avec miniatures.

Ces miniatures sont petites et mal exécutées, les figures, grossières et difformes, sont sur fond d'or, mais toutes à demi effacées. On remarquera celle du psaume *Dixit insipiens;* un fou voulant avaler la boule du monde.

Les hymnes et les antiennes sont notées.

Il provient de St.-Acheul, à en juger par la note suivante, écrite sur l'une des marges :

Noverint universi ad quos hæ pervenient quod anno ab incarnatione domini milesimo sescentesimo vigesimo die 27.ª mensis augusti Nicolaus Caulier dd Anthonii Picard hujus domus ac conventus St.-Acheoli abbatis secretarius sic infra nomen suum cum singrapha apposuit. (N. CAULIER).

Ms. mal conservé, incomplet au commencement et à la fin.

113. BREVIARIUM AMBIANENSE.

Vélin in-4.°, 341 f.   d.r. L.

Abb. de St.-Jean des Prémontrés d'Amiens.

XIV.ᵉ siècle. Ms. à 2 colonnes de 47 lignes, non tracées; pages entourées d'un trait noir, titres en rouge, initiales de couleur.

Ce Ms. commence par les mots : *In nomine sancte trinitatis incipit breviarium secundum usum ambianensis ecclesie.*

Le calendrier porte les devises de Bède, la mention des jours égyptiens, au mois de mars, un moyen de trouver Pâques, et à la fin une table ayant pour titre: *Incipit bona et utilis tabula ad sciendum quomodo de adventu et de festis illo tempore advenientibus fiant.*

La mention *S. Johannis ambianensis.* 1734 est sans doute celle de son acquisition par l'abbaye.

114. BREVIARIUM PARISIENSE.

Vélin in-8.°, 495 f.   d.r. L.

Origine inconnue.

XIV.ᵉ siècle. **Gros volume à 2 colonnes de 30 lignes, avec lettres ornées, or et couleur, et les premières pages des différents offices encadrées d'une bordure d'arabesques.**

On trouve dans ce Ms. plusieurs petites miniatures assez remarquables dont quelques-unes sur fond d'azur, semé de fleurs de lis d'or.

Le calendrier placé en tête ne contient que les saints du diocèse de Paris ; il porte à partir de février les devises :

    Qnarta subit mortem præstitit tertia fortem
    Primus madentem disrupit quarta bibentem, etc.

qui ne diffèrent que par quelques variantes ou plutôt quelques fautes de celles que l'on trouve si souvent imprimées dans les missels ou bréviaires du XVI.ᵉ siècle, notamment dans le missel d'Amiens de 1506, imprimé à Rouen *devant St.-Lô, par maistre Martin Morin,* in-fol. vélin. On les trouve imprimées dans le catalogue de Lavalière, t. I. pag. 79 n.° 254, telles qu'elles sont dans notre manuscrit.

115. Breviarium antiquum scriptum ad usum monasterii Corbeiensis.

Grand in-fol., 360 f.   d.r. L.

Corbie. 4. II.

XII.ᵉ siècle. **Ms. à 2 colonnes de 47 lignes, réglées à l'encre ; avec lettres tournures peintes et fleuronnées, d'un dessin aussi varié qu'élégant, et plusieurs petites miniatures.**

Ce volume, qui servait au chœur, est dans un très-mauvais état de conservation. Un grand nombre de feuilles sont déchirées, et la fin manque.

Il comprend l'office du jour et de la nuit noté, pour toute l'année; un calendrier sans devise, des oraisons, un psautier suivi du symbole de St.-Athanase et de litanies, les leçons de l'office nocturne, tout le propre des saints et l'office du corps de Jésus sous le titre : *Officium nove sollempnitatis corporis ihu xri celebrande singulis annis feria quinta post oct. Pentecostes.*

Plusieurs écrivains ont travaillé à ce volumineux ouvrage, à des époques différentes.

L'office du corps de Jésus est du XIII.ᵉ siècle, peut-être même du XIV.ᵉ

116. Breviarium de Sanctis ad usum Ecclesiæ Corbéiensis.

Grand in-fol., 332 f.   d.r. L.

Corbie. 5. II.

XIV.ᵉ siècle. **Ms.** à 2 colonnes de 39 lignes, réglées au crayon, avec titres en rouge et lettres ornées, couleur et or. On y remarque un grand nombre de feuillets intercalés, qui se reconnaissent facilement.

Ce Ms., aussi destiné au chœur, contient tout l'office de nuit et de jour, pour les fêtes des saints célébrées par les Bénédictins; une partie est notée en plain-chant.

En tête est un psautier incomplet, commençant au ℣. 17 du psaume 67. A la fin sont des litanies, des collectes et des cantiques que le copiste ignorant attribue à David, donnant également le titre de psaumes de David au *Te Deum* et au symbole de St.-Athanase.

On lit ensuite en tête du bréviaire : *Breviarium secundum usum ecclesie corbeie ordinatum per magistrum stephanum de contyaco doctorem in decretis ac officialem corb, in anno domini* M.CCC *nonagesimo.*

A la fin on lit cette autre mention en gros caractères, plus explicite que la première, qui nous donne, avec la date exacte, le nom de l'écrivain auquel est du ce Ms. :

Magister stephanus de contiaco decretorum doctor monachus et officialis corbeye fecit fieri istud breviarium de sanctis ad usum ecclesie corbeye tam in litera quam in nota per manum Johannis Galet de ambianis clerici anno ab incarnatione ejusdem domini millesimo CCC.^mo *nonagesimo quarto cum magnis laboribus et expensis ideo supplicans humiliter omnibus de cetero cum devocione legentibus vel cantantibus horas suas canonicas in eo ut rogent deum cordialiter pro eo. amen.*

Les armes d'Etienne de Conty se trouvent 6 fois répétées, au centre des initiales des différentes fêtes de cette partie du bréviaire ; elles diffèrent de celles que nous avons indiquées au n.° 24 ; elles portent seulement *parti d'or au lion de gueules à 3 chevrons de vair brochant sur le tout, parti de gueules à 3 croissants montant d'hermine.* 2. 1.

Ste-Bathilde y est appelée *Sainte Bauteur jadis roine de Franche qui fonda la die église de St.-Pierre.*

Parmi les leçons pour les différents saints qui terminent le volume, on en trouve une seconde fois *in natali S. Firmini episcopi ambianensis.* Dans la première, on attribue la fondation d'Amiens à l'empereur Antonin-le-Pieux et à son fils. *Antoninus Pius cum filio suo,* dit l'auteur, *urbem condidit quam ab adjacente flumine somanobriam appellavit.*

Le relieur a transposé maladroitement plusieurs cahiers et interrompu les leçons dont on retrouve difficilement la fin quelques feuillets plus loin.

117. BREVIARIUM CORBEIENSE.

Vélin in-8.°, 445 f.   r.p. L.

Corbie. 276. II.

XIV.ᵉ siècle. Gros volume à 2 colonnes de 26 lignes, réglées à l'encre, avec initiales de couleurs, ornées de traits élégants, formant une bordure pour chaque colonne.

Sur le calendrier sont inscrits les jours égyptiens, les devises de Bède et la nature des fêtes. Le nom de St.-Louis fut ajouté postérieurement.

On y trouve cette prière au saint roi :

> Rex egregie
>
> Quondam rex Francie
>
> Ludovice pie
>
> Cum Rege glorie
>
> Triumphans hodie
>
> Pro pace requie
>
> Regni ecclesie
>
> Christum deprecare

L'office de la Visitation, précédé d'une généalogie de la Vierge, a été écrit un siècle plus tard ; il est incomplet

118. BREVIARIUM CORBEIENSE.

Vélin in-8.°, 442 f.   r.p. L.

Corbie.

XIV.ᵉ siècle. Gros volume à 2 colonnes, avec initiales de couleur, richement ornées de traits formant une bordure le long des colonnes.

En tête de ce bréviaire est un calendrier où les noms des saints patrons de Corbie sont écrits en rouge ; on y trouve aussi l'indication des jours égyptiens, mais point de devises.

119. Supplément pour servir au Bréviaire Romain en latin et en français, divisé en quatre parties, à l'usage de la Congrégation de St.-Maur. 1773.

Papier in–8.°, 172 f.   d.r. L.

Origine inconnue.

Ce Ms., de la fin du siècle dernier, renferme les antiennes, les oraisons et les leçons pour un grand nombre de saints, avec les hymnes en français ; quelques-unes ont été traduites en vers.

C'est plutôt une traduction de quelques parties du bréviaire, à laquelle on a joint de courtes notices sur les saints qui y ont été ajoutés.

120. Observations sur les Bréviaires, Missels et Rituels, par rapport aux usages de l'Eglise d'Amiens.

Papier in-fol., 245 f.   d.r. L.

Bibl. du Chapitre d'Amiens.

Mise au net très-correcte de l'ouvrage de l'abbé François Villeman, curé de Sailly-le-Sec, puis chanoine de l'église collégiale de St.-Nicolas, jusqu'au temps auquel il fut nommé chanoine de la cathédrale. Il mourut le 18 juillet 1743, et fut enterré dans l'église de St.-Nicolas dont il chargea son frère Adrien de décorer le chœur.

Le P. Daire, dans son *Histoire littéraire de la ville
d'Amiens* pag. 289, donne une analyse de ce volume où
l'on traite de l'office divin et des changements qui y sont
survenus. Il nous apprend que l'auteur avait dessein de
le publier et déjà l'avait envoyé à la censure, quand M.
d'Argenson, qui présidait alors la chambre syndicale des
libraires, voulut avoir l'avis de l'évêque d'Amiens, auquel
il adressa le Ms. Mgr. De la Motte en félicita l'auteur,
trouva la critique juste, mais trop mordante ; n'ayant pu,
comme il en avait le dessein, dit l'auteur, dans une
lettre du 27 juin 1742, garder cet ouvrage, il pria
l'abbé Villeman de ne le point faire imprimer, et l'humble
chanoine y consentit sans insister.

B. Diurnaux.

121. Diurnale Corbeiense.

Vélin in-32., 347 f.   r.p. L.

Corbie. 284. II.

Ms. du XIV.ᵉ siècle, initiales or et couleur, avec quelques arabesques.

Sur le premier feuillet est une grande miniature représentant le Christ au Jardin des Oliviers. Au bas, un religieux
avec la couronne monastique est à genoux devant un oratoire ; au-dessous, on voit les armes effacées de Adrien de
Mareuil.

En tête est un calendrier.

Un long usage a fait perdre à ce Ms. toute sa fraîcheur.

On y lit : *Diurnale ad usum monas. Corbeie n. 284.*

Notanda corona monastica initio ; note qui a trait à la coiffure du moine de la miniature.

122. Diurnale Corbeiense.

Vélin in-18., 304 f.   r.p. L.

Corbie. 283. II.

Ms. du XV.[e] siècle ; initiales de couleur aux principales divisions ; premiers feuillets des différents offices entourés d'arabesques et ornés d'une lettre enrichie d'or ; une seule miniature mal dessinée, en tête de l'office de la Vierge.

Le calendrier est au milieu du volume, il porte l'indication des jours égyptiens et des jours caniculaires.

Le catalogue de Corbie l'attribue faussement au XIV.[e] siècle, car on lit, à la fin de l'office de la Vierge, et de la main de l'écrivain : *Anno domini millesimo quadragesimo sexagesimo sexto frater Florimundus Coulon hunc librum fieri fecit propriis sumptibus et expensis per manum iohannis Debin. Supplicans omnibus ut que sunt cezaris in eo cezari reddentibus deum devote orent pro eo dicendo pater noster. ave maria.*

Il appartint plus tard à *Don Charles de Testard prestre et religieux et thresaurier de labaye de Corbie dedié a Monsieur sainct Pierre patron de la dite eglise.*

123. Diurnale canonici et candidi Ordinis Premonstratensis.

Papier in-18., 221 f.   d.r. L.

Abb. de St.-Jean des Prémontrés d'Amiens.

Ce diurnal fut écrit l'an 1641. L'écriture est petite et chargée d'abréviations, les titres et toutes les initiales sont en rouge.

En tête on trouve le *comput ecclésiastique* ; un calendrier servant d'*ordo* et une prose pour la Vierge.

Entre le Propre du temps et le Commun des Saints est un long soliloque en français, sous le titre : *Soliloquia animœ ad deum suspirantis ;* à la suite sont les litanies des Saints de l'ordre, une préparation à la messe en latin et en français et des prières sous le titre d'Exercices de Foy.

C. Psautiers.

124. Psalterium cum antiphonis et hymnis notatis. Vélin petit in-fol., 168 f.   d.r. L.

Abb. de St.-Martin-aux-Jumeaux.

XIII.ᵉ siècle. **Très-beau Ms.** à 2 colonnes de 20 lignes, réglées à l'encre, avec **initiales historiées**, peintes en or et couleur, et de **nombreuses vignettes.**

Il contient le psautier avec les antiennes et les hymnes notées, à la fin se trouvent les cantiques tirés de l'écriture, le cantique *domine audivi auditum tuum* et le *Te Deum*, des litanies et une longue suite d'oraisons.

En tête est un calendrier très-curieux avec les devises de Bede et des vignettes pour chaque mois, l'une représentant les signes du zodiaque, l'autre les occupations de la saison.

Les noms des saints du diocèse y sont écrits en encre bleue, ce qui indique que l'ouvrage a été écrit dans le pays ou pour le pays.

Il contient l'indication des jours égyptiens ou néfastes et le nom de St.-Louis, canonisé en 1297, ne se trouve point inscrit au mois d'août, ni celui de St.-Thomas de Cantorbéry, au mois de décembre.

A partir de mars, on y trouve les devises servant d'explications aux vignettes :

Flos et frons nemorum maio sunt comes amorum, etc.

que l'on trouve souvent imprimées, à l'exception de la dernière, pour décembre :

Providet hic victum sus dum octo suscipit ictum.

On lit, au mois de mars, ces deux vers qui donnent le jour de Pâques :

Post martis nonas num sit noua luna requiras
Moxque dies domini tercia pascha tenet.

M. Rigollot (*Mém. de la Soc. des Ant. de Pic.*) a reproduit deux vignettes du calendrier, la Vierge et les Gémeaux pl. 19. fig. 52 et 53. pag. 378 et 383, et deux des grandes vignettes, l'initiale du premier psaume, représentant le roi David jouant de la harpe et au-dessous le combat qu'il a livré à Goliath dans son enfance. V. ibid. p. 383. pl. 23. fig. 58 ; l'autre, celle du psaume *Dixit insipiens*, qui donne la figure du fou voulant avaler la boule du monde. V. *ibid p.* 384 pl. 24 fig. 59.

Les plus remarquables sont ensuite : 1.º David nu, dans une barque, la tête couronnée, levant les mains vers Dieu, c'est l'initiale du psaume *Salvum me fac ;* 2.º David frappant d'un marteau sur le *tinnabulum*, initiale du psaume *Exultate deo adjutori meo ;* 3.º Celle du psaume *Cantate domino canticum*, où l'on voit cinq moines chantant devant un lutrin, appuyés sur le bâton ; 4.º enfin l'initiale du psaume *Dixit dominus domino*, deux personnages conversant.

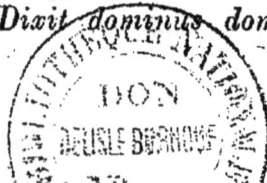

7.

Le fond de la 2.ᵉ et celui de la 4.ᵉ miniature offrent,
dans de nombreux losanges, des fleurs de lys sur un fond
bleu et des châteaux de Castille sur fond d'or. Bien que ce
soient les armoiries de la reine Blanche, mère de St.Louis,
M. Rigollot ne croit pas pouvoir en induire que ce manuscrit soit antérieur à sa mort, arrivée en 1251, car
on les trouve sur un grand nombre de monuments des
siècles auxquels cette princesse n'a pu prendre part.

Aux quatre angles de la première miniature sont quatre
écus *de gueules, bordés d'or, parti au lion d'or, parti à
4 bandes d'or.*

On lit à la fin : *Iste volumen est de ecclesia St.-Mar-
tini ad gemellos quisquis de nobis meminerit ob amorem pas-
sionis domini retribuatur et hic obtinebit bonum victum ad
sancti martini festum teste meo syngrapho manu mea hic
apposito Symon de .... sancti martini,* avec un paraphe.

Au-dessous est une prière à la vierge :

>Ave Maria ancilla Trinitatis
>Ave Maria filia simpiterna Patris
>Ave Maria sponsa sponsi etc.

Ce manuscrit a été gravement endommagé ; plusieurs
feuillets ont été déchirés et remplacés à diverses époques.

125. Psalterium cum Antiphonis.

Vélin in-4.°, 112 f.   d.r. L.

Collégiale de St.-Nicolas d'Amiens.

XIII.ᵉ siècle. **Ms.** à longues lignes, 34 par page, réglées à l'encre,
pointées sur les marges ; mauvaise écriture, avec initiales rouges.

Ce **Ms.**, que l'on a décrit sur la feuille de garde :
Psaumes disposés selon l'ancien usage du diocèse d'Amiens ;

à la fin sont les cantiques et les anciennes litanies des saints à l'usage du diocèse et les oraisons, comprend les psaumes et leurs antiennes, les cantiques tirés de l'Ancien Testament, quelques hymnes, des oraisons et des litanies à l'usage du diocèse d'Amiens, et quelques lignes notées sur l'une des marges.

On lit à la fin : *Iste liber est de domo canonicorum clericorum Sti Nicolai ambianensis.*

126. PSALTERIUM SECUNDUM USUM AMBIANI.

Vélin in-fol., 164 f.   d.r. L.

Abb. de St.-Martin-aux-Jumeaux ?

XIV.e siècle. **Ms.** à 2 colonnes de 30 lignes, réglées à l'encre, d'une mauvaise écriture, avec quelques initiales, or et couleur.

Il comprend les psaumes avec les antiennes notées en plain-chant, des litanies, l'office des morts, des répons, des capitules, des hymnes pour les différentes fêtes, avec la première strophe notée, des oraisons et des collectes.

Ce Ms. est incomplet.

Au xvi.e siècle, à la suite des hymnes, on a écrit en cursive quatre hymnes nouvelles en l'honneur de Saint-Martin, ce qui nous fait supposer que le Ms. appartenait à St.-Martin-aux-Jumeaux.

En tête est un calendrier servant d'*ordo*, avec les devises de Bède pour chaque mois.

127. PSALTERIUM BEATÆ MARIÆ.

Vélin in-8.°, 66 f.   d.r. L.

Bibl. des Dominicains.

XV.e siècle. **Ms.** à longues lignes, 18 par pages, réglées à l'encre rouge, d'une mauvaise écriture; initiales en or, sur fond de couleur.

7.*

Ce psautier est celui de St.-Bonaventure ; il est imprimé dans ses œuvres. Voy. *S. Bonaventuræ opera tom.* VI
pag. 479 *et seq.* Lugduni. 1668.

Le manuscrit ne contient point la préface et finit après
la transformation du *Te Deum* en *Te matrem dei laudamus.*

Ce Ms., malgré sa mauvaise exécution, a été écrit avec
quelque soin cependant, car deux feuillets sont entourés
d'arabesques or et couleur ; les armoiries, toutes barbouil-
lées de noir, sont aujourd'hui indéchiffrables.

Sur le premier feuillet on voit une miniature à demi
effacée, représentant la Ste.-Vierge allaitant l'enfant Jesus ;
à côté est un moine nimbé, à genoux, que nous croyons
être St.-Bonaventure ; plus bas est une dame, aussi à genoux
devant un prie-Dieu, sans doute la noble dame qui avait
fait écrire le livre et dont les armoiries sont effacées ;
dans le fonds est un paysage.

Sur le feuillet de garde on lit : *Livre.. ... à la fille
de Monsieur le lieutenant.*

D. Antiphonaires.

128. Antiphonarium.

Papier. 2 vol. grand in-fol., 188 et 186 f.

Rel. en bois.

Bibl. des Dominicains.

**Beau volume du XVIII.ᵉ siècle, écrit avec patrons évidés ; lettres
ornées très-mauvaises.**

Ces deux volumes sont enrichis de vingt grands dessins
à l'encre de Chine, aux fêtes principales de l'année et à
celles des principaux Saints de l'ordre ; quelques-uns de
ces dessins annoncent un pinceau facile.

Les fêtes de St.-Vincent, de S.ᵗᵉ-Rose, de S.ᵗᵉ-Agnès, de St.-Hyacinthe, etc., suivies des initiales O. N. (*ordinis nostri*) indiquent assez la provenance de ces volumes, qu'aucune autre indication ne révèle du reste.

Le premier volume, qui comprend les hymnes et les antiennes depuis le samedi qui précède l'avent jusqu'au dimanche de Pâques, a été dépouillé de sa garniture en cuivre.

Le second l'a conservée, à l'exception toutefois de l'écusson central.

On lit à la fin : *Ad majorem Dei. B. Mariæ. B. Dominici. B. Petri et B. Firmini gloriam.*

129. Responsoria et alia quævis a canonicis ecclesiæ cathedralis Ambianensis decantanda, ad usum D. D. Joannis Bapt. Pingré presbiteri nec non cathedralis ecclesiæ Ambianensis scholastici et canonici. Die 26 oct. anno Domini 1731.

Vélin in-8.°, 48 f.   d.r. L.

Bibl. du Chapitre d'Amiens.

Ce Ms., noté en plain-chant, avec rubriques et initiales rouges, est très-bien conservé.

C'est une collection de répons pour toutes les fêtes de l'année, notés en plain-chant.

130. Officii matutini Antiphonæ et hymni.

Papier in-4.°, 206 f.   d.r. L.

Origine inconnue.

Ms. du siècle dernier, noté en plain-chant, avec titres en rouge.

Il comprend les antiennes pour la semaine avec la mémoire des saints ; les antiennes et les hymnes pour le commun des saints ; l'office de la Vierge pour le samedi et le petit office ; sous le titre : *Cantus varii*, les différents tons du motet *Venite*.

A la fin, d'une autre main : *Officium sacerdotii J.-C.*

E. Hymnes et Proses.

131. Hymni et cantica per circulum anni canenda. Vélin in-4.°, 101 f.   d.r. L.

Corbie. 268. I.

Ms. très-curieux du XI.ᵉ siècle ; petite minuscule, titres et capitales rouges ; 14 lignes par page, réglées à la pointe sèche ; initiale ornée d'arabesques.

Il comprend les hymnes et les cantiques pour l'office du jour et de la nuit et un grand nombre de notes et de commentaires de la même époque sur les marges : au XV.ᵉ siècle, il y fut ajouté une hymne pour Ste-Agathe.

A la fin sont trois prières, aussi du XI.ᵉ siècle, pour adorer le St.-Sacrement.

La préface est en vers et mérite d'être rapportée, la voici :

Incipit prefacio in libro hymnorum.

Continet hymnidicus diuino jure libellus
Et laudes et dicta patrum ueneranda priorum
Spiritus eternus cum panderet abdita uite.
Et precelsorum lustraret pectora uatum
Carmina diuinis fuderunt dulcia uerbis.
Jure prophetali repleti fonte perenni
Infatuunt. et corda rigant hominumque supernis
Mentes conciliant et ad ethera pectora tollunt ;

Hinc rex purpureus celesti munere dignus :
Cordarum distincta decem per carmina dauid.
Aptauit modulos et laudibus abdidit hymnos ;
Hec salomon monimenta canunt quod in ordine templi.
Ausit dulcisonas hymnorum cantibus odas ;
Unde noua sub lege patres quos personat orbes
Ambrosius meritis et presul hylarius almis :
Ad cultum ditatis amant superaddere carmen.
Carmina carminibus hymnis ut concinat hymnus
Nam cum psalmidicas sacro modulamine cordas.
Dauidica resonare manu contendimus usu.
Antiqua pietate datos promittimus hymnos.
Metrorum numeris adstricta lege sonantes ;
Ut foueant animos promissa laude tepentes.
Purius et resonent psalmos pia corda sequentes ;
Crescant ecclesie plebes et carmina crescant ;
Laudibus hymnidicis sic secula cuncta resultent ;
Hunc igitur titulum liber hic per temporis usum.
Perpetui teneat nobis per secula fixum ;
Dum mare dumque polus dum constat in æthere nimbus
Dum spirat uentus dum cingitur equore tellus.
Semper erit monachis memorabilis iste libellus
    Explicit prologus.

132. Prosæ de tempore.

Papier in-8.°, 217 f.   d.r. L.

                                     Origine inconnue.

Ms. du XVI⁰ siècle ; écriture ronde, avec rubriques ; initiales imitant celles du XIV.ᶜ siècle ; feuillets numérotés.

C'est un recueil de proses notées pour les fêtes de l'année, le propre, le commun des saints et les fêtes de la Vierge.

On lit à la fin : *Frater Gulielmus Lovel hunc librum conscripsit. Orate pro eo.* 1572.

133. Livre d'Orgues.

Papier in-4.°, 56 f.   d. r. L.

Eglise St.-Firmin à la Porte.

Ms. contenant la musique de la première strophe des hymnes et des proses de l'année.

Il était à l'usage de l'organiste de cette paroisse St.-Firmin d'Amiens et fut terminé en l'année 1784.

134. Cantiques nouveaux recueillis et augmentez par frère Claude Rohault, prieur de Holnon.

Papier in-8.°, 48 f.   d. r. L.

Origine inconnue.

C'est une copie littérale du même ouvrage imprimé à St.-Quentin, chez Claude Lequeux, en 1680. Rien n'y manque, ni le titre avec le nom de l'imprimeur, ni la dédicace aux religieux de Selincourt, ni l'approbation des docteurs en théologie.

Voy. Daire. *Hist. litt. d'Am. p.* 193.

135. Poésies spirituels à pouvoir être chanté en cantiques; divisé en deux parties : la Première, pour tous les dimanches de l'année, et certins jours fixés selon le Dimanche; la Deuxième partie pour les festes du cour de l'année selon la datte du mois par

A Amiens 1785.

Papier in-4.°, 123 f.   cart.

Don de M. F. Tillette d'Acheux.

Ces cantiques, composés sur les airs les plus connus à cette époque, paraissent avoir été commencés en 1785 et terminés à la fin de juillet 1792. Plusieurs chants sur les malheurs de la France, sont datés de juin et juillet de cette mémorable année.

Pour la poésie et le choix des pensées, on peut les comparer aux complaintes si connues de Geneviève de Brabant et du Juif errant, encore, leur sont-ils de beaucoup inférieurs; ils rappellent plutôt, pour la facture, la richesse de la rime et l'ortographe, comme on peut en juger par le titre que nous avons conservé, les couplets qui accompagnent le récit des crimes célèbres.

L'auteur n'était pas poète, il n'avait d'autre intention, dit-il, dans sa préface, que de substituer à des chants dangereux, des chants saints et religieux.

F. Collectaires.

136. ORATIONES, CAPITULA.

Vélin in-4.°, 70 f.   d.r. L.

Abb. de St.-Martin-aux-Jumeaux.

Beau Ms. du XIII.ᵉ siècle, grosse écriture à longues lignes, 15 par page, reglées à l'encre; initiales de couleurs, ornées de traits.

Il est précédé d'un calendrier avec les devises de Bède, où le nom de St.-Louis ne se trouve point.

Une note sur la couverture fait remarquer que dans l'oraison de la chaire de St.-Pierre, célébrée le 22 février, on trouve le mot *animas*, qui a disparu du bréviaire romain depuis long-temps.

On lit en effet:

Deus qui beato Petro apostolo tuo collatis clavibus Regni

celestis animas ligandi atque solvendi pontificium tradidisti concede propicius etc.

A la suite se trouve un autre Ms. du xiv.e siècle, de 56 f., que nous désignons sous le titre :

Capitula officii nocturni.

Les initiales sont rouges et bleues, ornées de traits., et les rubriques en encre rouge ; à la fin sont deux litanies, l'une pour le *samedi saint,* l'autre pour tous les jours, après les 7 psaumes.

137. CAPITULA ET ORATIONES.

Vélin in-8.°, 154 f.   d.r. L.

Origine inconnue.

XIII.e siècle, initiales ornées de traits.

Il est précédé d'un calendrier avec les devises :

Quarta subit mortem prosternit tertia finem, etc.

Le nom de St.-Louis a été ajouté plus tard, au 25 août, ainsi que les oraisons pour sa fête ; celui de St.-Thomas de Cantorbéry ne s'y trouve point.

Un long usage a rendu un grand nombre de feuillets illisible ; aussi en remarqué-t-on plusieurs d'une écriture plus récente.

Des deux litanies que contient ce volume, l'une, *Litania cotidiana post septem psalmos,* provient évidemment d'un Ms. beaucoup plus ancien.

138. Capitula, orationes, lectiones officii beatæ Mariæ et mortuorum.

Papier in-4.°, 127 f.   d.r. L.

Abb. de St.-Martin-aux-Jumeaux.

Ms. du XIV.[e] siècle, grosse écriture avec rubriques et quelques antiennes notées.

Il est précédé d'un calendrier auquel ont été apportées successivement de nombreuses modifications.

On lit à la fin : *Frater Guilielmus Fauquel hunc librum scripsit.*

139. Liber seu potius collectio omnium orationum, nec non etiam capitulorum tam de sanctis quam de tempore, suis temporibus suoque ordine dicendorum, ad insignem celeberrimi nobilissimi que Corbeye cenobii usum.

Vélin in-4.°, 225 f.   d.r. L.

Corbie. 194.

Très-beau Ms. du XV.[e] siècle, à longues lignes, 19 par page, réglées au crayon et pointées; lettres ornées, rubriques.

On y trouve 17 grandes miniatures, sinon toujours remarquables comme peintures, intéressantes cependant sous le rapport des détails et des costumes. Les sujets appartiennent aux différentes fêtes de l'année, la nativité, l'épiphanie, etc.; de grandes figures de S.te-Bathilde, qui porte avec la couronne royale, le costume noir et le voile de religieuse, et, par-dessus, le manteau royal d'azur semé de fleurs de lys d'or, de St.-Adhalar et de St.-Gervais, méritent l'attention. J'en dirai autant de la fête du St.-Sacrement, à cause du costume du prêtre et de ses deux diacres, et de la naissance de la Vierge, tableau d'intérieur assez curieux.

Sur le premier feuillet sont les armes de Corbie.

La date 1606, placée au-dessous des armes de Corbie,

sur le 5.ᵉ feuillet, a fait supposer faussement au relieur que le Ms, était de cette époque. La mention du bibliothécaire de l'abbaye, que ne reproduit point le catalogue, dans lequel le n.º 194 est resté en blanc, indique le xv.ᵉ siècle. Il suffit, pour s'en convaincre, de considérer les robes boutonnées sur la poitrine et le collet rabattu des hommes, avec le chapeau rejeté en arrière et la forme des chaussures ou escarpinions, comme on les voit dans le martyr de St.-Fuscien et de ses compagnons ; la coiffure des femmes ne laisse également aucun doute sur l'époque où ce manuscrit a été écrit, et qui doit se rapporter au dernier tiers du xv.ᵉ siècle.

Il est précédé d'un calendrier dont les devises sont les mêmes que celles du n.º 124. Les jours néfastes y sont marqués *dies eger*. On y trouve aussi les embolismes et la classe de chaque fête.

Ce calendrier paraît plus ancien que le reste du volume.

Sur le 5.ᵉ feuillet, au pied du Christ, deux moines sont à genoux devant des prie-Dieu dont l'un porte un écu *d'azur bordé de sable, au lion d'or issant, cantonné d'une étoile de même.*

140. Versets et oraisons pour les saluts.
Papier in-4.º, 28 f.   d.r. L.

Origine inconnue.

Ce Ms., d'une jolie écriture, porte la date de 1755, il est orné de vignettes représentant des fleurs et des fruits dessinés à l'encre de chine.

A la fin est une table.

On y a ajouté deux oraisons l'une *pro comitiis nationalibus*, l'autre *pro gente.*

141. Collectarium ad usum ecclesiæ cathedralis ambianensis. Sumptibus venerabilis capituli ambiani scribebat Jacobus Delacourt. Anno domini M.D.CC.XLVII.

Vélin in-fol., 137 f.   r. a.

Bibl. du Chapitre d'Amiens.

Ce Ms. à longues lignes, avec rubriques, est très-soigné; il n'a point été écrit à la main, mais au tempon, à l'aide de patrons ou lettres évidées à l'emporte pièce.

Il est relié en bois couvert de veau, avec coins et fermoirs en cuivre; au centre sont les armes du chapitre, sur une plaque de même métal.

Il contient les oraisons pour tous les jours et pour les fêtes des Saints de toute l'année.

G. Lectionnaires.

142. Lectiones et homeliæ a festo S. Johannis ante portam latinam et a Paschale ad adventum.

Vélin in-fol., 237 f.   d.r. L.

Corbie. 29. D.

XII.e siècle. Ms. à 3 colonnes de 37 lignes, réglées à la pointe séche, remarquable par le grand nombre de lettres peintes et dorées, historiées de fleurs et d'animaux fantastiques, qui composent les initiales.

Trois vignettes méritent surtout l'attention, ce sont celles de la Trinité, de l'Assomption et de la Nativité de St.-Martin.

Les saints abbés de Corbie y ont tous une mention spéciale.

Plusieurs pages ont été intercalées au XIV.e siècle pour remplacer des feuillets manquants.

143. Lectiones et homeliæ ab adventu ad purifica-tionem et aliquot dies sequentes.

Vélin in-fol. , 231 f.　　　　d.r. L.

Corbie. 28. D.

XII.e siècle. **Ms.** à 2 colonnes, formant la 2.e partie du précédent ; il est dû à la même main et orné avec la même profusion et le même soin.

Beaucoup de pages , dit M. Rigollot , intercalées , pour remplacer sans doute celles qu'un long usage avait effa-cées , sont d'une écriture plus récente , du XIII.e et du XIV.e siècles. Elles sont ornées de grandes lettres , exécu-tées d'une toute autre manière que celles dont nous don-nons le dessin.— Ouvrage cité pag. 356.

Ce qui peut indiquer l'époque où l'abbaye de Corbie fit écrire ce Ms. , c'est que, dans une des vieilles pages , se trouve le commencement de l'histoire de St.–Thomas Bec-ket ; la suite, ou plutôt la même histoire , copiée sur de nouvelles feuilles , se trouve plus loin. On y remarque que, par erreur , sa mort indiquée au 4.e des calendes de jan-vier , c'est-à-dire au 29 décembre , est donnée *ann. dom. millesimo centesimo sexagesimo ,* au lieu de *septuagesimo.* On sait qu'il fut canonisé deux ans après , en 1172.

Les deux miniatures données par M. Rigollot , Pl. 13. f. 32 et 33 , se rapportent à la légende des SS. Fuscien , Victoric et Gentien et à S.te–Bathilde.

144. Homiliæ et Sermones.

Vélin in-fol. , 250 f.　　　　d.r. L.

Corbie. 72. D.

XII.e siècle. **Ms** à 2 colonnes , bien conservé , d'une belle écriture , correcte et sans ornement ; 34 lignes par page , non réglées , pointées sur les marges.

Les homélies sont empruntées aux Pères et aux Docteurs de l'Eglise, écrites tout au long et sans divisions, comme dans les anciens lectionaires. C'est en effet Charlemagne qui exigea cette distinction, tout-à-fait arbitraire autre fois. Un trait fait avec l'ongle ou une boule de cire indiquait au lecteur l'endroit où celui qui l'avait précédé avait cessé sa lecture. Cette distinction a permis de pouvoir reprendre, sans être obligé à aucune recherche : *Ut quando inopinato legere juberentur, irreprehensibiles apud eum invenirentur* (1).

Quelques homélies seulement sont divisées en leçons de matines. Il s'y trouve aussi des leçons de l'ecriture sainte.

Il manque à la fin plusieurs feuillets.

Comme dans l'église romaine, l'Avent commence au 5.ᵉ dimanche avant Noël; le premier y est nommé 4.ᵉ dimanche avant la Nativité de Notre-Seigneur, le 2.ᵉ et le 4.ᵉ avant Noël, le 3.ᵉ le 3.ᵉ, le 4.ᵉ le 2.ᵉ, et enfin le 5.ᵉ est nommé le 1.ᵉʳ avant la Nativité.

La discipline de l'église n'a point toujours été la même à l'égard de cette institution, qui paraît aussi ancienne que la fête de Noël. Pendant plusieurs siècles, elle fut de quarante jours, avec un jeune rigoureux, ici de précepte, là de simple dévotion. L'église de Milan a conservé les six semaines de l'avent primitif. Mais le zèle des Milanais, pour la conservation de leur rite, dont ils ont du reste assez fidèlement gardé l'intégrité, est tel qu'ils le poussent jusqu'à l'intolérance à l'égard des autres liturgies, la romaine y comprise (2). Cette durée de six semaines avait

(1) Martène de Ant. Eccles. ritibus. t. 3. p. 39.

(2) Institutions liturgiques par Dom Guéranger. tom. 1. pag. 204.

été adoptée par les églises d'Espagne, comme on peut le voir par les missels Mozarabes; Martène (1) et Mabillon (2) ont démontré que cet usage avait été partagé par les églises de France; c'était la liturgie Ambrosienne. L'église romaine, et celles qui en suivaient les rites, suivant le sacramentaire de St.-Grégoire et Amalaire (3), ne comptait que cinq dimanches. Le concile de Macon, en 581, compta quarante jours, comme plus tard les capitulaires de Charlemagne que plusieurs conciles ont adoptés. Mais au x.e siècle, ainsi que l'apprennent les écrits de l'évêque de Vérone Ratherius, et une lettre du Pape Nicolas I, l'avent ne se composait plus que des quatre semaines qui précèdent Noël, et presque toute l'église latine, à l'exemple de celle de Rome, avait admis cette durée, comme nous la pratiquons aujourd'hui, c'est-à-dire, au moins quatre dimanches, avec ce qui reste de la quatrième semaine jusqu'à la veille de Noël.

146. Lectiones et homiliæ in diversis anni festivitatibus.

Vélin in-fol., 245 f.   d.r. L.

Abb. de Selincourt.

XII.e siècle. Ms. à 2 colonnes de 32 lignes, réglées au crayon; écriture très-correcte; initiales de couleur, presque sans ornement.

Les 10 derniers feuillets contenant les leçons pour les fêtes de la Visitation et de Ste-Catherine, sont d'une mauvaise écriture du XIV.e siècle, où l'on a essayé d'imiter les initiales de la première partie.

(1) De Antiq. Eccles. ritibus. t. 3. p. 73.
(2) Liturg. Gall. lib. 3,
(3) De offici. eccles. l. 2 et 4.

Ce Ms. comprend des lectures et des homélies pour les différentes fêtes depuis l'Annonciation jusqu'à la Dédicace.

Il est inscrit au catalogue de Montfaucon.

146. LECTIONES ET HOMELIÆ PER ANNUM.

Vélin in-4.°, 159 f. d.r. L.

Corbie. 196. BIS.

XI.c siècle. Ms. à longues lignes, 25 par page, non réglées, avec initiales de couleur bleue et rouge.

Il y manque les premiers feuillets, comprenant les leçons pour le 1.er, le 2.e et le 3.e dimanche d'Avent; il est également incomplet à la fin, et se termine à la 8.e leçon du 23.e dimanche après la Pentecôte.

147. Lectionarium tam de tempore in missâ quam pro festivis rebus.

Vélin in-fol., 175 f. d.r. L.

Corbie. 52. II.

XII.e siècle. Ms. à 2 colonnes, 28 lignes par page, réglées à la pointe sèche; titres et initiales de couleurs; quelques lettres tournures.

On remarque dans ce Ms. que l'Avent comprend cinq dimanches, comme dans le n.º 144.

Les deux fêtes de St.-Benoît sont désignées, celle du 21 mars, par *Depositio S. Benedicti* et celle du 11 juillet, par *Natalis S. Benedicti*. Cette dernière est partout ailleurs, chez les agiographes, la translation de St.-Benoit du Mont-Cassin en l'abbaye de Fleury-sur-Loire, diocèse d'Orléans, au VII.e siècle.

Sur le premier feuillet on a peint un labyrinthe fermé de deux portes et écrit au centre JÉRICHO.

8.

148.- Orationes et Homeliæ.

Vélin in-fol. , 109 f.   d.r. L.

Abb. de St.-Martin-aux-Jumeaux.

XII.ᵉ siècle. **Ms.** à 2 colonnes, d'écritures différentes, avec rubriques, plain-chant et capitales ornées.

Il comprend la messe des morts, les oraisons, les capitules, des homélies non divisées en leçons pour l'année, des litanies, et un processionnal.

Il est précédé d'un calendrier avec des devises dont les unes sont empruntées à Bède, les autres imprimées dans le calendrier du missel d'Amiens de 1506.

149. Lectiones et homeliæ in festis sanctorum.

Vélin in-4.° , 256 f.   d.r. L.

Abb. de St.-Martin-aux-Jumeaux.

XIII siècle. **Ms.** à longues lignes, 20 par page, réglées à l'encre, avec les initiales alternativement rouges et bleues et ornées de traits; écriture régulière.

Il comprend les leçons et les homélies pour les saints de chaque jour, du 1.ᵉʳ août, jour de St.-Pierre-aux-liens, au 31 octobre, jour de St. Quentin.

150. Lectiones et homeliæ secundum ferias anni.

Vélin grand in-fol. , 293 f.   d.r. L.

Abb. de Selincourt.

XIII.ᵉ siècle. **Ms.** à 2 colonnes, 34 lignes par page, réglées à l'encre; écriture de diverses mains; initiales de couleur, légèrement ornées.

Ms. de plusieurs mains, incomplet et altéré par un fréquent usage. Le commencement, dont une main maladroite a réparé quelques pages effacées, est du milieu du XIII.ᵉ siècle ; la fin paraît plutôt se rapporter au XIV.ᶜ ; elle est due à un écrivain peu habile, qui a constamment imité l'écriture de son prédécesseur ; les deux derniers feuillets appartiennent à un lectionnaire plus ancien.

On y trouve cette note :

Ce livre appartient à l'Eglise St.-Pierre lez Selincourt. 1594. *Jesus, Maria, Anna, Joseph.*

Il comprend les leçons depuis l'Avent jusqu'au vingtième dimanche après la Pentecôte.

Il est porté au catalogue de Montfaucon.

151. Homeliæ divisæ in lectiones pro canonico officio.

Vélin in-fol., 168 f.   d.r. L.

Corbie. 62. II.

XIV.ᶜ siècle. **Ms.** très-soigneusement écrit et parfaitement conservé, à 2 colonnes de 34 lignes, réglées à l'encre ; pages entourées d'un cadre noir.

Ce Ms. est remarquable par la variété et l'élégance des traits dont sont ornées ses nombreuses initiales, alternativement rouges et bleues.

Il comprend les évangiles et leurs leçons depuis le jour de Pâques jusqu'à la fête de la Dédicace.

Sur la feuille de garde on lit : « In hoc codice homi- » liarum quæ divisæ sunt in lectione pro canonico officio, » post notatam VI^{am} lectionem additur in minio sive rubrica » [pro refectorio], per quod denotatur usus aliquorum » qui, cum per brevitatem lectionum non possent integras » absolvere homilias in evangelium diei, quod supererat

8.*

» in mensa refectorii complere solebant. Hoc adhuc ob-
» servant Carthusienses nostris temporibus 1638. »

Cette note, traduite dans le catalogue des Mss. de Corbie, nous rappelle l'ancien usage où l'on était d'achever
au réfectoire les homélies trop longues, quand elles n'a-
vaient pu être lues ou récitées tout entières dans l'office
divin.

Ce Ms. est inventorié sous le n.º 62, et non sous le
n.º 54 qu'il porte sur la première feuille.

152. Lectionarium in festis sanctorum.

Vélin in-4.º, 139 f.   d.r. L.

Corbie. 130. II.

Ms. de la fin du **XV.**ᵉ siècle, à longues lignes, 25 par page, d'une
très-belle écriture cursive ; la première initiale ornée et réhaussée
d'or, les autres simplement ornées de traits ; rubriques minuscules.

A la suite se trouvent les répons pour les différentes fêtes
des saints, et des leçons pour St.-Hippolyte et ses compagnons.

153. Lectiones de Sanctis ac de tempore cum res-
ponsoriis, capitulis, collectis et suffragiis.

Vélin in-fol., 284 f.   d.r. L.

Corbie. 60. I.

Ms. du **XV.**ᵉ siècle, en grosse écriture très-correcte, avec capitales
ornées de traits et rehaussées d'or; écriture à longues lignes, 24 par
page, réglées à l'encre.

Etienne de Conty le fit écrire, en 1405, par Amiot
Aubry d'Auxerre, comme nous l'apprend la mention suivante, à la fin du volume :

Magister stephanus de Conty. de ambianis natus. decreto-
rum doctor. monachus et officialis corbeye. fecit scribere
istum lectionarium per manum amioti aubri nati anthisio-
dorensis diocesis. In anno incarnationis domini millesimo
quadrigentesimo quinto. Ideo rogat quatinus omnes studentes
vel legentes cum devocione pro temporibus presentibus vel
futuris in eo ut rogent deum cordialiter pro eo. Amen.

Parmi les *suffragia sanctorum* on lit en français, pour
la mémoire de Sainte Batilde, fondatrice de Corbie : *Mé-*
moire de Sainte Bautheur jadis royne de Franche. qui
funda le dicte église de Saint-Piere.

« Corbeyam itaque fundatam egregie eius precibus ab
» omni subiectione Berthefudus pontifex emancipavit. Ora
» pro nobis beata mater Baltildis ut digni efficiamur etc. »

A la fin on ajouta, mais plus tard, des leçons pour la
fête de St.-Hippolyte.

On lit sur une dernière feuille cette note relative à
l'histoire de l'abbaye de Corbie.

Anno domini milesimo quadringintesimo septuagesimo octavo
obiit Johannes Daquesnes bone memorie abbas Corbeiensis
postquam rexerat dictam abbatiam per xiii menses et dies
xiii *et fuit dictus Johannes factus abas per regem franco-*
rum Ludovicum xii^m *quod nondum fuisset quia inutilis et*
clausit diem extremam in mense septembri decimo sexto ut
erat natus dictus abas Dacy de Carnoy et fuit per regina-
tionem factus abas et non per electionem.

Voici comment s'exprime sur Jean d'Anquennes, dont
la prélature fut si courte, une histoire manuscrite de
Corbie dont nous parlerons plus tard. « Vir fuit eloquio
» disertus, sed erga predecessorem suum et benefactorem
» (Jacques Ranson qui avait du abdiquer par suite de

» son attachement au parti Bourguignon) ingratissimus ;
» fuit voluptati deditus , bonorum monasterii dilapidator ;
» ideo dies vitæ ejus a deo abbreviati sunt. »

2.° MISSELS ET LEURS DIFFÉRENTES PARTIES.

A. Missels.

154. MISSALE AMBIANENSE.

Vélin in-4.°, 253 f.   d.r. L.

Corbie. 170. H.

XII.ᵉ siècle. **Ms.** à longues lignes, avec rubriques et initiales ornées.

Le calendrier porte les deux devises :

Jani prima dies , etc.

Principium jani , etc.

avec les diverses notes inscrites au calendrier de Bède et
les saints honorés dans le diocèse d'Amiens que l'on retrouve dans les litanies du jour de Pâques.

Vers le milieu du volume sont deux miniatures; la première , fort remarquable , rappelant celles du n.° 24; elle
représente le Christ assis, enseignant l'évangile ; la seconde, moins belle, représente le Christ en croix , ayant
d'un côté Marie , de l'autre St.-Jean. Aux quatre coins ,
dans l'une et dans l'autre , sont des médaillons avec des
devises.

Ce Ms. est complet et d'une exécution fort soignée.

155. MISSALE CORBEIENSE.

Vélin in-fol. , 156 f.   d.r. L.

Corbie. 53. II.

Ms. du commencement du **XII.**ᵉ siècle , je serais même porté à le croire plus ancien, à 2 colonnes de 33 et 28 lignes, réglées à la pointe sèche, piquées sur les marges ; lettres tournures d'un dessin très-élégant et très-correct ; titres en capitales romaines.

La première partie, en caractères beaucoup plus petits, a dû appartenir à un autre manuscrit de la même époque.

A la fin on trouve une sorte de psautier comprenant la première ligne de chacun des versets des psaumes rangés dans leur ordre, avec initiale rouge, en saillie.

Le canon, depuis le second memento, est différent du nôtre. Toutes les messes des dimanches, des fêtes, même des féries, ont des préfaces particulières. On y trouve des litanies comprenant les principaux saints du diocèse, mais aucune prose, aucune hymne. A la fin sont des bénédictions parmi lesquelles nous en citerons une pour ceux qui se font la barbe pour la première fois.

» *Pro his qui prius barbam tondent.*

» *Deus cuius providentia creatura omnis incrementis adulta congaudet exaudi preces nostras ; propicius super hunc famulum tuum illius juvenilis etatis decore letantem et florem primis auspiciis adtondendi adesto. ut in omnibus protectionis tue muniatur auxilio per. etc.*

Dom Martenne, *De antiquis ecclesiæ ritibus* tom. 2. p. 142, a publié une oraison différant très-peu de celle-ci, laquelle est extraite d'un pontifical de Salsbourg du VII.ᵉ siècle.

Les bénédictions précédentes se trouvent, pour la plupart, dans le même ouvrage, t. 2, pag. 841 à 843.

Sur la première feuille, qui est encadrée, sont notées quelques redevances dues *in Salliaco aquatico,* aujourd'hui Sailly-Lorette.

C'est sans doute ce Ms. que nous trouvons sous le titre :

Missale ad usum Monasterii Corbeiensis sœculi 12, dans le catatalogue publié par Montfaucon ; catalogue qui comprend toute la liturgie sous cette rubrique :

Alia quoque missalia et libri ad officium Ecclesiœ.

156. MISSALE.

Vélin in-8.°, 392 f.   d.r. L.

Corbie. 239. C.

XIII.ᵉ siècle. **Ms.** à 2 colonnes, avec rubriques et initiales ornées ; capitales enluminées ; vignettes rehaussées d'or, qui font connaître le vêtement des prêtres et le voile du calice ; très-bien conservé.

En tête se trouve un calendrier à l'usage d'Amiens, avec les devises de Bède.

Vers le milieu on lit : « *Frater Johannes de Candas tunc* » *prepositus ecclesie Corbeiensis fecit fieri hoc missale. Anno* » *domini* M.°CC.° *octuagesimo nono per manum Girardi* » *de ambianis scriptoris. Orate pro eo.*

Jean de Candas, official de Corbie jusqu'en 1301, fut chargé par l'abbé Garnier de Borrenc, de mettre en ordre les titres de l'abbaye.

» Joannem *de Candas*, dit le Gallia christiana, tom x » p. 1281. E, ecclesiæ suæ prepositum ac regum aliorum » que diplomatibus describendis et in amplissimum vo- » lumem redigendis admovit. »

Il fut l'auteur de la préface du cartulaire noir de cette abbaye, lequel faisait partie de la collection de l'historiographe dom Grenier et se conserve aujourd'hui parmi les manuscrits de la bibliothèque royale, fonds Corbie.

Ce cartulaire est un registre en parchemin, in-folio, composé de 251 feuillets, numérotés en chiffres arabes ; il est relié en veau.

Sur le feuillet blanc qui précède celui qui porte le n.º 1, sont écrits ces mots :

» Ce cartulaire est fait en 1295 par les soins de frère » Jean du Candas moine et Prevost de l'église de Corbie » par le commandement du révérend Père en Dieu » Garnier abbé de la dite église. »

En marge du folio 13 R.º on lit :

« Frère Jean du Candas, moine de Corbie, Prévôt de » l'église sous l'abbé Garnier, a mis les chartes de l'ab- » baye en l'ordre marqué dans le cartulaire, l'an 1295. »

La préface, qui commence au folio 13, est en latin, et composée par Jean du Candas qui l'a datée de 1295 et y a exprimé les motifs de cet ouvrage et le nombre de livres dans lequel il est divisé.

En plusieurs endroits du Ms. l'ancien texte a été effacé et remplacé, dans le XIV.ᵉ siècle, par diverses proses écrites par une main malhabile, mais dont les initiales des ver- sets sont dues à un enlumineur élégant et coquet ; elles sont d'or sur fond rouge.

Le catalogue de Corbie mentionne ce Ms. comme écrit à la fin du XIV.ᵉ siècle, c'est assurément là une erreur de chiffre, car Jean de Candas, comme nous l'avons dit plus haut, le faisait écrire en 1289 ; le même catalogue fait remarquer que le canon de la messe a quelques diffé- rences avec celui d'aujourd'hui, en ce qu'entre l'Agnus Dei et la Communion, il n'y a qu'une prière : *Domine Jesu x.º filii dei vivi. etc.*

157. Missale et ordo ad visitandum infirmum.

Vélin in-4.º, 234 f.   d.r. L.

Corbie. 159. II.

XIII.ᵉ **siècle. Ms.** à longues lignes ; écriture de diverses grandeurs, d'une grande richesse, avec initiales dorées et enrichies d'arabesques très-variés ; rubriques, plain-chant et un grand nombre de miniatures.

Les sujets des miniatures sont empruntés à la fête dont elles accompagnent l'initiale, une seule est allégorique. L'Eglise, reine couronnée, tient d'une main une petite église, et semble enseigner la Synagogue un bandeau sur les yeux.

Il faut surtout y remarquer deux grandes peintures présentant l'une, le Christ en croix, entre la Vierge et St.-Jean ; l'autre le couronnement de la Vierge sur un fond d'azur semé, dans de nombreux losanges, de fleurs de lys et des armes de l'abbaye de Corbie.

Cette grande miniature a été dessinée par M. Rigollot, dans son ouvrage déjà cité, Planche 22. p. 383. (Mém. de la Soc. des Antiq. de Picardie. tom. III.)

La première partie contient deux offices propres à Corbie : *In depositione beati Adalardi* et *in die sancte Bathildis regine.* Sainte Bathilde est représentée la tête couronnée, tenant en main un ciboire, sur un fond d'or semé de fleurs de lys.

La deuxième partie comprend l'*Ordo ad visitandum infirmum* et toutes les cérémonies de l'enterrement.

La fin est due à un écrivain moins habile.

Ce Ms., bien conservé, présente des écritures de différentes grandeurs. Le peu de variété des dessins est très-sensible ; la figure de la vierge couronnée de la grande miniature se trouve plusieurs fois reproduite, notamment dans la vignette p. 10 et dans la Sainte-Bathilde.

158. Missale sancti Acheoli.

Vélin in-fol., 149 f.   d.r. L.

Abb. de St. Acheul.

XIV.ᵉ siècle. Ms. écrit partié à longues lignes et en gros caractères partie à 2 colonnes et en caractères moyens, avec lettres ornées, plainchant, quelques vignettes, cordons et fleurons sur fond d'or.

Il est précédé d'un calendrier servant d'ordo avec les devises de Bède, et terminé par le cérémonial écrit au XVI.ᵉ siècle, en cursive : *De investione novitiorum canonicorum regularium abbatie S. Acheoli prope ambianum.*

On y trouve une note écrite au siècle dernier relative à l'antiquité du missel, tirée de la forme de la chasuble et du voile du calice, dans les vignettes de la préface, du canon et de la messe de la Trinité, plus ancienne, dit-on, que la fête, suivant le Micrologue.

Ce Ms. est bien conservé.

159. Missale.

Vélin in-8.º, 326 f.   d.r. L.

Abb. de St.-Martin-aux-Jumeaux.

XIV.ᵉ siècle. Ms. à longues lignes, écriture inégale, avec rubriques, lettres ornées et chant noté ; une seule miniature, représentant le Christ en croix, presqu'effacée.

En tête est un calendrier sans devise, à l'usage du diocèse d'Amiens, auquel il manque les mois de novembre et de décembre.

Le missel est incomplet, il y manque plusieurs feuillets ; un grand nombre d'autres sont déchirés en partie.

Sans autre indication d'origine que cette note insignifiante : *Ce livre appartient à Louis Medar Boillar.*

160. Missale.

Vélin in-4.°, 67 f.   d.r. L.

XIV.ᵉ siècle ; rubriques et initiales de couleur ; préface notée.

On lit à la Post-communion de la messe du St.-Esprit, cette note soulignée :

Missa contra mortalitatem seu epydemiam quam dominus papa vj.ˢ fecit et constituit in collegio cum dominis cardinalibus anno domini M.°CCC.°XLVIII.° *et concessit omnibus vere penitentibus et confessis dicentibus aut audientibus dictam missam* CC et XL.°ˢ *dies indulgencie et omnes audientes dictam missam debent habere et portare in manu cereum aut candelam accensam durante missa et hoc per quinque dies et dei gratia mors subitanea eis nocere non poterit. Hoc expertum est in partibus amen. amen.*

Il manque au commencement quelques feuillets.

On trouve à la fin, et d'une autre main, l'office de St.-Yves et de Ste-Geneviève.

161. Missale

Vélin in-4.°, 202 f.   d.r. L.

XIV.ᵉ siècle ; très-belle écriture, avec lettres initiales rouges et bleues, ornées de traits, à longues lignes, réglées à l'encre, 18 par page ; Ms. très-bien conservé.

La seule prose de Ste-Maxence est notée.

En tête sont d'autres proses notées, portant la date 1644. Ce sont celles de St-Denis, une nouvelle prose de Ste-Maxence, et la commémoration de la Vierge.

162. Missale.

Vélin in-fol., 124 f.   d.r. L.

Corbie. 105. II.

Missel incomplet du xv.ᵉ siècle, à 2 colonnes, avec lettres ornées de traits et deux grandes miniatures.

Ces miniatures, sur fond d'or, appartiennent à une autre époque et présentent, l'une le Christ en croix entre Marie et St.-Jean, l'autre le Christ assis et les attributs des quatre évangélistes avec des rôles.

Au commencement et à la fin sont des hymnes et quelques parties du rituel notées, les unes en plain-chant, les autres en musique, à trois voix (supra, tenor, bassus), quelques-unes, à quatre voix.

On y trouve l'office de Ste-Barbe, de St.-Sébastien, des Saints Victorice et Geutien et des reliques de l'église de Corbie, dont la confrérie était dans l'église de Corbie.

Le premier feuillet comprend, sur le verso, *O Salutaris* et, sur le recto, un chant italien. *Le grant pena que io senti me tormenta nocte dia de morir jo zo pro contento por la vostra signoria.*

Ces parties appartiennent au xvi.ᵉ siècle, et les prières qu'on y trouve pour Ferdinand *defensor fidei christianœ contra Turcas* en assigneraient la date vers 1520 à 1530. Les miniatures citées plus haut sont du même temps.

Je ne sais point à quoi se rapporte la note portant : *In fine libri monitum reperitur examinandum;* sans doute à quelque pièce perdue avec les feuillets manquants.

Le catalogue de Corbie nous apprend que ce manuscrit a été donné à l'abbaye par Antoine de Caulincourt, mort en 1536 ; cet Antoine était probablement le frère de Adrien, auquel on doit le manuscrit de la Bibliothèque royale ayant pour titre : *Chronicon Corbeiense*, *ab anno* 662 *ad annum* 1529. *in-fol.*

163. Missale Ambianense antiquum.

Vélin in-fol., 317 f.   d.r. L.

Abb. de St.-Jean des Prémontrés d'Amiens.

xv.ᵉ siècle. **Ms.** à 2 colonnes de 33 lignes, réglées à l'encre, avec rubriques, plain-chant noté, initiales coloriées et rehaussées d'or, vignettes et encadrements.

La première vignette présente un prêtre levant non point l'hostie, mais un jeune enfant les mains jointes, comme dans les missels d'Amiens de Jean Petit (Parisiis 1530) et de Martin Morin (Rothomagi 1506) et en général tous ceux du xvi.ᵉ siècle.

Vers le milieu du volume sont deux beaux dessins occupant toute la page et entourés d'arabesques ; sur le verso le christ sur la croix, au pied de laquelle sont les saintes femmes et des gardes avec leurs chefs, d'une richesse de dessin et d'un fini d'exécution très remarquable pour les détails de costume : au fond du tableau, la cité sainte ; sur le recto le Christ, entouré de chérubins, assis sur le trône des dominations, assiste à la séparation des bons et des méchants, qu'évoquent les trompettes du jugement dernier.

La première partie du Ms. contient le missel pour les dimanches ; la deuxième, les fêtes des saints ; au folio 300 la pagination cesse d'être indiquée, et l'ouvrage est continué par une autre main qui a ajouté des proses pour les saints et les différentes fêtes, et l'office de celle de St.-Claude.

164. Missale Ambianense.

Vélin in-fol., 255 f.   d.r. L.

Abb. de St.-Martin-aux-Jumeaux ?

XV.ᵉ siècle. Ms. très-soigné, à longues lignes, 11 par page, réglées à l'encre ; grands caractères ; capitales de couleur, avec les préfaces notées en plain-chant.

Des nombreuses vignettes qui le décoraient, il n'en reste qu'une seule, la Résurrection, à l'introït du jour de Pâques.

Ce Ms. ne renferme qu'une partie du missel, de la Nativité à St.-Augustin.

165. (Missæ notatæ.) Dix-huit messes notées en plain-chant.

Reliure en bois et fermoir de cuivre.

Vélin in-fol., 65 f.

Bibl. des Carmes déchaussés.

Ms. écrit au commencement du siècle dernier.

Il comprend 18 messes notées pour les principales fêtes des Saints du diocèse. A la fin est un *Index missarum universitatis*, suivant l'ordre des mois.

Il y manque le feuillet 31 de l'office de Ste.-Geneviève. L'écriture est due à plusieurs mains de moins en moins habiles ; la première partie est en caractères gothiques, la seconde, en caractères que j'appellerai typographiques.

Les initiales des premières messes sont de grandes capitales ornées de riches arabesques sur fond d'or, avec coins ou bordures composées de fleurs, de fruits et d'oiseaux. Celles des différentes parties de la messe sont de grandes lettres ombrées que l'écrivain s'est plu à charger de grisailles figurant des masques et des magots. Celles des fêtes du St.-Sacrement, de St.-Martin, de Ste-Geneviève et de St.-Gratien offrent des vignettes dont le mérite va en décroissant et qui sont loin cependant d'être sans intérêt.

B. Processionnaux.

166. PROCESSIONALE.

Papier in-18., 89 f.   d.r. L.

Bibl. de l'Oratoire.

XV.ᵉ siècle. **Ms.** noté, avec initiales de couleur et miniatures dessinées à la plume.

Ces miniatures sont grossières et plus grossièrement enluminées encore; celles qui représentent St.-Guillaume et St.-Roch sont cependant assez bonnes.

On lit à la fin le nom de l'un des propriétaires : *ad usum fratris Leonis Nourquier sub regula benedictina militantis anno a salute mortalibus restituta* MVᶜLXXIIIJ.

167. Processionale ad usum ecclesiæ parochialis Sancti Firmini confessoris.

Vélin in-8.°, 113 f.   d.r. L.

Eglise de St.-Firmin-le-Confesseur.

Ambiani scribebat Jacobus Delacourt anno domini M.DCCLIV.

Processionnal noté, pour toute l'année, d'une bonne écriture.

A la fin est une feuille imprimée contenant la procession pour la fête du Sacré cœur de Jésus.

168. Processionale Ambianense ad usum ecclesiæ parochialis Sancti Firmini confessoris.

Vélin in-8.°, 87 f.   r.p. L.

Eglise de St.-Firmin-le-Confesseur.

Scribebat J. Delacourt anno domini M.DCCLIV.

Ce Ms. contient les oraisons pour chaque antienne, que le précédent ne contenait point, mais on n'y trouve ni les litanies, ni les prières pour le samedi-saint, ni la fête du St.-Sacrement.

On y a également ajouté la procession imprimée du Sacré Cœur.

169. PROCESSIONALE AMBIANENSE.

Vélin in-8.°, 92 f.   d.r. L.

Origine inconnue.

On lit sur le premier feuillet : *Processionale ambianense* et sur le titre : *Processional d'Amiens à l'église de Saint-Pierre de Bus.*

C'est un Ms. du siècle dernier, renfermant uniquement les antiennes notées pour les processions; il est très-mal écrit.

La première partie a été altérée par l'humidité.

170. PROCESSIONALE AMBIANENSE.

Papier in-4.°, 86 f.   d.r. L.

Origine inconnue.

Ms. noté tout entier, d'une assez bonne écriture.

Si Eustache Poirée était bon écrivain, il était fort peu

9.

lettré , car son manuscrit fourmille des fautes d'ortographe les plus grossières , comme on peut d'ailleurs en juger par le titre que nous reproduisons : *Processionnal a lusage Du Diocesse Damiens ou sont contenue ce qui ce chante pendant tout lanné tant feste que dimanche.*

Fait parmoy Pierre Eustache Poirée à Querrieu 1752.

171. PROCESSIONALE.

Papier in-8.°, 80 f. — d.r. L.

Origine inconnue.

Ms. du siècle dernier, d'une mauvaise écriture . noté en plainchant.

Il contient les processions pour les fêtes principales , et à la fin l'hymne de St.-Roch.

C. Epistolaires et Evangéliaires.

172. LIBER EVANGELIORUM.

Papier in-4.°, 89 f. d.r. L.

Corbie. 193 A.

IX.e siècle. **Ms.** à 2 colonnes de 20 lignes , réglées à la pointe sèche ; versets distincts , titres en rouge ; initiales des Evangiles dorées , celles des versets teintées de rouge.

Il contient les évangiles pour tous les dimanches de l'année et les fêtes des principaux saints..

La liste en est donnée à la page 13.e du volume.

Les 9 premiers feuillets appartiennent à un manuscrit d'une autre époque , peut-être du XI.e siècle ; l'écriture en est droite et très-correcte , comprise entre deux traits à la pointe sèche ; ils sont notés avec des lignes , pour être chantés , comme avant l'époque d'Arezzo.

Sur l'une des feuilles de garde , au commencement du volume , on trouve un fragment d'enquête sur un cours d'eau et les dires des demandeurs et des religieux.

Sur l'autre feuillet de garde , à la fin du volume , un testament en français , *Che fut fait en lan del incarnation notre Seigneur* M CC IIIIXX *et deus , lundi devant le magdalaine el mois de Jule.* Il est de Beaudouin Trenesac , et renferme un grand nombre de legs faits par lui au prêtre du Hamel *pour faire sen serviche , au prêtre de Bouzencourt* x. s. *a l'ouvrage de Nostre-Dame Damiens* x. s. *a lostelerie de Amiens* v. s. *a lostelerie de Corbie* v. s. *a lostelerie de Fouiloy* v. s. *a lostelerie de Le Mote un lit estore. aux freres menus de Amiens* x. s. *aux frères precheurs Damiens* x. s. *etc. et si sera pris chis testamens sur tous mes moebles et sur toute mes cateux et se ce ne poora seufir il seroient pris sur toute me tere ou kele soit.* Marguerite , sa femme , s'engage solidairement. Les exécuteurs sont la femme du testateur , Jehan son fils , monseigneur Jehan de Maisnicourt , monseigneur Jehan de Buisy , chevalier.

173. LIBER EVANGELIORUM.

Vélin in-4.°, 132 f.   d.r. L.

Bibl. des Augustins d'Amiens.

XIV.ᵉ siècle. Ms. à longues lignes , 21 par page , réglées à l'encre rouge ; minuscules très-correcte ; titres et indication des feuillets en rouge ; initiales ornées, or et couleur.

Au bas du premier feuillet, qui est chargé d'arabesques, est un moine à genoux, d'un dessin aussi facile que correct.

9.*

Ce M.s contient les évangiles pour les dimanches et les fêtes de l'année, les notations en plain-chant des différentes parties de la messe, et les tons pour les fêtes majeures et ordinaires.

On lit sur le premier feuillet :

Hic liber est conventus ambianensis ordinis eremitarum anno 1657.

174. Epistolium totius anni secundum usum romanum spectans ad fratres de heremo ordinis sancti Augustini conventus Ambianensis.

Vélin in-4.°, 126 f.   d.r. L.

Bibl. des Augustins d'Amiens.

XVI.e siècle. **Magnifique Ms.** écrit en gros caractères, à longues lignes, 20 par page, réglées à l'encre, avec initiales peintes, ornées d'arabesques, de rinceaux et de vignettes enrichies d'or, dont l'une représente l'arbre de Jessé portant les 12 rois et au sommet la **Vierge**, avec le **Christ** enfant dans ses bras.

Ce Ms., parfaitement conservé, a tous les intervalles des deux colonnes ornés de courants de fleurs aussi riches qu'élégants.

On lit à la fin :

» Hoc epistolium fecit fieri et scribi frater Nicolaus Sa-
» quebam hujus conventus ambianensis filius ordinis fratrum
» heremitarum sancti Augustini quod scriptum perfectum et
» completum extitit per iohannem de Bauchi scriptorem. Anno
» domini M.° V.° XI.mo die vero XV.a mensis maij. orate
» pro eis. »

Un grand nombre de feuillets ont été dépouillés de leurs marges, mais plutôt pour avoir le vélin blanc que pour enlever les vignettes, car deux seulement ont été non point détachées, mais rognées.

175. Lectiones et Evangelia.

Vélin in-4.°, 46 f.　　　d.r. L.

Bibl. du chapitre d'Amiens.

xv.° siècle. **Ms.** à longues lignes, 16 par page ; gros caractères, initiales or et couleur.

On lit sur le premier feuillet.

Ce present liure appartient a la confrairie Nostre-Dame du Puy celebree et erigee en leglise cathedrale Nostre-Dame dAmyens.

On y voit quatre grandes miniatures avec bordure et encadrements, représentant :

1.° la céne sur fond d'azur semé de fleurs de lys d'or.

2.° Jésus apparaissant à ses disciples après sa mort.

3.° L'adoration du St.-Sacrement, placé sur un autel d'azur semé de fleurs de lys d'or.

4.° Jésus dînant chez le Pharisien.

Malgré les incorrections nombreuses et les fautes grossières que l'on remarque dans ces dessins, il n'y manque point d'un certain talent et d'un faire assez habile. L'ornementation surtout est digne d'attention.

Les initiales n'ont point été achevées à la fin du volume.

Les derniers feuillets, ajoutées plus tard, à diverses époques, comprennent les fêtes de St.-Jean et de St.-Jacques.

D. Graduels.

176. Graduale.

Vélin in-fol., 88 f.　　　d.r. L.

Corbie. 104.

XIV.ᶜ siècle. **Ms.** à 2 colonnes ; capitales or et couleur ; plain-chant noté.

On lit sur la feuille de garde : *Liber mutilatus quem nos vulgo vocamus graduale cum lectionibus ad missam. Codex scriptus sœculo 14°.*

Il est désigné dans le catalogue : *Liber mutilatus seu missale cum lectionibus ad missam. 14.*ᶜ *siècle.*

C'est plutôt en effet un missel incomplet qu'un véritable graduel.

A la fin on trouve les leçons et les répons notés, pour une partie de l'année., le propre des martyrs, des vierges et des confesseurs.

177. Graduale ecclesiæ Corbeiensis pro festis solemnioribus primæ classis et primi ordinis per totum annum succurrentibus.

Scribebat Corbeiæ D. Jacobus Mahot congregationis Sancti Mauri Monachus.

M. DCLXXVIII.

Vélin grand in-fol., 95 f.   r. a.

Corbie.

Ce magnifique manuscrit, de 0ᵐ,75 de haut sur 0,50 de large, tout entier noté, écrit en lettres de 0ᵐ,03 de hauteur, rappelle, pour la richesse des fleurons dont il est orné, le grand missel de Rouen de la même époque ; mais il ne contient point de ces tableaux qu'on admire dans ce dernier ; ici ce sont seulement de riches guirlandes de fleurs et de fruits encadrant les capitales et les initiales, ou composant des culs de lampes, où la pureté du dessin le dispute à la vivacité des couleurs que rehausse encore un fond d'or et d'azur.

Il se divise en deux parties : *Proprium missarum de tempore* (Noël , Pasques , Ascension , Pentecostes , Fête-Dieu): *Proprium missarum de sanctis ;* S. Adalhard , Ste.-Bathilde , la Purification , St. Benoit , St. Pierre St. Paul , les Stes.–Reliques , l'Assomption , la Dédicace , la Toussaint , St. Gentien , St. Fuscien , St. Victorin , la messe pour les fêtes de 1.ʳᵉ classe , et pour celles de la Vierge , enfin le *Credo* pour les fêtes de 1.ʳᵉ et de 2.ᵉ classe.

Sur le premier feuillet on voit à droite les armes de Corbie sur celles de France ; à gauche , dans une couronne d'épine , le mot Pax surmonté d'une fleur de lys.

Ce Ms. est relié en bois , garni de coins et de fermoirs en cuivre , avec un grand écusson formé des armes de Corbie chargeant celles de France , sur chacune des deux faces.

3.º Livres ecclésiastiques extraits du Bréviaire et du Missel.

A. Offices des Morts.

178. Officium pro defunctis.

Vélin in-4.º , 99 f.   r. p. L.

Abb. de St.-Martin-aux-Jumeaux.

XIV.ᵉ **siècle. Ms**. à longues lignes, 14 par page, rgélées à l'encre, avec **rubriques, lettres ornées**, or et couleurs.

Une belle miniature sur fond azur et or représente le Christ présidant à la résurrection ; cette page , encadrée avec beaucoup de goût, est malheusement fort endommagée.

Le Ms. est incomplet.

En tête est une préface sous forme d'oraison dans laquelle l'auteur offre à Dieu ces psaumes et ces prières. Au bas de la page est un écu *d'argent au chevron de gueules accompagné de trois grappes de raisin d'azur*, qui sont de Budée. V. LA COLOMBIÈRE, PAILLOT etc., d'un côté la lettre V. de l'autre la lettre I.

179. VIGILIA MORTUORUM.

Vélin in-8.°, 60 f.   d. r. L.

Bibl. des Carmes. 27.

XV.° siècle ; mauvaise écriture ; initiales or et couleur.

Ce Ms., sous le nom de *horæ*, est un office des morts incomplet, dont il ne reste que les vigiles.

180. Missæ defunctorum juxta usum ecclesiæ Romanæ cum ordine et canone ad usum fratrum minorum. Scriptæ sub moderamine Reverendi ad modum patris Joannis Baptistæ Paradis, sacræ facultatis Parisiensis baccalaurei ; custodiæ Picardiæ excustodis : nec non conventus Ambianensis, bis et iterum Guardiani. Anno domini millesimo septingentesimo undecimo die vero mensis septembris sexta.

Vélin in-fol., 15 f.   r. a.

Bibl. des Minimes.

Ms. à 2 colonnes, non réglées ; titres en rouge, noté en plain-chant ; **bonne écriture.**

A la fin de cet office écrit, comme on le voit, en 1711, on trouve une messe des morts imprimée :

Missæ defunctorum ex missali ambianensi desumptæ. Ambiani. Caron Hubault. in-fol. 1749.

B. Offices particuliers.

181. OFFICIUM NOCTURNUM.

    1.° Sanctæ Trinitatis.

    2.° Sancti Sacramenti.

    3.° Sancti Joannis Baptistæ.

    4.° Sanctorum Petri et Pauli.

Papier in-12., 49 f.   d.r. L.

Bibliothèque du Séminaire.

XV. **siècle. Ms. noté en plain-chant.**

Incomplet.

182. L'OFFICE DE LA DIVINE PROVIDENCE.

Papier in-8.°, 72 f.   d.r. L.

Origine inconnue.

Ce Ms., doré sur tranche, écrit au XVIII.° siècle, est une copie du même office latin français, imprimé par ordre de monseigneur l'évêque de Chartres.

Il est précédé d'une dédicace à madame la Dauphine par l'abbesse et les religieuses des bénédictines de St.-Cyr, qui ont fondé cet office qui se fait le sixième dimanche après la Pentecoste.

183. OFFICIUM BEATI VINCENTII A PAULO.

Papier in-4.°, 23 f.   d.r. L.

Bibliothèque du Seminaire.

Beau Ms. du siècle dernier, écrit avec lettres emportées, noté en plain-chant, rayé en rouge; non terminé.

4.° Livres rituels ou des Cérémonies d'Église.

A. Rituels.

184. Ordinarius liber.

Vélin in-fol. , 356 f.   r. a.

Bibl. du Chapitre d'Amiens.

XIII.ᵉ siècle. Ms. à 2 colonnes de 28 lignes, réglées à l'encre ; bonne écriture ; initiales de couleur.

Ce volume est relié en bois, couvert de basanne , avec coins de cuivre , quatre gros clous à tête sur les couvertures , et deux lanières de cuir pour fermoir.

En tête est un calendrier dont les devises sont celles du missel d'Amiens de 1530 ; les noms des saints du diocèse et les fêtes principales y sont écrits en rouge.

Le titre est ainsi conçu : *In nomine trinitatis individue incipit ordinarius liber de novo emendatus sicut in ecclesia ambianensi pertotum cantatur et legitur annum.*

Vers la fin, quatre feuillets manquants ont été remplacés beaucoup plus tard.

Au XIV.ᵉ siècle , quatre feuillets furent ajoutés ; ils comprennent les changements ordonnés en 1302 par Boniface VIII et en 1304 par le chapitre général , relativement à la célébration de quelques fêtes ; celles dont parle le pape Boniface étaient déjà depuis long-temps célébrées à Amiens , comme il l'ordonna , ainsi que l'indique la mention.

Anno domini M.°CCC.° *secundo. Voluit et ordinavit summus pontifex Bonifacius octavus quatinus de duodecim apostolis et evangelistis et quatuor doctoribus fiant dupla de quibus apostolis et evangelistis ut de pluribus jam diu est nostra ambianensis Ecclesia dupla facere consuevit.*

La seconde note commence par : *Anno domini millesimo trecentesimo quarto ordinatum fuit in capitulo generali. quod est in crastino inventionis beati Firmini martyris. quatinus in prima missa natalis domini dicatur.*

On y trouve aussi deux décrets du chapitre d'Amiens (nos decanus et capitulum) portant institution d'une fête double pour la Vierge et pour St.-Firmin-le-martyr.

Ce volume, couvert de ratures et de surcharges, contient une foule de pratiques curieuses. Ainsi l'on voit, à l'octave de l'épiphanie, que pour représenter le miracle de la découverte du corps de St.-Firmin, temps où les arbres se couvrirent de fleurs et de fruits, on jonchait le sanctuaire et le chœur de feuilles de lierre, tandis qu'on faisait fumer de l'encens derrière l'autel. *Ad representandum miraculum inventionis gloriosi Firmini martyris exuuntur cape nigre in choro. Spargitur edera per sacrarium et chorum. Discoperitur capsula beati Firmini.* Et plus loin : *Interdum fit fumus de incenso post altare.*

Le P. Daire. (*Hist. d'Am. t.* II. *p.* 139) nous apprenait déjà, d'après Villeman, que le bedeau de St.-Firmin-en-Castillon assistait à l'office, revêtu de feuillages, le jour de l'invention de St.-Firmin, et qu'il présentait un chapeau de fleurs à chaque chanoine, le jour même, à *Magnificat ;* il ajoute que, pour désigner la chaleur excessive qui se fit sentir le jour de la translation, on allumait derrière le chœur un foyer de charbon dans lequel on jetait de l'encens bénit. Les choses, on le voit, étaient bien plus simples au XIII.ᵉ siècle.

Au XVI.ᵉ ou au XVII.ᵉ siècle, on a numéroté les antiennes, les versets et les oraisons. La première série, qui se termine à *l'Invention de la Croix*, comprend 3000 numéros ; la seconde, 2900. Dans quel but ? nous l'ignorons.

Nous ne savons également sur quoi l'on s'est fondé
pour intituler ce volume : *Liber ordinarius , anno* 1291 ,
nous n'avons découvert aucune note qui pût lui donner cette
date.

Nous ne pouvons reconnaître ce volume dans aucun des
cinq ordinaires qui se trouvent dans l'inventaire du trésor
de la cathédrale , fait en 1347 , par Hugues de Montreuil ,
ni dans aucun des quatre d'un autre inventaire de la fin
dn même siècle , que l'on conserve aux archives du départ-
tement de la Somme. (Archives du Chapitre. Armoire 1.
Liasse 50. n.° 5).

Ces deux pièces , du plus haut intérêt , avaient échappé
à celui qui avait inventorié ces titres dans le catalogue général et y ont été rétablies par l'archiviste actuel , M. Dorbis,
le seul qui se soit occupé du classement de la partie si intéressante des archives historiques.

185. Ordinarius ecclesiastici officii ad usum sancti
Martini de Gemellis Ambianensis.

Vélin in-4.° , 68 f.   d.r. L.

Abb. de St.-Martin-aux-Jumeaux.

XIII.° siècle. **Ms.** à longues lignes , 26 par page , réglées à l'encre ;
titres rouges , initiales ornées de traits.

Ce volume contient un calendrier avec les vers de Bède
le vénérable , l'ordinaire pour toute l'année à partir de
l'Avent , la règle pour l'office de la Vierge et le chant
noté pour les fêtes des saints de différentes classes , à
l'usage de cette église , sous le titre :

Cantus hymnorum ad usum beati Martini de Gemellis.

On lit au commencement : *In nomine domini nostri ihu*

xri incipit ordinarius ecclesiastici ad usum Sancti Martini de gemellis Ambianensis.

Ad sciendum quando adventus domini celebrari debeat hij duo versus sunt memorie commendandi.

    Andree festo vicinior ordine quivis
    Adventum domini prima colit feria.

186. ORDINARIUM ECCLESIÆ SANCTI FIRMINI CONFESSORIS

Vélin in-4.°, 349 f.   d.r. L.

Eglise de St.-Firmin-le-Confesseur.

XIV.ᵉ siècle. **Ms.** à 2 colonnes de 24 lignes, réglées à l'encre; initiales de couleur; mauvaise écriture sans ornement; pages numérotées; bien conservé.

Il est précédé d'un calendrier écrit à longues lignes avec les devises :

Jani prima dies et septima truncat ut ensis etc.

Au commencement sont huit feuillets écrits au XIV.ᵉ siècle et contenant :

1.° *Sermo in inventione et in translatione beati firmini episcopi et confessoris. Cum omnium fratres carissimi nobis sint celebranda solemnia etc. ;*

2.° *Beati Medardi episcopi et confessoris. Tempore quo precellentissimus Glotharius francorum rex etc. ;*

3.° *De duobus miraculis quæ beatus Medardus fecit in pueritia sua.*

Deux vignettes représentent l'une St.-Salve officiant, auquel une main indique le tombeau de St.-Firmin, l'autre St.-Médard étendu sur un lit, en habits pontificaux, et visité par des colombes.

A la suite de l'ordinaire est un autre Ms du XIII.ᵉ siè-

cle ayant pour titre : « *Ordo tenendus pro choro in ec-*
» *clesia beati Firmini confessoris atque pontificis per totum*
» *annum.* »

Cette partie, écrite à longues lignes, 30 par pages, avec
rubriques et plain-chant, est due à différentes mains ; elle
est suivie de deux tables ou répertoires des saints comprenant l'une la légende d'hiver, l'autre celle d'été, et de
l'ordinaire pour la fête de St.-Louis, et pour celle de
St.-François.

On lit sur une note : *Ce présent livre (dit Ordinaire
du chœur) servant pour régler l'office, a été détaché des
formes du côté droit du chœur des Messieurs chanoines environ l'an 1650 là où il était enchaîné* (1).

Et sur la feuille de garde :

« Presens ecclesia Sti.-Firmini confessoris a beato Salvio
» fundata fuit in honore virginis marie sanctorum aposto-
» lorum petri et pauli anno domini v^{c}IIII^{xx} et xIII, maior
» autem ecclesia ambianensis anno domini mil^o II^c et xx
» fundata.

» Dedicata fuit et consecrata a domino episcopo Ebron
» coadjutore III aug anno domini mil^o v^c et v maior autem
» ecclesia anno predicte dedicationis. »

187. ORDO AD VISITANDOS INFIRMOS.
Vélin in-8.°, 31 f.   d. r. L.

Corbie. 275. II.

Ms. du XVI.^{c} siècle, à longues lignes, avec rubriques.

(1) Il était d'usage, à cette époque, d'enchaîner dans le chœur la
plupart des livres qui devaient y rester, et dont on se servait journel-
lement. Les deux inventaires du trésor de la cathédrale, dont nous avons
parlé, page 140, font mention d'un grand nombre de lectionnaires,
d'ordinaires, de psautiers, etc. enchaînés dans le chœur et à l'autel.

Il est divisé en deux parties comprenant, la première : *Ordo ad visitandum infirmum ;* la deuxième, *Ordo ad visitandam infirmam ;* à la fin quelques bénédictions. On prendrait ce livre pour un Ms. du XIII.ᵉ siècle, mais on reconnait facilement une imitation du XVI.ᵉ, ce que confirme la date 1546, placée par l'ecrivain à la suite de chaque ordo.

En tête est une mauvaise miniature représentant le Christ en croix, et de chaque côté Marie et St.-Jean.

188. Manuel pour administrer le Saint-Viatique et l'Extrême-Onction.

Vélin in-4.°, 8 f.   r.p. L.

Origine inconnue.

Ms. du siècle dernier.

L'écriture est celle que l'on peut appeler typographique, c'est-à-dire imitant les caractères d'imprimerie.

189. Ceremoniale Sancti Benedicti.

Vélin in-4.°, 75 f.   d.r. L.

Abb. de St.-Fuscien.

XV.ᵉ siècle. Ms. à longues lignes, d'une mauvaise écriture ; initiales de couleur ; rubriques et plain-chant.

C'est le cérémonial observé pour la réception d'un religieux de St.Benoit et son enterrement ; tout le récit de la cérémonie est en rouge, le chant et les prières en noir.

On trouve ensuite le cérémonial pour la visite d'un évêque, et le processionnal pour les différentes fêtes de l'année.

190. Ecclesiasticus ordo Premonstratensis ordinis.

Vélin in-32., 128 f.   d.r. L.

Abb. de St.-Jean des Prémontrés d'Amiens.

XIII.e siècle. **Ms.** d'une belle conservation; petite minuscule chargée d'abbréviations; initiales ornées de traits; rubriques en rouge.

L'initiale du prologue est une miniature représentant un Prémontré assis devant un pupitre. A la suite du prologue est une table des chapitres.

On trouve au commencement *Ordinarium de sacramento altaris* et à la fin une série d'antiennes notées en plainchant.

191. Rituale.

In-4.°, 156 f.   d.r. L.

Bibl. des Cordeliers.

Ms. mi-partie sur papier et sur vélin, écrit à la fin du **XVII.**e siècle, avec rubriques et plain-chant.

Il comprend 1.° Proprium de tempore. 2,° Orationes et antiphonæ in dominicis per ordinem dispositæ a tertia dominica post Pentecostem ad adventum. 3.° Proprium sanctorum. 4.° Quædam festa de quibus in hac civitate (Beauvais) fit officium solemne. 5.° Commune confessorum et martyrum. 6.° Officium B. M. 7.° Officium defunctorum. 8.° Diverses oraisons, parmi lesquelles pro pestilentiâ et fame, pro pluviâ habendâ, pro concordiâ in congregatione servandâ, supplément au propre des saints, de date récente. 9.° Un calendrier ordo auquel manque le mois de décembre.

On y lit à la fin : *Finit de tempore hac prima die mensis februarii anni millesimi sexentesimi quadragesimi octavi. Per fratrem Andream Le Roy hujus conventus professum N.-S Geremari A* xxx:xxx:xxx:xxxxxx:

St.-Germer, St.-Lucien, St.-Didace ont une mention particulière, ce qui porte à croire que ce Ms, écrit d'abord pour St.-Germer, du diocèse de Beauvais, comme d'ailleurs l'indique la note finale que nous venons de reproduire, n'appartint que plus tard au couvent des Cordeliers d'Amiens.

192. Proprium ordinis sanctissimi Patris Benedicti ad usum Domini Petri flamant presbyteri et cœnobitæ Benedictini in quo continentur præcipuæ festivitates ordinis cum officiis propriis ex sacrâ scriptâ desumptis.

Papier in–12., 180 f.   d.r. L.

Corbie.

XVII.e siècle. **Ms.** d'une bonne écriture cursive.

On y a ajouté au commencement une hymne en l'honneur de St.-Benoît, et à la fin l'office de St.-Cyrille et de l'Ange gardien ; le frontispice est une gravure de Lenfant, représentant St.-Benoît en méditation.

Hoc proprium ultimam manum accepit die 10 *mensis martii* 1689.

193. Proprium sanctorum ad usum canonicorum regularium Sancti Martini Ambianensis.

Papier in–8.°, 123 f.   d.r. L.

Abb. de St.-Martin-aux-Jumeaux.

XVIII.e siècle. Ecriture batarde, très-lisible.

10.

Ce Ms. est divisé en trois parties distinctes, sous les rubriques.

« 1.º Calendarium abbatialis ecclesiæ sancti Martini ad » Gemellos ordinis canonicorum regularium sancti Augus- » tini. »

« 2.º Le Propre dont nous avons donné le titre ; on y » trouve la classe de la fête, l'oremus et les leçons ; les » fêtes sont au nombre de 31. »

« 3.º Calendarium sanctorum canonicorum regularium » quorum officia celebrantur sub ritu duplici a canonicis re- » gularibus, ex speciali concessione summorum pontifi- » cum et precipue Pii Quinti. »

Ce calendrier comprend 44 saints dont on donne aussi le propre, comme pour les précédents.

194. 1.º Martyrologium Sanctæ Ambianensis Ecclesiæ.

2.º Necrologium Sanctæ Ambianensis Ecclesiæ.

3.º Proprium de Tempore.

Vélin, 2 vol. in-fol.

Rel. en bois, garniture de cuivre.

Bib. du Chap. de la Cath. d'Amiens.

XVIII.ᶜ siècle. **Beau Ms.** bien conservé, écrit au tampon, avec des patrons ; titres encadrés, avec les armes du **Chapitre**, qui sont d'argent à la croix de sable.

Le premier volume, *pars Prima*, composé de 165 feuillets, contient le martyrologue de janvier à juin inclusivement, avec une instruction pour la lecture sous le titre : *Ru-bricæ martyrologii.*

Le nécrologe pour les mêmes mois contient les obits

fondés à jour fixe, avec la date de la fondation, et à la suite, les obits pour plusieurs avec les noms et les titres, mais aucune mention de date ni de cause.

Le propre du temps, pour les mêmes mois, est une série de lectures tirées des conciles, à faire depuis le premier janvier jusqu'au 2.ᵉ dimanche après la Pentecoste.

Ces trois parties sont datées, la première de 1738, les deux autres de 1737.

Le second volume, *pars secunda*, composé de 160 feuillets, est divisé de la même manière, avec les mêmes dates; il contient le martyrologe et le nécrologe de juillet à décembre inclusivement, et le propre du temps du deuxième dimanche de la Pentecôte à la fin de l'année.

Ce volume est intéressant à consulter pour l'histoire du pays, à cause du grand nombre de noms que renferme le nécrologe.

B. Pontificaux.

195. Pontificale Corbeiense.

Vélin in-4.°, 271 f.   d.r. L.

Corbie. 191. II.

XIII.ᵉ siècle. Ms à longues lignes, grande écriture, capitales coloriées; initiales or et couleur; miniatures et lettres dites tournures; titres et rubriques en rouge; bien conservé.

Quelques préfaces sont notées en plain-chant.

Les lettres ornées sont dues à deux enlumineurs de talent bien différent et qui semblent avoir travaillé alternativement.

On ne trouve point dans ce pontifical la fête du Saint-

— 10.*

Sacrement, qui a été ajoutée plus tard, avec la fête de St.-Louis, en tête du volume.

À la suite sont des épîtres, des évangiles et des leçons pour quelques fêtes, écrites sur deux colonnes, en minuscules, et des hymnes pour ces mêmes fêtes, en gros caractères, avec lettres ornées et à longues lignes, qui semblent bien plutôt appartenir au xiv.ᶜ siècle.

196. PONTIFICALE.

Vélin in-4.°, 111 f.   d.r. L.

Corbie. 186. II.

XIV.ᵉ siècle. Ms. à longues lignes, avec lettres initiales de couleurs, titres et sommaires en rouge; antiennes et préfaces noteés; bien conservé, mais non terminé.

Quoique coté 186, il est inscrit au catalogue sous le numéro 185, de cette manière: *Pontificale et à la fin fragmentum precum qu'il faudra voir.*

On y trouve les cérémonies pour la consécration des divers fonctionnaires ecclésiastiques, depuis l'acolyte jusqu'à l'évéque, l'ordination des religieux et des religieuses, celle des abbés et des abbesses, la consécration d'une église et la bénédiction des ornements ecclésiastiques.

Les douze feuillets placés à la fin, ayant pour titre: *Fragmentum precum et orationum sæc.* 14, proviennent d'un petit manuscrit in-8.° dont rien n'indique l'origine, mais que nous pensons de la fin du xiii.ᶜ siècle, comme nous le dirons plus tard.

Nous croyons devoir en transcrire la partie française qui nous paraît fort curieuse, quant aux prières d'abord et aussi pour la liste des noms qui s'y trouvent.

Prions pour le pais q. diex le nous envoit du chiel a le tere ferme et estable si co. il set q. mestiers est a sen pule.

Se prions nomeemèt. pour le pais de nos cuers q. diex le nous envoit et pour nos pecçchies q. diex le nous pardonist.

Se prions pour lapostole de rome. pour le patriarche de ihrlm. et pour tous patriarches et pour tous les cardonnaus de rome.

Se prions pour larchevesq. de rains et por tous archevesques.

Se prions pour tous evesques et pour tous ordenes de seinte eglise q. diex les maintiegne a sen serviche faire.

Si prions nomcemet. pour mon seignor levesque damiens et pour tous les canounes. et pour chelui qui a le cure de nos ames. et pour tous prestres cures et pour le clergie q. diex leur doint pooir et sens et volente de bien faire.

Si prions pour le roi de franche et pour le royne se femme et pour ses enfants et por ses freres. et pour sen conseil que dieux tiegne pais et concorde entraus et leur donist forche et victoire encontre leur enemis de seinte eglise.

Si prions pour le seinte tere doutremer que diex le renge es mains des crestiens en tel maniere q. ses cors en soit servis et honeures et sainte cresciente en soit essauche.

Si prions pour tous pelerins dieu et saint sepulchre doutremer et monseignour s. Pierre de romne. saint iake. saint gille et saint giosse. e pour tous pelerins qui sut el serviche dieu. q. dieux les conduie et raconduie a le sauuete de leur cors et de leur ames si li plaist.

Si prions pour le fruits de tere q. diex la mainst et multeplit en tel maniere q. ses pules en soit sostenus et gouuernes et sainte eglise en soit servie et honuree.

Si prions pour tous les Waigneours des teres q. dieux leur donist bone vie et melliour fin.

Si prions pour tous chiax qui le maison de chaiens fonderent et estorerent et qui leur aumosnes i ont mises. par quoi ele est gouvernee et sostenue.

Pour les vifs q. diex les confort et pour chiax qui sunt trespasse q. dix les assoille.

Si prions pour le chite damiens et pour les habitans. nomeemet. pour le maieur et pour les esquevins et por le conseill de le vile. et pour les markans ou quil soient soit en mer soit en tere q. diex wart leur cors et leur avoir. si li plaist.

Si prions pour le maison de chaiens et pour tous les habitans. nomeemet pour no maistre et pour tous chiaux qni nos bien ont a warder que
diex leur enseigne et apreigne che qu il doivent faire a leur pourfit et
au nostre.

Si prions nomeemet pour les freres et les sereurs de le maison de
chaiens q. dieux les mantiegne en bones oenres.

Si prions pour les bienfaiteurs de leglise de chaiens. et de notre dame
damiens.

Si prions pour toute gent de religion en quiconque religion. q. il soient
q. diex les confort et les mantiegne a sen serviche faire.

Si prions pour tous chiaux q. sunt en mortel pecchie que diex les en-
get et les rapiaut a sa misericorde.

Et pour chiaux qui sunt en grace en estat de penaunche. quil multe-
plie sa grace. en aus et leur donist boene perseuerance dusque a le fin.

Si prions pour nous tous qui chi soumes assanle quil nous donist en tel
maniere vivre en chest siecle que nous puissons apres cheste mortel vie
venir a le bennoite compaignie de ihu crist.

Et pro omni pplo xriano. Pater. Ad te levavi.

Suit le psaume, les oremus et les antiennes.

Prions tous et toutes pour les ames de tous chiax et de toutes cheles
qui le maison de chaiens estorerent et qui les aumosnes et les rentes i
laisserent et donnerent que nostres sires dix merchi leur fache par le
siene sainte misericorde.

Si prions tout avant pour lame le roi felipe
    Pour lame monseignor loys sen fil.
    Pour lame le royne blanche
    Pour lame le roy loys qui trespassa en tunes
Si prions nomeemet pour lame levesque tierri
    Pour lame levesque garin
    Pour lame levesque tiebaut
    Pour lame levesque richart
    Pour lame levesque euuevart
    Pour lame levesque guifroy
    Pour lame levesque ernoul
    Pour lame levesque guerart
    Pour lame levesque aliaume

Pour lame le conte Wille talevas

Pour lame larchedyacre richart de saintefoy

Pour lame mon seignour lienart de vilers et pour ses oirs

Pour lame iehan rabuisson

Pour lame seign. Wautier de sartons

Pour lame maistre iehan dubos

Pour lame Wautier prieus

Pour lame dame susane de croy

Pour lame Wilart le sec

Pour lame mainier de montdidier

Pour lame tiebaut de vieulaines

Pour lame maistre tiebaut destoui

Pour lame margue destoui se sereur.

Pour lame seignor martiu le sec

Pour lame aeline se femme

Pour lame monseignor thomas de boue

Pour lame seign. guerart godard

Pour lame Wibert de raineval

Pour lame seign. anfroy le cambier

Pour lame dame tiephaigne se feme

Pour lame seign. robert le sec

Pour lame monseign. enguerrand de helli

Pour lame maistre symon dautie

Pour lame seign. iehan de fricans

Pour lame seign. hubert le tainterier

Pour lame larchedyacre tiebaut

Pour lame renaut pincheuin

Pour lame guerart de croy

Pour lame iehan de croy

Pour lame emmeline de croy

Pour lame michiel le vilain

Pour lame tanifroy le Mounier

Pour lame enguelais se feme·

Pour lame thumas biau vallet

Pour lame gille se femme

Pour lame pierron de sauchoy

Pour lame maistre robert polet

Pour lame robert de saueuses

Pour lame bernart de le crois
Pour lame maignier du baiart
Ponr lame freessent traueillon
Pour lame agnes poree
Pour lame Wistasse gaipin
Pour lame ernoul fagnet
Pour lame maroie fagnette
Pour lame monseignour Wion
Pour lame iehan rouffin

Ici l'écriture change et cette partie a été ajoutée long-temps après.

Pour lame sire nicole vignon Cure de cheens
Pour lame sire piere pernet Cure de cheens
Pour lame raoult sasquespce maistre de cheens

Les deux noms qui suivent ont été ajoutés postérieurement aux précédents encore.

Pour lame nicolas le sellier aussy Curé de céans
Me Jean Lasalle aussi curé de céans lequel trepassa le vingt-septième jour doctobre en lan mil six cents et ung priez Dieu pour leurs ames.

Le Ms. continue :

Et si prions pour les ames de nos peres et de nos meres. de nos freres. de nos sereurs et de tous nos anchiseurs. et de tous nos bien-faiteurs et de chelles qui se reposent en le chimetiere de chaiens et medame se marie et le magdalaine de chaiens et monseignour saint morice et toutes autres chimetieres qui sunt per universum mundum ut habeant vitam et requiem sempiternam. in celis cum xro.

Pater.

De profundis etc.

Suivent quatre feuillets contenant les prières pour les morts.

Nous ignorons de quelle paroisse il est ici question, nous savons seulement qu'elle n'était point de la ville d'Amiens, car dans la liste chronologique des curés des douze paroisses, nous ne voyons pas figurer les noms de Nicole Vignon, Pierre Pernet, Raoul Sasquespée ni celui de Nicolas-le-Sellier.

Nous disions plus haut que ce volume n'était point du XIV.ᵉ mais du XIII.ᵉ siècle, voici sur quels motifs nous fondons notre opinion sur l'âge de ce Ms. que nous pensons avoir été écrit pendant l'épiscopat de Bernard, entre 1272 et 1278. La liste des évêques morts s'arrête à Aleaume, décédé en 1259 et remplacé par Bernard en 1260. Mais on y trouve le nom du roi Philippe III, qui monta sur le trône en 1270, tandis que l'on prie pour l'âme de Jean de Fricans, dans lequel nous croyons reconnaître le doyen d'Amiens qui vivait en 1271 ; c'est donc après 1271 que le livre fut écrit, mais aussi avant la fin de l'épiscopat de Bernard, auquel Guillaume de Macon succéda en 1279.

5.º Prières et Heures.

197. Horæ variæ.
Vélin in-8.º, 124 f.   d.r. L.

Congrégation de l'Oratoire.

XIV.ᵉ siècle. **Ms.** avec rubriques, lettres ornées, or et couleur ; la première feuille de chaque division encadrée d'arabesques.

Le nom des saints dont il est fait mémoire sont en français, c'est ainsi qu'on lit : *Memore de iehan Baptiste, memore de saint Xristofle*, etc.

Il n'a point été fait pour le diocèse, car le calendrier ne contient aucun des saints qui y sont principalement honorés ; le nom de St.-Louis n'y figure pas.

En tête sont les heures du St.-Esprit, d'une mauvaise écriture, avec une miniature fort endommagée, dans laquelle on a peint en vert les cheveux et la barbe des personnages. Les heures de la Vierge y sont : *Secundum usum Romane curie ecclesie.*

On lit à la fin : *Ces présentes heures appartiennent à Jehan Hubault demeurant à Amiens en la Poissonnerie de douche yeau.* A la même époque, XVI.ᵉ siècle environ, on a plusieurs fois répété le nom de *Jehan Hubault poissonnier.*

198. HORÆ VARIÆ.

Papier in-4.°, 178 f.   r.p. L.

Corbie. 276. II.

Beau Ms. du XIV.ᵉ siècle., 15 lignes par page, réglées à l'encre rouge ; toutes les pages ornées d'arabesques sur une marge, lettres ornées, peintes or et couleur.

Il ne reste plus que cinq des grandes miniatures richement encadrées qui décoraient ce Ms., elles ont été enlevées avec quelques autres feuillets.

Le calendrier qui précède est en français. Les noms des saints sont écrits alternativement en rouge et en bleu, les fêtes principales en lettres d'or.

Les prières, sous le nom des xv joies Notre-Dame, sont en français. On trouve à la suite d'autres prières connues sous le nom des regards de Dieu, j'en transcris une.

Biau sire Dieu regardes moy en lonneur de celuy regart dont vous regardastes le larron pendant en croys den coste vous quand il vous dist. Sire remembre vous de moy quant vous vendres en votre regne et vous li respondiste huy seras en paradis avec moi. Sire si comme ce fu voir me regardes en pitie.

Suit une prose rimée pour la croix :

> Sainte vraye crois aouree
> Qui du corps Dieu fut aournee
> De la sueur de la rousee
> Et de son sanc enluminee
> Par ta vertu par ta puissance
> Defent mon corps de mescheance
> Et mottroye par ton plaisir
> Que mes confes puisse mourir. amen.

199. Horæ canonicæ.

Vélin in-8.°, 177 f.　　　d.r. L.

Origine inconnue.

XIV.e **siècle. Ms.** d'une assez bonne écriture, 14 lignes par page, réglées à l'encre rouge ; initiales de couleur ; première page de chaque division entourée d'arabesques, avec capitales or et couleur.

Les arabesques paraissent dus à la même main que ceux du n.° 144. Ils sont du même style et de la même élégance, mais les miniatures d'une mauvaise exécution, annoncent un artiste fort peu habile.

Le calendrier est en français, comme dans le n.° 144, ainsi que les rubriques pour les mémoires des saints et une longue prière pour le St.-Sacrement : *O dulce manne du ciel. O plaisante clarte donne moi a tel grace de gouster et assavourer 1 petit ta plaisant presence. Embrase et enflambe en moi la sainte charité. Estraing en moi tout vices et pechiés etc.*, ce qui me porte à penser que ce livre d'heures a été écrit à l'usage d'un monastère de femmes.

200. Horæ variæ.

Vélin in-8.°, 168 f.　　　r.p. L.

Corbie.

xv.ᵉ siècle. **Superbe Ms.** à grandes marges, 15 lignes par page, réglées à l'encre rouge, pointées sur les marges; toutes les pages entourées d'arabesques, or et couleur; initiales dorées et historiées.

Trente-trois grandes miniatures précédent les différentes parties des offices. Elles représentent les principales fêtes ou les figures des saints, et sont d'un dessin dont on peut souvent accuser la correction, mais d'une élégance et d'une grâce incontestables. Toutes sont parfaitement conservées. Les arabesques qui leur servent d'encadrement sont aussi élégants que variés, et nos illustrations modernes envieraient plus d'une des charmantes figures de femmes, de génies ou d'enfants qui les décorent. L'originalité de l'artiste s'est fait un jeu de représenter les démons sous les figures les plus grotesques, et, peut-être, pourrait-on y trouver quelques allégories et de fines critiques des débats et des vices des grands et du clergé de l'époque, dans le genre de celles que nous devons aux crayons spirituels de nos meilleurs caricaturistes.

Ces miniatures présentent des détails de costumes et d'ameublements curieux pour l'histoire des arts.

Le calendrier qui précède est en français, et rempli pour tous les jours de l'année. On lit au premier janvier *le jour de l'an;* les saints de l'Artois et du Beauvoisis y sont plus nombreux que ceux du diocèse d'Amiens.

Les rubriques des mémoires des saints sont en français; on y lit également: *Cy sensievent les* vii *vers St.-Bernard,* lesquels vii vers, et avec la même légende, se trouvent répétés, à la fin, au-dessous d'une image de St -Bernard assis devant un pupître. Ste.-Catherine porte la robe bleue bordée d'hermine, un corset de pourpre brodé d'or et un collier; elle tient d'une main un livre, de l'autre un glaive; à ses pieds un homme est renversé, près de lui est un treuil autour duquel est enroulée une corde, et qui porte deux grandes roues à crochets que l'on peut mouvoir au moyen d'une manivelle ; ce treuil est monté sur un pied fort élevé. La vierge a des cheveux d'or, flottants sur les épaules et retenus par une bandelette nouée autour du front.

Au bas de la 5.ᵉ miniature est un écu *écartelé, au 1, 4 bandé d'or de gueules et de six pièces, au 2, 3 d'or au crequier de gueules,* qui est de Créquy, *soutenu de deux lions, sommé d'un haulme timbré d'une tête de biche.*

Au bas de la 3.ᵉ miniature on voit, à gauche, l'écu que nous venons d'indiquer, à droite un autre écu *parti le 1* de celui que nous venons de donner, *le 2 d'or au lion de gueules,* qui est d'Albert.

201. HORÆ VARIÆ.

Vélin in-8.°, 155 f.   r.p. L.

Origine inconnue.

Très-beau **Ms.** du **xv.**ᵉ siècle ; très-belle écriture, 16 lignes par page, réglées à l'encre rouge ; miniatures ; initiales or et couleur.

Les grandes et belles miniatures qui décorent ce livre, les nombreux petits tableaux qui enrichissent les Heures de la Croix et le Propre des Saints Quentin, Adrien, Nicholas, Éloy, Fiacre et Dénys, ainsi que les bordures d'arabesques, rappellent celles du n.° 200 pour l'originalité, la verve satirique et le bon goût du dessin. Malheureusement on a enlevé plusieurs feuillets et le Ms. est incomplet.

Les Heures de la sainte vraye Croix sont en français, c'est une histoire rimée de la passion, divisée pour les diverses parties de la journée.

Jesus qui est la sapience
De Dieu le pere glorieux
Verite et divine essence
Dieu puissant homme gratieux
A matines par fraudulence
Pris fut car chascum le suy
Trahy vendu sans conscience
Fut et de tourmens par suy etc.

Les quinze joyes Nostre-Dame sont aussi en français.

Elles diffèrent de celles du n.º 198, quoiqu'au fond les mêmes, mais il y a moins de correction que dans ces dernières.

Vient ensuite une prière rimée à la Vierge :

Glorieuse Vierge Marie
A toy me vends et sy te prie
Que tu me vuelles bien aidier
En tout ce que jarai mestier.
Garde mon corps de maladie
Et tiens mon ame en ta baillye
Deffens moi dympedimie
En tout le temps de ma vie.

Les derniers feuillets sont d'une époque postérieure, et ornées seulement de quelques dessins au trait.

Les rubriques, toutes en français, nous indiquent que ce livre avait été écrit à l'usage d'une femme.

Il ne s'y trouve point de calendrier.

202. Horæ variæ.

Vélin in-12., 84 f.　　　　r.p. L.

Origine inconnue.

Ms. du xv.ᵉ siècle, avec les initiales en or sur fond de couleur ; rubriques en français ; écriture cursive.

Il comprend les heures pour tous les jours de la semaine ; des oraisons pour divers saints et l'office des morts en latin. A la fin on trouve une longue suite de prières en français , sous les divers titres :

» *Doctrine bonnа et très salutaire contre desespoire en-*
» *seignant sur quoi nous devons fonder notre espoire.*
» *Devote oroyson pour dire avec contrition de ses pechies*
» *che que ung bon chestien ou bonne chrestienne doit dire.*
» *Plusieurs oroysons très profitable pour dire en tant de*
» *la messe. Vingt oroysons et requetes fort devot à Jhus-*
» *Christ.*

Ces heures, on le voit, ont été écrites à l'usage d'une femme.

On lit sur le premier feuillet :

Ces heures sont à moy Catherine de Lannoy dame de Mastaing.

Depuis sont à moy Jossine de Matsaing sa fille.

A présent à Helleine Villain sa petite-fille.

203. HORÆ VARIÆ.

Vélin in-18. , 217 f.   r.p. **L.**

Congrégation de l'Oratoire.

Ms. du XVI.e siècle, de 15 lignes par page, réglées à l'encre rouge, parfaitement conservé, avec de grandes miniatures remarquables par leur richesse et leur fraîcheur.

A chaque division de l'office , on trouve de grandes miniatures et de petits tableaux représentant les saints ou les saintes dont il est fait mémoire. Les encadrements y sont formés de fleurs, de fruits et de papillons ; les initiales sont, pour tous les versets, des lettres d'or peintes sur fond rouge ou d'azur.

La fin est d'une autre époque et mal soignée.

Ce Ms. est précédé d'un calendrier en latin, dans lequel les saints du diocèse n'ont point de mention spéciale; cette liste nous fait croire que ces heures sont à l'usage de Rome.

On lit à la fin : *Ces présentes heures appartiennent à Jehan Chastellain*

204. HORÆ VARIÆ.

Vélin in-18. , 141 f.   p.r. L.

Origine inconnue.

XV.ᵉ siècle. Ms. d'une mauvaise écriture, avec initiales dorées.

Le calendrier, avec les devises de Bède, indique la classe des fêtes et peut servir d'ordo.

Les rubriques de la 2.ᵉ partie sont en français.

Ce Ms. est incomplet au commencement et à la fin.

205. PRECES VARIÆ.

Papier in-32, 187 f.   d.r. L.

Corbie.

XVI.ᵉ siècle. Écriture cursive, avec titres en rouge.

Ce Ms. comprend : 1.º Une longue suite d'oraisons.

2.º Hore de passione domini nostri J.-C. composite à devoto S. Bonaventura. *S. Bonaventuræ op. tom.* VI. *page* 417.

3.º Hore de compassionne Beate Marie Virginis ab eodem sancto Bonaventura date. *Ibid. page* 462.

4.º Hore de sancta cruce.

5.º Psalterium religiosorum. *Beatus religiosus qui etc.*

6.º Salve regina ordinatum per S. Bonaventuram d.s. *Ibid. page* 466.

7.º Oratio beati Petri de Luxemburgo cardinalis cujus corpus in celestinorum ecclesia apud Avenionem requiescit.

Cette prière de Pierre de Luxembourg est composée de vingt strophes de quatre vers rimés, dont voici la première.

> Deus pater qui creasti
> Mundum et illuminasti
> Suscipe me penitentem
> Illumina meam mentem.

On lit au commencement :

Frère Bernard Lambert est mon vrai possesseur.

206. Horæ canonicæ.

Vélin in-18., 104 f.　　　d.r. L.

Origine inconnue.

XVI.ᶜ siècle. Ms. avec initiales or et couleur, ornées de fleurons ou de miniatures microscopiques et de bordures très-élégantes, pour chaque première page des divisions.

Le calendrier en français semble appartenir au diocèse d'Arras. Les rubriques des différentes parties sont en français. Le symbole de St.-Athanase a pour titre : *Psalme de la foy catholique* ; à la suite de l'oraison : *Avete omnes anime fideles,* on lit : *le pappe Jehan* xii.ᶜ *a donnet a tous ceulx qui diront loraison qui sensieut en aulcune eglise ou cymitere otant dans de pardons quon y ensevely oncques de corps.*

On lit à la fin : *Jeanne du Tarne me colit atque possidet.*

On a écrit plus tard : l'oraison *Ave sanctissima maria,*

avec la mention: *Sixte pape* IV *a donne a tous ceux qui diront cette oraison devotement devant l'image de la Vierge Marie estant au soleil*, XI^m *ans de vrais pardons.*

Il manque à ce Ms. un grand nombre de feuillets.

207. HISTOIRE ABRÉGÉE DES CONCILES.

Papier in-12. , 47 f.   d.r. L.

Bibl. des Augustins d'Amiens.

Ms. du siècle dernier.

Il renferme un abrégé de ce qui s'est passé dans les conciles généraux, depuis celui de Nicée jusqu'à celui de Trente.

208. REMARQUES SUR LES CONCILES.

Papier in-12. , 4 vol. ensemble de 1845 f. d.r. L.

Abb. de St.-Martin-aux-Jumeaux.

Ms. de la fin du XVII.ᵉ siècle.

Il comprend une analyse des conciles généraux et particuliers ou plutôt une critique et des éclaircissements sur les anciens et les nouveaux canons des apôtres, et ceux des divers conciles ; les decrets de plusieurs papes, et un grand nombre de lettres de St.-Cyrille.

A la fin on trouve une table alphabétique très-détaillée de tous les articles compris dans les divers canons dont il a été question dans le cours de l'ouvrage.

209. DE CONCILIO SEPTIMO SECUNDO NICÆNO.

Papier in-4.° , 90 f.   d.r. L.

Origine inconnue.

11.*

xvii.ᵉ siècle. **Ms.** d'une belle écriture ronde , très-soignée.

Il contient les doctrines des conciles de Nicée , de Francfort , du Synode de Paris et de différents évêques sur le culte des images.

C'est plutôt une dissertation sur cette matière et sur le culte que l'on doit aux saints , qu'une véritable analyse de conciles.

210. Conventus capitulares ecclesiarum omnium Metropolis Remensis.

Vélin in-fol. , 41 f.   d.r. L.

Bibl. du Chapitre d'Amiens.

Ms. du commencement du **xv.**ᵉ siècle, écrit à longues lignes, en cursive.

Ce sont les procès-verbaux des douze conciles ou plutôt des douze assemblées capitulaires tenues à Saint-Quentin, par les douze églises de la province de Rheims , de 1395 à 1428 , dans le couvent des Frères-Prêcheurs , où le chapitre était accoutumé de se tenir depuis fort longtemps, *ubi teneri antiquitus solebat ac consuevit capitulum generale.*

Héméré. (Augusta Viromanduorum vindicata et illustrata pag. 300 et suiv.) a parlé de l'assemblée de 1395, présidée par Guillaume Filiastre (1) , docteur en droit civil et canon, doyen, et Laurent de Bellecourt , chanoine de l'église de Rheims.

Après avoir donné l'ordonnance pour les sceaux, et la

_____

(1) Guillaume Filiastre ou Fillâtre , abdiqua le decanat en 1414 et devint ensuite archevêque d'Aix *in commendam* et évêque de St.-Pons de Tommières.

lettre de renouvellement de statut (1), qui ordonne que tous les ans, le 8 mai, les chapitres de la province enverront à St.-Quentin deux députés suffisamment fondés de pouvoirs pour s'assembler en la maison des Frères-Prêcheurs pour délibérer sur les affaires communes, HÉMERÉ donne l'ordre de session des églises, et l'ordre des présidences, comme il se trouve en tête du manuscrit, dans lequel il avait probablement copié ces pièces, car il dit les avoir tirées des archives de l'église d'Amiens ; *e chartis Ecclesiæ ambianen.* Mais quand il ajoute que ces conciles, qui continuèrent de se tenir presque chaque chaque année à St.-Quentin, cessèrent tout-à-fait, à cause des troubles dont la France était agitée, en l'année 1415, époque de la dernière assemblée, *quo postremus est celebratus*, cet auteur se trompe évidemment, car le dernier concile de notre Ms., qui est le douzième, fut tenu, en 1428, le 22 septembre, sous la présidence de Jean Delvyroie (Delvyroiaco) chanoine de l'église de Rheims, qui s'excusa d'être venu seul.

Les décrets de tous les conciles et des assemblées capitulaires tenues à St.-Quentin sont, dit Héméré, enfouis dans les archives des églises de Rheims et d'Amiens ; ils sont remarquables cependant et méritent d'être mis au jour, *præclara certe omnia et dignissima quæ in lucem emittantur.*

Au mois de mai 1398, le conseil provincial ne s'assembla point, conformément à l'ordonnance de 1395, parce que, comme on allait s'assembler, on reçut avis que le

---

(1) Cette ordonnance de convocation est aussi imprimée dans le *Spicilegium* de d'Achery. tom. XII. pag. 76 édit. in-4.º t. I, p. 858. édit in-fol. *Ex chartophylacio ambianensi.*

Roi avait fait convoquer la congrégation générale par les prélats et le clergé de son royaume, sur l'union universelle de l'église.

Les assemblées ne furent tenues ensuite que dans les années 1399, 1400, 1401, 1402, 1405, 1407, 1410, 1412 et 1428 ou du moins les procès-verbaux n'existent que pour ces années, sans qu'il soit fait mention des motifs qui ont empêché les réunions, comme on le fit pour l'année 1398.

A. Ouvrages des Saints Pères.

211. S. Ambrosii Exameron, sive tractatus de sex diebus.

Vélin in-fol., 123 f.   d.r. L.

Abb. de Selincourt.

Beau Ms. du XIIe siècle, à longues lignes, 27 par page, réglées à l'encre ; capitales coloriées, titres en rouge ; belle écriture.

Le premier feuillet a été déchiré ; il en reste la moitié avec une grande capitale peinte de diverses couleurs.

Ce Ms. est imprimé V. *Ambrosii opera*, édit. des Bén. t. 1. p. 1 à 142.

Il est inscrit au catalogue de Montfaucon.

212. Sancti Hieronimi Epistolæ et tractatus.

Vélin in-fol., 142 f.   d.r. L.

Abb. de Selincourt.

XIIe siècle. Ms. à longues lignes, 35 par page, réglées à l'encre ; belle écriture, avec des lettres tournures assez élégantes pour initiales.

On y remarque aussi une vignette représentant St-Jérôme, *Sanctus iheronimus fidei fondator opimus*, écrasant un dragon.

Ce Ms. contient 30 lettres de St.-Jérôme toutes imprimées

dans l'édition des Bénédictins, 10 parmi les lettres critiques, les traités ayant pour titres : *Libri adversus Vigilantium, liber adversus Helvidium, liber de quadraginta duabus mansionibus* et le symbole envoyé au pape Damase.

Il manque au commencement quelques feuillets.

213. S. Augustini libri confessionum XIII.

Vélin in-fol., 107 f.   d.r. L.

Abb. de Selincourt.

Ms. de la fin du XII.ᵉ siècle, à 2 colonnes, 34 lignes par page, réglées à l'encre; belle écriture, avec lettres tournures très-simples.

On lit sur la feuille de garde : *Liber confessionum Sti Augustini apte servatus et eleganter scriptus 12.º sæculo.*

Ce Ms. est très-bien conservé.

Il est inscrit au catalogue de Montfaucon. *Retractationes S. Augustini in lib confessionum. in-fol.*

214. 1.º S. Augustini Opuscula varia.

De sermone domini in monte. — De fide ad Petrum. — De instructione vitæ liber. — De martiribus. — Ad penitentes. — De agone christiano. — De perfectione justitiæ humanæ.

2.º S. Gregorii pape urbis Romæ de conflictu vitiorum atque virtutum.

Vélin in-4.º, 164 f.   d.r. L.

Abb. de Selincourt.

XII.ᵉ siècle. Ms. à longues lignes, non réglées, pointées sur les marges; petite écriture très-nette, avec initiales de couleur.

A la suite du sommaire, sur la première page, on trouve

la formule de serments suivants que devaient prêter les anciens abbés de Selincourt.

Ego H. ordinandus abbas canonicorum ad titulum sancti Petri de Selincurte subjectionem et reverentiam a sanctis patribus constitutam et obedientiam secundum preceptum sanctorum canonum tibi patri H. episcopo et sancte sedis Ambianensis ecclesie successoribus tuis episcopis perpetuo me exibiturum promitto et propria manu confirmo.

Le catalogue de Selincourt publié par Montfaucon, indique 9 traités dans ce Ms.; nous n'en retrouvons aujourd'hui que 8; il y manque: *Exhortatio ducum et ululatus exercitus.*

215. S. AUGUSTINI OPUSCULA VARIA.

De penitentia. — Confessionum libri xiii. — Scala paradisi. — Enchiridion de fide spe et caritate. — De triplici habitaculo. — De cognitione veræ vitæ, — Meditationes. — Soliloquia. — De contemtu mundi. — De vita et moribus clericorum. — Manuale. — De beata vita.

Papier in-4.º, 281 f.   d.r. L.

Corbie 185.

XV.ᶜ siècle. Ms. à 2 colonnes, 34 lignes par page, non réglées; bonne écriture batarde.

Tous ces traités sont précédés d'un paragraphe du livre des retractations, quand ils y ont été mentionnés, il sert comme de préface au traité.

Le livre de *Cognitione veræ vitæ* finit aux mots *spiritus sanctus columbæ corpus condidit*, comme dans la version grecque. (S. Aug. opera. éd. Bened. t. 6. pag. 174. suppl.)

A la fin de l'*Enchiridion*, l'auteur explique qu'il n'a point ajouté de table, ce travail lui ayant paru superflu, *quum liber parvus sit;* puis il ajoute : *qui vult tabulam habere colligat intitulationes capitulorum.*

Je crois devoir transcrire la note suivante qui se lit à la suite des confessions, elle nous fait connaître la date et l'auteur du manuscrit.

« Anno domini millesimo IIII.ᶜ nonagesimo decima may
» hoc et in die sanctorum Gordiani et Epimachi que fuit
» feria II post *cantate* et erat secunda dies capituli genera-
» lis in quo ut credo tractabatur inter patres et capellanum
» domini marescali de gyc per septem fratribus habendis
» ad institutionem novi conventus de virgulto pro ediffciis
» componendis secundum exigentiam nostri ordinis que dic-
» tus dominus intendit fundare novum. Et ego Johannes
» Ruo finivi hunc librum in dicta feria secunda inter quin-
» tam et sextam horam ante primas ad laudem dei et sancti
» Augustini. Oretis pro scriptore qui vixit in hunc mundum
» quinquaginta tres annos ut dominus det ei in eternum
» beate vivere. Amen. »

Ce Ms., quoique portant le n.º 85, ne se trouve point dans le catalogue de Corbie manuscrit, mais il fait partie du catalogue de Montfaucon. *Varia S. Augustini et S. Augustino attributa opera, nimirum liber de pœnitentia etc.*

216. Saint-Augustin de la Cité de Dieu translaté de latin en françoys, par Raol de Praelles.

Vélin, 2 vol. in-fol., 374 et 410 f.   d. r. L.

XIV.ᶜ siècle. **Ms.** à 2 colonnes de 46 lignes, réglées à l'encre rouge ; bonne écriture, avec initiales en or ; les premières pages des livres ornées d'arabesques , de grandes capitales or et couleur , et de grandes miniatures.

Il est à regretter que ces magnifiques manuscrits aient été dépouillés d'un grand nombre des élégantes miniatures dont ils étaient enrichis ; la grâce , la pureté du dessin et le soin du coloris qui distiguent celles qui restent, rendent encore cette perte plus déplorable.

Le premier volume qui a pour titre : *Le premier volume de Monseigneur saint-Augustin de la cité de Dieu translate de latin en françoys par Raol de Praelles*, finit par *Cy fine le dixiesme livre et derrenier de la premiere partie principal du livre de Mons. Saint-Augustin de la cité de Dieu — Deo gracias — Jacques de Roegny.*

Le second volume a pour titre : *Le deuxiesme volume de Monseigneur Saint-Augustin de la cité de Dieu translate de latin en francoys par Raoul de Praelles*, et pour finale : *Cette translation ou exposition fu commenciee par maistre Raoul de Praelles a la toussains lan de grace* M CCC LX *et* XI *et fu achevee le premier jour de septembre lan de grace* M CCC LX *et* XV — *Deo Gratias — Jacques de Roegny.*

Les cinq miniatures conservées dans le premier volume représentant 1.ᶜ l'initiale , le translateur Raoul , en costume de docteur , offrant son livre à l'empereur Charles-Quint ; 2.º celle du cinquième livre , Dieu dirigeant la roue de fortune à laquelle trois hommes sont suspendus ; 3.º celle du sixième, un portique , un autel sur lequel sont debout trois idoles nues et armées de bouclier ; au 9.ᶜ Saint.-Augustin composant son livre , est tenté par trois démons ; au 10.ᶜ la même scène , mais en haut Dieu entouré des anges le considère et le bénit.

Le second volume a conservé six miniatures , ce sont

1.º Jésus accompagné de St.-Jean à genoux et de la Vierge assise, présidant à la résurrection qu'évoquent les anges ; aux quatre angles sont les attributs des quatre évangélistes ; 2.º au 14.ᵉ livre, Adam et Eve comparaissent devant Dieu après leur désobéissance ; 3.º au 17.ᵉ, un roi parle à des religieux à genoux, sans doute Dieu promettant au peuple d'Israel la terre de Chanaan ; au 18.ᵉ, la Vierge accouchée, Jésus dans la crèche, tandis que St.-Joseph s'occupe des soins du ménage et prépare de la bouillie sur un réchaud ; au 19.ᵉ un docteur (Varron enseignant) ; au 20.ᵉ un hermite montrant une flamme, symbole de la vie éternelle, à ceux qui le visitent ; au 21.ᵉ, l'enfer ; au 22.ᵉ le séjour des anges.

Cette traduction de la cité de Dieu fut imprimée à Abbeville, en 1486, par Jehan Dupré et Pierre Gerard. 2 vol. in-fol. caract. goth. grav. sur papier et aussi sur vélin.

Cette belle et rare édition, connue de tous les bibliophiles, passe, on le sait, pour le premier livre imprimé à Abbeville, mérite qu'il semblerait partager avec la *Somme rurale de Boutillier*, qui paraîtrait, suivant M. Brunet, avoir été éditée quelques mois plus tôt.

C'est à tort que l'auteur du Catalogue des livres imprimés sur vélin, pour servir de suite au catalogue des livres imprimés sur vélin de la bibliothèque du Roi. tom. I. page 172, cite un exemplaire sur vélin de cette édition, comme se trouvant à la bibliothèque communale d'Amiens. Un renseignement inexact lui aura fait confondre sans doute notre manuscrit avec un imprimé ; la bibliothèque d'Amiens ne possède qu'un bel exemplaire du second volume de l'édition d'Abbeville ; il est sur papier.

217. Excerpta ex libris divi Augustini.

Papier in-fol., 298 f.   d.r. L.

Origine inconnue.

Ms. du siècle dernier, d'une très-belle écriture.

Il comprend

Excepta ex libro de trinitate.

   de civitate dei.

   de libero arbitrio.

   de vera religione.

   de natura et gratia.

   enarrationum in psalmos.

218. 1.° Tractatus super celebrationem misse editus a magistro Johanne de Gersonno ecclesie Parisiensis cancellario.

2.° Tractatus de modo fugiendi peccata a domino cancellario Johanne compilatus.

3.° Testamentum peregrini editum a magistro Johanne de Gersonno ecclesie cathedralis Parisiensis cancellario.

4.° Epistola magistri Johannis de Gersonno de petitione celestis incolatus frati suo directa.

5.° Johannis Chrysostomi sermones vigenti quinque. — Epistola ad Monachum Theodorum quà revocat eum ad cenobium suum. — De cordis compunctione ad Demetrium et Sceletum. — Quedam dicta pernobilia super illud evangelium *loquente ihu ad turbas extollens vocem quedam mulier.....*

6.° Beati Gregorii pape liber omeliarum numero XL. Papier in-fol., 233 f.   . d.r. L.

Origine inconnue.

XV.ᵉ **siècle. Ms. de diverses écritures.**

Les quatres traités de Gerson sont écrits à deux colonnes et en cursive ; ils comprennent 13 feuillets et sont datés de l'année 1416. Imprimés. *Gersonii Opera.* 1706.

Les œuvres de St.-Jérôme ne sont point manuscrites, mais imprimées, sans signature, ni chiffre ni réclame, à 2 colonnes de 37 lignes chacune, 81 feuillets et en caractère gothique, nous croyons y reconnaître l'édition citée par Brunet, tom II p. 270, 2.ᵉ colonne.

Elle commence par ces mots : *Beatus Johannes episcopus qui et alias crisostomus appellatur greca nacione pene innumerabiles sermones fecit ad vulgarem populum : de quibus de greco in latinum translati sunt vigenti quinque magis morales quibus vitia revelluntur et homines ad optimum genus vivendi reduci possunt.*

Les homélies de St.–Grégoire forment un Ms. à longues lignes écrit en cursive, de 139 feuillets, dus à diverses mains, et du XV.ᵉ siècle, il est précédé de la lettre de St.-Grégoire à l'évêque Secondin et d'un index des 40 homélies.

219. S. Gᴿᴇɢᴏʀɪɪ ᴅɪᴀʟᴏɢᴏʀᴜᴍ ʟɪʙʀɪ ɪᴠ.

Vélin in-4.°, 46 f.   d.r. L.

. Abb. de Selincourt.

XII.ᵉ **siècle. Ms. à longues lignes, 29 par page, réglées au crayon ; belle écriture, avec lettres tournures et initiales de couleur ; bien conservé.**

Voyez S. Gregorii opera t. II.

Inscrit au catalogue de Selincourt publié par Montfaucon.

220. S. Paterii de expositione veteris testamenti. Pars prima.

Vélin in-fol., 145 f.   r. p. L.

Corbie. 171.

IX.ᵉ siècle. **Ms.** à longues lignes, 35 par page, réglées à la pointe sèche; écriture cursive, avec initiales et rubriques de couleur; assez bien conservé.

Cet ouvrage de Paterius, disciple de St.-Grégoire, dans lequel il explique les passages de l'écriture depuis la Genèse jusqu'à la fin du cantique des cantiques, a été imprimé à la suite des œuvres de ce Père. tom. IV. édit. des Bénéd. in-fol. 1705. p. 1 à 310.

On lit à la fin du prologue, dans le Ms., en encre rouge et verte.

In nomine sancte trinitatis incipiunt libri testimoniorum veteris testamenti que paterius de opusculis sancti Gregorii pape urbis rome studio excerpi curavit.

Les différents paragraphes qui, dans l'imprimé, sont marqués d'une astérique, avec l'indication *non habetur in manuscriptis,* manquent également dans celui-ci, où l'on retrouve tous les *capitula* ou tables, excepté pour le livre de Salomon et le cantique des cantiques.

Ce Ms. n'est point indiqué dans le catalogue de Corbie, bien qu'il porte la mention : *Liber sancti Petri Corbeie* et le numéro 171 de la main du bibliothécaire.

En avant est une page d'un missel du IX.ᵉ siècle contenant une partie de la messe de la circoncision.

Ce commentaire de Paterius est porté au catalogue de Montfaucon: *Prima pars expositionis S. Paterii in vetus testamentum, cod. memb. sæc.* 8. Le catalogue du XII.ᵉ siècle l'intitule *Paterii liber.*

221. S. Isidori ispalensis episcopi liber Ethimologiărum.

Vélin in-fol., 206 f.   d.r. L.

Abb. de Selincourt.

XII.ᵉ **siècle. Ms. à 2 colonnes, 40 lignes par page, réglées à l'encre ; belle écriture, avec lettres ornées et titres en rouge.**

Il comprend les vingt livres des origines de St-Isidore, tels qu'ils sont imprimés dans ses œuvres. *Coloniæ Agrippinæ p.* 1617, *in-folio, édit. Du Breul.*

Il est précédé de six lettres dont les cinq dernières sont seulement imprimées en tête du livre des étymologies, dans l'édition de ses œuvres que nous venons de citer.

La première, à l'évêque Braulion, que l'on n'y rencontre point, se trouve dans l'édition de 1475. *Nuremberg. Caractère gothique.*

Les trois premières lettres et une partie de la quatrième sont reproduites sur une feuille provenant d'un autre manuscrit de la même époque et ne sont point achevées.

Le copiste explique ainsi l'usage de la table qu'il a placée en tête du livre.

Hec te lector pagina monstrat de quibus rebus in singulis libris conditor hujus codicis disputavit.

A la suite du livre V de *descriptione temporum* l'on a ajouté, après le nom d'Eraclius, une longue série de noms et de faits, ce qui parait avoir eu lieu dans plusieurs Ms., suivant une note de Du Breul. (Ibid. opera p. 44.)

Le vocabulaire du livre x, qui finit à *Venator* dans les œuvres imprimées, est continué de la manière suivante.

X pro cunctis.

Xrisma, unctio, *Xrisostomus* os habens aureum nam *crisos* aurum. *tomos* dicitur os. *Xenodochium* ut recipiuntur pauperes et peregrini. *Menium* donum dicitur. minus laus. *Ypsillus* excelsus. *Ydropicus* aquaticus. *Ydrochos* aquarius. *Ymneus* dormitans. *Zorobabel* magister confessionis *Zelotipus* suspiciosus.

On trouve à la suite ; *Fabii Plantiadis Fulgentii expositiones sermonum antiquorum cum testimoniis,* trois feuillets seulement.

Puis une longue suite de sentences disposées par ordre alphabétique, à commencer à par la lettre D, et diverses pièces de vers.

Voici la désignation de ce Ms. dans le catalogue de Selincourt publié par Montfaucon : *S. Isidori libri etymologiarum, quibus junguntur Fabri Plantiadis Fulgentii, expositiones sermonum antiquorum cum testimoniis. Quid sit sandapila etc. Item plures sententiæ quarum deest initium. Forte excerptæ sunt ex Marbodo, ut conjicio ex versibus :*

Versificaturo quedam tibi tradere curo etc.

Plerique tituli desunt, hi soli notantur.
De tribus generibus hominum.
Oratio pœnitentis sæpe lapsi.
De lapsu primi hominis.
De adhærentibus huic mundo, in-fol.
Quæ sint quæ magis impediunt animam.
Commendatio virginitatis.
Præterea versus Hildeberti in exilio positi,
Beda, de diversitate nominum annorum. in-fol.

Cet inventaire est exact. La disposition semblerait indiquer deux volumes qu'on aurait réunis pour former le
volume actuel.

222. Bedæ de temporum ratione et de natura rerum.

Vélin in-4.°, 28 f.   d.r. L.

Corbie. 221. Q.

IX.° siècle. **Ms.** à longues lignes, 25 par pages, tracées à la pointe
sèche; petite minuscule; incomplet et mal conservé.

Il commence au milieu du chapitre iv *ubi primus dies
sæculi sit.* (Bedæ opera t. ii. p. 52) et finit à *Argumentum
de qualibet luna*, p. 87. avec cette différence que les
règles énoncées dans les deux derniers chapitres sont énoncées en vers dans le Ms., au lieu de l'être en prose, comme
dans l'imprimé.

A la suite est le traité complet *De natura rerum.*

Ces deux ouvrages sont séparés par un feuillet contenant une description des douze signes du zodiaque, qui
ne se trouve point dans Bède.

Peut-être ce Ms. est il composé de deux fragments des
deux traités de Bède portés au catalogue du xii.° siècle.
Beda de naturis rerum et *Beda de temporibus etc.* (Nouveau traité de diplomatique. tom. vi. pag. 231.)

223. Rabani Mauri Liber de Cruce.

Vélin in-fol., 47 f.   d.r. L.

Corbie. 42. C.

IX.° siècle. **Ms.** très-bien conservé, et dont les figures sont d'un
grand intérêt.

Il contient les deux prières *de Laudibus crucis*, recueil bien connu d'acrostiches tetragones, qui n'offre plus aujourd'hui d'autre intérêt que celui de la difficulté vaincue.

Voyez Peignot. *Amusements philologiques.* P. 17.

Le Ms. est conforme à l'édition de Cologne de 1626, la table seulement est différente.

En regard de la dédicace au pape Grégoire est un grand tableau représentant, sous trois arcades, Raban, en costume de moine, offrant son livre au pape assis, derrière lequel est placé un diacre.

Ce Ms. appartient au catalogue du xii.ᵉ siècle, sous le titre :

Rabbanus in laude sanctœ crucis.

Le catalogue de Montfaucon le désigne plus longuement : *Rabanus Maurus de cruce deque figuris et imaginibus crucis, opus dedicatum Papœ Gregorio, cum representatione ejusdem Pontificis et Rabani Mauri in habitu Monastico librum ipsi offerentis, cod. memb. sæculi 9.*

224. S. Bernardi Sermones.

Vélin in-fol., 90 f.   d.r. L.

Abb. de Selincourt.

xii.ᵉ siècle. **Ms.** à 2 colonnes de 37 lignes, réglées à l'encre ; bien conservé.

Il contient les sermons de St.-Bernard depuis l'Avent jusqu'au quatrième parapraphe du quatrième sermon de la Toussaint, *nam quomodo*. Voyez S. Bernardi opera. édit. Mabillon. tom. 1. pag. 718 à 1036.

Il porte pour titre : *S. Bernardi sermones de tempore, de Sanctis et de diversis. in-fol.*, dans le catalogue de Montfaucon.

12.*

On trouve sur le dernier feuillet l'hymne suivante à la Vierge.

Gaude virgo mater Christi
Quem per aurem concepisti
Gabriele nuncio
Gaude que domino plena
Peperisti sine pena
Cum pudoris lilio
Gaude quia tui nati
Quem dolebas mortem pati
Fulget resurrectio
Gaude christo ascendente
Qui in celum te vidente
Motu fuerit proprio
Gaude que post christum scandis.
Honorata gaudiis
In celi palatio.

225. Richardi et Hugonis de S. Victore opera.

Vélin in-fol., 152 f. d.r. L.

Abb. de Selincourt.

XII.c siècle. **Beau Ms.** à 2 colonnes de 38 lignes, réglées à l'encre; initiales historiées, titres en rouge, pages numérotées au **XV.**c siècle; incomplet.

Ce Ms est divisé en deux parties. La première, précédée de deux prologues et d'une table, a pour titre:

Pars prima continet originem et discretionem artium situm terrarum summam hystoriarum, puis après: *Incipit liber exceptionum magistri Richardi Sti-Victoris parisiensis pars prima*; elle contient 18 livres. Les quatre premiers, sans les préfaces, sont imprimés dans les œuvres de Richard de St.-Victor, *Richardi Sti.-Victoris parisiensis opera. Coloniæ* 1621 et Rouen 1650 sous le titre: *Tractatus excerptionum.*

Les 10 livres se trouvent ensuite imprimés avec le prologue comme œuvres de Hugues de St.-Victor. *Hugonis de Sancto Victore opera. Rothomagi* 1648, seulement ce traité se termine dans notre Ms. aux mots : *Post fuerunt isti Henricus Philippus Ludovicus.*

Mais l'imprimé ne donne point le second prologue qui suit la table :

» His ita superius compositis et ad totius simul operis
» evidentiam dispositis in sequentibus singulis libris sua
» capitula proponimus ut per proposicionem capitulorum et
» per discretionem librorum facilius quod legitur intelliga-
» tur diuciusque retinetur (sic.) Proposicio namque ca-
» pitulorum et discretio librorum non minimam intelli-
» gendi retinendique parit facultatem. »

Cette première partie est-elle l'œuvre de Richard de St.-Victor ? L'âge de notre manuscrit, le titre si explicite qu'il porte, semblerait ne laisser aucun doute. Mais d'autres manuscrits revêtus des mêmes caractères, varient sur le nom de l'auteur auquel on doit attribuer ce recueil. Les uns l'adjugent à Hugues de St.-Victor ; les autres à Richard, prieur de la même maison ; d'autres à Hugues de Fouilloy. Oudin est fort tenté de l'attribuer à un Richard de Cluny, qui vivait vers l'an 1180 ou 1190 ; d'autres enfin n'ont point de nom d'auteur. C'est aux derniers que nous tenons, dit M. Daunou, dans l'impuissance où nous sommes de suppléer à leur silence par aucune conjecture vraisemblable. (Histoire littéraire de la France. tom. xii. pag. 67.) La question se trouve tranchée d'une manière moins nette dans le tom. xiii. pag. 48, où l'auteur semble pencher pour Richard. Nous n'essaierons point de décider la question qu'un si savant historien n'a point résolue, et ne laisseront l'honneur de ce traité remarquable, à plus d'un titre, à Richard de St.-Victor, avec l'auteur du Ms. Peut-être est-il dû à Hugues et à Richard, comme paraît le croire Ellies du Pin. (XII.e siècle. pag. 723. Hist. de Contr.)

La seconde partie, qui a pour titre : *Pars secunda continens allegoriarum tropologicarum mysteria sed in precedentis historie dispositionem ordinata;* ne porte point de nom d'auteur et se divise en quatorze livres dont le dernier est incomplet. Les neuf premiers livres sont les allégories sur l'ancien testament de Hugues (*Libri allegoriarum veteris testamenti.* Hug. opera t. i.)

Le dixième livre comprend 27 sermons, qui sont les 27 premiers de ceux qui sont imprimés dans les œuvres de Hugues. tom. ii. pag. 479 à 509.

Les quatres autres livres comprennent des chapitres sans ordre des allégories du nouveau testament du même auteur, (*Allegoriæ in novum testamentum.* Hug. oper. t. i.) dans lesquels on n'a point même réuni ce qui concernait chacun des évangélistes ; on y retrouve toutefois la plus grande partie des allégories du savant chanoine.

226. 1.° Richardi Sancti Victoris Benjamin Minor.

2.° Descriptio templi Salomonis.

3.° Senecæ excerpta.

4.° Johannis, Adriani, Frederici epistolæ.

Vélin in-4.°, 208 f.   d.r. L.

Abb. de Selincourt.

XIII.e siècle. **Ms.** à longues lignes, 34 et 30 par page, réglées à l'encre ; écriture de diverses mains ; la seconde partie moins bien soignée.

1.° Le traité de Richard de St.-Victor est imprimé dans

ses œuvres. (Richardi opera. Rothomagi 1650 in-fol.) sous le titre : *De preparatione animi ad contemplationem , liber dictus Benjamin minor ;* il a aussi été plusieurs fois imprimé à part. Voy. Hist. litt. de la France t. xiii p. 477 ;

2.º La description du temple de Salomon , qui commence par les mots : *Domus dei quam edificavit rex Salomon etc.* est précédé d'une préface : *Hortatur vas electionis etc.* et d'une table des matières. Ce long traité contient à lui seul 128 feuilles ;

3.º Les fragments de Senèque qui commencent par *Incipit seneca* sont des extraits des divers traités de ce philosophe. L'auteur de ce choix de morceaux semble avoir choisi celle des pensées du precepteur de Néron qui s'accordent le mieux avec les idées des chrétiens , sur les vertus, les vices , l'emploi des richesses et les facultés de l'âme. Mais je n'ai point toujours retrouvé dans Sénèque les pensées que l'auteur a réunies sous le titre : *Proverbia ,* par ordre alphabétique et à la suite desquelles on lit : *Explicit Seneca.* Dans la première partie , il avait usé de quelque liberté en intervertissant l'ordre des phrases , dans certains morceaux. Peut-être ici les phrases ont-elles subi de plus grandes modifications , pour entrer plus facilement dans le plan que l'auteur avait conçu.

4.º des trois lettres du prêtre Jean à Emmanuel , empereur des Romains , du pape Adrien iv à l'empereur Frédéric ii et de l'empereur Frédéric au pape Adrien , la seconde est imprimée dans le recueil des conciles de Labbe *Sacro sancta concilia* tom. x. pag. 1149 : *De duplici injuria sedi apostolicæ per illum illata.* La lettre de Frédéric commence par les mots *Lex justitie unicuique etc.* ; celle du prêtre Jean à Emmanuel par : *Presbyter Joannes potentia et virtute etc.*

Elles se trouvent plusieurs fois parmi les Mss. de la Bibliothèque royale.

Ce volume est inscrit au catalogue de Montfaucon, sous les titres :

Ricardus a sancto Victore.

Seneca de amissione temporis, etc.

Epistola Joannis presbyteri ad E. Romanorum Imperatorem.

Epistola Adriani Papœ ad Fredericum et Frederici ad Adrianum. in-4.°

L'indication donnée pour Senèque est le titre du premier fragment, et non celui d'un seul traité, comme on pourrait le croire. On n'y a point mentionné la description du temple de Salomon, qui cependant compose la plus grande partie du volume ; l'a-t-on considérée comme l'œuvre de Richard ? Nous ne saurions le croire, car elle ne ressemble point à la dissertation qu'il a donnée sur le même sujet et qui a été imprimée dans ses œuvres.

B. Remarques sur les Saints Pères.

227. Remarques sur St.-Augustin, St.-Denys et Novatien.

Papier in-4.°, 153 f.   d.r. L.

Congrégation de l'Oratoire.

Ce Ms. du XVII.ᵉ siècle comprend sur St.-Augustin :

Remarques sur 1.° l'exposition de l'évangile de St-Jean ; — 2.° l'épitre de St.-Jean ; — 3.° le livre de *Decem chordis* ; — 4.° de pastoribus ; — 5.° de ovibus ; — 6.° de symbolo ad cathecumenos ; — 7.° de verbis domini secundum Matheum ; — 8.° de verbis domini secundum Lucam ;

— 9.º le sermon de tempore ; — 10.º les lettres concernant la discipline de l'église, qui comprend les personnes
les choses et les jugements ; — 11.º le traité de St.-Denys
de divinis nominibus ; — 12.º le livre de Novatien *De Trinitate.*

Une ample table des matières indique les différents sujets traités dans ces remarques.

228. Remarques sur les ouvrages de St.-Augustins,
St.-Denys l'Aréopagite, St.-Jean-Chrysostome et
St.-Bernard.

Papier in-4.º, 347 f.   d.r. L.

XVII.º **siècle. Bonne écriture, avec indication des articles sur les
marges.**

Ce Ms., qui porte la date de 1659, présente l'analyse
des traités suivants de St.-Augustin :

1.º De la vie de St.-Augustin écrite par Possidonius ; —
2.º des retractations ; — 3.º contre les académiciens ; — 4.º
de l'ordre ; — 5.º du maître ; — 6.º de la vie heureuse ;
— 7.º des soliloques ; — 8.º de l'âme ; — 9.º de la musique ; — 10.º du libre arbitre ; — 11.º de la Genèse contre les Manichéens ; — 12.º de la véritable religion ; —
13.º des mœurs de l'église catholique ; — 14.º sur les lettres ; — 15.º de la doctrine chrétienne ; — 16.º de la foi
et du symbole ; — 17.º de l'Enchiridion à St.-Laurent ; —
18.º de la Trinité ; — 19.º livre imparfait de la Genèse ;
— 20.º de la Genèse à la lettre ; — 21.º du combat du
chrétien ; — 22.º de l'esprit et de la lettre ; — 23.º du
mensonge ; — 24-º de la foi et des œuvres ; — 25.º des
questions sur les évangiles ; — 26.º des questions sur l'é-

vangile de St.-Mathieu ; — 27.º de la concordance des évangélistes ; — 28.º de 83 questions ; — 29.º à Simplicien ; — 30.º de 8 questions à Dulcitius ; — 31.º du soin des morts ; — 32.º de la patience ; — 33.º de la perfection de la viduité ; — 34.º du discours de J.-C. sur la montagne ; — 35.º de l'explication commencée de l'épître de St.-Paul aux Romains ; — 36.º des propositions de l'épître de St-Paul aux Romains ; — 37.º de l'exposition de l'épître de St.-Paul aux Galates ; — 38.º de la cité de Dieu ; — 39.º — Sur les confessions de St.-Augustin.

Remarques sur les noms divins, sur la théologie mythique, et sur les épîtres attribués à St.-Denys l'Aréopagite.

Homélies de St.-Jean-Chrysostôme, *De incomprehensibili dei naturà contra Eunomœos.*

Remarques sur le livre de la considération de St-Bernard.

229. Remarques sur St.-Bernard.

Papier in-4.º, 624 f.   d.r. L.

Congrégation de l'Oratoire.

XVIII.ᵉ siècle. **M.** très-bien écrit et divisé en deux parties.

La première comprend des remarques ou plutôt une analyse en français du 2.ᵉ volume des œuvres de St.-Bernard (édit. de 1690 publié par Mabillon), à l'exception des traités x, xi et xiii. ad Hugonem, de erroribus Abaelardi, de ratione cantus.

La deuxième, les remarques sur les lettres.

On y trouve deux tables des matières très-détaillées.

1.º Théologie Scolastique et Dogmatique.

A. Théologiens scholastiques et leurs Interprêtes.

230. Petri Lombardi sententiarum libri IV.

Vélin in-fol., 119 f.   d.r. L.

Corbie. 156. G.

XIV.º siècle. Ms. à 2 colonnes, 54 lignes, tracées au crayon, pointées sur les marges ; écriture minuscule, initiales or et couleur, titres en rouge.

Plusieurs manuscrits ont concouru à la formation de celui-ci, comme on le voit d'après certaines parties répétées deux fois à la fin d'un feuillet et au commencement du suivant, et à la différence des écritures et des encres.

Le premier livre n'a point de tables, comme les autres.

On trouve au 3.º livre une transition qui ne se trouve point dans le Ms. suivant, ni dans les imprimés : *Hic rationis ordo postulat, etc.*

On lit à la fin : *In isto libro continentur sententie magistri Petri Lombardi qui fuit episcopus Parisiensis sepultus in choro ecclesie sancti Marcelli que sententie continent* IIII *libros partiales. est de ecclesia Corbeiensi.*

Ce Ms. est inscrit au catalogue donné par Montfaucon.

231. Petri Lombardi sententiarum libri III et IV.

Vélin in-fol., 144 f.   d.r. L.

XII.e siècle. **Ms.** à 2 colonnes, 38 lignes par page, réglées à l'encre; initiales de couleur, titres en rouge, avec les citations sur les marges.

C'est la 2.e partie d'un ouvrage dont il manque le premier volume; on voit, en effet, *pars* II^a au haut de la première page.

On lit, à la fin, ce vers:

Aspiciens dicat qui scripsit pace quiescat.

Ce Ms. est porté au catalogue de Selincourt, publié par Montfaucon.

232. S. Bonaventuræ in II^{um} librum sententiarum P. Lombardi commentaria.

Vélin in-4.°, 393 f.   d.r. L.

XIII.e siècle. **Ms.** à 2 colonnes; le texte en caractère plus gros; capitales de couleur, avec traits; titres en rouge.

Voyez: *S. Bonaventuræ opera Romæ ex typis vatic. t.* IV.

Le catalogue de Corbie indique, par erreur, dans ce volume les commentaires sur le 1.er et le 2.e livre.

Sur le premier feuillet se trouve une suite de 300 vers environ sur le péché et la faute d'Adam, qui commence par:

— Cum principio tres errores fugat uno
Qui creat ille facit si vertit hoc improprie fit
Est domino facere que res nova prodit inesse
Eius ob hoc bonitas res curat sola creatas, etc.

233. S. Bonaventuræ in III^um librum sententiarum. P. Lombardi commentaria.

Vélin in-fol., 372 f.   d.r. L.

Corbie. 135. G.

XIIIe siècle. Ms. à 2 colonnes, dont une en caractère plus gros pour le texte de Pierre le Lombard ; capitales de couleur, titres en rouge.

Voyez : *Scripta super libros sententiarum, etc.* *Nuremberg.* 1500. un vol. in-fol.

S. Bonaventuræ opera. Rome ex typ. vatic. tom. v.

On trouve en avant : *Questiones super tertium librum sententiarum.*

Est-ce ce Ms. qui est cité dans le catalogue donné par Montfaucon. (*Bibl. Bibl. Mss.*)

234. In primum librum P. Lombardi sententiarum commentaria.

Vélin in-fol., 197 f.   d.r. L.

Corbie. 142. G.

XIIIe siècle. Ms. à 2 colonnes de 22 lignes pour le texte, 43 pour le commentaire, réglées à l'encre, pointées sur les marges ; initiales de couleur, ornées de traits, titres rouges.

Le dernier livre de ce commentaire est de St.-Bonaventure, les autres présentent de nombreux emprunts faits au docteur séraphique, mais le travail est tout-à-fait différent du sien.

En tête se trouve une liste de questions presque semblables à l'Index donné à la suite du premier livre du commentaire de St.-Bonaventure. tom. IV de ses œuvres.

Vient ensuite le prologue et la table des chapitres de Pierre le Lombard.

Le commentaire commence par les mots : *Altissimus de terra creavit medicinam. ccc.* XXXIIIj. *In his verbis singulariter expositis*, etc.

Le texte du Maître des Sentences occupe une colonne, le commentaire une autre ; les marges sont couvertes de notes.

On lit à la fin :

Explicit. Expliceat. ludere scriptor eat.

A la suite de ce commentaire, on en trouve un autre, aussi écrit à deux colonnes, d'une écriture du XIV.ᵉ siècle, moins soignée.

Nous croyons reconnaître dans ce Ms., qui provient de Corbie, celui qui est désigné sous le titre : *Quædam questiones in librum sententiarum.* 142. *G.* On y lit, en effet, au haut de la première page : *Iste questiones sunt de ecclesia Corbiensi.* Il commence par les mots : *Circa prologum est contraria opinio de illa questione utrum deus etc.*

On trouve aussi une dissertation ayant pour titre : *Queritur utrum theologia sit practica, speculativa aut affectiva* et une autre sur les paroles *fons ortorum puteus aque viventium etc.*

Les mots *A fratre Girardo de s. v.*, écrits au haut de la page, s'ils indiquent l'auteur des questions et des dissertations, éclaircissent fort peu la question, car un grand nombre de Gérard ont écrit dans le XIII.ᵉ et le XIV.ᶜ siècle, des commentaires ou des questions sur les Sentences.

Deux autres dissertations viennent ensuite, l'une sur les quatres fleuves du Paradis terrestre, dans laquelle l'auteur considère ces quatre sources sous un point de vue tout mystique ; une autre sur l'essence et la nature de Dieu, qu'il est très difficile de lire.

L'écriture de quelques autres feuillets a totalement disparu, et c'est avec la plus grande peine que l'on peut distinguer sur ces feuillets lavés, quelques mots qui ne permettent point de reconnaître de quelle matière on y traitait.

235. S. Thomæ de Aquino de ordine fratrum prædicatorum littera super II libro sententiarum.

Vélin in-fol., 275 f.   d.r. L.

Corbie. 43.

XIV.ᵉ siècle. **Ms.** à 2 colonnes ; initiales de couleur ; écriture grossière.

Le premier feuillet commence par de grandes capitales allongées ; sur la marge, un long cordon terminé, en haut, par un dragon armé d'une masse et d'un bouclier, au bas, par un enroulement au centre duquel on voit un moine de l'ordre des Prédicateurs, tenant un livre à la main.

La table précède le texte.

Ce Ms. est inscrit au catalogue donné par Montfaucon.

236. S. Thomas Aquinas in tertium librum Magistri sententiarum.

Vélin in-fol., 138 f.   d.r. L.

Corbie. 118. BIS. G.

XIV.ᵉ siècle. **Ms.** à 2 colonnes, 54 lignes ; réglées au crayon ; initiales de couleur, ornées de traits ; belle écriture ; bien conservé.

A la suite du commentaire est la table des matières.

Ce Ms. est inscrit au catalogue de Montfaucon.

237. Prima pars summe fratris Thomæ de Aquino de theologia.

Vélin in-fol., 231 f.　　　　d.r. L.

Corbie. 114. G.

XIV.e siècle. **Ms.** à 2 colonnes, 45 lignes, réglées à l'encre; écriture grossière; initiales de couleur, rubriques en rouge.

Table des matières indiquée d'ailleurs au haut des pages.

On lit à la fin : *Precium hujus libri est lex solidorum.*

238. Prima secundæ.

Pars prima secundi libri editi a fratre Thoma de Aquino de ordine predicatorum.

Vélin in-fol., 200 f.　　　　d.r. L.

Corbie. 101. G.

XIV.e siècle. **Ms.** à 2 colonnes, 45 lignes, réglées au crayon; écriture grossière; initiales de couleur; altéré par l'humidité.

On lit à la fin du texte et de la table, le vers :

Explicit iste liber sit scriptor crimine liber.

239. S. Thomæ Aquinitatis.

1.° Tertia pars summæ theologicæ.

2.° Decem primæ disputationes.

Vélin in-fol., 304 f.　　　　d.r. L.

Corbie. 138. G.

XV.e siècle. **Ms.** à 2 colonnes, 50 lignes, réglées à l'encre; initiales de couleur; écriture lourde, titres en rouge.

A la fin de la 3.e partie on trouve une table des chapitres.

A la fin des 10 questions, on lit le vers :

Finito libro sit laus et gloria cristo.

240. S. Thomæ de Aquino secunda secundæ.

Papier in-fol. , 342 f.   d.r. L.

XV.ᵉ siècle. **Ms.** à 2 colonnes , 45 lignes , réglées au crayon , pointées sur les marges ; écriture facile à lire.

On lit à la fin ces trois vers :

> Finem nunc tetigi quem multum desideravi
> Dentur scriptori pro pena gaudia celi.
> Et sic est finis laudetur gloria Xristi.

Mais après la table , qui contient six feuillets , des idées moins chastes ont occupé l'écrivain , car après ces mots : *Explicit ordo et signatio questionum secundi libri secunde partis fratris Thomæ de Aquino. Benedictus deus. Amen.*, qu'on lit dans l'édition de J. Mentel , de 1469 , et point dans celle d'Anvers , on trouve les vers :

> Finem nunc tetigi quem multum desideravi
> Detur pro pena scriptori pulcra puella.
> Scriptor qui scripsit cum Cristo vivere possit
> Scribere qui nescit nullum putat esse laborem
>   Tres digiti scribunt cetera membra dolent.
>   Amen dico vobis.

241. 1.° S. Thomas de Bono et Malo.

2.° Egidii Romani.

1.° Questiones septem de resurrectione mortuorum.
2.° Correctorium.

Vélin in-fol., 115 f.   d.r. L.

XIV.ᵉ siècle. **Ms.** à 2 colonnes , 53 lignes , réglées au crayon ; initiales de couleur ; écriture surchargée d'abbréviations.

Il comprend le livre de *Malo*, à l'exception du titre *de Dæmonibus*, c'est-à-dire les xv premières questions de ce traité.

Voyez édit. d'Anvers. tom. 8. pag. 204 à 362.

A la suite se trouve la table des titres et des chapitres.

Gilles Colonne en latin Egidius Romanus, ou de Roma, ou Ægidius Colomnius, ou aussi à Columna, disciple de St.-Thomas, surnommé *doctor fundatissimus*, fut un des écrivains les plus féconds du xiv.ᵉ siècle. Thomas Gratien, dans son *Anastasis Augustiniana* (Scriptores ordinis eremitarum S. Augustini. Antuerpiæ. ᴍᴅᴄxɪɪɪ) ne lui attribue pas moins de 72 traités sur la Scolastique et la Théologie.

Son *Correctorium seu Defensorium contra impugnantes divum Thomam Aquinatem*, qu'il écrivit pour réfuter Guillaume de la Mare, qui avait attaqué la Somme de Saint-Thomas, dans son *Reprehensorium P. Thomæ*, a été imprimé à Venise en 1601 et 1624, et aussi à Naples, en 1644, in-4.ᵒ, sous le titre de *Defensorium seu Correctorium corruptorii librorum Sancti Thomæ Aquinatis*, avec la vie de l'auteur, par Angelo Roccha.

Les sept questions sur la Résurrection se trouvent dans l'édition d'une partie de ses œuvres, recueillies par Paulin Berti. Venise. 1617. in-fol.

Ce volume a coûté 50 sous, suivant la note du dernier feuillet : *Pretium hujus libri est L solidorum*.

Ces divers volumes des œuvres de St.-Thomas, ainsi que les n.ᵒˢ 242 et 243, sont compris sans doute dans le catalogue donné par Montfaucon, sous le titre général : *Alia quoque multa S. Thomæ Aquinatis opera*.

242. S. Tʜᴏᴍᴀᴇ ᴄᴏɴᴛʀᴀ Gᴇɴᴛɪʟᴇs.

Vélin in-fol., 230 f.   d.r. L.

XIV.° siècle. **Ms.** à 2 colonnes, 55 lignes, réglées à l'encre ; écriture très-régulière ; **titres en rouge , initiales de couleur.**

Ce Ms. a pour titre : *Liber de veritate catholice fidei contra errores infidelium editus à fratre Thoma de Aquino ord. fratrum predicatorum.*

Il est conforme à l'édition d'Anvers, de 1612, et a coûté 70 sous, comme l'indique la mention : *Precium hujus libri est LXX solidorum*, de la dernière page.

Chacun des quatre livres est précédé d'une table des chapitres.

Il est inscrit au catalogue de Montfaucon, qui indique cet ouvrage comme se trouvant deux fois dans la Bibliothèque de Corbie.

Les feuilles de garde sont deux feuillets de vélin détachés d'un recueil manuscrit de décretales.

243. 1.° S. Thomæ de Aquino de ordine prædicatorum VII quolibeta.

2.° Tria quolibeta Magistri Egidii de Roma de ordine heremitarum S. Augustini.

Vélin in-fol. , 103 f.   d.r. L.

Corbie. 153. G.

XIV.° siècle. **Ms.** à 2 colonnes , 49 lignes, tracées à l'encre ; écriture **batarde ancienne ; initiales de couleur.**

Des sept questions *quodlibetiques* que renferme ce Ms. , les quatre premières sont les mêmes que celles qui portent ce numero dans l'édit. d'Anvers. 1612. tom. 8. 2.° partie ; la cinquième comprend les numéros 5 et 6 de cette édition. Mais les questions VI.° et VII.°, comprenant l'une 14, l'autre 11 articles, et qui traitent de la prédestination, des anges, des damnés, des héritages, du baptême et de l'absolution, ne se trouvent point dans les autres *quodlibetales questiones*, ni dans les *questiones disputatæ* de St.-Thomas.

Les trois *Quolibets* de Gilles Colonne sont les trois premières des six questions qu'il a écrites et qui ont été publiées sous le titre : *B. Ægidii Columnæ Romani etc. quolibeta, studio Petri Damasci de Coninck. Lovani Hyeronimi Nempei. anno* MDCLXIV. in-fol.

La 3.ᵉ diffère par les premières lignes : *Omnes questiones in hoc nostro tertio quodlibeto quesite hoc modo ad ordinem reducentur quum querebatur ibi de ente in generali et in speciali*, qui ne se trouvent point dans l'imprimé.

A la suite de ces deux traités de St.-Thomas et de Gilles de Colonne, sont les tables des articles pour chaque question.

244. 1.º Questiones fratris Thomæ de Aquino ordinis prædicatorum disputatæ in scholis.

2.º Questiones XI fratris Egidii ordinis Sancti Augustini fratrum Eremitarum de creaturis spiritualibus.

Vélin in-fol., 280 f.   d.r. L.

XIV.ᵉ siècle. Ms. à 2 colonnes de 58 lignes, réglées à l'encre ; écriture batarde ancienne ; initiales de couleur, avec traits ; bien conservé.

La liste des questions de St. Thomas, telle qu'elle est donnée sur le premier feuillet, est incomplète ; nous la rétablissons ici : « Hic de animâ, de virtutibus in communi, » de virtutibus theologicis, de correctione fraternâ, de

» spe, de virtutibus cardinalibus, de unione incarnatio-
» nis, de veritate, de scientiâ dei, de ideis, de verbo dei,
» de prudentiâ divinâ, de predestinatione, de libro vitæ,
» de cognitione angelorum, de cognitione scientiæ ange-
» licæ, de mente, de magisterio, de prophetiâ, de raptu,
» de fide, de ratione superiori et inferiori, de synderesi,
» de conscientiâ, de cognitione primi hominis, de cogni-
» tione animi post mortem, de scientiâ Christi, de bono,
» de appetitu boni, de voluntate dei, de libero arbitrio,
» de sensualitate, de passionibus animæ, de gratiâ, de
» justificatione impii, de gratiâ christi, de substanciis
» spiritualibus, de demonibus et sunt in predicto libro
» xxxviii articuli sive libri. »

Tous ces traités sont imprimés dans les œuvres de Saint
Thomas.

Le traité de Gilles Colonne sur l'être, l'essence, la
connaissance et le mouvement des anges, fut imprimé à
Venise, en 1598.

On lit à la fin : *Pretium huius libri est C solidorum.*

245. 1.° In primam partem summæ theologicæ S.
Thomæ Aquinatis doctoris Angelici.

2.° Ex secunda secundæ S. Thomæ.

3.° Relectio de dominio.

4.° Disputatio secunda de virtute religionis.

5.° Additio ad doctrinam de electione ad gloriam ante
previsa merita.

Papier in-4.°, 164 f.   d. r. L.

Congrégation de l'Oratoire. 23.

xvii.e siècle. Ecriture de diverses mains, plus ou moins correcte,
chargée d'abbréviations.

Les n.ᵒˢ 1 et 2 sont une analyse des chapitres de la Somme de St. Thomas *de Deo* et *de lege*.

Le n.ᵒ 3 est une sorte d'appendice au livre *de lege* ou plutôt de la justice commençant par : *Dominium jus perfecte disponendi de re corporali nisi lege prohibeatur.*

Le 4.ᵉ titre traite du culte que nous devons à Dieu et de l'efficacité de la prière.

Le 5.ᵉ traite surtout de la prédestination et du mérite.

246. IN TERTIAM PARTEM DIVI THOMÆ TRACTATUS.

Papier petit in-12., 338 f. d.r. L.

Abb. de St.-Jean des Prémontrés d'Amiens.

XVII.ᵉ siècle. Ecriture très-fine correcte et assez élégante.

Ce Ms. contient une analyse de la 3.ᵉ partie de la Somme théologique de St. Thomas. (*De Christi incarnatione.*)

247. Tractatus de sacramento pænitentiæ ad tertiam partem Sancti Thomæ Aquinatis doctoris Angelici.

Papier in-12., 144 f. d.r. L.

Congrégation de l'Oratoire.

XVII.ᵉ siècle. Assez bonne écriture cursive.

Ce traité est l'analyse de celui de St. Thomas; il a été écrit par le P. Senault, ou lui a appartenu.

248. Tractatus de Sacramento Eucharistiæ ad tertiam partem S. Thomæ.

Papier in-12., 145 f. d.r. L.

Congrégation de l'Oratoire.

XVII.ᵉ siècle. Assez bonne écriture cursive.

Ce traité est de la même main que le précédent, c'est aussi l'analyse de celui de St. Thomas, qui porte le même titre.

249. S. Thomæ.

1.° Questiones L primæ partis.

2.° In primam partem secundæ partis summæ theologicæ S. Thomæ.

Papier in-4.°, 175 f.   d.r. L.

Congrégation de l'Oratoire. 23.

XVII.ᶜ siècle. Écriture très-fine, surchargée d'abbréviations.

La première partie est l'analyse du traité *de angelis et demonibus* de St. Thomas, la seconde est celle des dix premières questions *de Homine*.

On y a joint une thèse imprimée *de angelis,* que l'on a rognée, pour n'en conserver que les propositions.

Le nom de Xennettaire, écrit au haut de la première page, est probablemeut celui de l'auteur de cet abrégé.

B. Cours et Traités généraux.

250. Tractatus Theologicus.

Papier in-4.°, 261 f.   d.r. L.

Origine inconnue.

XVIII.ᶜ siècle.

Ce traité paraît être l'abrégé d'un cours sur *la Somme de St. Thomas.* On y traite des sacrements en général, puis du Baptême, de la Confirmation, de la Pénitence, de l'Eucharistie, de l'Extrême-Onction, de la Foi, de l'Espérance, de la Charité, d'une manière succincte et toute scholastique.

Il y manque quelques feuillets à la fin.

Ce Ms. est daté du 30 juin 1735.

251. IN UNIVERSAM THEOLOGIAM COMMENTARII.

Papier in-18., 192 f.   d.r. L.

Abb. de St.-Jean des Prémontrés d'Amiens.

XVII.e siècle. **Ecriture très-fine et très-lisible.**

C'est le cours d'un écolier, rédigé avec le plus grand soin, et que l'on croirait plutôt, pour cette raison, avoir été dicté par le professeur.

C. Traités particuliers.

a. TRAITÉS QUI REGARDENT DIEU ET LES PERSONNES DIVINES.

252. Tractatus de adorando Sanctissimæ Trinitatis mysterio.

Papier in-12., 338 f.   d.r. L.

Origine inconnue.

Ms. du siècle dernier, très-lisiblement écrit.

Ce traité, où l'érudition abonde, est divisé en 18 chapitres ou questions, que l'on peut ranger sous les deux titres : 1.º *De pluralitate et de processione divinarum personarum;* 2º. *de relationibus et de personis divinis.*

253. Tractatus de venerabili incarnationis mysterio juxta consonantissimam Patrum doctrinam.

Papier in-4.°, 95 f. d.r. L.

Abb. de St.-Acheul.

Ms. portant la date de 1657, d'une écriture fine, chargée d'abbréviations.

Il comprend quatre dissertations :

1.° De possibilitate, convenientia et necessitate incarnationis.

2.° De unitate personæ ;

3.° De filiatione Christi ;

4.° De sanctitate Christi ;

composées de fragments empruntés aux pères de l'église.

Il y avait un second volume, car on lit à la fin : *Vide reliqua quæ desunt in alio tomo.*

b. TRAITÉS TOUCHANT LES CRÉATURES.

254. Meditationes de morte, judicio extremo, inferno, paradiso, purgatorio, morte justorum et preparatione ad mortem.

Papier in-18., 118 f. d.r. L.

Origine inconnue.

Ms. du XVII.ᵉ siècle.

Recueil de sentences sur les sujets précités, avec des notes sur les marges et des analyses en latin ou en français.

Il appartenait, en 1670, à Joachim de la Chetardye, du séminaire du Puy, ensuite du séminaire de Saint-Sulpice.

255. Entretiens sur la prédestination, de quel œil il la faut considérer pour en tirer profit.

Papier in-12., 132 f. d.r. L.

Origine inconnue.

Ms. du XVII.ᵉ siècle, très-bien écrit.

Il se compose de douze entretiens et d'une ample table des matières.

En tête on trouve une approbation de Fr. Nicolas Jacquet, vicaire du R. P. Provincial, en la nation de Bourgogne, datée de Dijon 20 avril 1651, et une autre datée de Dijon du 21 avril 1651, signée Fr. Antoine Anguist et Fr. Antoine Bichot, de l'ordre des frères prêcheurs, certifiant que la matière de la prédestination, de la justification, de la persévérance finale et de la glorification sont parfaitement bien expliquées et décidées, conformément à la sainte écriture et à la doctrine de St. Augustin.

256. TRACTATUS DE DIVINA GRATIA.

Papier in-18., 248 f. d.r. L.

Origine inconnue.

XVII.ᵉ siècle. Ms. d'une très-belle écriture, chargée d'abbréviations.

Ce traité se divise en trois parties : la première s'occupe de l'essence et de la nature de la grâce; la seconde de ses vertus; la troisième de ses effets. L'auteur adopte la doctrine de St. Augustin.

257. Tractatus de Christi gratiâ ad S. P. Augustini systema exaratus, auctore reverendo admodum Patre Joanne Bertault sacræ theologiæ professore.

Papier in-12. , 382 f.   d.r. L.

Ms. du XVII.ᵉ siècle. Ecriture grossière.

On lit au bas : *Ad usum fratris Joan-Baptista Remond Augustiniani, qui illum cessit Fr. Luc. Fr. Pernet anno Domini* 1738.

258. 1.º Système de M. Nicole touchant la grâce universelle.

2.º Réponse au système de M. Nicole sur la grâce universelle.

Papier in-8.º , 118 f.   d.r. L.

Ms. du siècle dernier.

Le premier ouvrage a été imprimé sous le même titre à *Cologne*. 1701. In-12, et à *Amsterdam* en 1703. in-12, sous le titre *Testament spirituel* ou Système touchant la grâce universelle.

On trouve une curieuse analyse de cet ouvrage pos-thume de Nicole, dans la Bibliothèque du Richelet.

La réponse est de l'abbé Du Guet; elle est imprimée dans ses œuvres.

259. Réfutation du livre intitulé : L'ACTION DE DIEU SUR LA CRÉATURE, ouvrage où l'on voit jusqu'où l'on peut porter la métaphysique, et où la liberté de l'homme est parfaitement soutenue et deffendue ;

Par feu M. l'abbé Vittement, ancien lecteur des enfants de France et sous-précepteur du roi Louis XV.

Papier in-4.°, 182 f. d.r. L.

M. le Président Hanocq.

Cette réfutation du livre de *Laurent* Boursier, Lille 1713; Paris 1714; 2 vol. in-4.° ou 6 vol. in-12, est sous forme de dialogue entre un catholique et deux jansénistes, Eraste, Sosthène et Aristarque. On sait quel bruit fit alors le livre de Boursier, comment il fut attaqué par le P. du Tertre et défendu par Malbranche ; l'abbé Renaudin en publia aussi une réfutation sous le titre : *Réfutation par le raisonnement d'un livre intitulé* : De l'action de Dieu sur les créatures. Paris. Osmont. 1714. In-12.

C'est sans doute cet ouvrage que M. Lacatte Joltrois (Biog. univer.) indique, sous le titre d'entretiens sur des questions de théologie, n.° 11.

260. Traité sur la grâce, partagé en plusieurs entretiens d'un catholique avec deux jansénistes que le catholique réfute solidement, par les principes mêmes de St.-Augustin. Ouvrage excellent où l'auteur fait éclater son sincère attachement au vrai sentiment de l'Eglise.

Papier in-4.°, 120 f. d.r. L.

M. le Président Hanocq.

Tel est le titre que l'on trouve inscrit en tête des entretiens sur la grâce qu'a composés feu M. l'abbé Vittement.

La biographie cite ce traité parmi les ouvrages du sous-précepteur de Louis XV.

261. Historia polemica Christi Eucharistici seu de Sacramento Altaris dissertationes historicæ quibus necessaria Eucharistiæ dogmata per selectissima veterum patrum cum recentioribus concordantium facta probantur adversus omnes hereticos qui quovismodo, veneranda corporis et sanguinis Christi mysteria sive temerare sive abolere connixi sunt. Labore et studi Fratris Petri. D.

ex ordine eremitarum Sancti Augustini. Parisiis.

2.° Appendix ad historiam polemicam Christi Eucharistici. De Sacramentis.

Papier in–4.°, 183 f. d.r. L.

Bibl. des Augustins d'Amiens.

Le titre de ce Ms., qui porte la date de 1712, indique suffisamment la nature de cet ouvrage, dû au P. Daulphin.

On trouve en tête un extrait des Mémoires de l'église de l'abbé de la Roque, concernant l'arrestation de Molinos et ses propositions.

262. Liber qui dicitur PUPILLA OCULI compilatus per venerabilem magistrum sacre Theologie doctorem magistrum Johannem de Burgh natione anglicana

Papier in-fol., 418 f. d.r. L.

Corbie. 148. K.

xv.e **siècle. Ms.** à longues lignes, 31 **par page;** écriture cursive très-lisible.

Cet ouvrage de Jean de Burg (du Bourg, suivant Dupin, Hist. eccles. t. 22, p. 285.) chancelier de l'université de Cambridge, fut composé en 1385, et imprimé à Rouen, en 1518, pour la première fois, chez Pierre Olivier.

L'initiale est une lettre or et couleur, blasonnée. L'écu porte *d'azur à trois coquilles ou feuilles d'or*, 2 et 1.

Plusieurs feuillets, destinés sans doute à remplacer quelques feuilles manquantes, sont en velin.

On y lit plusieurs fois : *Iste liber est in custodia Jacobi de Lancry.* Et sur la feuille de garde ces deux vers :

Sepe rogare, rogata tenere, retenta docere
Hæc tria discipulum faciunt superare magistrum.

263. DE LA SCIENCE ECCLÉSIASTIQUE.

Papier in-4.°, 323 f.   d. r. L.

Abb. de St.-Jean des Prémontrés d'Amiens.

Ms. du XVII.e **siècle,** d'une bonne écriture.

C'est une exposition sommaire des sacrements, des devoirs du prêtre et de quelques cérémonies ecclésiastiques.

264. COURS DE LA SCIENCE ECCLÉSIASTIQUE.

Papier in-4.°, 390 f.   d. r. L.

Bibl. des Augustins d'Amiens.

Ms. du commencement du siècle dernier.

Il comprend la doctrine des commandements, des censures, du symbôle des apôtres et des sacrements. La se-

conde partie n'est, pour ainsi dire, qu'une répétition de
la première, avec de nouveaux développements. On y
traite de la nécessité et de l'utilité des exercices spirituels
pour les prêtres, de la vocation à l'état ecclésiastique et
des ordres.

Cet ouvrage paraît être l'analyse d'un cours fait à
Rouen, en 1705.

On y trouve les vers prophétiques suivants pour le jour
de St.-Paul.

> Clara dies Pauli bona tempora denotat anni
> Si fuerint nebulæ, pereunt animalia quæque
> Si fuerint venti designant prælia genti
> Si nix, si pluviæ designant tempora cara.

Et pour le jour de St.-Vincent :

> Vincenti festo si sol radiet, memor esto
> Para tuas cappas quia multas colligit uvas.

On y trouve aussi quelques vers latins, traductions brèves des versets des commandements de Dieu, et une pièce
de vers ayant pour titre : Portrait d'un abbé ; il s'agit
d'un abbé de cour fréquentant les salons et l'opéra ; puis
cette note historique :

« Notre dame de Foy fut donnée aux Augustins d'A-
» miens par feue Mad. Jacqueline de Louvencourt, veuve
» de Louis Dubos, seigneur de Hurt, trésorier de France,
» en 1609, du temps de M. François Lefeuvre de Com-
» martin, évéque, et la dévotion à cette image s'est ac-
» crue par les soins du Rév. P. Jean-Baptiste de St.-Just,
» recteur des Jésuites, qui échauffa les religieux de la
» maison à cette dévotion, et présenta même la requeste
» pour le culte à Monseigneur l'Evêque. »

Il y a ici erreur matérielle, c'est 1629 et non 1609 qu'il faut lire, car c'est seulement en 1609 que le baron de Celles vendit au nommé Limoir le chène où Gilles de Vaulin trouva la célèbre Vierge enfermée dans une grille de fer, et à laquelle on voua une dévotion toute particulière.

Des morceaux de l'arbre on façonna des images semblables à celle qui était en vénération, et c'est en 1629 que Jacqueline fit présent de celle qu'elle avait reçue de Marie de Héron, au couvent des Augustins.

Deux ans après, plus de cent-vingt miracles furent vérifiés et constatés juridiquement *(Archives du département.)*

Les rois et les princes ne tardèrent point à se ranger sous la bannière de Notre-Dame de Foye et à implorer son appui, et ils donnèrent aux Augustins de nombreuses preuves de leur munificence *ob singularem devotionem quâ dicti reges moventur in sanctissimam Virginem Mariam..... quæ speciosiori cultu in dictorum religiosorum ecclesiâ honoratur et colitur.* (Archives du département.)

Voyez, pour plus de détails sur ce culte, la notice sur l'ancienne communauté des Augustins, par M. Guerard. tom. 1.e des Mémoires de la Société des Antiquaires de Picardie, pag. 187 et suiv. ; et les deux ouvrages publiés sous le titre :

« Fidel recueil des vœux faits et rendus à Notre-Dame » de Foye, dans l'église des Augustins d'Amiens, par Ant. » Bourdon, Augustin d'Amiens. 1633. in-12. »

« Abrégé des merveilles opérées par l'invocation de N.-D. » de Foye, honorée aux Augustins d'Amiens, par Charault, prieur des Augustins d'Amiens. 1678. in-12. »

2.º Théologie morale.

A. Traité général.

265. 1.º Praxis Theologiæ Moralis in qua legitima fundamenta ponuntur quibus actionum humanarum bonitas et malitia dignoscatur et vitæ Christianæ officia ad rectum finem dirigantur.

2.º Tractatus de Sanctissimo Eucharistiæ sacramento.

Papier in-4.º, 169 f.   d.r. L.

Origine inconnue.

Le premier traité a été terminé le 13 mai 1712. Le deuxième le 8 des ides de février 1712, comme nous le voyons par ces lignes écrites à la fin :

Huic scribendo tractatui dato a R. P. Romano de la Londes extrema manus imposita est 8.ª idus februarii anno 1712.

B. Traités moraux sur les Sacrements — Instructions pour les Confesseurs — Cas de conscience.

266. Summa Raymundi de Pennaforte de penitentia et matrimonio.

Vélin in-16., 208 f.   r.p. L.

Corbie. 282. K.

XIII.ᵉ siècle. **Ms.** à longues lignes, 22 par page, folioté, avec rubriques et initiales de couleur ; mauvaise écriture.

14.

Cet ouvrage est complet et imprimé :

Outre la table qui précède chaque livre, on trouve à la fin une table générale beaucoup plus explicite.

Le bibliothécaire de Corbie l'a inventorié sous le titre *Summula casuum conscientie*, sans doute, à cause du format.

On lit à la fin : *Explicit summa Raymundi cum apparatu.*

Cet ouvrage de Raymond de Pennafort ou de Rochefort, qui fut choisi par le cardinal Jean d'Abbeville, pour l'accompagner dans sa légation d'Espagne, jouit d'une grande célébrité ; le pape Benoit XIII, dit-on, le portait constamment avec lui. Il fut imprimé plusieurs fois. Voyez : *Scriptores ordinis prœdicatorum*, tom. 1, *p.* 106 *et suiv.* La dernière édition, qui est la meilleure, fut publiée par le P. Laget, à Paris, en 1720.

267. Raymundi de Pennafort summa de penitentia et matrimonio cum glossis.

Vélin in-4.°, 206 f.   d.r. L.

Corbie. 150. K.

XIV.° siècle. **Ms.** à 2 colonnes de 40 lignes, réglées à l'encre ; initiales de couleur, ornées de traits ; le premier feuillet encadré or et couleur ; 2 miniatures.

Le texte occupe une plus ou moins grande partie de la page, selon l'étendue du commentaire qui est celui de Guillaume de Rennes (Willelmus Redonensis.)

Il est précédé d'une longue table et d'une division des chapitres due à un calligraphe plus habile que celui qu a copié le livre entier.

On trouve au commencement une lettre de Philippe IV, par laquelle il mande à l'abbé de Corbie de se trouver à

Courtray avec ses vassaux en armes ; elle est datée de 1297, *in castro ante Insulam*, la voici :

« Philippus Dei gratia francorum rex dilecto et fideli
» nostro abbati Corbeiensi salutem et dilectionem. Ad ves-
» tram dedimus notitiam quod Eduardus. rex Anglorum ad
» depopulationem ruinam et excidium regni nostri totis
» conatibus sitibundus aspirans jam regni ejusdem fines
» ingressus Brugis in auxilium Guidonis quondam flandren-
» sis comitis novissime diebus istis applicuit. quas potest
» undique viribus aggregatis diversos et longe majores solito
» facit bellicos apparatus. Cum igitur ad deffensionem re-
» gni ac personarum ejusdem et ecclesiastice libertatis prout
» nostro incumbit officio totis studiis et continuis ac vo-
» luntariis laboribus intendere habeamus. Considerantes at-
» tentius per negotium hujus totius regni statum. Eccle-
» sias, ecclesiasticasque personas immediate ipsum interesse
» conspiciant singulorum. Dilectionem vestram requirimus
» tenore presentium mandantes. quatenus ad nos apud
» Courtracum. cum decenti in equis in equis paratis et
» armis. Die dominica in octavis instantis Beate Marie
» Virginis personarum intersitis nobis in hujus communis
» defensionis auxilio potenter et viriliter. Actum in castro
» ante Insulam ultima die augusti. anno dom. m.º cc.º no-
» nagesimo septimo. »

On lit sur la feuille de garde : *Hic liber est fratris Johannis du Candas qui emit Parisiis anno dom. m.º cc.º nonagesimo sexto, die dominica post conversionem S. Pauli.*

A la suite de la table qui précède le traité du mariage, on lit les vers français :

Qui riens ne set. ne apprendre ne weut
Et qui riens na. ne gaagnier ne weut
Et qui na qui le serve. ne servir ne se veut
Che nest mie merveille. se poverte lakeut.

14.*

268. 1.° Tractatus de viciis.

2.° Raymundi summa de casibus.

3.° Raymundi summa de matrimonio.

4.° Sermones in epistolis et Evangeliis dominica-
libus.

5.° Sermones varii.

Vélin in-4.°, 374 f.   d.r. L.

Corbie. 496. K.

XIV.^c **siècle. Ms. à 2 colonnes de 44 lignes, réglées à l'encre, avec
initiales ornées ; écriture de diverses mains ; bien conservé.**

Le traité des vices, dont l'auteur nous est inconnu,
commence par les mots : *Dicturi de singulis viciis cum
opportunitas se offerat,* etc.

Les deux traités de Raymond de Pennafort compren-
prennent : le premier les trois premiers livres, le deuxième
le quatrième livre de la Somme, tels qu'ils sont imprimés
dans l'édition donnée par le P. Laget, 1720.

Le quatrième titre est un recueil de sermons pour toute
l'année, avec indication des dimanches et des fêtes en
encre rouge, commençant par : *Hora est jam nos de somno surgere. Rom.* III. *Est triplex somnus ignorantie,* etc.
Sont-ce là les sermons de Gautier-Disse, de l'ordre des
Carmes, legat de Boniface IX en Angleterre, en Espagne et en France pour y prêcher la croisade, qui passait
pour un prédicateur illustre au XIVe siècle. Ces sermons
du moins commencent de la même manière. V. *Bibliotheca
Carmelitana, tom.* 1, *pag.* 579.

Le titre cinquième est un autre recueil de sermons commençant par : *Qui sunt isti qui ut nubes volant.*

269. Summa de peccatis.

Vélin in-4.°, 88 f.   d.r. L.

Corbie. 187. K.

XIII.ᵉ siècle. Ms. à 2 colonnes, avec l'indication des titres au haut des pages ; quelques lettres historiées or et couleur.

Le Ms., qui parait étre un extrait avec commentaire de celui de Raymond, est incomplet; mais on trouve à la fin deux pièces complètes ayant pour titre, l'une : *Isti sunt casus in quibus incurritur maior excommunicatio a jure.* L'autre : *Isti sunt casus regulares de irregularitate,* commençant toutes deux par les mots *Primus autem qui.*

On trouvait à la fin, dit le catalogue de Corbie, une pièce assez plaisante sur l'argent ; elle a disparu.

On lit sur la feuille de garde : *Iste liber est domini Johannis Pinchon infirmarii ecclesie corbeiensis.*

270. Joannis Lectoris de Friburgo ord. prædic. summa confessorum.

Vélin in-fol., 269 f.   d.r. L.

Corbie.

XIV.ᵉ siècle. Ms. à 2 colonnes ; capitales des livres or et couleur ; initiales rouges et bleues, ornées de traits ; le premier feuillet encadré, avec une miniature.

Cet ouvrage de Jean-le-Liseur, de l'ordre des frères prêcheurs, a été plusieurs fois imprimé en tout ou en partie, la première édition est celle de Reutlingue, 1487.

A la suite des trois premiers livres qui composent le traité de la pénitence, a été ajouté un quatrième livre; *Tractatus de matrimonio.*

Puis vient une table ou répertoire de la Somme de

Raymond de Pennafort, sous le titre : *Isti sunt paragrafi summe fratris Raymundi.*

On lit ensuite : *Statuta summe confessorum ex sexto decretalium addita quatinus pertinere videtur ad materiam ejusdem summe ac sub eisdem titulis et numero questionum.*

Enfin : *Tabule super summam confessorum,* répertoire par par ordre alphabétique de tous les cas dont il a été traité.

En tête du volume le copiste a écrit :

Nota quod lector iste Johannes ante compilationem hujus summe confessorum fecerat tabulam super summam Ray. et apparatum ejus.

Voyez *Scriptores ordinis prœdicatorum*, t. 1, p. 523 et suivantes.

271. Summa de casibus conscientiæ compilata per fratrem Bartholomeum de Pisis de ord. frat. prædicat.

Vélin in-4.°, 246 f.   d.r. L.

Corbie. 248. K.

XIV.e siècle. **Ms.** à 2 colonnes de 40 lignes, écriture cursive, avec initiales en or, sur fond de couleur.

Le premier feuillet est encadré avec une vignette représentant un moine, Bartholomé, sans doute, à genoux, offrant un livre au pape, auprès duquel sont des cardinaux.

Cet ouvrage, par ordre alphabétique, souvent imprimé, finit par ces mots : *Consummatum est hoc opus in civitate Pysana anno domini* M.° CCC.° XXXVIII.° *mense decembris tempore sanctissimi fratris domini Benedicti pape* XII.mi *Deo gratias,* que l'on trouve sur tous les Mss.

Voyez *Scriptores ordinis prædic. t. 1. p.* 623, où l'on trouve aussi la finale de la table, à la suite de laquelle on trouve ici : *Declarationes de breviaturis et determinatio figurarum que posite sunt pro numero.* Enfin *ad sciendum algorismalem numerum qui in hac summa ponitur.* C'est une explication de notre système de numération décimale, avec les chiffres arabes, terminé par ces quatre vers :

Unum prima. secunda decem. dat tertia centum.
Quarta dabit mille. milia quinta decem.
Centesies mille prestabit sexta figura.
Septima prestabit milia milesies.

Ce livre fut acheté à Paris en 1451, pour l'abbé Ranson, moine du Mont-St.-Quentin, par Boulart Richart, comme l'indiquent les vers suivants, qu'on lit sur le dernier feuillet.

Annis millenis quadringentis que peractis
Cnm denis quinis uni sapienter adactis
Imperio Jacobi Ranson de monte Beati
Quintini monachi pastoris jure fruentis
Juridicam sibi sicque suo pro nomine summam
Parisiis Boulart Ricardus nudius emit.

272. DIVINARUM SENTENTIARUM COLLECTARIUM.

Vélin in-4.°, 107 f.   d.r. L.

Bibl. des Minimes.

XIII.e siècle. **Ms.** à 2 colonnes de 30 lignes, réglées à l'encre ; très-belle écriture ; initiales de couleur ; table en encre rouge.

J'ai conservé à ce volume le titre qui lui a été donné et se trouve inscrit sur le premier feuillet ; il eut mieux valu peut-être l'appeler traité des vertus et des vices, cette désignation eut mieux fait comprendre quelle est la nature de ce recueil de sentences morales empruntées aux livres saints, aux pères de l'église et au Maître des Sentences.

Il commence par les mots : *cum penitens accesserit ad sacerdotem, etc.*

Sur la feuille de garde on lit les vers suivants, qui donnent la liste des livres de l'ancien testament :

> Quinque libros Moisi. iosue. iudicum. Samuelem.
> Et Malachim. tres precipuos bis sexque prophetas.
> Hebrei recitant aliis libris potiores
> Post agiografa sunt daniel. sunt. hester. et esdras
> Job paralipomenon et tres libri salomonis.
> Sic instrumenti veteris. et summa tenetur
> Restant apocrifi libri sapiencia pastor
> Et machabeorum iehu iudith atque tobias
> Hii quia sunt dubii non canonici reputantur.

Et la date de quelques événemens principaux.

La table inachevée a été continuée plus tard.

273. De pœnitentiæ disciplinâ tractatus novus tres libros omnino complectens quorum fuerit primus de penitentiâ et remissione, alter de potestate clavium, tertius de ipsis peccatis.

Ad majorem dei gloriam et laudem domini nostri Jesu Christi scribebat F. P. D. ex ordine eremitarum Sancti Augustini. Parisiis.

Papier in-4.°, 344 f.   d.r. L.

Bibl. des Augustins d'Amiens.

XVIII.ᵉ siècle. **Ms.** d'une très-belle écriture.

C'est l'ouvrage du P. Dauphin.

274. Abrégé alphabétique du dictionnaire des cas de conscience ou Décisions des plus considérables difficultés touchant la morale et la discipline ecclésiastique.

Papier in-4.°, 211 f.   d.r. L.

Bibl. d'un Emigré.

Ms. du XVII.° siècle.

Compilation sans intérêt.

C. Disputes et Conférences sur divers points de Théologie morale.

275. Conférences de St.-Acheul.

Papier in–4.°, 286 f.   d.r. L.

Abb. de St.-Acheul.

Ms. portant la date de 1712.

Il renferme diverses pièces imprimées, savoir :

1.° Résultats de conférences ecclésiastiques du doyenné de Ferrières, tenues en MDCLIX es villes de Montargis, Chatillon-sur-Loin, Chateau-Renard, Ferrières, etc., 1 à 6 et 30 à 35.

2.° Matières de conférences sur la règle des mœurs, pour les chanoines réguliers de la congrégation de France pendant les années 1695, 1696, 1697, en exécution du décret renouvelé dans le chapitre général de l'année 1694.

3.° Suite des matières de conférences sur les commandements de Dieu, pour les chanoines réguliers de la congrégation de France, qui a Ste.-Geneviève de Paris pour chef, envoyées dans les maisons de sa dépendance en 1699.

La partie manuscrite comprend les réponses 1 à 14 et 30 à 36 de ces programmes ; 105 sujets de conférences sur le péché et la réponse aux 17 premières questions.

Enfin la *solution d'un cas de conscience touchant la pauvreté religieuse*, une conférence sur *la perfection nécessaire aux religieux* et une autre *sur la nature et l'obligation du vœu.*

276. RECUEIL DE PLUSIEURS LETTRES.

Papier in-8.º, 185 f.   d. r. L.

Bibl. du chanoine Navières.

Ms. du siècle dernier ; bien écrit.

Ce recueil comprend des lettres :

1.º De M. l'abbé Du Guet. (Ant. Jos.)

2.º De M. Mabillon.

3.º De M. l'abbé de la Trappe à M.ᵐᵉ la comtesse de La Fayette.

4.º De M. Le Tourneur à M. de Santeuil.

5.º Les gémissements de l'âme pécheresse ou acte de contrition tiré de l'Écriture Sainte, par rapport à l'ordre, ou progrès de la justification tel qu'il est décrit par le Saint Concile de Trente dans la 6.ᵉ session. ch. 6.

6.º Oratio pœnitentis ad Christum.

Les lettres de l'abbé Du Guet, bien qu'indiquées ici comme non-imprimées, l'ont été dans l'édition in-12, publiée en 10 vol., en 1735, à Paris, chez la veuve d'Houry.

3.° Théologie catéchétique.

277. Catéchisme.

Papier in-4.°, 144 f.　　　　d.r. L·

Abb. de St.-Jean des Prémontrés d'Amiens.

xviii.ᵉ siècle.

Ms. de différentes mains, avec une ample table de matières ; sans intérêt.

278. Catéchisme et Instructions.

Papier in-4.°, 300 f.　　　　d.r. L.

Origine inconnue.

xviii.ᶜ siècle.

Ms. sans intérêt, comprenant :

1.° Recueil et plan des Catéchismes à l'usage de la paroisse de St.-Sulpice.

2.° Essais de sermons ou Exhortations sur différents sujets divisés en 10 parties, tirés d'un manuscript des J.

(Il ne comprend que deux parties, Dieu et N. S.)

3.° Instruction pour le 6.ᵉ, 12.ᵉ, 18.ᵉ et 24.ᵉ dimanche après la Pentecôte.

279. Doctrine chrétienne.

Papier in-8.°, 116 f.　　　　d.r. L.

Origine inconnue.

Ms. du xvii.ᶜ siècle.

On y traite de la foi, de l'église, des traditions, du libre arbitre, de la prescience, du péché, des sacrements, c'est-à-dire des moyens par lesquels le rédempteur départit aux fidelles ses grâces fort propres pour les préparer aux sept vertus nécessaires au salut, de la prière, des jeunes et des images.

280. Explication des dix commandements de Dieu, par demande et par réponse.

Papier in-18., 2 vol. de 149 et 190 f.   d.r. L.

Bibl. du chanoine Navières.

XVIII.ᵉ siècle. **Ms.** d'une belle écriture.

Il est précédé d'une lettre dédicatoire à la simplicité, et d'une préface dans laquelle l'auteur prie ceux qui trouveront cet ouvrage dans sa bibliothèque après sa mort, de ne point le lui attribuer, l'esprit saint qui l'a dicté ne lui permettant pas de se faire connaître.

Le chanoine Navières est probablement l'auteur de ce traité, écrit de sa main.

281. MÉLANGES CATÉCHÉTIQUES.

Papier in-4.°, 246 f.   d.r. L.

Origine inconnue.

Ms. du siècle dernier.

1° De l'alliance de Jésus-Christ avec son église et chacun des Chrétiens en tant qu'elle est son corps, qu'ils sont tous ses membres et qu'il est leur chef.

2.ᵉ La circoncision de Notre-Seigneur-Jésus-Christ.

3.° De l'expectation de la Ste.-Vierge.

4.° Du mystère de la Ste.-Trinité.

5.° Explication du nom du Christ. (Catéchisme).

6.° De la vie de Jésus-Christ.

7.° Explication du credo en forme de catéchisme.

8.º Addition au catéchisme du ferme propos.

9.º Catéchisme sur le symbôle.

10.º Explication du symbôle des apôtres.

4.º Théologie parénétique ou Sermons.

282. 1.º Tractatus de Religione Christianâ editus a Beato Bernardino ordinis fratrum minorum.

2.º Tractatus de restitutionibus.

Papier in-4.º, 2 vol. de 177 et 120 f.   d.r. L.

Corbie. 234. D.

Ms. du xv.º siècle ; écriture cursive, à longues lignes, initiales en rouge.

C'est une série de sermons pour chaque semaine de l'année, divisée en points pour chacun des jours. Le premier traité se continue jusque vers le milieu du deuxième volume.

On lit à la fin du premier : *Explicit primum volumen de religione christiana editum a beato Bernardino ordinis fratrum minorum anno quinquagento jubileo canonizato sequitur in principio alterius voluminis omne regnum in se divisum desolabitur a dominica 3.ª quadragesime.*

Au milieu du deuxième volume, au commencement du carême : *Explicit iste tractatus incipit tractatus de restitutionibus editus a beato Bernardino ord. frat. minorum anno* M^{mo} CCCC.º *et quinto ab incarnatione domini. Post ponitur ordo dicendorum per ebdomadem.*

C'est l'ouvrage de St.-Bernardin de Sienne.

Ces deux traités font partie de ses œuvres publiées par le R. P. Jean de la Haye. Paris 1636. 5 vol. in-folio.

On a faussement considéré ces deux volumes comme des ouvrages de St.-Bernard, et on les a reliés sous ce titre, comme suite du n.º 62.

Ce Ms. est inscrit au catalogue donné par Montfaucon. *Tractatus sancti Bernardini de religione, cod. Chartac. Sæ.* 15.

283. Guidonis Ebroïcensis sermones de tempore et de Sanctis.

Vélin in-4.º, 281 f.   d.r. L.

Corbie. 213. D.

XIVe siècle. **Ms.** à 2 colonnes; écriture minuscule, chargée d'abbréviations, initiales de couleur, ornées de traits.

Il commence par ces mots : *Hic incipiunt sermones fratris guidonis quos compilavit in ordine fratrum predicatorum in conventu ebroycensi.*

On lit à la fin : *Finito libro et reddito in vigilia sanctorum Symonis et Jude;* mais point de date ni de nom d'écrivain.

La bibliothèque de l'ordre des prédicateurs (*Scriptores ord. prædicat p.* 420, *t.* 1), cite cet ouvrage de Guy d'Evreux, composé vers l'an 1390, suivant Dupin ; elle en indique les différentes parties, dans les Ms. les plus complets. L'ordre n'est point tout-à-fait le même dans le nôtre, qui contient les mêmes divisions; mais point la table alphabétique dont il y est parlé.

Ce Ms. est ainsi désigné dans le catalogue de Montfaucon : *Sermones Guidonis Dominicani, quos, ut initio legitur, compilavit in conventu Ebroïcensi, cod. memb. sæc.* 14.

284. SERMONES VARII.

Vélin in-fol., 142 f.   d.r. L.

Abb. de Selincourt.

XIII.ᶜ siècle. **Ms.** à 2 colonnes ; écriture de diverses mains ; initiales de couleur.

Ce Ms. se compose de deux volumes reliés ensemble. Le premier d'une écriture fine et serrée, de 51 lignes par pages, contient 96 f. et une suite de sermons pour toute l'année.

Il commence par les mots : *Scuto circumdabit te veritas eius. Hodie recolitur ab ecclesia,* etc.

Les mots *sermo magistri Guiardi,* plusieurs fois répétés de la main de l'écrivain, sur les marges du Ms., nous donnent le nom de l'auteur. Quel était ce prédicateur ? Ces sermons sont-ils ceux que nous trouvons sous le titre : *Guiardi apud S. Antonium sermones quidam.* 190 ; ou sous celui-ci : *Guiardi de Lauduno summula sermonum dicta duplex status.* 194. Index Mss. Bibl. Divio-Benignianæ. (*Bibl. Bibl. Ms. de Montfaucon,* pag. 1,285. *B.*)

Voici la note que nous lisons sur la feuille de garde, elle fait connaître le caractère et l'esprit de l'auteur.

« Codex iste continet sermones varios anonymo auctore » Guiardo nomine ut videre est in diversis notis margina- » libus sed quantum ad genus, patriam et etatem ignoto, » audaci necnon mordaci stylo increpat monachos extra » monasterium vagantes, in curia principum et magnatum.

« Notandus est locus iste sermonis feb. 7., f.º 2, col. » sub finem.

« *Beatus autem benedictus instituit tres magistros aliorum* » *in suo ordine, scilicet abbatem, priorem et procuratorem*

» *rerum temporalium, sed modo diabolus de novo substi-*
» *tuit quartum scilicet monachum decretalem qui dilapidat*
» *bona totius domus et perturbat omnes fratres.*

« *Inde videndum est auctorem sermonis non fuisse mo-*
» *nachum decretalem.*

« *Sub finem voluminis est alius codex, alia manu scriptus.*
» *12.ᵐ ad 13.ᵐ sæculum.* »

La seconde partie est un autre recueil de sermons, écrit à deux colonnes de 35 lignes, d'une mauvaise écriture de la fin du XIII.ᵉ siècle.

Ce recueil est le même que celui qui se trouve dans le Ms. 268, sous le n.ᵒ 5.ᵒ *Qui sunt iste qui ut nubes volant, etc.*

285. Sermones de adventu, dominicis que diebus. Vélin in-fol., 148 f.   d. r. L.

Corbie. 480. D.

XIV.ᵉ siècle. **Ms.** à 2 colonnes de 36 lignes, réglées à l'encre, avec initiales de couleur, ornées de traits.

Ce recueil incomplet est le même que nous trouvons dans le Ms. 268, n.ᵒ 4, commençant par : *Hora est jam nos de somno surgere, etc.*

286. Remarques sur les Evangiles des Dimanches et sur les panégyriques de plusieurs Saints. Papier in-4.ᵒ, 440 f.   d.r. L.

Abb. de St.-Martin-aux-Jumeaux.

XVIII.ᵉ siècle. **Ms.** auquel plusieurs feuillets ont été enlevés.

Il renferme les observations sur les évangiles de tous les dimanches de l'année, et plusieurs sermons, sans nom d'auteur, à l'exception de celui de la Purification, qui est du P. Mercy, supérieur des prêtres de l'oratoire, prononcé en 1674.

En tête est une table des remarques, et à la fin une table des matières contenues dans le recueil.

Je ne puis résister au désir d'en citer un ou deux passages.

On lit dans le sermon de Ste. Geneviève, pag. 672.

« Dieu a pourvu de beauté la femme pour 2 raisons.
» 1. pour gagner l'affection de l'homme ; 2. afin que
» l'homme n'exerce pas un pouvoir si tyranique sur la
» femme qui luy doit être soumise. la beauté lui a donc
» été donnée pour modérer l'empire que l'homme a sur
» elle. la femme a esté crée pour être sujette à l'homme,
» car outre qu'elle l'est par nature, elle lui est encore su-
» jette pour punition de son incivilité, car voulant se pre-
» férer à l'homme, elle fut si incivile que de manger
» de la pomme avant que d'en porter à son mari, etc. »

Et plus loin :

« Il y a deux sortes de miroirs naturels et artificiels ;
» les naturels ce sont les fonteines et les artificiels ce
» sont les glaces que nous exposons à nos yeux. pour les
» miroirs naturels il ne faut pas quil y ait de la boue
» au fond. Pour les artificiels il faut qu'il y ait un corps
» opaque, autrement en pensant se regarder l'espèce passe
» et se perd. Dans le ciel ce Dieu est une glace toute
» pure, elle ne reflechit point et ne renvoie point l'espèce
» sur les hommes qui la regardent. Il a donc fallu qu'il
» prit la boue de notre nature et qu'il la mit dans le
» fond de cette glace, il a fallu unir à cette glace un
» corps opaque en se faisant homme afin que l'homme

15.

» par réflexion pût savoir et regarder cela en petit. Puis-
» que Dieu est obligé de se faire homme, mais quelle
» grandeur, puisque cet homme Dieu est la condition es-
» sentielle de notre prédestination et que ceux qui ne se-
» ront pas conformes à cet avis général ne doivent point
» prétendre à la béatitude. »

Sermon sur les grandeurs de Jésus, pag. 688.

Cependant l'on rencontre de beaux mouvements oratoires
dans quelques-uns de ces discours.

287. SERMONES PRO FESTIS.

Papier in-4.°, 377 f.   d.r. L.

Bibl. des Augustins d'Amiens.

XV.ᶜ siècle. **Ms.** à 2 colonnes de 37 lignes, **non réglées; écriture
cursive, titres en rouge.**

Ce recueil, dont le premier et le dernier feuillet sont
déchirés, comprend une suite de sermons pour toutes les
fêtes du propre du temps et des saints. Il commence par
celui de la fête de St. André : *An catulus leonis*, etc, et
se termine par des sermons *ad religiosos, ad religiosas,
pro sacerdotibus, pro militibus, pro mercatoribus.*

A la fin est une table de sermons, aussi incomplète.

288. SERMONS POUR LE CARÊME.

Papier in-12., 2 vol. de 308 et 300 f.   d.r. L.

Origine inconnue.

XVIII.ᶜ siècle. **Ms. de deux écritures différentes.**

Le premier volume contient 28 sermons, du jour des
cendres au v.ᶜ dimanche de carême.

Le deuxième volume en contient 22, du v.ᶜ dimanche

de carême au dimanche de quasimodo, plus quelques sermons pour les fêtes principales de l'année.

A la fin de chacun des volumes on trouve la table des matières.

Le nom de *Chaussemer* et non *Chaussem*, comme on l'a écrit sur le titre, paraît plutôt celui d'un possesseur du livre que celui de l'auteur.

289. 1.° Explication des Epitres et des Evangiles de l'année.

2.° Instructions sur les fêtes des Saints.

3.° Catéchisme moyen.

Papier in-12., 345 f.   d.r. L.

Bibl. du Chanoine Navières

Ms. écrit vers la fin du siècle dernier.

C'est, pour la première partie, une explication par demandes et par réponses des épîtres et des évangiles; pour la seconde, une sorte de catéchisme historique des saints et des fêtes de l'église.

Parmi celles-ci figurent la *procession dite de M.*ᵐᶜ *Lafosse, qui se fait dans l'Octave du St.-Sacrement, dans la paroisse Ste.-Marguerite*, (Voir Biog. art Lafosse) et l'instruction *pour le dernier jour de l'école avant les vacances.*

Sous le titre de catéchisme moyen, l'auteur a donné un ouvrage renfermant toutes les questions que l'on trouve dans les catéchismes, avec des réponses aussi précises qu'il était possible de le faire.

Malgré la concision de ce petit recueil, on y peut apprendre beaucoup.

15.*

290. Discours sur tous les Évangiles des dimanches de l'année.

Papier in-4.°, 376 f.   d.r. L.

Les titres que nous reproduisons feront assez connaître la nature de cet ouvrage.

— Dominicales autrement discours réguliers sur toutes les évangiles des dimanches de l'année ecclésiastique.

Paraphrases ou homélies méthodiques sur tous les saints évangiles des dimanches de l'année ecclésiastique hors l'advent et le carême : autrement, le concert harmonieux de Jésus et de l'Eglise. au salut éternel des humains, tant par la füite qu'ils leur y inspirent du mal, que par la poursuite qu'ils leur y marquent du bien, avec l'attachement qu'ils leur y conseillent pour la perfection chrétienne ; l'un nous les preschant soit icy par les paroles seulement, soit là par ses actions seulement aussi ; soit enfin par tous les deux ensemble en bien des rencontres ; et l'autre nous les représentant toutes au même sens, et cela selon l'exigence ou des lieux ou des temps, mais principalement des personnes qui en savent bien user. *Benedices coronæ anni benignitatis tuæ, et campi tui replebuntur ubertate.*

A l'usage de Fr. Ch. Marie religieux, Augustin de la communauté de Bourges. 1693.

On y lit encore :

— Réflexions non moins utiles que curieuses sur le tissu merveilleux de toutes ces saintes dominicales selon le génie de l'Eglise sainte, à les prendre depuis le dimanche dans l'octave de la nativité de Nostre-Seigneur, jusques au vingt-quatrième aprez la Pentecoste : et où s'examinent après tout les raisons pour lesquelles elle finit son année par la même matière qu'elle la commence, savoir par celle du jugement dernier.

291. PREMIER AVENT.

Papier in-4.°, 257 f.   d.r. L.

XVII.ᵉ siècle. **Bonne écriture.**

Ce Ms. a pour titre :

— Premier advent sur les quatre évangiles de ce saint tems : *Cœlum et terra transibunt, verba autem mea non transibunt.*

Le portrait de l'Homme-Dieu selon ses principales relations avec le genre humain distinguées par ses quatre différentes venües en ce monde et cela conformément aux quatre différentes évangiles de l'advent : le tout au reste contre les hérétiques tant anciens que modernes qui font bruit en ce siècle.

A l'usage de frère Charle-Marie religieux, Augustin de la communauté de Bourges. 1692.

Il est précédé d'une dédicace à N.-S. J.-C. et d'un avis au lecteur. L'auteur y expose le dessein qu'il a de traiter les quatre évangiles par des homelies, et promet un carême et toutes les dominicales du reste de l'année.

292. SECOND AVENT.

Papier in-4.°, 235 f.   d.r. L.

XVII.ᵉ siècle. **Bonne écriture.**

Sermons pour chaque jour de l'avent, sous le titre :

— Second advent. *Vir erat in terra Hus nomine Job.*

Le saint homme Job, autrement le portrait au naturel de l'homme pur et simple : par antithèse à l'Homme-Dieu de notre premier advent. Divisé en quatre différents états sur le plan des quatre différentes figures du St. homme Job le tout conformément aux quatre différentes semaines de l'avent.

A l'usage de Fr. Charles-Marie religieux augustin de la province de Paris. L'an 1696.

293. Premier Carême.

Papier in-4.°, 367 f.   d.r. L.

Bibl. des Augustins d'Amiens.

XVII.ᵉ **siècle.**

— Les saints évangiles de toute la sainte quarantaine méthodiquement homélisez.

Premier carême autrement homélies méthodiques sur tous les évangiles du saint carême et fêtes de pâques. *Ou si vous aimez mieux* le triomphe évangélique de Jésus vivant, mourant et renaissant vivant pour notre édification, mourant pour notre justification, et renaissant enfin pour notre glorification éternelle. Le tout au reste par la judicieuse distribution de l'Eglise sainte sa chère épouse, pour reconnaissance équitable de tous ses miséricordes infinies envers tout le genre humain.

A l'usage de Fr. Charle Marie religieux augustin de la communauté de Bourges le 13.ᵉ mai 1692.

Style emphatique, prétentieux, souvent hardi, mordant quelquefois, mais le plus souvent bas et même trivial, le titre fera juger du goût de l'auteur.

294. Second Carême.

Papier in-4.°, 327 f.   d.r. L.

Bibl. des Augustins d'Amiens.

XVII.ᵉ siècle.

Ce recueil contient un sermon pour chaque jour, sous le titre :

Second carême autrement les différens degrez ou progrez de la perfection chrétienne appüyez sur la base fondamentale de la crainte syncère du seigneur; conformément au tissu non moins ecclésiastique, que régulier, des évangiles de la sainte quarantaine. Le tout au reste sur le fond très édifiant de ces paroles toutes célestes : *Venite filii, audite me; timorem dni docebo vos.*

A l'usage de Fr. Charle Marie religieux augustin de la province de Paris autrement de la communauté de Bourges. L'an de grace 1696.

295. Sermons pour le Carême.

Papier in-4.°, 426 f.   d.r. L.

Bibl. des Augustins d'Amiens.

XVII.ᵉ siècle.

C'est un recueil de sermons pour tous les jours, depuis celui des cendres jusqu'au vendredi de la quatrième semaine du carême.

Style lourd, diffus, sans élégance.

296. 1.° Extraits de Sermons du deuxième Dimanche de Carême au Dimanche de Pâques.

2.° Prières et Exercices de Piété.

Papier in-18., 68 f.   d.r. L.

Congrégation de l'Oratoire.

Ms. du siècle dernier, sans intérêt.

On y lit : *Ces sermons sont de M. l'abbé du Rosoir.* 1774. de la main de l'écrivain, qui peut-être était l'auteur.

On trouve à la suite une brochure imprimée, de 24 pages, sous le titre : *Pratique de dévotion au sacré cœur de Jésus.* MDCCLXXVI. Sans nom de lieu.

297. Sermons (pour les Fêtes) de la Benoiste Vierge Marie, mère de Dieu.

Papier in-24. , 162 f.   d. r. L.

Corbie.

XVI.e siècle. **Ms.** d'une très-belle écriture, avec titres en rouge ; incomplet.

Il contient sept sermons pour la conception, la nativité, l'oblation, l'annunciation, la présentation au temple et l'assumption de la Vierge.

Ces sermons sont très-curieux à cause du mélange de naiveté et de prétention que l'on y rencontre ; les citations y sont multipliées à l'infini ; le ton y est généralement froid et uniforme.

298. Sermons sur les principaux Mystères et sur quelques Fêtes des Saints.

Papier in-4.°, 392 f.   d. r. L.

Bibl. des Augustins d'Amiens.

XVII.e siècle.

Cet ouvrage a pour titre :

— Le triomphe auguste de la sainteté fondé et sur le désarmement de la nature desréglée, et sur les victoires ineffables de la grace et sur les trophées de la gloire, distri-

buez à chaque fidèle la haut dans le ciel, sur le pied de
ses bonnes œuvres pratiquées ici bas sur la terre, *autrement* les panégyriques annuels de nos principaux mystères
et de plusieurs saints et saintes le tout conformément à
la doctrine orthodoxe de l'église catholique.

A l'usage de Fr. Charle Marie religieux augustin de la
communauté de Bourges (1695).

L'auteur donne une suite de sermons pour le principales
fêtes de l'année et celles de saints, la plupart de son ordre, pour les mois de janvier à novembre inclusivement.

299. Sermons sur les principaux Mystères et sur
quelques Fêtes de Saints.

Papier in-4.°, 306 f.   d.r. L.

Bibl. des Augustins d'Amiens.

XVII⁰ siècle.

Ce Ms. a pour titre :

— Le triomphe de la sainteté chrétienne, autrement les
panégyriques annuels et spécifiques de quelques mystères, et
de plusieurs saints et saintes avec trois octaves très célèbres,
et ainsi fort considérables l'une pour le très saint-sacre-
ment, l'autre pour l'assomption de la Ste.-Vierge et le
troisième pour les morts. Le tout au reste conformément
à la doctrine ortodoxe de l'église romaine.

Et à l'usage de F. Charle Marie religieux augustin de
la communauté de Bourges.

Le premier feuillet porte second tome des panégyriques,
mais c'est plutôt un complément que le tome premier du
précédent Ms., car on y trouve de nouveaux panégyriques
pour les jours déjà indiqués dans l'autre volume et pour
le mois de décembre.

Les octaves ont pour titre particulier :

1.º Les prodiges inimaginables de la manne du désert. autrement l'octave du très-saint-sacrement de l'autel, fondée sur huit sujets de ravissement par manière de paradoxes.

2.º Le retour triomphant de Judith en Béthulie autrement l'octave de la glorieuse assomption de la Ste.-Vierge ; fondée sur trois victoires qui l'ont précédée, sur trois acclamations qui l'ont accompagnée, et sur deux récompenses toutes divines qui la suyvent et l'éternisent actuellement encore aujourd'hui.

3. Le lazare affligé, secouru, et glorieusement rétabli autrement l'octave très lugubre des pauvres deffunts, sur les différentes figures de ce personnage si célèbre.

300. Retraites et Sermons.

Papier in-12., 198 f.   d.r. L.

Origine inconnue.

Mélange incorrect et sans intérêt, comprenant :

1.º Sermons pour les dimanches du caresme de l'année 1693.

2.º Retraite que le R. P. Laveau Jesuite a donnée en l'année 1714 (25 septembre).

3.º Retraite donnée par le R. P. Triboulet Jesuite, le samedi de pâques 1775 (22 avril).

4.º Analyse de sermons préchés dans les années 1776 à 1790 par MM. Gris, Triboulet, Dargnies, De Varennes, Guibon, Gorin, Prévot et De Douay, archidiacre.

Était-ce pour le P. Laveau, l'auteur de ces traités, que fut composée cette épitaphe que nous trouvons dans les exercices du P. Humblot.

Epitaphium magistri Johannis Laveau.
O Deus omnipotens vituli miserere Johannis.
Quem mors prœveniens non sinit esse bovem.

301. Loci communes diversarum materiarum pro concionatoribus.

Vélin in-8.°, 112 f.　　　　　　d.r. L.

Corbie. 258. D.

XII.ᶜ siècle. Ms. à longues lignes, 25 par page; minuscules cursives, initiales rouges.

La première partie de ce recueil de lieux communs à l'usage des orateurs commence par les mots : *Vidit Jacob scalam a terra usque ad celos etc.* Les recherches ou lieux communs sur le mépris du monde, la vanité, la luxure, l'avarice etc., commencent par : *Si predicator vult invitare auditores ad mundi contemptum,* ou par : *Hœc auctores informant, etc.*

La seconde partie est une autre série de fragments de sermons écrits par plusieurs mains, et paraît formée de l'assemblage de plusieurs Ms. incomplets.

Sur la feuille de garde on trouve une méthode pour déterminer Pâque, et un commencement de table.

302. Collectiones ex Scriptura pro concionatoribus.

Vélin in-4.°, 120 f.　　　　　　d.r. L.

Corbie. 199. D.

XV.ᶜ siècle. Ms. à 2 colonnes, 40 lignes par page ; écriture cursive de plusieurs mains ; assez bien conservé.

Nous transcrivons ici le commencement de ce volume, qui en fait connaître la nature :

« Presens opusculum in V partes dividitur. Prima de avo-
» catione. tertia de commicione. quarta de merito et sa-
» cramentis. quinta de premio. item prima habet sub se
» vii capitalia vicia et peccata ea quoad predicatorem per-
» tinent. tertia plura revertentibus attendenda. quarta vir-
» tutes oppositas. vii capitalibus item cardinales et theo-
» logicas item beatitudines item dona quedam item sacra-
» menta. quinta penas maiorum et gloriam beatorum. »

La deuxième partie, *de revocatione in generali*, qui se
trouve cependant dans le volume, n'est point indiquée
dans le titre.

On trouve une table des chapitres ou pour mieux dire
des sujets, en tête de chaque division.

On lit au haut de la première page le titre plus récent :
*Passages colligés de l'écriture sainte en faveur des prédi-
cateurs ;* c'est celui qu'il porte dans le catalogue de Corbie.

5.° Théologie ascétique, mystique et contemplative.

303. Johannis Guallensis *vel* Valleis communelo-
quium de regimine vitæ humanæ libri vii.

Vélin in-4.°, 173 f. r.p. L.

Corbie. 204. MM.

XIV.ᵉ siècle. **Ms.** à longues lignes ; écriture cursive, avec initiales
de couleurs, ornées de traits.

Le catalogue de Corbie porte *collections de morales faites par Jean Galenus, frère mineur,* il commence : *Incipit commune loquium compilatum à fratre Johanne Galeno
ordinis fratrum minorum.*

Le nom de Galenus a été aussi inscrit faussement sur le dos du livre. C'est une erreur à rectifier. On lit : *Incipit comuneloquium......* *Gualen.* C'est l'œuvre de *Joannes Guallensis vel Valleis* (Jean de Galles).

La bibliothèque des Minimes ne laisse du reste aucun doute, voyez : *(Scriptores ordinis minorum.* *Romœ.* *in-fol.* *1650, pag.* 209).

On indique cet ouvrage sous le titre que nous lui avons donné, et l'on en cite trois exemplaires.

Cet ouvrage n'a pas été imprimé.

Les sept parties y portent le nom de *definitio* et sont divisées en paragraphes appelés *distinctio :* elles traitent :

1.º De informatione personarum ex quibus constituitur respublica mundi ;

2.º De colligatione multiplici membrorum ;

3.º De confirmatione hominum quantum ad ea quæ sunt communia omnibus.

4.º De republica ecclesiastica specialiter et de ejus membris.

5.º De informatione scolasticorum.

6.º De institutione religiosorum.

7.º De informatione hominum ut sint parati ad mortem.

Les trois feuillets qui se trouvent à la fin contiennent quelques détails historiques sur les années 1480, 1481, la disette causée par la prolongation de l'hiver, les inondations ; le dernier, une liste chronologique des fondations de divers ordres religieux et de quelques fêtes et les débats et la réconciliation entre le roi et son frère, en 1485 et 1486.

304. Magistri Hugonis de Folieto de Claustro animæ libri quatuor.

Vélin in-fol., 159 f.   d.r. L.

Corbie. 107 F.

XIII.c **siècle. Ms.** à 2 colonnes de 25 lignes, réglées à l'encre ; lettres initiales de couleur, ornées de traits ; grande et très-belle écriture.

Une miniature en tête du prologue représente un religieux couché, visité par le Christ. Sur les rampants un
loup poursuivant une brebis.

Cet ouvrage de Hugues de Fouilloy, prieur de St. Laurent de Heilly (Somme). Voy. Mabillon, anal. t. VI,
pag. 457 et Hist. litt. de la France, t. XIII, pag. 492,
se trouve dans les œuvres de Hugues de St.-Victor. Paris
1648, t. 2, pag. 40–131.

Il a été aussi imprimé à part avec un autre ouvrage
de cet auteur, sous le titre :

*Hugonis Folietini, S. Petri Corbiensis. Canonici, trac-
tatus de claustro animæ ; cum tractatu de constructione ta-
bernaculi ad litteram. Parisiis* 1504. in-8.º

Le catalogue de Corbie, donné par Montfaucon, en ci-
tant ce Ms., indique aussi qu'il se trouve avec les œuvres de Hugues de Saint-Victor.

305. De eruditione religiosorum fratris Humberti
de Romanis ord. prædicat.

Vélin in-fol., 139 f.   d.r. L.

Corbie. 192. P.

XIII.c **siècle. Ms.** à 2 colonnes de 34 lignes, réglées à l'encre ; initiales et traits de couleur ; bien conservé.

En attribuant à Humbert de Roman, de l'ordre des prédicateurs, qui vivait au XIII.ᵉ siècle (1254), ce traité de l'éducation des religieux, j'ai suivi l'opinion la plus généralement adoptée. C'est sous son nom que les frères Minimes ont les premiers publié ce traité. *Parisiis Henr. Stephani* 1512. *Car. Goth.* in-8.º et en dernier lieu la grande bibliothèque des pères *Lugd. Aniss. et soc.* 1677. in-fol. t. xxv, pag. 665. Mais les pères Quetif et Echard refusent ce livre à Humbert pour l'attribuer à un religieux du même ordre et du même temps, Guillaume de Perault (*Guillelmus Peraldus* 1250) sous le même titre et sous celui de *liber de institutione religiosorum*, comme Sanderus. Codd. Mss. Belgii, pag. 191, l'avait fait sur l'indication du Ms. qu'ils indiquaient. (Voyez : *Scriptores ord. prædict.* t. 1, *pag.* 148, *n.º* 13 *et pag.* 134, *n.º* 4).

Quant à notre Ms, le nom de Humbert n'y fut inscrit que beaucoup plus tard, vers le xv.ᵉ siècle, et ne saurait en rien éclairer la question.

Il est porté au catalogue donné par Montfaucon et attribué à Humbert *Eruditio religiosorum Humberti dominicani. Cod. memb. sæc. 13.*

On trouve au commencement une sorte d'éloge, en forme de litanie, des cantiques des psaumes, commençant par ces mots : *Augustinus. Canticum psalmorum animas decorat, etc.*

Et à la fin un acte d'hommage à St. Pierre, à l'église romaine et au pape. *Ego talis ab hac hora ac antea fidelis ero sancto Petro sancte que romane ecclesie domino que meo pape. Quisquis successoribus, etc.*

306. Idea religiosi in scriptis divi Bernardi adumbrata.

Papier in-8.°, 244 f.   d.r. L.

XVIII.ᵉ siècle. **Bonne écriture.**

On lit à la fin de la préface : *Admonitio.*

« Hæc collectio facta est a R. P. domino Simone Bou-
» gis piissimo doctissimoque viro congregationis sancti
» Mauri monacho benedictino qui in ea elaboranda usus
» est editione sancti Bernardi an 1667 juris publici facta
» a R. P. Domino Johanne Mabillon.

A la fin. 1701. *Hæc desumpta sunt ex prima Mabil-
lonica.*

Cet ouvrage de Simon Bougis n'a point été imprimé,
mais il s'en est répandu beaucoup de copies. (Voyez Histoire littéraire de la congrégation de St. Maur, pag. 372).

Il se divise en six parties traitant, la première : *de mundo
et religione;* la deuxième : *de personis religiosis;* la troisième : *de exercitiis vitæ regularis;* la quatrième : *de votis
in genere et particulari;* la cinquième : *de virtutibus quæ
religiosis maxime conveniunt et de vitiis oppositis ;* la
sixième enfin *de virtutibus theologicis.*

307. Idea religiosi in scriptis S. Bernardi adumbrata, juxta édit. Joh. Mabillonii an. 1667. 2 vol.
in-fol.

Papier in-4.°, 203 f.   d.r. L.

XVIII.ᶜ siècle. **Ecriture cursive.**

Même ouvrage que le précédent.

308. Idea religiosi in operibus S. Bernardi adumbrata.

Papier in-4.°, 193 f.   d.r. L.

Origine inconnue.

XVIII.ᶜ siècle. **Ms. d'une bonne écriture.**

Ce traité est le même que le précédent.

309. Excerpta ex libro cui titulus est sermo S. patris Norberti ad Premonstratenses filios quondam dictus et scriptus, recenter vero enucleatus ab Hieronymo Hirnhaim abbate in monte Syon (Vulgo Strahow) etc. ad religiosorum maxime Premonstratensium quorum instituti obligationem universam complectitur, utilitatem. Pragæ. 1676.

Papier in-4.°, 423 f.   d.r. L.

Abb. de St.-Jean des Prémontrés d'Amiens.

XVII.ᶜ siècle.

C'est un extrait très-long de l'ouvrage de Hirnhaim, imprimé à Prague, en 1676, par Georges Ezernoch, in-folio.

310. Réflexions sur les paroles de la Profession religieuse telle qu'elle se fait dans l'abbaye de (Pantémont), où l'on suit la réforme de messire E. de Poncher, évêque de Paris.

Papier in-8.°, 42 f.   d.r. L.

Origine inconnue.

Ms. du XVII.ᶜ siècle.

L'auteur y fait l'apologie de la réforme établie dans cette communauté de religieuses de l'ordre de St. Bénoit, par E. de Poncher, évêque de Paris, confirmée par un décret du siége apostolique.

311. EXAMEN POUR LE SÉMINAIRE.

Papier in-12., 124 f.   d.r. L.

Origine inconnue.

Ms. du siècle dernier.

Il contient une série d'oraisons et d'examens sur les diverses dispositions que l'on doit apporter au séminaire, et les devoirs que l'on est appelé à y remplir.

312. Réflexions sur le bonheur de la vie religieuse.

Papier in-4.°, 170 f.   d.r. L.

Origine inconnue.

Ms. de 1707.

Il est divisé en trois parties, traitant : la première de la vocation à la vie religieuse ; la deuxième des exercices ; la troisième de la perfection de la vie religieuse.

L'auteur, dans sa préface, après avoir donné une idée du bonheur de cette vie, y expose le plan de son travail.

313. Retraite faite au Séminaire ou recueil de Conférences spirituelles sur la vocation à l'état ecclésiastique.

Papier in-12., 218 f.   d.r. L.

Bibl. du chanoine Navières.

Ce sont plutôt des programmes de conférences que des conférences proprement dites ; l'intérêt en est tout-à-fait nul.

314. 1.º De internele conversation.

2.º Méditations pour toute l'année , par Maurice Dupré.

Papier in-fol. , 76 et 90 f.   d.r. L.

Abb. de St.-Jean des Prémontrés d'Amiens.

XVI.ᵉ siècle. **Ms.** à longues lignes, 32 par page, non réglées; belle écriture ; titres en rouge.

Ce volume a pour souscription :

Explicit : Ce volume contient trois traitties.

1. Cest assavoir les admonicions traians aux choses interneles.

II. *Item les consolacions interneles.*

III. *Et la parfaicte imitation de Jhucrist et du comptent de toutes les vanites du monde translate du latin en francais en la ville de Hesdin ou mois de feurier l'an mil ccccxlvij.*

Le premier chapitre est la traduction du livre II de l'Imitation de J.-C.

Le second comprend la traduction du livre III, à l'exception des oraisons qui composent les chapitres 4, 17, 26, 27, 32, ce qui fait que le livre ne contient que 56 chapitres au lieu de 61 que l'on trouve dans l'Imitation.

Le 3.ᵐᵉ traité est la traduction de tout le premier livre; en voici le commencement :

*Quy me sieult il ne va point en tenebres ce dist nress.*ʳ

16.*

Ce sont icy les paroles de Jhucrist par lesquelles no
somes amonestes que nous ensieuvons sa vie et ses meurs
se no voulons vraiement estre enlumines et de toute aveu-*
glerie de cuer estre delivrez.

2.º La seconde partie portant la date de 1630, est d'une
écriture ronde, très correcte, avec les pages encadrées
d'un filet rouge ; elle a pour titre :

« Recuœil de méditations pour tous le long de l'année
» tant pour les dimanches et festes que pour les festes et
» commun des saints selon le breviaire de l'ordre de pre-
» monstre. »

Sur le premier feuillet on lit :

Opera Rdi patris Mauritii Dupré monasterii sancti Jo-
hannis Ambianensis canonici et sacerdotis et regularis dis-
ciplinæ observantissimi.

A la fin l'écrivain ajoute :

Pro scriptore pater mortales dicite noster
Vos precor et laudes Virginis Angelicæ.

315. Réflexions morales sur chaque verset du pre-
mier livre de l'Imitation de Jésus-Christ, par le
Père P. P., chanoine régulier de l'abbaye de St.-
Jean d'Amiens, Ordre de Prémontré.

Papier petit in-fol., 158 f.   d.r. L.

Abb. de St.-Jean des Prémontrés d'Amiens.

Ms. d'une bonne écriture.

C'est l'ouvrage du P. Postel, qui avait composé un volume sur chacun des quatre livres. Voy. Daire. Hist. litt.
de la ville d'Amiens. p. 279.

A la fin, on lit :

Ce premier livre de réflexions morales sur l'imitation de Jésus-Christ a été composé en l'année 1697, lorsque jestois en l'abbaye de St.-André de Clermont en Auvergne avec le R. père Perdu, et du depuis je l'ay retouché et travaillé comme on peut le voir dans un autre original écrit en l'an mil sept cens dix et qui est entre les mains de M. De Lépine à Paris, en quatre volumes que l'on aura soin de retirer après ma mort. M. De Lépine est imprimeur de Mgr. le cardinal de Noailles.

316. Réflexions morales sur le texte du second et du troisième livre de l'Imitation de Jésus-Christ.

Papier in-4.°, 226 f.   d.r. L.

Abb. de St.-Jean des Prémontrés d'Amiens.

Ms. du siècle dernier.

Cet ouvrage, qui est la suite du précédent, est de la même main et du même auteur.

317. Theologia germanica.

Libellus aureus, hoc est brevis oratio et prægnans. Quomodo sit exuendus vetus homo, induendus que novus. Ex germanico translatus, Joanni Theophilo interprete.

Papier in-12.., 75 f.   d.r. L.

Corbie.

Cette théologie a été copiée sur l'édition imprimée à Basle, en 1557, par Jean Oporin.

On a joint à ce Ms. une traduction française du même ouvrage, imprimée sous le titre :

La théologie germanique, livret auquel est traicté com—

*ment il faut dépouiller le vieil homme, et vestir le nou-
veau*, — *A Anvers. Cristofle Plantin.* M.D.LVIII *in-12 de*
103 *pag.*

318. Traité du renoncement à soi-même.

2.° Contre les hérétiques.

3.° Examens.

Papier in-12. , 227 f.   d.r. L.

Abb. de St.-Acheul.

1.° Traité du renoncement à soi-même par forme d'entretien familier où sont descouverts plusieurs principes de
vie chrétienne et spirituelle (Dialogue).

2.° Traité contenant une manière facile de convaincre
les hérétiques en monstrant qu'il ne s'est fait aucune innovation dans la créance de l'église sur le sujet de l'eucharistie.

3.° Une série d'examens ou réflexions sur différents actes
qui sont surtout destinés aux personnes qui ont embrassé
ou doivent embrasser l'état ecclésiastique et leur prescri-
vent une règle de conduite.

Dans ce volume se trouve un ouvrage imprimé, ayant
pour titre : *Le Chapelet secret du très-saint Sacrement,*
sans nom d'auteur ni d'imprimeur, avec la censure des
docteurs de Sorbonne du 18 juin 1633.

C'est l'ouvrage de l'abbé de St.-Cyran.

Il en est parlé dans l'Apologie pour feu M. l'abbé de
St.-Cyran, édit. in-8.°, 1.re partie. pag. 35 et suiv.

Il a été réimprimé à Paris, en 1662, sous le titre :
Seize considérations sur le très-saint Sacrement.

Voyez Dict. des livres Jansénistes, tom. 1, pag. 244,
et Bibliot. janséniste, tom. 1, pag. 70.

319. Recueil de devotion faict pour Mademoiselle Anne Villain fille de haut et puissant seigneur Messire Maximilien Villain, chevalier, baron de Rassengien, seigneur d'Isenghien, de Hem, etc., gouverneur de Lille, Douay et Orchies.

Vélin in-18., 71 f.   r.p. L.

Origine inconnue.

Ms. d'une bonne écriture.

Il est précédé d'une préface adressée à Mme Villain, datée de sa maison de la Thieulloye es faulxbourg de la ville d'Arras. Anno 1571. L'auteur signe *bien humble oratresse* M.D.C. *Prieuse indigne*.

Cette dame qui avait élevé la Dlle. Villain *ayant ja pris gout et plaisir signament à la salutation des precieuses plaies de notre Benoist saulveur et redempteur, a empris par l'ayde de Dieu de rechercher par tous livres de devotion et diceulx en cœulier les plus plaisantes fleurettes pour le bastiment de ce dit petit recœuil de devotion,* qui comprend l'explication et les prières de la messe, les méditations sur les plaies de N. S. et des oraisons pour l'Eglise catholique. Elle termine par une adresse à la demoiselle auprès de qui elle s'excuse, vu les devoirs de sa charge, de n'avoir pu elle même écrire *un petit labeur* qu'elle craint d'envoyer, à cause de son peu d'importance.

Le 12 octobre 1688, ce recueil appartenait à Maximilien, comte de Gomiecourt.

320. Retraite de dix jours.

Papier in-18., 158 f.   d.r. L.

Origine inconnue.

Ms. du XVII.ᶜ siècle.

Il contient un programme d'exercices et de méditations pour dix jours de retraite, à l'usage des ecclésiastiques.

On y traite de la double origine de l'homme, des fonctions sacerdotales et de la connaissance de la mère de Dieu.

321. Méditations sur la Passion de Notre-Seigneur Jésus-Christ.

Papier in-4.º, 82 f.   d.r. L.

Corbie.

Ms. du XVII.ᵉ siècle.

Sans intérêt pour le style ni pour le fond.

322. Méditations de la glorieuse Vierge Marie.

Papier in-18., 199 f.   d.r. L.

Origine inconnue.

Ces méditations, écrites dans le siècle dernier, sont au nombre de 434, sur les attributs et les différents actes de la vie de la vierge. A la fin est une table indiquant l'ordre que l'on doit suivre pour s'en servir le long de l'année.

323. Considérations chrétiennes.

Papier in-12., 4 vol., 10078 f.   d.r. L.

Abb. de St.-Jean des Prémontrés d'Amiens.

Ms. du XVIII.ᶜ siècle, d'une belle écriture.

Il est composé de méditations ou considérations, la plupart sur la communion; de réflexions sur les différentes fêtes de la vierge, sur le baptême, la pentecôte, la libéralité de Dieu, les fêtes des Saints, les indulgences, l'Eucharistie, le Sacré-Cœur, les plus grandes vérités de la religion et le jubilé.

Elles ont été composées pour des femmes, car c'est toujours une femme qui médite ou fait l'instruction et les prières.

On lit sur la couverture : *Méditations de Clément.*

Nous ne connaissons point autrement l'auteur de ces considérations, qui sont écrites avec autant de simplicité dans le style que dans la forme.

324. MÉDITATIONS CHRÉTIENNES.

Papier in-12., 54 f.   d.r. L.

Origine inconnue.

Ces méditations, écrites en 1763, et d'une belle écriture, sont au nombre de neuf; elles ont pour titre : de la retraite annuelle, de la tiédeur, de la préparation à la mort, de la vie du monde, de ce que nous devons attendre, de la mort, de l'amour des créatures, de notre ingratitude envers Dieu.

On lit sur la première feuille : *M.e infante de Parme archiduchesse.* Ces méditations, remarquables par leur élégante simplicité, étaient-elles destinées à cette princesse?

325. MÉDITATIONS CHRÉTIENNES.

Papier in-12., 177 f.   d.r. L.

Origine inconnue.

Ms. du XVII.e siècle.

Il comprend, sous ce titre, une série de méditations

sur la présence de Dieu, des conférences sur le même
sujet, quelques sermons sur la Nativité, la Purification,
le Jeudi-Saint.

On trouve à la fin : Maximes et sentences générales et
spirituelles tirées de la vie de la bienheureuse Marie Mag-
deleine de Passy, des conseils à ses religieuses et à celles
qui entrent en religion, et quatre gravures représentant
l'enfant Jésus, St.-Joseph, S.te-Agadresme, patrone de
Beauvais et la plaie de l'épaule de Jésus. (Vision de St.-
Bernard).

326. 1.° Sermons sur l'entrée en retraite, l'oubli
de Dieu et le délai de la conversion.

2.° Explications du Sacrement de Pénitence.

3.° Examen de conscience sur tous les commandements.

Papier in-12., 193 f.   d.r. L.

Bibl. du Chanoine Navières.

Ms. du siècle dernier, d'une écriture très-fine et très-lisible.

Il est attribué au chanoine Navières.

327. TRAITÉ DE LA CHARITÉ.

Papier in-4.°, 247 f.   d.r. L.

Origine inconnue.

Ms. du siècle dernier.

Le nom de M. Joly de Fleury, prêtre, inscrit sur le
premier feuillet, est-il celui de l'auteur ou d'un propriétaire du volume?

328. Les pensées chrétiennes du sieur Le Soing, architecte. 1690.

Papier in-12. , 65 f.   d.r. L.

Abb. de St.-Jean des Prémontrés d'Amiens.

L'auteur adresse ce *régime spirituel composé dans un triste paisage* à Marotte, sa sœur, le 27 janvier 1690.

On trouve à la fin la traduction de 5 psaumes, et quelques lettres sans intérêt et sans valeur littéraire, datées du Paradis terrestre.

329. Année chrétienne ou Méditations sur l'Office divin, tirées de l'Esprit de l'Eglise répandu dans ses offices.

Papier in–4.°, 2 vol. de 438 et 345 f.   d.r. L.

Abb. de St.-Jean des Prémontrés d'Amiens.

Ms. du siècle dernier, d'une écriture très-lisible.

Il contient une préface de XL pag., expliquant l'opportunité et la nécessité de l'ouvrage.

330. Moyen pour faire saintement toutes les actions de la journée.

Papier in-18. , 78 f.   cart.

Origine inconnue.

Ms. du siècle dernier.

Sans valeur.

331. Spiritualité.

Papier in–12. , 43 f.   d.r. L.

Bibl. du Chanoine Navières.

Ce Ms., écrit par le chanoine Navières, traite : 1.º des voies de la sagesse ; 2.º des bénédictions ; 3.º des lois temporelles de la justice divine, pour l'explication des différentes prévarications du premier homme ; 4.º du rapport spirituel et temporel de l'arc-en-ciel.

332. Manuel des plus beaux Sentiments.

Papier in-12., 100 f.   d.r. L.

Origine inconnue.

Ms. du XVIII.ᵉ siècle.

Il contient un recueil de sentences extraites des livres saints et des auteurs profanes, avec quelques psaumes et cantiques, traduits ou accompagnés de réflexions.

333. 1.º Dévote explication sur le *Pater Noster*, *Ave Maria*.

2.º Déclamation sur l'Evangile de *Missus est Angelus*.

3.º Oraison composée sur l'Oraison *Conditor celi et terre*, etc.

Vélin in-8.º, 27 f.   d.r. L.

Bibl. des Carmes déchaussés d'Amiens.

Ms. du XVI.ᵉ siècle ; écriture cursive fort belle, avec initiales peintes sur fond d'or.

La première partie de ce recueil de poésie est de Jean Molinet, comme on le voit par la souscription finale *M.ᵉ Jehan Moulinet*.

La 2.ᵐᵉ partie commence par : *Ensuyt la déclamation faicte sur l'évangile de missus est angelus, composée par le prieur de Busy qui feist le blason des faulses amours. Procéderai par déclamation.*

Satan voyant au premier temps jadis
Comme ils estoyent a tousjours exillez etc.

A la suite de la 3.ᵐᵉ partie, qui est incomplète au commencement, on lit : *Fondeau Bremetot.* Est-ce le nom de l'auteur?

Suivent deux espèces de madrigaux du plus mauvais goût, en l'honneur de la Vierge.

334. Exercice spirituel et de perfection, composé par le vén. Père et très docte P. Fr. François Humblot, Minime.

Papier in-12., 56 f.   d.r. **L.**

Bibl. des Minimes.

XVII.ᵉ **siècle.**

En tête de cet exercice on lit des sentences hygiéniques et agronomiques en vers latins hexamètres, à l'usage de chaque mois de l'année.

335. 1.° Amour mystique.

2.° Elogues sacrées dont l'argument est tiré du Cantique des Cantiques. (Vers.)
Par Simon Magnier.

Papier in-4.°, 129 f.   d.r. **L.**

Origine inconnue.

L'auteur, dans le traité de l'amour, l'envisage sous 120 situations différentes, qui lui fournissent autant de sujets de courtes méditations et d'oraisons. Après une offrande au divin amour; est une dédicace *aux tres chastes épouses de Jesus de Nazareth les RR. mères et sœurs Ursulines du couvent de Nazareth de Noyon*, pour lequel ce livre a été composé.

Les *élogues*, mis pour *éclogues*, sans doute, ou comme traduction d'*eloquia*, sont au nombre de huit. C'est une paraphrase en vers plats et monotomes du Cantique des Cantiques.

336. Lettres des Rochers ou correspondance entre une solitaire et son directeur.

Papier in-4.°, 2 vol. de 280 et 281.   d. r. L.

Bibl. des Capucins d'Amiens.

XVIII.ᵉ siècle ; bonne écriture.

Jeanne - Marguerite de Montmorency, à l'âge de 15 ans, s'échappa du sein de sa famille, et, après une vie toute d'abnégations, se fixa dans un réduit sauvage des Pyrénées, qu'elle nomme dans ses lettres la *solitude des rochers*. Elle avoit choisi pour directeur le P. Luc De Bray, cordelier, curé de la paroisse de la Trinité à Chateau-Fort, près Versailles, avec lequel elle correspondit. C'est cette correspondance, qui comprend 19 lettres et leurs réponses, et s'étend du 8 janvier 1693 au 17 septembre 1699, que renferme notre Ms.

M.ᵐᵉ De Maintenon avait hérité des originaux et d'un crucifix sculpté par la *pauvre pécheresse*, lequel appartint ensuite aux capucins de Paris. C'est par elle que se sont répandues les copies que l'on rencontre de ces lettres où Jeanne raconte la vie austère qu'elle a menée dans sa retraite, et demande des conseils au digne prêtre qui l'éclaire sur la nature de ses devoirs, calme cette soif de mortification et la met en garde contre des privations qui altéreraient sa santé et compromettraient son existence, dont Dieu seul peut disposer.

Voyez biographie de Michaud, art. *Jeanne de Montmorency,* ou plutôt l'Histoire générale de l'Eglise, par Berrault Bercastel, t. ix, pag. 216 et suiv.

On lit à la fin de notre Ms. : « Messire Louis Charles » Le Camus écuyer, seigneur de Bulloyes, major des gar- » des du roi d'Espagne, pour conserver le souvenir de » plusieurs services publics rendus par le R. P. De Bray, » directeur de la solitaire, a élevé le monument suivant » à sa mémoire, etc. Epitaphe du R. P. Luc De Bray, cor- » delier, desservant et ensuite curé de la Trinité à Cha- » teau-Fort, pendant 30 ans, enterré dans son église le » 12 décembre 1699.

Ci gist auprès du chœur ce vénérable père, etc.

337. Lettres des Rochers.

Papier in-4.°, 376 f.   d.r. L.

Bibl. du chanoine Navières.

XVIII.ᶜ **siècle.**

C'est le même ouvrage que le précédent.

6.° THÉOLOGIE POLÉMIQUE.

338. Antiquæ facultatis theologiæ Lovaniensis qui adhuc per Belgium superstites sunt discipuli ad eos qui hodiè Lovanii sunt theologos de declaratione facultatis theologicæ Lovaniensis recentioris,

circa constitutionem *Unigenitus Dei Filius*, editâ.
8 julii 1715.

Papier in-8.°, 500 f.   d.r. L.

Corbie.

C'est une copie, moins la table, de l'ouvrage imprimé
en 1717, in-12, 374 f. sans nom de ville ni d'auteur.
On sait cependant qu'il est des Opstraët.

Voy. Dict. des livres Jansénistes, t. 1, pag. 71.

339. Examen de 101 propositions condamnées par
la Constitution *Unigenitus* de Notre S. P. le Pape
Clément xi d'heureuse mémoire, donnée à Rome,
le 8 septembre 1713.

Papier in-8.°, 72 f.   d r. L.

Origine inconnue.

L'auteur, après avoir tracé les règles qu'il doit suivre
dans l'examen de ces propositions, entreprend la justification de la bulle *Unigenitus* et de sa constitution.

340. Essai du nouveau conte de ma mère l'OIE ou
les enluminures du jeu de la constitution.

Nouvelle édition. 1723.

Papier in-12., 125 f.   d.r. L.

Origine inconnue.

Copie de l'ouvrage imprimé en 1722, in-8.°, sans nom
d'auteur ni de ville.

Voyez Dict. des livres Jansénistes, tom. 2, pag. 82 et
Bibliothèque janséniste, t. 1, pag. 173, deux appréciations
de cette piquante et prophétique satyre.

341. Lettres sur la Grace.

Papier in-8.°, 125 f.   d.r. L.

Origine inconnue.

XVIII.ᵉ siècle ; écriture correcte.

Ces lettres, sous le titre de : Réponse à un honnête homme, touchant la science moyenne à l'égard du premier homme et des anges dans l'état d'innocence, sont de l'abbé Du Guet.

On trouve la première partie imprimée. Voyez :

Recueil de quatre opuscules fort importants de feu l'abbé Du Guet. Utrecht. 1737. in-12.

On y voit à la suite quelques passages d'un commentaire d'Estius, en latin, pour prouver la doctrine efficace, et la réponse à cet écrit qui nous paraît être aussi de Du Guet, bien que nous ne l'ayons point trouvée dans ses œuvres.

342. Histoire des persécutions de l'Eglise chrestienne et catholique, faisant un ample discours des merveilleux combats quelle a soustenuz, estant oppressée et affligée souz la tyrannie de plusieurs Empereurs Romains, commençant à Nostre-Sauveur Jesus-Christ et à ses Apôtres, et quelle a esté la constance de leur successeurs en icelle.

Par feu Pierre Boistuau, surnommé *Launay*, natif de Bretaigne.

Papier in-4.°, 99 f.   d.r. L.

Abb. de St.-Jean d'Amiens.

Ms. acheté à Paris, sur le Pont-Neuf, en 1649, par le P. Borée.

Cet ouvrage a été imprimé plusieurs fois à ·Paris.

La deuxième édition, in-8.°; Guillaume de la Noue, est de 1572.

Voyez Bibliot. de la Croix du Maine, t. 2, p. 255, et Duverdier, t. 3, p. 237.

343. Explication des vérités que l'Eglise nous oblige de croire contre les erreurs du temps, en forme de lettres.

Par le P. Antoine (Robutel) d'Amiens, Capucin. 1747.

Papier in-4.°, 184 f.   d.r. L.

Bibl. des Capucins d'Amiens.

Le titre seul du livre fait assez comprendre qu'il a pour but l'examen et la réfutation des principes des Jansénistes sur la prédestination, la grace, le libre arbître, la dévotion des saints et l'adhésion au futur concile.

344. Méthode pour combattre les hérétiques de nos jours et pour les convaincre dans toutes leurs prétentions de fausseté et de mensonge.

Par le P. Antoine (Robutel) d'Amiens, Capucin.

Papier in-4.°, 2 vol. de 242 et 265 f.   d.r. L.

Bibl. des Capucins d'Amiens.

L'auteur écrivit cet ouvrage à Abbeville, en 1756, comme on le voit dans son avis au lecteur, à la fin du 2.me volume, où il en promet d'autres encore, si celui-ci est accueilli favorablement. Il y traite de la foi, des bonnes œuvres, de l'église et de son autorité, des conciles, du pape, des excommunications, des constitutions humaines, des cérémonies, de la messe, des heures canoniales, des jeunes et des abstinences, des aumônes, du purgatoire, des images, du libre arbître, des vœux des clercs, des sacrements et des dixmes. Le premier volume est principalement consacré à l'exposition des points de doctrine; le second repond aux objections faites par les hérétiques. On pourrait le regarder comme une nouvelle édition largement modifiée du premier volume.

345. Méditations sur divers points de doctrine de l'Eglise catholique.

Papier in-.18., 259 f.   d.r. L.

Bibl. des Capucins d'Amiens.

XVII.ᵉ siècle. **Ms.** d'une écriture microscopique.

L'auteur, dans une controverse savante et pleine de citations, y combat la doctrine de la religion protestante et des Jansénistes.

346. 1.° Moyens de détruire l'hérésie en France, sans force, sans artifice, sans peines, sans alarmes, sans inquiétude et sans dépense, proposés au Roy, le premier jour de janvier 1678, par le révérend Père Athanase de St.-Charles, religieux carme réformé de la province de Touraine et du couvent des Billettes; avec la liste des noms, de la qualité et du pays de 330 religionnaires qui ont abjuré depuis huict mois entre ses mains, en présence de plusieurs princes, princesses et autres personnes de grande considération.

17.*

2.º Le vrai tableau de l'hérésie de Calvin ou le portrait abrégé de la religion prétendue réformée, présenté au Roy par le même.

3.º Conséquence invincible contre M.ʳˢ de la religion prétendue réformée.

4.º Abrégé des controverses ou sommaire des erreurs des religionnaires de notre temps, avec leur réfutation par texte exprès de la Bible de Genève.

Papier in-4.º, 84 f.　　　　　d. r. L.

Bibl. des Carmes déchaussés d'Amiens.

Les moyens proposés au roi sont : 1.º de défendre aux catholiques de changer de religion ; 2.º de permettre aux pasteurs et aux savants de la controverse de visiter les malades de la R. P. R., sans être appellés ; 3.º de faire faire abjuration même à ceux qui n'ont pas 14 ans ; 4.º de mettre des fonds entre les mains de M. Pelisson pour ceux qui font abjuration à Paris ; 5.º de défendre à M. de le R. P. R. d'imprimer aucun livre sans l'approbation de quelque ministre et la permission d'un magistrat ; 6.º d'abattre les prêches et d'accorder des privilèges de maitrise aux artisans qui changeront de religion.

JURISPRUDENCE.

JURISPRUDENCE.

I.re SECTION. — DROIT CIVIL.

347. DIGESTORUM SEU PANDECTARUM JUSTINIANI LIBRI XXIV.

Vélin in-fol., 218 f.   d.r. L.

Corbie. 38. K.

XIV.c siècle. **Ms.** à 2 colonnes de 51 lignes, tracées au crayon ; écriture batarde ; titres et initiales de couleur ; mal conservé ; dernier feuillet déchiré.

En tête de ce Ms. est la table des matières.

On trouve quelques notes sur les marges.

348. Justiniani Pandectæ ab articulo decimo undecimi libri usque ad finem xxiv^i libri.

Vélin in-fol., 175 f.   d.r. L.

Corbie. 40. K.

XIV.c siècle. **Ms.** à 2 colonnes de 49 lignes, tracées à l'encre ; bonne écriture ; titres en rouge, jusqu'au livre 24.c ; quelques notes sur les marges.

Ce Ms. est dans un mauvais état de conservation ; l'humidité a détruit le haut des pages, et plusieurs feuillets manquent en tête du volume qui ne commence que vers le milieu du xi.ᵉ livre.

349. Digestorum seu Pandectarum Justiniani a libro xxxix° usque ad Lᵐ inclusive.

Vélin in-fol., 200 f.   d.r. L.

Corbic. 41. K.

XIV.ᵉ siècle. **Ms.** à 2 colonnes de 50 lignes, tracées à la pointe sèche; bonne écriture avec initiales et titres de couleur, et quelques notes marginales; bien conservé.

C'est une des suites de l'ouvrage précédent.

En tête, sont les tables de 12 premiers livres.

350. Lectura Magistri Johannis Fabri super libro institutionum.

Vélin in-fol., 420 f.   d.r. L.

Bibl. des Augustins d'Amiens?

XV.ᵉ siècle. **Ms.** à 2 colonnes, avec lettres or et couleur; les premiers feuillets de chaque livre encadrés.

Cet ouvrage a été imprimé à Lyon, en 1523, par Jean Houbart et Bénedict Bounyn, aux frais de Guinta de Florence, in-12, goth. Le Ms., conforme à cette édition, n'en diffère que parce qu'il ne contient ni les sommaires ni les tables.

Il a pour titre : *Johannis Fabri gallici in utroque jure doctoris excellentissimi profundissimique interpretis lectura super quatuor institutionum libris.*

En tête sont des légendes explicatives présentant *jus proprium ecclesiasticum* et *jus proprium.* C'est une sorte de généalogie des différentes situations faites aux biens et aux personnes par les Institutes que développe Faber. Ces tableaux sont établis *per dominum Johannem de Matistone juris civilis subtilissimum doctorem.*

Nous ignorons quel était ce Jean de Matistone ; mais nous retrouvons seulement un Etienne de Matistone pour une prébende, à laquelle le chapitre devait 8 deniers et 2 chapons, dans un censier de la cathédrale d'Amiens de 1363.

On trouve à la fin une thèse imprimée sur une feuille grand in-f.°, dont la tête a été retranchée. Elle fut soutenue par Jean de Montoye et Jean de Rincon, en mai 1697. A la fin du 32.° placitum on a effacé les mots *Anima quoties dubia, an apparitio sit vera, necne? Potest personam, prout in tali apparentem adorare visione.*

Cette pétition, faite par les RR. PP. Dominicains, suivant une note, aurait fait grand bruit, et l'évêque d'Amiens, M. de Brou, l'aurait fait supprimer et biffée de sa propre main.

Nous croyons que ce Ms. provient des Augustins d'Amiens, d'après un chiffre placé sur la feuille de garde qui semble de l'écriture du bibliothécaire de cette maison.

351. Institutionum imperatoris Justiniani compendium collectum ex Minsingero, Theophilo, Gabiolo, aliisque gravissimis aucthoribus ab. Adriano Creton, egressis scholis. Parisiis.

Papier in-4.°, 103 f.   d.r. L.

XVIII.° siècle ; bonne écriture ; bien conservé.

Ce Ms. est un travail d'écolier, sans intérêt.

352. 1.º Rubrice totius juris civilis in primo libro institutionum.

2.º Postille magistri Bernardi Yspani.

3.º Institutionum Justiniani imperatoris libri IV.

Vélin in-fol., 188 f.   d. r. L.

Ms. à 2 colonnes ; initiales de couleur.

Les quatre livres des Institutes sont du XIII.ᵉ siècle, d'une bonne écriture, de 32 lignes par page, avec un commentaire sur les marges, commençant par : *In nomine domini Jhu Christi.*

L'initiale est un empereur debout.

Les deux premiers traités sont du XIV.ᵉ siècle.

Bernard de Compostelle est l'auteur du second, comme l'indiquent d'ailleurs le titre et la note au bas de la page. *Incipiunt apostille a magistro Bernardo Compostellano hispano composite super decretalibus.*

La table des institutes est dressée suivant l'ordre alphabétique. L'indication du livre est écrite en encre rouge sur la marge.

353. Gratiani decretum cum glosâ Bartholomæi Brixiensis.

Vélin in-fol. , 344 f.   d.r. **L.**

Corbie. 12. H.

XIII.ᶜ siècle. **Ms.** à 2 colonnes de 51 lignes , réglées à l'encre ; commentaire occupant les marges et le bas des pages ; très-belle écriture ; titres en rouge ; lettres initiales ornées.

Nous croyons, avec M. Rigollot, reconnaître dans plus de 50 miniatures qui enrichissent ce Ms., le même dessinateur qui a orné le psautier n.º 124. M. Rigollot a reproduit : (Mém. de la Soc. des Ant. de Picardie , t. III, pl. 25 , f. 60 et pag. 385) , la première vignette où l'on voit un roi , l'épée à la main , paraissant dicter à un scribe , derrière lequel sont un ecclésiastique et un soldat. Cette miniature suffit pour faire apprécier le style du dessinateur , dans lequel on remarque toujours cette uniformité et ce défaut de variété, qui se retrouvent plus ou moins dans toutes les figures exécutées au XIII.ᵉ siècle.

On lit sur la feuille de garde : *Sciant cuncti quod istud decretum est de ecclesia Corbeiensi et quod postquam magister Stephanus de Contyaco recepit eum ab ecclesia ante dicta in commodato fecit addere in eo hystorias et paleas decretorum cum brocardiis juris canonici. Ideo studens cum appetitu in illo oret Deum pro eo.*

Ces histoires, dit M. Rigollot, ajoutées postérieurement

au volume, par ordre de Étienne de Conty, à qui il avait été prêté, ne peuvent être des peintures ou images, comme on serait d'abord porté à le croire, mais les détails historiques compris dans les premiers feuillets.

En effet, ces 32 feuillets, écrits aussi à deux colonnes, sans notes marginales, et qui sont de la fin du XIV.ᶜ siècle, forment une sorte d'introduction composée de quatre traités préliminaires, dont le premier commençant par : *Testamentum istud tangit etc.*, se termine par : *Expliciunt historie super decretum.* Le second commençant par : *De constitutionibus cognoscentes etc.*, finit par : *Expliciunt brocardii*, c'est-à-dire, sentence du droit, suivant Carpentier, (Suppl. au gl. de Du Cange), *Juris axioma.* Voyez aussi Ménage, Dict. Etym. Le troisième a pour initiale : *Incipiunt palee sparse per diversa loca voluminis decretorum.* Du Cange, dans son glossaire, définit le mot *paleæ*, *vox quæ proponitur ut titulus quibusdam capitibus decretorum Gratiani, ut notetur addititia esse.*

Le quatrième est un sommaire du décret, qui commence par les mots : *Liber decretorum distinctus est in tres partes*; et finit par : *Explicit tractatus.*

Étienne de Conty, qui fit ajouter ces quatre traités à la fin du XIV.ᶜ siècle, a décoré les initiales des trois premiers de ses armes écartelées, comme nous les avons déjà décrites n.º 24.

354. GRATIANI DECRETUM CUM GLOSIS.

Vélin in-fol., 281 f.   d. r. L.

Corbie. 37. H.

XIV.ᶜ siècle. **Ms.** à 2 colonnes de 54 lignes, réglées à la pointe sèche; titres rouges, initiales de couleur.

Le commentaire, qui couvre toutes les marges, est celui de Barthélémy de Brescia (Bartholomeus Brixiensis), on y trouve en outre de nouvelles gloses écrites, là où l'espace le permettait, par une main plus moderne, et des explications interlinéaires pour aider la lecture des abréviations, disposition adoptée dans les premières éditions imprimées des ouvrages de droit.

En tête de chaque partie se trouvent des miniatures sur fond d'or du plus haut intérêt, qui paraissent singulières pour l'époque.

M. Rigollot, (Mém. de la Soc. des Antiq. de Picardie, tom. 3, pag. 422 et suiv., pl. 32, f. 78, 79, 80, 81), a reproduit quatre de ces miniatures. « Soit que » l'exemplaire qui nous occupe, dit-il, ait été écrit dans » l'abbaye de Corbie, d'où il provient, soit qu'il ait été » acheté hors de France, il est certain qu'on a reproduit » dans ses dessins ceux qui ornaient un manuscrit plus » ancien peut être de deux siècles; on sait du reste que » certaines écoles italiennes conservèrent plus longtemps » que partout ailleurs les principes des vieux maîtres de » Constantinople. »

Ces peintures, au teint verdâtre et cadavéreux, ces figures sans doute fort laides, mais exécutées d'une manière naturelle et sans aucune recherche, offrent le style de dessin et les costumes bizantins, les seuls que connussent alors les Italiens.

Cette compilation, que Gratien, moine Italien, rédigea en 1151, est intitulée : *Concordantia discordantium;* elle fut pendant longtemps le seul livre employé pour l'étude du droit canon. Dans le Ms., elle est précédée d'une sorte de table ou plutôt d'un sommaire du décret.

Le commentaire de Barthélémy a été plusieurs imprimé; nous croyons que la première édition est de 1500, in f.°

355. Gratiani decretum cum glosis.

Vélin grand in-fol. , 412 f.   d.r. L.

Corbie. 8. H.

xiv.e siècle. **Ms.** à 2 colonnes de 45 lignes , non tracées ; très-belle écriture carrée , nette et correcte ; lettres ornées , miniatures ; très-bien conservé.

Ce beau Ms. est enrichi de charmantes miniatures d'un excellent dessin, et décoré avec autant de richesse que de profusion.

Les initiales y sont composées de médaillons enfermant une tête de moine, de saint ou de prélat, où l'on trouve déjà une grande connaissance du coloris et du dessin. Çà et là l'artiste s'est laissé entraîner par son amour pour la satyre, il a caricaturé quelques personnages, moines et prélats, auxquels il a donné une tête de bœuf, de chien, d'âne et d'oiseau, ou bien, conservant la tête, il a terminé le corps, sous le manteau, en un animal immonde, un porc ou un serpent.

Ces initiales nous paraissent l'ouvrage d'un peintre d'Italie, et nous serions tentés de croire que ce Ms. a été exécuté à Florence, dont l'école fit de si grands progrès au xiv.e siècle; il nous montre en effet une peinture vive de couleur, animée, facile, et d'un dessin tout différent des autres miniatures que nous avons rencontrées jusqu'ici.

Quant aux miniatures, dont on compte ici plus de 60 d'un décimètre carré, elles ne sont ni de la même main ni du même style, et se rapprochent davantage de celles que nous trouvons dans le n.o 357 ; elles fournissent de précieux renseignements sur le costume, l'armure et les supplices de l'époque.

A la suite sont deux tables du xv.ᵉ siècle, écrites en cursive, à deux colonnes de 70 lignes ; la première commençant par : *Hic incipit decretum abbreviatum in quo sub plano brevibus verbis continetur tota vis decretorum ;* la seconde : *Hic continentur omnia quibus que sunt notanda in glosis ordinariis totius decreti fideliter extracta sunt.* Ces deux tables se composent de six feuillets.

Le commentaire, qui occupe les marges, est celui de Barthélémy Brixiensis.

356. Rosarium Guidonis de Baysio.

Vélin in-fol. , 339 f.   d.r. L.

Corbie. 17. H.

XIV.ᵉ siècle. Ms. à 2 colonnes de 74 lignes, réglées au crayon, écriture lourde ; initiales de couleur ; premier feuillet encadré, avec une petite miniature.

Gui de Baiso ou de Baïf dédia cette vaste compilation sur les cinq livres des décrétales, *volumen grande et valde notabile,* dit Trithème, à Gérard Blanchus, cardinal évêque de Sabine, mort en 1302.

Gui, appelé par les uns *Guido de Basio,* par d'autres *de Baipho* et *de Baifo,* était archidiacre de Bologne et florissait à la fin du XIII.ᵉ siècle. Son commentaire, qu'il appela Rosaire, a été imprimé à Venise, en 1580.

On lit à la fin :

Hic liber est scriptus qui scripsit sit benedictus. Amen.

Ce Ms. fut, dit le catalogue de Corbie, légué par Guillaume de Pois (de Pisis) à Dom Etienne de Conty, qui l'a laissé à sa mort à l'abbaye de Corbie. Aucune note, dans le Ms., ne nous indique cette circonstance.

357. Principia decretalium secundum novam compilationem, cum glosis.

Vélin grand in-fol., 293 f.   d.r. L.

XIV.ᵉ siècle. **Ms.** à 2 colonnes et larges marges couvertes par la glose ; l'écriture est lourde et détruite sur un grand nombre de feuillets.

Le commentaire, écrit de plusieurs mains, et auquel de nouvelles gloses ont été ajoutées postérieurement, commence par les mots : *In principio hujus libri quinque sunt aut sex precipue pernotanda videlicet, etc.* C'est le commentaire de Bernard de Compostelle, tant de fois imprimé avec les decrétales au XVI.ᶜ siècle.

Les initiales y sont du même style et paraissent de la même main que celles du n.° 355.

Cinq petits tableaux décoraient le commencement de chaque livre, il n'en reste plus que trois, ceux du 3.ᶜ livre et du 4.ᵉ ont été découpés et enlevés.

La première, en tête du livre, représente le pape Grégoire IX, remettant à un moine, sans doute un professeur de droit, l'ouvrage qu'il avait compilé, vers 1234. Les poses sont naturelles, dit M. Rigollot, qui a reproduit ce dessin, (Mém. déjà cité pag. 425, pl. 25, n.° 60), et l'attention des spectateurs est bien exprimée; les têtes ont un beau caractère.

Au 3.ᵉ livre on trouve sur la marge les vers suivants :

Unus quidam composuit versus de ebrietate sic dicens.
   Discite discatis quis sit modus ebrietatis.
Hic canit, hic plorat, hic scandalizat, hic orat,
Disputat hic, ille curit per compita ville.
Ille loqui nescit, hic cespitat, ille pedescit.

Hic vicium jactat. socium feriendoque mactat.
Hic servit Veneri. sono solet ille teneri.
Ebrietas prodit quod amat cor sive quod odit
Ebria nam. pervertit sobria iura. (sic.)
Plenus nocte meret. regum dyademata sperat
Dum ribaldus iners vini patriam tenet impar.
Regem capadocum se putat ante focum.

358. Libri quinque decretalium cum glossa.

Vélin in-fol., 273 f.   d.r. L.

Corbie. 35. H.

xiv.ᵉ siècle. **Ms.** à 2 colonnes de 44 lignes; les marges couvertes du commentaire; initiales de couleur.

Ce Ms., dont le commentaire est le même que celui du n.º 357, est complet et bien conservé, on trouve à la fin une table des titres, et sur la feuille de garde la division du livre, donnée dans les vers :

Pars prior officia parat ecclesie que ministris.
Altera pars testes et cetera judiciorum.
Tertia de rebus et vita presbiterorum
Dat formam. recte nubere quarta docet
Ultima de viciis et penis tractat eorum.

359. 1.º Gregorii ix decretales cum glossis.

2.º Constitutiones Gregorii x in generali concilio Lugduni edite.

3.º Constitutiones Symonis legati.

4.º Tabula decreti Johannis de Deo.

5.º Questiones canonicæ.

6.º Concordantie decreti et decretalium Magistri Johannis de Deo.

18.

7.° De arbore consanguinitatis et affinitatis Johannes de Deo hyspanus.

Vélin in-fol. , 358 f.   d.r. L.

Corbie. 20. H.

**XIV.° siècle. Ms. à 2 colonnes de 36 lignes pour le texte, 100 pour
les notes qui occupent les marges et encadrent le texte ; écriture
lourde , carrée ; initiales peintes , or et couleur ; bien conservé.**

Six miniatures , une au commencement de chacun des
5 livres , une autre en tête de la préface, ornent les decrétales. Elles sont dues au même dessinateur que celle
du decret de Gratien , n.° 353. On y remarque les mêmes
défauts , les têtes y sont faites de la même manière , avec
la même uniformité , et comme reproduites d'après le même
patron. Il y a de la finesse et du soin, mais un manque absolu de ce qui constitue le style ; il faut cependant
remarquer la miniature représentant Dieu le Père assis ; il
tient son fils en croix , et le St.-Esprit descend de sa barbe ,
comme on le voit souvent représenté sur les portails et les
vitraux de cette époque.

Dans le traité de la consanguinité , écrit un siècle plus
tard , on trouve aussi deux miniatures, dont la première
est fort remarquable ; c'est une grande figure de roi, dessinée avec beaucoup plus de finesse et de talent, d'un
style très-sévère et très-correct, quant à la figure du
moins et aux draperies , car les mains y sont démesuré-
ment longues et disgracieuses.

Les decrétales de Grégoire IX et les constitutions de
Grégoire X sont de la même main et du XIII e siècle ; les
autres traités , ainsi que la table des titres et des chapitres des decrétales qui précèdent le volume, sont de différentes mains et de diverses époques.

3.º Les constitutions de Symon commencent par les mots :
Symon miseratione divina tituli sancte cecilie presbiter car-
dinal apostolice sedis legatus ad futuram rei memoriam.
Inter curas que nostro coherent officio, etc.

4.º La table des decrétales de Jean de Dieu, Espagnol,
docteur en droit de l'université et chanoine de Bologne,
qui fleurit au milieu du XIII.ᵉ siècle, finit par :

Explicit tractatus in quo sub paucis verbis tota vis de-
cretorum continetur. distinctiones. cause. et questiones om-
nes. et cujuslibet questionis solutio regulariter determinata
prout per magistrum Gracianum in decretis determinantur.

5.º—6.º Les questions canoniques sur le 4.ᵉ livre des
decrétales *de sponsalibus* sont aussi de Jean de Dieu ; elles
sont imprimées à Venise en 1584 ; les concordances qui
suivent sont probablement aussi du même jurisconsulte.

7.º Ellies Dupin et Trithême ne parlent point de ce traité
de la consanguinité de Jean de Dieu, dont nous transcrivons les premières lignes :

Circa lecturam arboris consanguinitatis affinitatis. diver-
sis olim diversos modos tenentibus. Johannes de Deo hys-
panus per illos lecture ipsius arboris novum modum as-
sumens, etc.

Ce traité a été imprimé. Voyez *Liber sextus decretalium*
Parisiis. MDCI. in-fol. pag. 607 et suiv.

On lit sur la feuille de garde et à la fin de la table
de Jean de Dieu qu'Etienne de Conty acheta ce livre 34
fr., à Paris, la seconde année qu'il étudiait le droit :

Magister stephanus de Contyaco decretorum doctor istas
decretales emit a magistro Johanne de belvaco librario Pa-
risiensi jurato in 11.º anno quo audivit jura canonica in
vico Brunelli pro pretio XXXIIIj *francorum. Ideo studens*

18.*

in ipsis cum devotione roget deum pro eo filium virginis marie.

L'achat de ce livre eut donc lieu vers 1374, car nous trouvons dans d'autres volumes qu'Etienne de Conty était bachelier, puis licencié en droit en 1375, enfin docteur en 1376.

360. Summa librorum decretalium Hostiensis insignis doctoris.

Vélin in-fol., 322 f.   d.r. L.

Corbie. 18. H.

XIV.e siècle. Ms. à 2 colonnes de 60 lignes ; **bonne écriture ; initiales de couleur, ornées de traits ; une vignette figurant un moine écrivant, en tête du prologue ; au haut des cinq livres, d'autres vignettes, dont les sujets sont empruntés au livre, sur fond d'or et de mauvaise exécution.**

Henricus de Segusio, Henri de Suze, archevêque d'Embrun, cardinal évêque d'Ostie, a pris de là le nom d'*Hostiensis* ou *Ostiensis*, sous lequel il est toujours cité.

Son commentaire sur les decrétales, qu'il a composé par ordre du pape Alexandre IV, a été souvent imprimé.

On lit à la fin de tous les volumes 4 vers, nous en trouvons ici 3 ; les 2 premiers font partie des imprimés, mais avec une légère variante ; le Ms. donne *tricas* au lieu de *plicas :*

> Monstrans obscuras juris dissolvere curas
> Extricat antiquas lex nova summa tricas
> Pro summe summo sit regi gloria summo.

A la suite de son commentaire, l'auteur a traité la question de savoir si un clerc envoyé à Rome par son évêque doit être excusé sur l'affaire de son patrimoine.

Cette question lui avait été envoyée de Bologne, alors qu'il avait achevé son travail, comme il nous l'apprend lui-même.

Hec questio fuit nobis missa de bononia in curia romana post compilationem hujus summe.

361. SUMMA HOSTIENSIS.

Vélin grand in-fol., 423 f.   d.r. L.

Corbie. 30. H.

XIV.ᶜ **siècle. Ms.** à 2 colonnes de 75 lignes, réglées à l'encre, pointées sur les marges ; écriture bâtarde ancienne, lourde ; initiales des six livres or et couleur ; bien conservé.

On remarque dans ce Ms. trois grandes miniatures fort belles ; ce sont de grandes figures d'où partent les degrés de consanguinité ; la dernière surtout, représentant un homme et une femme debout, est très-curieuse sous le rapport du costume et du dessin qui, malgré son incorrection, ne laisse pas que d'accuser du talent et une grande facilité.

On lit à la fin :

Pro summe summo sit regi gloria summo.

et au-dessous :

Explicit summa hostiensis, dicta copiosa..... . Johannis dicti magistri rothomag. dyocesis et fuit completa scriptura anno domini M.ᵒCCC.ᵒXII *die veneris post festum sancte Lucie in regressu lecture sue aurel. et ipsam vendidit johes de Belvaco librarius.*

On supplée facilement à la ligne manquante, qui devait indiquer que ce Ms. avait été écrit de la main de Jean dit Le Maître, du diocèse de Rouen, à l'époque où il terminait ses cours à Orléans. La dernière ligne, concernant la vente, par Jean de Beauvais, a été écrite postérieurement.

La finale est la même que dans le Ms. précédent.

362. Johannis Andreæ liber primus de Novella super scriptura decretalium.

Vélin in-fol., 294 f. d.r. L.

Corbie. 13. H.

XIV.ᶜ **siècle. Ms. à 2 colonnes ; bonne écriture ; 1.**ᵉʳ **et 5.**ᵉ **feuillet entouré d'un cadre or et azur, au bas duquel on a peint des chiens chassant des lapins ; initiales de couleur ; titres rouges.**

Une miniature représente l'auteur conduit par son patron, à genoux au pied de Dieu le père.

Étienne de Conty, dont on voit les armes, le fit écrire, ce que nous apprend la finale :

« Explicit liber primus de novella Johannis Andree super
» lectura decretalium. Unusquisque legens in isto primo li-
» bro predicte novelle Johannis Andree Sciat indubitanter
» quod anno ab iucarnatione domini millesimo ccc.º sep-
» tuagesimo quinto die viiij mensis martii in die veneris
» post dominicam qua cantatur in ecclesia Dei reminiscere
» Completa fuit scriptura istius primi libri Et fecit eum
» scribere Stephanus de Contyaco tunc prepositus de busco
» et licenciatus in decretis isto eodem anno qui erat An-
» nus jubileus quo complevit sua in facultate predicta de-
» cretorum Per manus domini Guillelmi de Bruolio pres-
» biteri Canonici sancti Johannis de Nogento retrodi tunc
» parisiis commorantis cum magnis laboribus ac expensis.
» ideo studens cum appetitu in eo roget Deum pro eo.
» Amen. »

> Finito libro sit laus et gloria christo
> Vinum scriptori detur de meliori

Au-dessous d'une croix de nœuds couronnée est le nom de Du Breuil.

Ces derniers vers se trouvent ainsi traduits en français :

> Ains cest livre fini loenge à Hiesus Christ
> Sy donque a lescrivain est deubz du meliour vin.

Cet ouvrage a été plusieurs fois imprimé ; la première édition est de 1489. in-fol. *Venetiis per Joannem de Forlinio et Gregorium fratres ;* qui ont également imprimé l'année suivante le second et le troisième livre de ce commentaire.

363. Johannis Andreæ liber secundus novellæ super scriptura decretalium.

Vélin in-fol., 260 f.   d.r. L.

Corbie. 14. H.

XIV.ᵉ **siècle. C'est le second volume, de la même main et du même style que le précédent ; la miniature présente l'auteur conduit par son patron offrant son livre à J.-C.**

Le Ms. a été terminé en 1376, *ultima die mensis februarii post dominicam qua cantatur in ecclesia Dei rem.*

Etienne de Conty est ici qualifié *venerabilis et circonspectus vir magister... religiosus et monachus.... doctor in decretis.* Le titre de l'écrivain, Guillaume Du Breuil, *presbiteri in aliis libris pluries nominati* est changé, il est devenu vicaire de Ste.-Opportune de Paris, et écolâtre.

364. Johannis Andreæ liber tertius de novella super scriptura decretalium.

Vélin in-fol., 240 f.   d.r. L.

Corbie. 15. H.

XIV.ᵉ siècle. **Ms.** de la même main que le précédent ; l'auteur, conduit par St.-Jean, offrant à la **Vierge** son livre, est le sujet de la miniature initiale.

Ce Ms. a été terminé en l'année 1376 *die* xxv *Julii in festo sanctorum Jacobi et Xristofori;* Etienne de Conty habitait alors à Paris, *in vico Brunelli in predicta facultate decretorum;* Du Breuil y prend encore le titre de prêtre, chanoine de Nogent-le-Rotrou, demeurant alors à Paris.

365. Henrici Bohic in decretalibus liber v.

Vélin in-fol., 2 vol.   d.r. L.

> tom. 1. — 370 f. —   Corbie. 21. H.
>
> tom. 2. — 388 f. —   Corbie. 21. BIS. H.

XIV.ᵉ siècle, **Ms.** à 2 colonnes de 67 lignes, non réglées, si ce n'est pour les marges ; écriture bâtarde ; initiales de couleur, ornées de traits; 1.ʳᵉ page de chaque livre encadrée, or et couleur ; une vignette représentant un moine conduit par son saint patron, offrant son livre à **Dieu le Père**, à **Dieu le Fils** ou à la **Vierge**.

Henri Bohic, Bouhic, Boyc ou Boych, ailleurs Bohier, était du diocèse de Léon en Bretagne, docteur en droit civil et canon et professeur à Paris, comme il nous l'apprend dans le *prohemium* de son commentaire : *Venerabilibus et discretis viris doctoribus licentiatis, bacalariis et aliis scholaribus etc.... Henricus bohic leonensis diocesis in britannia inter alios utriusque juris professores minimus etc.*

On lit à la fin de chaque livre, en lettres d'or : *Frater Stephanus de Contyaco fecit scribi istum librum* et le nom de l'écrivain, Guillaume Du Breuil, avec ces vers :

> Finito libro sit laus et gloria christo
> Vinum scriptori detur de meliori.

Ou bien ceux-ci, ainsi disposés :

Sor   superno   scrip   li   poti
     te   rum   tor   bri   atur.
Mor   superbo   rap   li   mori

avec un paraphe, qui est une croix de nœuds entrelacés, surmontée d'une couronne avec le nom de Du Breuil des deux côtés.

Une mention du plus haut intérêt, est celle qui termine le premier livre, elle nous apprend le prix d'un pareil ouvrage à la fin du xiv.ᵉ siècle.

« Item sciendum est quod iste primus liber fuit ulti-
» mate scriptus Et in isto primo libro sunt xiij sisterni
» cum duobus foliis. In secundo cum tabula xvj. cum. viij
» foliis In tertio et in quarto xviij cum semi unius. In
» quinto xiiij. Et quilibet sexternus in scriptura constitit
» x solidos francorum per xvj solidos Et totum fecit scribere
» predictus frater Stephanus. Et totum scripsit de propria
» manu sua predictus dominus Guil. de Bruolio. Et sic pre-
» dicti lxij sexterni cum semi unius constiterunt juste in
» scriptura xxxj lib. cum v. solid. sunt juste xxxix franci
» cum xij den. Item fuerunt decem bote de pergameno
» vitulino cum semi unius posite Unde quelz bota cum
» rasura et reparatione foraminum constitit xxxvj solidos
» Et sic constitit predictus liber in pergameno xxiij fran-
» cos cum x solidis. Item sciendum est quod quinque
» magne littere auree de principiis vi librorum cum prima
» littera tabule constiterunt xxx solidos. Item sciendum
» quod tota alia illinatura de aduro et rubro constitit
» iij francos cum ij solidis. Item sciendum est quod
» exemplar totius libri constitit in locagio Martino be-
» dello Carmelitarum quinque francos. Item pro foramini-
» bus reparatis in marginibus cum tentione libri xl so-

» lidos. Item proligatura ij francos. Summa totalis de
» omnibus expensis factis in predictis duobus voluminibus
» lxij lib. cum xj solidis que juste faciunt lxxviij francos
» cum tribus solidis.

On lit la date à la fin du volume :

« Explicit liber secundus magistri Henrici Bohic. Unus-
» quisque legeris in isto secundo libro predicti magistri
» Henrici Bohic sciat indubitanter quod anno ab incarna-
» tione domini millesimo ccc septuagesimo quarto ultima
» die mensis februarii completa fuit littera istius secundi
» libri et fecit eum scribere venerabilis vir frater Stepha-
» nus de Contyaco monachus antique Corbeie Ambianensis
» diocesis natus de predicta civitate tunc prepositus de
» busto et bacalarius in decretis actutum legens parisiis in
» vico Brunelli per manus domini Guil. de Bruolio pres-
» biteri ac tunc curati de Villaribus vicecomi belvacensis
» diocesis (Villers-le-Vicomte, au diocèse de Beauvais),
» illo tunc parisiis commorantis cum magnis expensis et
» laboribus. Ideo studens, etc. »

A la suite de ce volume on trouve deux grandes tables ou répertoires, la première, avec l'initiale aux armes
de Conty, a pour titre : *Tabula distinctionum magistri
Henrici Bohic super libro decretalium.* Elle commence par
les mots : *Ut illud quod queritur occurrat facilius etc.*, et
finit ainsi : « Opusculum istud finit in crastino festi beati
» vincentii gloriosi martyris anno a passione domini nostri
» millesimo ccc.°xlıv.' christo domino operante. Quem ego
» Henricus Bouhic servus suus simpliciter exoro ut per
» suam ineffabilem misericordiam post hujus vite discursum
» me secum perducat ad gloriam suam sempiternam ubi
» omnis militia celestis exercitus christum facie ad faciem
» contemplatur. Amen. »

La seconde table a pour titre : *Tabula distinc'ionum magistri Henrici Bohic super decreto.* Elle commence par : *In Dei nomine amen. Omne bonum etc.*, et finit par :

» Hic est finis quem ille imposuit qui est omnium prin-
» cipium atque finis. xxxv die ab exordio et extra desunt
» xiii in fide catholica Anno domini millesimo ccc.°xlviij°.
» Die jovis post octavas epiphanie ejusdem. Cui pro infi-
» nitis beneficiis, etc. Explicit reppertorium distinctionum
» magistri Henrici Bohic tam super decretalibus sexto quam
» decreto editum. Ideo unusquisque legens in predicto rep-
» pertorio prefati magistri Henrici Bohic sciat indubitanter
» quod anno ab incarnatione domini millesimo ccc septua-
» gesimo quarto penultima die mensis martii completa fuit
» littera seu scriptura istius reppertorii et fecit scribere,
» etc., » comme plus haut.

Ms. inscrit au catalogue de Montfaucon, lequel note qu'Étienne de Conty le fit écrire en 1374.

Le commentaire de Bohic, sur les decrétales, a été imprimé: *Henrici Bohic ludgunensis in V decretalium libros. Venetiis, in-folio.* 1576.

La description du premier volume s'applique au second; il est écrit de la même main et de la même manière.

Les mentions y sont les mêmes à la fin de chaque livre, sauf les dates qui sont changées. Ainsi à la fin du troisième livre on lit :

Anno domini millesimo ccc.° septuagesimo quarto octava die mensis octobris.

A la fin du quatrième :

Anno millesimo ccc.° septuagesimo quinto die xxv.ª mensis aprilis.

Guillaume Du Breuil prend ici un autre titre, il est

qualifié : *Presbyter canonicus sti Johannis de nongento Retrodi* (Nogent–le–Rotrou) habitant alors à Paris.

A la fin du cinquième :

Anno m.º ccc.º septuagesimo quarto quarta die mensis junii.

La qualité d'Étienne de Conty est toujours la même, mais celle de Du Breuil a changé encore, car on lit : *Per manum dni G. de B. Presbyteri ac tunc curati sti saturnini carnotensis* (S. Saturnin de Cahors) *illo tunc Parisiis commorantis in studio sive facultate decretorum.*

On trouve encore à la fin la mention du prix et tous les détails de la dépense, mais moins exactement que dans le volume précédent. C'est cette dernière qu'a copiée l'auteur du catalogue de Corbie.

Ce Ms. est inscrit au catalogue de Montfaucon, comme la suite du volume précédent.

366. Henrici Bouhic liber primus distinctionum in decretales.

Papier in–4.º, 377 f.   d.r. L.

Corbie. 134. H.

xv.ᵉ siècle. Ms. à 2 colonnes de 42 lignes, non réglées ; écriture batarde très-lisible ; initiales peintes, or et couleur ; une miniature présentant un docteur enseignant.

Ce commentaire est le même que celui du n.º 365.

On lit à la fin : *Explicit liber distinctionum primus Henrici Bohic. Deo gratias.*

> Si quisquis sanum sperat esse in munere divo
> In palee medio noly contempnere granum.

Et après la table :

Finem nunc tetigi quem multum desideravi.

367. Henrici Bohic super librum 2.um decretalium.

Papier in-4.°, 342 f.   d.r. L.

Corbie. 178. H.

xve siècle. **Ms.** à 2 colonnes de 43 lignes, non réglées ; écriture batarde très-lisible ; initiales or et couleur ; une vignette représentant un docteur enseignant.

L'écriture est la même que celle du précédent Ms. ; l'enlumineur a reproduit le même sujet, avec quelques légères variations.

On lit à la fin : *Finem tunc tetigi.*

La table est incomplète.

368. Henrici Bohic super decretales.

Papier in-4.°, 418 f.   d.r. L.

Corbie. 171. H.

xve siècle. **Ms.** à longues lignes, 41 par page, non réglées ; écriture cursive, batarde ; initiales et titres rouges.

Ce commentaire commence ainsi :

De constitutionibus pro continuatione rubrice.

369. 1.° Apparatus Hostiensis super quarto libro decretalium de sponsalibus et matrimoniis.

2.° Apparatus domini Willelmi de Montelaudano super Clementinas.

3.° Ejusdem super Extravagantibus domini Johannis Pape xxii.

4.° Johannis xxii Extravagantes duo.

Vélin in-fol., 130 f.   d.r. L.

Corbie. 70. H.

XIV. siècle. **Ms.** à 2 colonnes de 70 lignes par page, réglées au crayon; écriture minuscule cursive, irrégulière; initiales de couleur.

L'apparat du cardinal d'Ostie commence par les mots : *De Francia mulier*, etc., nous ignorons si cet ouvrage a été imprimé.

Guillaume de Montledun, abbé de Montierneuf de Poitiers, célèbre jurisconsulte du XIV.ᵉ siècle, brilla dans l'académie de Toulouse, sous le pontificat de Benoit XII.

Les deux traités que nous possédons ici sout fort connus et répandus dans un grand nombre de bibliothèques; ils ont été imprimés à Rouen en 1512, in-8.º; Voyez Oudin, *De script. eccles.* t. 3, pag. 329.

Les deux extravagantes de Jean XXII sont : l'une *Suscepti regiminis* et l'autre *Execrabiles*, etc.

On lit sur les feuilles de garde, au commencement et à la fin du volume : *In isto volumine continentur lectura hostiensis super* IIII.º *decretalium et lectura Guill. de monte lauduno super clementinas et fecit eum scribere frater Johannes de crensis alias decanus de Ambianis natus de civitate. monachus Corbeiensis tempore quo erat parisiis scolaris per manum dni Michaelis Waleti de Brayo tunc sibi servientis. Ideo studens cum appetitu in eo roget Deum pro ipso.*

370. Novellæ Johannis Andreæ super regulis juris, libro sexto que advocantur mercuriales.

Vélin in-fol., 117 f.   d.r. L.

Corbie. 94. H.

XIV.º siècle. **Ms.** à 2 colonnes; capitales de couleur; initiales ornées, aux armes de **Conty** et de **Corbie.**

A la fin est une ample table des matières.

On lit : *Explicit ... et eas fecit scribere venerabilis et re-*

*ligiosus vir frater Stephanus de Contyaco, natus de Am-
bianis et monachus antique Corbeye in jure canonico tunc
baccalaureus et in ultimo anno lecture sue existens magnis laboribus et expensis et eas scripsit dominus Guillielmus
de Bruolio presbyter canonicus sancti Johannis de Nogento
Retrudi anno illo tunc manente Parisiis. anno domini millesimo* ccc.° *septuagesimo quinto die tertia mensis octobris
qua die completa fuit scriptura.*

Ores Deum pro eis quisquis legeris in eis.

Ce Ms. est porté au catalogue de Corbie, donné par
Montfaucon.

371. Johannis Andreæ apparatus in Clementinas.

Vélin grand in-fol. , 67 f.   d.r. L.

Corbie. 7. H.

xiv.e siècle. **Ms.** à 2 colonnes ; le texte n'occupe qu'environ le tiers
de la page, dont les marges sont couvertes par le commentaire.

L'écriture carrée, rappelle celle du xii.e siècle, mais
les capitales sont peintes et historiées comme celles du
xiv.e ; en tête une grande miniature représente le pape
assis, entouré d'évêques et de cardinaux, recevant le volume des mains de l'auteur, prosterné à ses pieds. Cette
miniature est mauvaise, autant sous le rapport du dessin
que sous celui du coloris.

Au-dessous sont 3 écussons. Le premier et le troisième
portent *d'argent à la croix patée de gueules;* le deuxième,
celui du centre, porte *d'or à l'aigle éployé de sable chargé
d'un écusson d'argent à la croix patée de gueulles en cœur.*

Ce commentaire a été imprimé à Mayence chez Schœf-
fer, en 1470, in-fol.

On lit sur la feuille de garde :

Iste clementine sunt J. Pinchon prepositi de Busco, monachi Corbeiensis et emit eas a magistro Nicolao de Haronis de Tornaco anno m ccc lxxviij.

372. Liber sextus decretalium cum glossà.

Vélin in-fol., 117 f. d.r. L.

Corbie. 10. H.

XIV.ᵉ **siècle. Ms. à 2 colonnes, d'un nombre inégal de lignes, tracées à l'encre; écriture lourde; initiales de couleur; celle de la première rehaussées d'or; en tête une vignette d'un dessin grossier.**

Le texte finit au mot *voluntatem*, sans la souscription *datum Romœ* qui se trouve dans tous les imprimés.

Le commentaire, qui occupe les marges, commence par les mots : *in Dei nomine amen.*

Le nom de Jean, cardinal, inscrit au bas de plusieurs articles des gloses, nous fait connaître l'auteur, Jean le Moine, surnommé des Cranches, frère d'André, évêque de Noyon; Jean naquit à Crécy, au diocèse d'Amiens, alla à Rome où il enseigna le droit, et fut bientôt élevé à la dignité de cardinal prêtre du titre de St.-Marcellin et de St.-Pierre, en 1298. Son livre fut imprimé à Vienne, en 1586, avec des additions de Philippe Probus. — Jean le Moine fut le fondateur du fameux collége de Paris, qui portait son nom.

On lit sur la feuille de garde :

Jacobo Lohinel est liber iste.

A baratri proprie me velis ipsum peste tueri
Te rogo virgo pia que sancta vocare maria
   Ut celi in patriam sit mihi recta via.
Sic te servari queat ut colluxerit hora
   Nati virgo tui possit amore frui.

Sur le premier feuillet on trouvé une liste des arché-véchés et des évéchés de Lombardie, de Pologne, de Dalmatie, d'Istrie, de Sclavonie, de Hongrie, de Dacie, de Moldavie, de Suède et d'Écosse.

Ce volume, dit le catalogue de Corbie, existait encore du temps de Caulincourt, c'est-à-dire au commencement du xvi.ᵉ siècle.

873. 1.° Apparatus dni Guidonis de Baysio super sexto libro decretalium.

2.° Tractatus domini Digni super titulo de regulis ju-ris libro vi.°

3.° Apparatus Andree super sexto libro decretalium.

Vélin in-fol. , 316 f.   d.r. L.

Corbie. 74. H.

xiv.ᵉ siècle. **Ms.** à 2 colonnes de 49 lignes, tracées au crayon; initiales peintes, titres rouges, écriture cursive régulière et correcte.

Le commentaire de Guy de Baïf (Guido de Bayfio, Bai-pho, Baysio), archidiacre de Bologne, qui fleurissait à la fin du xiii.ᵉ siècle, a été plusieurs fois imprimé.

C'est à tort que l'écrivain a écrit à la fin de ce traité : *Explicit apparatus Andree,* la préface indiquait l'auteur du livre.

Dynus, Dignus, Dinus de Mugello, Musello ou Muxello, professeur de droit à Bologne, appelé à Rome par Boni-face viii, pour travailler au sixième livre des décrétales, mourut au commencement du xiv.ᵉ siècle. Son traité a été imprimé à Cologne en 1569.

Jean d'André composa dans sa jeunesse ce commentaire sur le vi.ᵉ livre, et le remplaça plus tard par un nouveau, auquel on pourrait croire qu'il donna, pour cette raison, le nom de Novella, et non à cause de sa mère et de sa sœur qui portaient ce nom.

Son apparat a été imprimé, moins souvent cependant que ses Novelles, et fait partie du *Corpus juris canonici*, imprimé à Basle en 1477, chez Michel Wenszlers, in folio, goth., et souvent après.

374. 1.° Bonifacii pape VIII liber sextus decretalium.

2.° Definitiones titulorum decretalium per ordinem.

3.° Johannis Andree apparatus super quartum librum decretalium de sponsalibus et matrimonio primo.

4.° Auratum decretum.

5.° Rubrice sexti libri decretalium.

6.° Casus breves Clementinarum Joh. Andree.

7.° Rubrice decretalium.

8.° Rubrice juris civilis secundum ordinem alphabeti ut legentes cicius legant.

Vélin in-12., 143 f.　　　　d.r. L.

Corbie. 279. H.

XV.° siècle. **Ms.** à 2 colonnes; écriture diplomatique avec rubriques et initiales rouges.

Le premier feuillet, entouré d'une bordure or et couleur, est orné d'une grande miniature, représentant un docteur offrant son livre au pape.

On lit à la fin du sextus cette souscription à demi effacée.

Et sic est finis sexti decretalium factorum per me An-

thonium..... *in vigilia pasche iehi ante pascham predic-*
tam..... *de saint Amand.*

Après les définitions on trouve une longue suite de vers
latins donnant la division et les titres des décrets, et destinés à aider la mémoire des étudiants.

Le décret d'or est terminé par : *Actum Parisiis per*
me Anthonium.. ... 16 februarii presente Johanne de saint
Amand..... *jam* .... *Parisiensi* .... *anno dni mill.°*
cccc.ᵐᵒ *quadragesimo ix.°* et le dernier feuillet par : *Ex-*
pliciunt rubrice juris civilis complete per me Anthonium.....
18.ᵃ die.

Ce volume paraît être un manuel à l'usage d'un écolier.

375. 1.° Summa super titulos decretalium edita a
Magistro Gaufredo domini Pape capellano et sub-
diacono.

2.° Super ordinationem judendorum.

3.° Ordo judiciarius editus per Magistrum Egidium
doctorem decretorum.

4.° Breviarum sive Margarita a Magistro B. composita
ad omnes materias juris canonici inveniendas.

Vélin in-4.°, 233 f. d.r. L.

Corbie. 227. H.

XIV.ᵉ siècle. **Ms.** à 2 colonnes; la première partie est d'une belle
écriture fine, très-soignée; les trois autres traités d'une écriture grossière; les initiales et les titres sont en rouge.

Le premier traité, qui commence par : *Glosarum diver-*
sitas intelligentiam textus, etc., est de Geoffroy de Travo.
(*Gaufredus de Travo*), chapelain de Nicolas IV, qui florissait en 1290.

Il a été écrit par Jean de Contes, suivant les trois

19.*

vers qu'on lit à la fin et qui précèdent la table des chapitres.

> Gloria sit christo de cujus nomine sisto
> Johannes dictus a contis sit benedictus
> Qui scripsit scribat semper cum domino vivat.

Le second traité, commençant par : *In ejus nomine qui
pater est et filius*, etc, est de Bernard de Compostelle,
ainsi que le *breviarium* n.º 4.

Gilles de Fusciens (*Egidius de Fuscariis* ou *Fuseariis*)
docteur en décret de la ville de Bologne, qui vivait en
1240, a écrit le troisième traité à la demande de ses
amis, *ad instantiam amicorum*.

376. Tractatus variorum authorum de electionibus
extravagantibus et ceremoniis.

1.º Libellus domini Guillelmi de Mandagoto Archi-
diaconi Nemasensis super electionibus faciendis et
earum processibus ordinandis, etc.

2.º Textus constitutionum factarum a domino Papa
Johanne xxii.

3.º Apparatus Jesselini de Cassahins super constitutionibus Johannis Pappe xxii.

4.º Extravagantes Bonifacii Pape viii, Benedicti xi,
Clementis v, Nicolai iii, Johannis xxii, Benedicti
xii, Clementis vi, cum glossis.

5.º Sacramentale domini Guillelmi de Montelauduno.

6.º Quelques notes par ordre alphabétique sur le sacramental.

Vélin in-fol., 176 f.   d.r. L.

Corbie. 87. H.

XIV.ᵉ siècle. **Ms.** à 2 colonnes ; écriture cursive pour les n. 1 et 3 ; petite minuscule pour le reste ; le n. 6 est du **XVI.**ᵉ siècle ; les initiales de ces livres sont ornées de traits de couleur.

1.º Le livre de Guillaume de Mandagot, archidiacre de Nisme, prévot de Toulouse, évêque d'Embrun, en 1295, puis d'Aix, cardinal de Palestine, en 1311, fut imprimé à Cologne en 1573. Il est dédié à Béranger de Frédol *sciencíá et moribus multipliciter radianti magistro.*

2.º On lit à la fin des constitutions :

> Sit tibi laus xre nam tractatus finit iste.
>
> Sit scriptor sanus sit sua sana manus.

3.º Le livre de Jesselin est dédié à Arnauld, diacre et cardinal de St.-Eustache. Il est imprimé à la suite du *sextus decretalium.* Paris 1601. in-fol. sous le titre : *Zenzelinus de Cassanis.*

4.º En tête des extravagantes sont les armes de Corbie et de Conty.

Les Gloses sont du cardinal Jean Lemoine et de Jean d'André.

5.º Le sacramental de Guillaume est adressé à son fils et compagnon spirituel *Pontius de Villamuro in jure canonico bacalario excellenti.* On lit à la fin : *Gloria tibi domine quia finivi hodie.*

A la suite du livre du Jesselin, on trouve les vers français monorimes :

> On ne peut herbegier Dieu en se compaignie
>
> Se toute arrierpensee nest de le fourbairie
>
> Toutefois que diables te tempte ou contrarie
>
> Dorgueil ou de pesche de luxure ou danvie
>
> Di toujours non ferai ou il ne me plait mie
>
> Et se te disant mavie que se forche est folie.

377. 1.° Summa Sycardi.

2.° Decretales.

3.° Liber de feudis.

4.° De jure electionis et de jure matrimonii.

Vélin in-4.°, 153 f.   d.r. L.

XIII.ᵉ siècle. **Ms.** à 2 colonnes d'écritures différentes; la dernière partie en minuscule diplomatique très-fine; titres et initiales rouges.

La Somme de Sicard de Crémone (Sicardus, Sychardus, Cat. Mss. Bibl. Reg. 4288 et 4289), Syghardus (Oudin. de script. eccles.) n'a point été imprimée, comme ses autres ouvrages ; il l'avait composée dans sa jeunesse, à la demande de ses amis et compagnons d'étude.

La seconde partie est un recueil de décrétales, de canons, de décrets de divers papes, archévêques, évêques, conciles et sinodes, tous connus.

Sous le titre de *liber de feudis*, on trouve les lettres de l'empereur Conrad que ses lois et ordonnances ont fait regarder comme l'auteur du droit féodal écrit et de Frédéric, concernant cette matière ; elles furent imprimées avec les pièces qui les accompagnent dans le *Corpus juris civilis*.

A la fin du livre de l'élection on lit :

Hoc Bernardus opus fecit non absque labore
Sed labor est facilis quoniam superatur amore.

Et à la fin du livre du mariage :

Hic ego Bernardus tibi parca verba nota
Que non parta putes absque labore gra   vi.

Ce Ms. est-il celui que le catalogue de Montfaucon désigne sous le titre : *Decrétales*, in-4.° ?

378. GUILLIELMI DURANDI :

1.° Speculum judiciale.

2.° Repertorium.

Vélin in-fol., 301 f.   d.r. L.

Corbie. 11. H.

XIV.° siècle. **Ms.** à 2 colonnes de 89 lignes, non réglées; initiales de couleur; une miniature; lettres armoiriées.

Les armes qui décorent les initiales de chacun des quatre livres sont celles de Conty, écartelées comme au n°. 21; la grande miniature représente la vierge assise, un moine à genoux et un diacre nimbé tenant une bourse.

Étienne de Conty, dont le nom est inscrit en lettres d'or au haut et au bas de la première page, fit encore écrire ce volume, comme on le voit par la feuille de garde sur laquelle on lit : *Istud speculum judiciale est de ecclesia Corbeiensi. Verumptamen sciendum quod magister Stephanus de Contyaco decretorum doctor fecit fieri in eodem litteras aureas que sunt et ponere in principio et in fine pergameus vacuus et postea ligare sicut intuenti potest apparere.*

Guillaume Durant, Durants ou Duranti, évêque de Mende en 1286, mourut dans l'île de Chypre en 1296, à Nicosie, pendant la légation auprès du sultan d'Égypte, dont le pape Boniface VIII l'avait chargée. L'ouvrage de Durant, surnommé le Père de la Pratique, est dédié au cardinal Ottoboni, depuis Adrien V. Le miroir et le répertoire, appelé *repertorium sive breviarium aureum juris canonici*, furent imprimés plusieurs fois séparément, et tous les deux ensemble à Francfort, en 1592, in-f.° La première édition de *speculum* est de 1473. (Argentorati Joh. Hunster. in-f.°)

379. Magistri Tancredi ordo judiciarius.

Vélin in-4.°, 123 f.   d.r. L.

Corbie. 228. G.

XIII.ᵉ siècle. Ms. à 2 colonnes de 35 lignes, réglées au crayon ; belle écriture ; titres en rouge, initiales de couleur, ornées de traits.

L'auteur de ce livre est appelé *Tancredus de Corneto doctor juris*, dans le catalogue des MMss. de la bibliothèque royale, n.° 4366 et dans la table *canonicus bononiensis archidiaconus*.

Oudin ne parle point de cet ouvrage de l'archidiacre Tancrède.

380. Magistri Tancredi ordo judiciarius.

Vélin in-4.°, 124 f.   d.r. L.

Corbie. 235. I.

XIII.ᵉ siècle. Ms. à 2 colonnes ; initiales de couleur, écriture serrée, irrégulière, d'une autre main à la fin.

Ce Ms. est le même que le précédent ; il contient de plus un commentaire écrit sur les marges à la même époque.

381. Suffragium super decreto compositum per Magistrum Thomam de Maalaa doctorem decretorum licet indignum ad honorem dei et utilitatem omnium in decretis.

Vélin in-fol., 138 f.   d.r. L.

Corbie. 59. H.

XIV.ᵉ siècle. Ms. à 2 colonnes ; écriture lourde et grossière ; initiales de couleur.

Thomas de Maalaa était, dit le catologue de Corbie,

docteur en droit de la faculté de Paris et originaire du diocèse de Lizieux. Nous avons vainement cherché ailleurs le nom de cet écrivain.

Ce volume fut acheté par Etienne de Conty à Jean de Beauvais, libraire de Paris, moyennant la somme de 4 fr.; il le fit illustrer et relier pour un franc et demi, comme nous l'apprend la note finale.

Magister stephanus de Contyaco decretorum doctor emit istud suffragium monachorum super decreto a magistro Johanne de Belvaco Parisiensi librario jurato pro pretio quatuor francorum et postea fecit illuminare et ligare ubi exposuit francum cum dimidio. ideo studens in ipso oret Deum pro eo.

La finale du livre est :

Explicit suffragium decretorum pro monacis et simplicibus canonistis.

382. Explicationes quorumdam ad jus canonicum pertinentium.

Papier in-4.°, 102 f.   d.r. L.

Corbie. 182. H.

XV.ᶜ siècle. **Ms.** à 2 colonnes de 47 lignes, non tracées; écriture cursive, très-difficile à lire, tant elle est surchargée d'abbréviations.

Ce Ms. commence par : *Non magno istud estimatur etc.*, et on lit à la fin :

Explicit. Explanationes iste fuerunt scripte per manum Magistri Johannis du Fresne pro majori parte et partem fecit scribi dominus Egidius Katerine religiosus ecclesie Sti. Petri Corbeiensis qui quidem religiosus alia scilicet majori parte scripsit propria manu. — 1472.

383. Juris canonici repertorium.

1.° Repertorium juris canonici Fr. Martiniani ordinis prædicatorum.

2.° Tabula fratris Nicolai de Anessiaco de ordine fratrum prædicatorum super decretales.

3.° Summa Johannis Andreæ super quartum librum decretalium et cetera.

4.° Inventorium Speculi judicialis.

5.° Tabula super quatuor libros Sententiarum ad inveniendum materias librorum.

6.° Tabula domini Symonis Bayreti juris professoris composita secundum ordinem alphabeticum ad inveniendas plures concordancias ad unam dictionem.

7.° Tabula Johannis Caldarini minimi decretorum doctoris super textibus bibliæ decretorum et decretalium.

8.° Liber qui dicitur Oculus super summâ hostiensi et quibusdam aliis.

9.° Tabula fratris Astenxis de ordine minorum de intelligentiâ aliquorum terminorum juris civilis quem posuit in fine magnæ suæ summæ ut facilius aliqua ibidem contenta et melius intelligantur.

Vélin in-fol., 432 f.   d.r. L.

Corbie. 89. H.

XIV.e siècle. Ms. à 2 colonnes ; écriture de plusieurs mains, plus ou moins correcte ; initiales de couleur ; quelques grandes capitales rehaussées d'or et armoriées.

1. Martin Polonois, de l'ordre des Prédicateurs, qui mourut à Bologne en 1278, est l'auteur de cette table qui fut plusieurs fois imprimée, notamment à Paris, dès l'an 1500. Voy. *Script. ord. præd. tom. 1. pag. 563.*

2. La table de Nicolas d'Annecy (aujourd'hui Ennecy, Puy-de-Dôme), *Nicolaus de Anesiaco ; Anessiaco vel Anissiaco,* comprend deux parties : 1.º Les titres et les chapitres pour les six premiers livres des decrétales ; 2.º la table du septième livre, commençant par les mots : *Explicit. Dominum domini tuum adorabo.* Vient ensuite une troisième partie sous le titre : *Item opus obsimile incipit super decretum a predicto fratre.* Il n'en est point fait mention dans sa notice (Script. ord. prædicat. tom. 1, pag 549) qui rapporte toute la préface de cette table.

3. L'ouvrage de Jean d'André est imprimé.

4. Béranger de Frédol , évêque de Béziers, cardinal prêtre des saints Nérée et Achillée, est l'auteur du *Speculum judiciale : datum ,* dit le Ms., à la suite de la préface, *Bustegal in festo nativitatis beate marie anno domini* M.ºCCC.ºvj.º

5. La table des sentences paraît l'œuvre d'Étienne de Conty, qui l'aurait fait écrire en 1376 ; on lit à la fin :

« Expliciunt concordancie super quatuor libros senten-
» ciarum scripte parisiis ante dominas de poissiaco a. s.
» de ha.

Sorte supern	scrtptor libri pocia
orum	tur.
Morte superb	raptor libri moria

» Frater Stephanus de Contyaco. monachus Corbeiensis. et
» prepositus de Busco fecit scribere istum librum per ma-
» num Johannis de Vivario de Gandario clerici sui in

» domo sua parisiis in vico poretarum et completa fuit lit-
» tera tempore quo doctorisatus noviter fuerat parisiis in
» decretis in crastino beatorum apostolorum Petri et Pauli
» anni septuagesimi sexti. »

6. On lit à la suite de cette table : *Quoniam in vocabulario superscripto sunt certa solum vocabula que juris concordanciam ibi habetur. Idcirco restancia de tabula originalium et de manipulo florum ibi non posita. hic sequitur sub suis litteris videlicet. g. r. h.* Nous ne trouvons nulle part le nom de Simon Bayreti.

7. La table de Jean Calderini, Caldarini ou Caldrini, jurisconsulte de Bologne, disciple et fils adoptif de Jean d'André, fut imprimée à Spire, en 1481.

8. L'auteur de ce traité, dont le nom nous est inconnu, rappelle, dans une préface fort modeste, les travaux de Martinianus, de Monalde, d'Hostiensis, etc.

On lit à la fin : « Explicit liber qui dicitur oculus co-
» piose super summa hostiensi et quibusdam aliis ut su-
» pra in prohemio apparet. Scriptus ad instanciam reli-
» giosi et circonspecti viri magistri Stephani de Contyaco
» officialis monasterii Corbèiensis Ambianensis dyocesis ac ve-
» nerabilis doctoris cum magnis laboribus ac expensis per
» manus domini Guillelmi de Bruolio presbiteri in eccle-
» sia ste opportune parisiis tum morante et ibidem capellani.
» Et fuit completus die mercurii vj.ᵃ mensis septembris
» anno domini millesimo trecentesimo octogesimo primo
» (1381) et qui leget in eo roget Deum pro eo. »

9. Astesan, de l'ordre des frères Mineurs, dont nous connaissons une Somme imprimée des cas de conscience, qu'il écrivit en 1317, est-il l'auteur de cette table, à la fin de laquelle on lit :

« Finito libro sit laus et gloria christo. Amen. Explicit

» tabula de expositione vocabulorum et terminorum cum
« suis notabilibus in corpore juris tam canonici quam civilis
» contentorum que maximam difficultatem in jure studen-
» tibus conferunt atque tedium propter eorum varieta-
» tem raritatem seu obscuritatem. Quam edidit frater As-
» texanus (il était nommé plus haut Astenxis) de civitate
» astensi de ordine fratrum minorum. Et fecit eam hic
» scribi venerabilis et religiosus vir frater Stephanus de
» Contyaco et natus et oriundus de civitate Ambianensi
» monachus Corbeie Bacalarius in decreto et prepositus
» de busco in predicta ecclesia Corbeiensi seu monasterio.
» Per dominum G. de Bruolio canonicum sancti iohannis
» de nongento retrodi parisiis tunc morante. Anno domini
» M.°CCC.°lxxv.° die xiij mensis octobris. »

Droit Ecclésiastique de France.

384. 1.° De ecclesiastica potestate dissertatio.

2.° Sit ne certum in definiendis fidei controversiis summi Pontificis judicium, ante quam accedat ecclesiæ consensus.

3.° Tractatus de sacrosanctis ecclesiæ conciliis.

Papier in-4.°, 428 f.   d.r. L.

Corbie.

Ms. du XVII.ᵉ siècle.

Le premier traité, qui comprend les quatre propositions du clergé de France, assemblé en 1642 pour régler le pouvoir des papes, a été dicté par M. Marion, au collége de Navarre.

Le 2.ᵉ, sur l'infaillibilité du pape, contient la défense

de la 4.ᵉ proposition, il a été dicté en Sorbonne par M. l'abbé Pirot.

Le 3.ᵉ traité sur les conciles, a été dicté par M. Le Feure, au collége de Navarre.

385. Exposition de la doctrine de l'Eglise gallicane par rapport aux prétentions de la cour de Rome.

Papier in-4.°, 124 f.　　　　d.r. L.

Origine inconnue.

L'auteur de ce Ms., écrit dans le dernier siècle, traite de la puissance temporelle et de la puissance spirituelle dans la première partie ; dans la seconde, de l'église, du pape et des évêques; selon lui les usages de la cour de Rome sont des usurpations également contraires à la religion de J.-C. et à la liberté naturelle de tous les hommes.

386. Apologie du Cardinal de Bouillon.

Papier in-4.°, 36 f.　　　　d.r. L.

Origine inconnue.

L'auteur Théodose Emmanuel de la Tour, cardinal de Bouillon, porta le nom d'abbé duc d'Albret. Il naquit le 24 août 1644 et mourut en mars 1715 ; il fut nommé cardinal par Clément IX à l'âge de 18 ans.

Il rend compte de ce qui s'est passé quand il fut appelé au décanat du sacré collége, et de la fameuse affaire du quiétisme, au sujet du livre intitulé : *Maximes des saints,* que venait de publier Fénélon. C'est une histoire de sa disgrâce, écrite par lui-même, pleine de détails d'un grand intérêt.

Cet ouvrage a été imprimé. *Cologne (Amsterdam)* 1706.

Il fut attribué à l'abbé de Choisy, mais il est de l'abbé d'Aufreville. Voyez Catal. de Lancelot, n.° 4653. Barbier. Dict. des Anonymes. n.° 1071.

387. Mémoires sur les franchises des quartiers de Rome où logent les Ambassadeurs du Roy, et sur l'excommunication que le Pape prétend que M. le marquis de Lavardin a encourue.

Papier in-4.°, 52 f.   d.r. L.

Origine inconnue.

Ce mémoire fut probablement composé à l'époque de l'excommunication prononcée par Innocent XI, en 1687, et de la protestation de Louis XIV, et de l'appel du parlement comme d'abus.

· On sait qu'Innocent fut inflexible, que le roi ne le fut pas moins, et que la France n'obtint satisfaction que du successeur du pontife.

Statuts des Ordres religieux.

388. Statuta Ecclesiæ Ambianensis.

Vélin in-fol., 55 f.   d.r. L.

Bibl. du Chapitre d'Amiens.

XV.ᵉ siècle. Ms. à 2 colonnes de 28 lignes, rayées à l'encre, pointées sur les marges ; écriture très-correcte, titres en rouge, initiales de couleur ; pages numérotées sur les recto.

Sur le premier feuillet, une miniature, qui n'a point été achevée, représente le Christ en croix, St. Jean et la Vierge.

Le Ms. commence par trois évangiles; vient ensuite la table des statuts composée de 38 articles, puis : *Incipiunt statuta ecclesie Ambianensis. Universis hoc presens volumen seu hanc statutorum recollectionem visuris et inspecturis decanus et capitulum ecclesie Ambiani salutem in domino.* Après l'exposé des motifs qui les ont fait recueillir les statuts de leurs prédécesseurs, lesquels étaient dispersés dans plusieurs volumes, et n'étaient plus en harmonie, attendu les modifications qu'ils avaient subies, le doyen et le chapitre, en assemblée générale, décident, le dernier jour du mois de septembre 1412, de les abréger, modifier et rédiger pour être suivis irrévocablement par eux et leurs successeurs.

Pierre Alay fut chargé de ce soin : *Per dilectum canonicum et cantorem ecclesie nostre predicte*, est-il dit, *magistrum Petrum Alays in utroque jure licenciatum in hoc presens volumen et in unum fecimus redigi et transcribi.*

Daire, hist. de la ville d'Amiens, tom. 2, pag. 148 à 162, a donné en partie le sommaire de ce volume, lequel commence par la bulle d'Alexandre III, adressée au doyen Raoul d'Heilly : *Quod illegitime nati non admittantur ad canonicatum Amb.*

A la fin et de la même main, sont écrites les formules des serments que doivent prêter l'évêque d'Amiens, les abbés de St.-Martin-aux-Jumeaux, le doyen, les abbés et les abbesses du diocèse, les chanoines en personne et par procuration, le chanoine qui possède une prébende vicariale, le chapelain.

Entre ces deux parties ont été intercalées des pièces plus modernes, signées la plupart LANGLES ou GELLÉE, qui sont les statuts *de stagio, de stagio rigoroso, de beneficiis spectantibus prebendis litigiosis, de capellanis vicarialibus pro scolasticis canonicis, de presentatione ad nominanda beneficia, canonici absque herede morientes, de vineis ecclesie, de locatione domorum claustralium, de obsequiis mortuorum.*

Sur les marges on trouve quelques notes et additions portant toutes ùne signature, comme un vidimus et une garantie de leur authenticité.

389. Statuta et ordinationes observari solitæ in confraternitate presbyterorum pastorum animarum civitatis Ambianensis.

Item Cathalogus obituum per annum ab iisdem rectoribus celebrandorum ; ordine, horâ et loco inibi distinctis.

Vélin in–8.°, 56 f.   d.r. **L.**

Abb. de St.-Jean des Prémontrés d'Amiens.

XVII.ᵉ siècle ; écriture ronde très-soignée.

Le Ms. commence par une préface, datée de 1627, dans laquelle la congrégation des curés, considérant que les messes et les obits, fondés depuis l'an 1205, se célèbrent sans ordre, et que la négligence ou les malheurs des temps pourraient laisser dans l'oubli les noms des bienfaiteurs de l'église, arrête les réglements et la liste des obits, avec l'approbation de l'évêque (François Faure).

Les statuts commencent par : *In nomine Patris et Filii et Spiritus Sancti. Confecta fuit hæc scriptura anno domini milles. ducent.° xxvij. Institutione presbiterorum parochialium de urbe Ambianis.* C'est une copie des anciens statuts, comprenant 38 articles.

Cette confrérie est composée de 15 prêtres, 2 de St.-

20.

Firmin-Confesseur et de St.-Jacques, un de St·-Leu, de de St.-Germain, de St.-Michel, de St.-Remy, de St.-Martin-au-Bourg, de St.-Firmin-en-Castillon, de St.-Firmin-au-Val, de St.-Sulpice, de St.-Pierre, de St.-Maurice, de St.-Laurent; le réglement est composé de 18 articles, c'est un renouvellement des statuts de 1226, qu'avait approuvés Geoffroy, en 1229. (Voyez Daire, hist. d'Amiens, t. 2, p. 199.) L'acte de confirmation est rapporté dans le Ms.

La seconde partie sous les titres : 1.° *Index obituum qui alta voce celebrari solent a parochis sodalitatis urbis Ambianensis singulis mensibus;* 2.° *Obitus submissa voce celebrandi a parochis sodalitatis et confratrie civitatis, etc.* Cette seconde série est divisée par mois, comme la première, mais les obits y sont distribués par paroisses.

On y ajouta plus tard un obit pour Jean Cauchie, curé de St.-Germain, l'auteur de la vie et de l'office du patron de cette paroisse, et pour Jean Mianné l'un de ses parents.

390. Réglements des Bénédictins de la Congrégation de St.-Maur, confirmés dans les chapitres généraux de 1645 à 1729.

Papier in-fol., 216 f.   d.r. L.

Corbie.

XV.ᵉ siècle. Ecriture cursive.

Ce Ms. est divisé en deux parties.

La première, en latin, comprend : 1.° Les élections des supérieurs des monastères de l'ordre de St. Benoit de la congrégation de St. Maur, en France, faites dans les chapitres généraux qui se tenaient tous les trois ans de 1645 à 1690. 2.º Les actes et les décrets de ces assemblées générales.

La deuxième, écrite en français, comprend les réglements de ces mêmes chapitres généraux, de 1645 à 1729; suivant l'usage, le réglement de chaque chapitre était lu dans le suivant, pour y être confirmé·

Cette seconde partie, jusqu'en 1690, n'est donc que la traduction de la première, à la suite de laquelle on a ajouté les réglements nouveaux.

391. 1.º Statuta Reformationis sororum religiosarum ordinis Fontisebrauldi.

2.º Regula fratrum reformationis Fontisebrauldi.

Papier in-12., 146 f.   d.r. L.

Abb. de St.-Jean des Prémontrés d'Amiens.

XVIII.ᶜ siècle. **Ms.** d'une bonne écriture **;** pages encadrées de deux lignes rouges et numérotées.

Ce volume contient l'acte de réforme de 1709, et la lettre des délégués aux religieux et religieuses du monastère de Ste.-Marie de Wariville, de l'ordre de Fontevrault; les statuts pour les religieuses et pour les religieux; quelques bulles concernant l'abbaye de Fontevrault, des règles pour éviter la symonie, *regule ad evitandam symoniam in receptione monialium;* la réponse du père Maillart sur ce point; une lettre de MM. de la faculté de Paris à M.ᵐᶜ De Fontevrault, touchant la confession des religieuses; les noms des couvents réformés et non réformés, dépendant de l'abbaye de Fontevrault, avec le subside; enfin une table de matières.

20.*

392. Statuta ordinis Præmonstratensis prout ex decreto capituli generalis in totius ordinis archænobio Præmonstratensi, anno 1622 celebrati, sunt reformata.

Papier in-4.°, 120 f.   d.r. L.

Abb. de St.-Jean des Prémontrés d'Amiens.

XVIII. siècle. écriture très-nette.

On a écrit sur les marges le sommaire de chacun des paragraphes ou articles.

Une table des matières, formant 4 feuillets détachés, paraît avoir appartenu à un autre volume.

On y trouve un autre petit cahier de 12 feuilles in-8.°, écrit au XVI. siècle, ayant pour titre :

Catalogus provinciarum et domorum quæ nunc extant ordinis carthusiensis.

Ce catalogue donne le nom de la maison, son rang d'ancienneté, la date de sa fondation et le nom des fondateurs ; les maisons sont distribuées par province.

A la suite est un autre catalogue des maisons qui ont cessé d'exister, *partim injuriis bellorum*, *partim hereticorum infestationibus aut aliis de causis.*

393. La Reigle de St.-Augustin, évêque d'Hippone.

Papier in-32., 250 f.   d.r. L.

Bibl. des Dominicains.

XVII. siècle ; bonne écriture batarde.

Ce réglement est divisé en deux parties ou distinctions, la première concernant les frères, la seconde *de la façon de concéder et bastir les maisons.*

On lit à la fin : « Par les graces de Dieu mon rédemp-
» teur Jésus-Christ fin de ce présent livre contenant les
» constitutions de nostre pere saint Dominique de l'ordre
» des prédicateurs. »

394. Reigles et constitutions des Frères Carmes-Dé-
chaussés de la congrégation de Saint Ellie de l'ordre
de la bienheureuse Vierge Marie du Mont-Carmel.

Papier in-12., 65 f.   d.r. L.

Bibl. des Carmes déchaussés d'Amiens.

Ms. du siècle dernier.

Il comprend la règle primitive donnée par St. Albert,
patriarche de Jérusalem, puis la nouvelle constitution.

A la fin on trouve deux odes : l'une sur l'institution
de l'Eucharistie, l'autre sur les devoirs du prêtre et la
reconnaissance envers Jésus.

395. Réglement de la Congrégation de l'Oratoire
de Jésus-Christ Notre-Seigneur, établi par notre
très honoré Père Monseigneur le Cardinal de Bérulle.

Papier in-4.°, 68 f.   d.r. L.

Congrégation de l'Oratoire.

XVII.ᶜ siècle. Ms. d'une belle écriture.

Il contient le réglement, un extrait de la bulle d'institution et quelques fragments de lettres du cardinal de
Bérulle.

On lit sur la feuille de garde :

Ex libris Constantini confratris oratorii domus Jesus.

396. Réglement de la Congrégation de l'Oratoire, établi par notre très honoré Père Monseigneur le Cardinal de Bérulle.

Papier in-8.°, 122 f.   d.r. L.

Congrégation de l'Oratoire.

XVIII.ᶜ siècle ; mauvaise écriture.

C'est le même ouvrage que le précédent, sans l'extrait de la bulle d'institution.

397. Méthode pour instruire les novices selon la règle de Saint Benoît.

Papier in-4.°, 166 f.   d.r. L.

Abb. de St.-Riquier.

XVII.ᶜ siècle ; belle écriture ronde, très-fine.

On lit sur la première page : *Monasterii sti Richarii cong. Sti. Mauri* 1668.

SCIENCES ET ARTS.

SCIENCES ET ARTS.

Traités généraux.

398. Le Trésor de Brunetto Latini.

Vélin in-fol., 240 f. d.r. L.

Origine inconnue.

XIV.ᵉ siècle. Ecriture de diverses mains, à 2 colonnes de 30 lignes, réglées à l'encre ; capitales de couleur, titres en rouge.

Brunet Latin ou Brunetto Latini, célèbre grammairien, naquit à Florence, d'une famille noble, vers le commencement du XIII.ᵉ siècle ; il vint en France après l'expulsion des Guelfes, en 1260, et s'établit à Paris d'où, après la mort de Mainfroy, tué dans la bataille que gagna sur lui Charles d'Anjou, en 1266, il revint à Florence et y mourut en 1295. C'est à Paris qu'il composa l'ouvrage intitulé le *Trésor*, qu'il écrivit en français.

Il donne ainsi la raison qui lui fit adopter le *patois de Franche*, qui n'était point sa langue.

Je copie ici le Ms., qui diffère, comme on le voit, de ceux de la bibliothèque royale, se rapprochant cependant du n.º 7068.

Puis ke nos soumes ytalien je diroie ke con est por ij raisons. Lune é nos somes en franche. Lautre por con ke la parleure est plus delitauble e plus kemune a tous langages.

Cet ouvrage, qui contribua le plus à la célebrité de Brunetto, est, dit M. Guinguené, (Histoire littéraire d'Italie, tom. 1, pag. 384) une espèce d'abrégé d'une partie de la Bible, de Pline le naturaliste, de Solin et de quelques autres auteurs qui ont traité de diverses sciences. Il est divisé en trois parties, et chaque partie en plusieurs livres. Les cinq de la première partie contiennent l'histoire de l'ancien et du nouveau testament, la description des éléments et du ciel, celle de la terre ou la géographie, enfin celle des poissons, des serpents, des oiseaux et des quadrupèdes. La seconde partie n'a que deux livres qui renferment un abrégé de la morale d'Aristote, et un traité des vertus et des vices. La troisième, aussi divisée en deux livres, traite premièrement de l'art de bien parler, et ensuite de l'art de bien gouverner la république.

C'est, comme on le voit, une espèce d'encyclopédie, où l'auteur a voulu rassembler, comme dans un trésor, toutes les connaissances que l'on possédait de son temps. (Voyez Legrand d'Aussy, notice des manuscrits, tom. 4, pag. 270 ; Histoire de l'Acad. des Inscript. tom. VII, pag. 295 ; Histoire littéraire de la France, tom. XVI ; la biographie de Michaut, et surtout le savant article de M. Paulin Paris, Manuscrits français de la bibliothèque du roi, tom. IV. pag. 352 et suiv.

Cet ouvrage, qui n'a point été publié en français, a été traduit en Italie par Bono Giamboni, et publié à Trevise en 1474.

La fin et le commencement de notre Ms. sont en très-mauvais état, il manque une partie de la table ; le premier feuillet et les cinq derniers sont à demi-déchirés.

La table, qui est en tête, commence ainsi :

Chi sont li capitle de cest livre ki est apie les tresors.

Les titres y sont alternativement écrits en rouge et en noir.

Le Ms. finit par les mots : *Chis livres est apie les tresors ki vaut mieux.*

On lit sur la marge : « Brunet Latin Florentin est au-
» teur de ce livre, qui a été premièrement écrit en la-
» tin, depuis traduit par luy mesme en Roman. Il est im-
» primé en Italien, à Trévise, en l'an 1474. Brunet fut
» maistre de . . . . . de Dante et mourut l'an 1328.

399. LE LIVRE DES PROPRIETEZ DES CHOSES.

Vélin in-fol., 290 f.   d.r. L.

Origine inconnue.

XV.e **siècle. Très-beau Ms.** à 2 colonnes de 48 lignes, réglées à
l'encre rouge ; sommaire en rouge ; nombreuses lettres or et couleur ;
encadrements, vignettes et grandes miniatures.

L'auteur, Bartholomeus Anglicus ou de Glanvillâ, ou
Glaunvillus, en français Bartholomée l'Anglais ou de Glan-
ville, natif d'Angleterre, était de l'ordre des Frères Mineurs, et vivait, selon toute apparence, au XIII.e siècle.

« Son livre est, dit M. Paulin Paris (les Mss. français
» de la bibliothèque du roi, tom. 1, pag. 261), un di-
» geste curieux, comprenant en assez grand nombre les
» opinions d'écrivains anciens, de scolastiques modernes
» et de philosophes arabes, sur la plupart des questions
» qui touchent à la nature et à la propriété des choses;
» quelquefois Barthélémy a joint son avis à celui de ces
» maîtres. »

Cette espèce d'encyclopédie abrégée, en 19 livres, traite
de beaucoup plus d'objets que le *Trésor de Brunetto Latini.*

La traduction, qui compose notre Ms., est de Jehan Corbechon. Cet ouvrage, plusieurs fois imprimé, a joui d'une immense célébrité, surtout la traduction de Corbechon, qui n'est cependant, à vrai dire, qu'une imitation libre de l'ouvrage de Bartholomée.

Le nom de Corbechon ne se trouve point dans notre Ms., au commencement duquel on lit :

Ci comence le livre des ppetes des choss. tnslate de latin en francois lan mlxxij p le comademt du Roy Charles le qnt. Et lan mil iiij^c xlvij par le comandemt de messre Jehan de Chalon seign de Viteaulx et de lisse soubz mot real fut tnscript sur le vray original.

On n'y trouve point l'explicit donnant le nom du traducteur, comme dans les exemplaires de la bibliothèque royale, mais après le chapitre dernier, contenant les noms des docteurs, on lit : *Cy finist le livre des proprietes des choses,* et l'explicit suivant qui nous fait connaître l'écrivain :

« Le livre de proprietez fut escript l'an de grace. mil.
» quatre cens quarente et sept Par le commandement de
» treshonnore puissant et Redoubte seigneur. Messire Jehan de Chalon seigneur de Viteaulx de Lisse soubz
» Monlt Real et de plusieurs autres places. — Et je Estienne Sanderat natif de la cite dancre escripvain et
» humble serviteur de mondit seigneur lay escript et enlumine comme il appert
» Anno domini millesimo. quadringentesimo quadragesimo
» septimo. Iste liber scripsit de Sandretis natus Stephanus
» nomine vocatus. »

E. SANDERAT. Ita est.

Nous avons peu de Mss. aussi riches que celui-ci et

nous devons le faire connaître avec d'autant plus de soin que l'écrivain était Picard, ce qui réhausse encore pour nous le mérite incontestable de cet enlumineur que nous pourrions, à bon droit, qualifier de peintre aussi élégant que correct et fécond.

Le premier feuillet est richement encadré et armorié de quatre écus *de gueulles à la bande d'or*, sans doute les armes du seigneur de Viteaux. La grande miniature, au haut de l'épître dédicatoire, est partagée en quatre tableaux, dont trois représentent Dieu le Père, présidant à la création. Sur les banderolles qui enveloppent les œuvres des six jours, on lit :

1.º Iay fait le ciel et la lumiere
Pour estre a home chambriere.
2.º Iay fait le feu lair et la mer
Pour home qui me doit aimer.
3.º Iay fait la terre bien garnie
Pour donner a home la vie.

Le dernier tableau représente le roi Charles v, vêtu d'une longue robe bleue et d'un manteau bleu fleurdelisé, une couronne d'or ouverte sur la tête; il reçoit le livre de Jean Corbechon, vêtu d'une robe brune, qu'accompagne un autre religieux dans le même costume; debout près du roi, est une sorte de valet, portant une masse.

Près de cinquante miniatures d'un décimètre carré décorent ce volume; toutes se font remarquer par le fini des figures, la vérité des poses, l'expression, la correction du dessin; l'initiale du livre V, où l'on voit deux hommes appuyés sur des béquilles, allant trouver un docteur, est un tableau parfait.

Le livre 12.ᵐᵉ, qui traite des bêtes, présente une série

fort remarquable d'oiseaux, dont quelques-uns, pour le naturel et la vérité des couleurs, le disputeraient à nos illustrations modernes.

Le seul défaut que l'on puisse reprocher à quelques-unes de ces miniatures serait peut-être la raideur des plis des vêtements et l'emploi trop fréquent du noir dans les figures.

Nous regrettons de n'avoir pu recueillir sur Étienne Sanderat aucune autre donnée que celles que nous fournit l'*explicit* que nous avons transcrit ; il mérite assurément une place honorable comme calligraphe et surtout comme peintre dans l'histoire des arts au xv.ᵉ siècle.

400. Explication du cabinet de la Bibliothèque de St.-Jean d'Amiens.

Papier in-fol., 2 vol. de 336 et 326 f. r. parch.

Achat de 1833.

Pierre Postel, chanoine régulier de l'ordre des Prémonmontrés d'Amiens, est l'auteur de cette explication des planches, qu'avait dessinées M. de la Faye, sourd et muet de naissance, habile architecte, qui reconstruisit le couvent dans lequel il avait été élevé, et dessina les objets que renfermait son cabinet.

Voyz Daire, Hist. d'Amiens, t. 2, pag. 243, et Hist. litt., pag. 280.

Le premier volume de ce recueil comprend une série de planches d'animaux, et de statuettes, les dessins des sculptures en pierres peintes et dorées qui ornaient le pupitre de la paroisse St.-Germain, des vases, des instruments de physique et de mathématique, des médailles et des dessins de crucifix fort curieux, tirés du cabinet de l'abbé Villeman, l'auteur des observations sur le bréviaire, dont nous avons parlé n.º 120.

Le second volume contient une préface et les explications des termes nécessaires à la connaissance des médailles ; des planches de botanique, de monnaies, de jetons ; des extraits des ouvrages sur la numismatique de Andreas Schotto, Vaillant, Ch. Patin, Ezechiel Spanheim, Jacobus Ciselius, Occone, Jean Tristan, Chamisart et Hubert Goltz.

Ces dessins, à l'encre de Chine, sont loin d'être corrects et d'un grand mérite ; mais ils sont d'un haut intérêt en ce qu'ils reproduisent la bibliothèque de l'abbaye de St.-Jean, les bas-reliefs du lutrin de St.-Germain qui ont disparu, et un grand nombre d'objets antiques dont ils indiquent l'origine, et dont quelques-uns sont encore aujourd'hui conservés dans le musée de la Société des Antiquaires de Picardie.

La bibliothèque de l'abbaye de St.-Jean avait été remarquée, dans le siècle dernier, par les Bénédictins voyageurs ; « bibliothèque excellente, disent-ils, (Voyage littéraire, pag. 271), et qui renferme quelques antiquités. »

Ces deux volumes ont été achetés en 1833, à la mort de M. Leger, ancien religieux de l'ordre des Prémontrés.

1.° Philosophie.

401. Primus philosophiæ codex logicam et moralem continens a R. P. Mauduit.

Papier in-4.°, 196 f.   d.r. L.

Bibl. des Carmes déchaussés d'Amiens.

XVIII.ᶜ siècle. Ms. à longues lignes, écriture fine, très-correcte ; bien conservé.

Ce cours de philosophie, analogue à tous ceux de cette époque, appartenait, en 1725, à François Drevelle, *ego sum*, dit-il, *libri verus possessor*, puis aux Carmes Déchaussés, en 1726. La première partie fut terminée le 8 avril 1726; la 2.ᵐᵉ, le 26 juin de la même année. Ce volume a pour épigraphe :

Sed tibi sit domini nomen sit cura sciendi
Vertendi folium sit quoque cura libri.

Et pour finale :

Fine coronatur nobile semper opus.

402. Aristotelis physicorum Libri VIII.
De cœlo et mundo Lib. IV.
De generatione et corruptione Lib. II.
Meteorologicorum Lib. II.

De animâ. Lib. III.

De sensu et sensato.

De memoriâ et reminiscenciâ.

De somno et vigiliâ.

De longitudine et brevitate vitæ.

Papier in-4.°, 262 f.   d.r. L.

Corbie. 140. M.

XIVe siècle. Ms. à 2 colonnes; écriture très-difficile à lire; point de lettres de couleur.

Ce n'est point, à proprement parler, un commentaire, comme l'indique le titre, mais une série de questions avec les réponses, d'après la doctrine d'Aristote, sur les traités dont nous donnons la liste.

403. 1.° Aristotelis liber Elenchorum vel de Sophisticis.

Corbie. 214. M.

2.° Aristotelis Physicorum libri VII.

Corbie. 230. M.

3.°   liber Elenchorum.

4.°   Topicorum libri VIII.

5.°   Analyticorum priorum libri II.

6.°   Posteriorum libri II.

Corbie. 237. M.

Vélin in-4.°, 147 f.   d.r. L.

Corbie.

XIVe siècle. Ms. à longues lignes, initiales de couleur; notes sur les marges; écritures de diverses mains.

Les deux premiers traités qui sont d'un format plus

grand que les autres et d'une écriture différente, sont plus anciens et paraissent appartenir au XIII.ᵉ siècle.

Le traité des choses physiques est incomplet, et s'arrête après les premières lignes du livre VIII.

La traduction des analytiques et des topiques est celle de Boëce (Boetii opera. 1570 tom. 1.)

Sur l'une des marges, on trouve la date de 1323. (*Anno domini mill.º ccc.º vicesimo tertio in die jovis.*

Et plus loin :

Iste liber emptus fuit anno duodecimo (sic) et est pretium quatuor solidórum. Si l'on doit attacher à cette note quelque valeur, elle indiquerait le prix en 1412.

Cette sentence que nous n'avons point encore rencontrée, termine le premier traité.

        Dextra scriptoris benedicta sit omnibus horis.

Le catalogue de Montfaucon fait mention de ce Ms.

404. 1.º Analyticorum Aristotelis libri II.

                            Corbie. 240. M.

2.º Juvenci historiæ evangelicæ libri IV.

3.º Cathegoriæ Aristotelis.

                            Corbie. 261. R.

4.º Aristotelis 1.º Isagoge.

                2.º Categoriæ.

                3.º De interpretatione.

5.º Boecii 1.º De differentiis topicis libri IV.

6.º   2.º De divisione.

                            Corbie. 273. M.

Vélin in-4.º, 253 f.   d.r. L.

                                Corbie.

Les n.ˢ 2 et 3 sont du X.ᵉ siècle, les autres du XIII.ᶜ; ils sont écrits à longues lignes, tous dans un très-mauvais état de conservation; un grand nombre des feuillets sont détruits par l'humidité, d'autres déchirés.

Cette liasse se compose de traités de différentes mains et de différents formats, tous incomplets.

Le n.º 1 commence au milieu du chapitre xvɪ du livre 1.ᵉʳ

En tête du poëme de Juvencus, au commencement et à la fin duquel il manque des feuillets, est une méthode pour découvrir le jour de la lune.

Le n.º 3, auquel il manque les quatre dernières lignes, est imprimé dans Boëce. (Boetii opera omnia etc. Basileæ. ex officina Henrici Petrina 1570, t. 1.)

N.º 4. Les *Isagoge, sive introductiones Porphyrii* sont imprimées sous le titre : *Porphyrii institutiones. Ibid.;* les catégories sous le titre : *Liber predicamentorum. Ibid.;* le livre *de interpretatione* est appelé dans le Ms. *peri armenias.* C'est l'*editio secunda* de Boëce.

Ces trois traités d'Aristote sont annotés sur les marges.

Les deux traités de Boëce se trouvent dans ses œuvres, tom. 1 de l'édition citée.

Une note, placée à la fin des Topiques, nous apprend que cette partie du Ms. fut écrite en 1282, au mois de mars :

Anno domini m.º cc.º octogesimo secundo, mense marcii, die dominica post annunciationem dominicam.

Telle est du moins la valeur que nous donnons à cette note, écrite de la main du copiste.

Ce Ms. est une liasse de pièces indiquées au Catalogue de Montfaucon sous les titres : *Perihermenias*, *Categoriæ et libri logicorum Aristotelis*, *cod. memb. sæc.* 14; *Categoriæ Porphyrii*, *cod. memb. sæc.* 14.

405. Liber Prædicabilium Porphyrii.

Liber Prædicamentorum Aristotelis.

Libri ii Periarmenias.

—   Priorum.

—   Posteriorum.

—   iv Topicorum.

—   ii Elenchorum.

Liber principiorum Guilleberti Porretani.

Liber divisionum Boetii.

De ente et essenti St.-Thomæ.

Papier in-fol. , **215 f.**   d.r. **L.**

Corbie. 481. M.

xv.ᵉ siècle. **Ecriture cursive très-fine**, illisible ; titres en gros caractère.

Cet ouvrage est une série de questions et d'arguments sur chacun de ces traités, comme on les faisait dans les cours de philosophie des écoles, à cette époque.

Johannes Luxi oriendus S. Albini a écrit ce livre, comme on le voit à la fin des différents traités.

A la suite des Posteriorum on lit : *Finitur secunda pars libri posteriorum vij.ᵃ die januarii in qua die . . . . in vico straminis sub venerabili viro magistro Jacobo tsnaden anno lviij.º cum Johanne Grisilet nato de Frigido monte.*

Le premier livre des Elenchorum est daté *viij.ᵃ die januarii anno domini m.º iiij.ᶜᵒ lviij.º*

La deuxième : *Anno dni m.° iiii°° lviij.° ix.ᵃ die mensis januarii.*

Le livre de Guilbert fut achevé la même année, *in nocte beatissimi martiris Firmini.*

Celui de Boëce : *anno domini m.° iiij.°° quinquagesimo viij.° in die beatissimi martyris Firmini.*

Egidius Katerine acheta ce livre en 1460, pour un écu et demi, et le fit relier pour quatre sous, comme l'apprend la note en grosses lettres à la fin des Topiques :

Egidius Katerine emit hunc librum dno Jacobo Dabencourt anno sexagesimo, orate pro eo ; et une autre note à la fin du volume : *Iste liber pertinet domino Egidio Katerine et emptus fuit anno lx.° cuidam clerico de villa Albini qui quidem liber scriptus a quodam defuncto cognomine Luxi. anima ejus et omnium defunctorum requiescant in pace amen ; et dictus Egidius solvit scutum cum dimidio dempte tribus albis et pro ligamento precium quatuor solidorum paris. Orate etiam pro anima ejus ut deus parcat ei et faciat eam in die judicii resuscitari in vitam eternam. Amen.*

On trouve à la fin les plans ou dessins de douze labyrinthes, parmi lesquels celui que l'on voyait dans la nef de la cathédrale d'Amiens.

Ils ont été dessinés par Nicolas de Rely, religieux de l'abbaye de Corbie, en l'année 1611. Ils pourront, dit l'auteur, servir pour le pavé d'églises ou de salles.

Ces dessins que le catalogue de Corbie désigne sous le nom de *Labyrinthus artificiosus*, sont accompagnés de deux pièces de vers latins, l'une composée d'iambiques, par Anthoine Dippre ; l'autre de distiques, par M. Piteus Caninet, elles portent aussi la date 1611.

Le Cat. de Montfaucon mentionne ce MS.

406. Rogerius Bacon ordinis minorum, de Rebus physicis.

Vélin in-fol., 193 f.   d.r. L.

Corbie. 111. M.

XIV.ᵉ **siècle. Ms. à 2 colonnes de 61 lignes, réglées à l'encre; écriture cursive, très-fine et très-difficile à lire, tant elle est chargée d'abbréviations; titres rouges.**

Le titre que nous donnons à ce précieux volume est celui qui se trouve écrit dans l'intervalle des colonnes du premier feuillet. Le catalogue de Corbie l'intitule : *Questiones physicœ a magistro Rogerio Bacone*, et celui qu'a publié Montfaucon, *Philosophia Baconis, cod. memb. sœculi* 14, titre qu'on lit aussi au haut de la première page.

Le volume commence par les mots :

Incipiunt questiones omnes in primo questiones (sic) *libro physicorum Aristotelis. Primo queritur circa librum phisicorum.*

Les 5 premiers feuillets, écrits à 3 colonnes de 55 lignes, comprennent les questions sur les huit livres du traité des choses physiques d'Aristote et sur les trois premiers de la métaphysique; c'est une table inachevée des matières contenues dans le volume, qui paraît tout entier écrit d'une seule main, à l'exception d'un cahier de 11 feuillets, placés vers la fin, dont l'encre est très-noire, et dont l'écriture, aussi très-fine, est plus correcte et beaucoup mieux formée.

Les traités renfermés dans ce MS. sont des questions ou plutôt des commentaires sur les cinq premiers livres des choses physiques d'Aristote, sur son livre des plantes, sur le sixième livre *physicorum*, sur le neuf premiers livres de la métaphysique.

Les pages 176 à 190 sont de nouvelles questions sur les quatre premiers livres de la métaphysique, commençant par : *Hic incipiunt questiones super primum metaphysice Aristotelis.*

Les pages 155 à 166, composant le cahier d'une autre écriture dont nous avons parlé, forment une partie d'un traité sur la vision commençant au milieu de la neuvième question du chapitre quatrième, et s'étendant jusqu'au chapitre douzième, qui a pour titre : *De radio exeunte ab oculo et de ejus natura et quomodo per ipsum contingat inde et quando non et de modo videndi et de incidentibus circa ipsum.*

Vient ensuite une autre partie de la même écriture que le commencement, sous le titre : *Incipiunt questiones super xi^a parte philosophie Arist. Consideratio quidem est de substantia et cetera. Queritur hic primum utrum de ente separato possit esse scientia,* etc. L'explicit porte également *expliciunt questiones super undecimum librum physicorum Aristotelis.* Pag. 166 à 176.

Les trois derniers feuillets contiennent une partie d'un traité de cosmographie dont le commencement manque, et dont les principaux chapitres sont : *De forma mundi, de sex circulis majoribus, de ortu et occasu signorum, de diversitate habitantium in diversis locis, de divisione vii climatum, de causis eclipsis solis et lune.*

Le nom de Roger Bacon, l'auteur de ces divers traités, est diversément écrit en tête de chacun d'eux ; on lit tantôt *Rogeri Bachuni questiones,* ou bien *Bacune;* ailleurs il est qualifié *magister R. Bacco.*

Ni les biographes, ni Oudin, qui donne une assez longue liste des ouvrages de Roger Bacon, ni la bibliothèque des Mınimes, *Scriptorum ordinis minorum syllabus*, qui donne une liste bien plus complète encore des écrits du savant moine, et cite les manuscrits que possédaient les diverses bibliothèques d'Europe, n'ont parlé de ces questions ou commentaires sur le livre des choses physiques d'Aristote.

Ce travail n'était point inconnu cependant, car on le trouve cité dans l'index qui accompagne les œuvres d'Aristote publiées à Génève en 1605, tom. II, et dans l'édition publiée à Paris, en 1639, tom. IV.

On lit en effet dans cet index : *Rugerus Bakon scripsit in 8 libros physic. Arist.*

Ce Ms. a paru à M. Cousin du plus haut intérêt, il lui fut confié par l'administration municipale, et nous devons désirer que les nombreux travaux auxquels se livre le savant interprète de Platon, lui permettent de nous faire connaître cette œuvre d'un des plus grands génies du XIII.e siècle, qui sut embrasser toutes les sciences connues de son temps.

407. Boetius de consolatione Philosophiæ.

Vélin in-4.º, 50 f.   d.r. L.

Corbie. 223. M.

XV.e siècle. Très-belle écriture à longues lignes, 33 par pages, non réglées, capitales de couleur rouge.

Cet ouvrage, l'un des meilleurs qui nous restent de l'antiquité chrétienne, où l'on admire l'élévation des pensées, la noblesse des sentiments, la facilité, la justesse des expressions dans les matières même les plus abstraites, et une pureté de style au-dessus des écrivains de ce siècle ; où les vers dont la prose est entremêlée, annoncent un véritable génie romain, jouit d'une grande célébrité, qu'attestent les nombreuses éditions qui en furent publiées.

L'auteur du catalogue de Corbie fait remarquer, avec raison, que l'écriture ressemble peu à celle du xv.ᶜ siècle. On la prendrait plutôt en effet pour une écriture du xiii.ᶜ Elle a de nombreux rapports avec celle d'un exemplaire du décret de Gratien, dont nous avons cité les miniatures, n.º 353.

On lit à la fin : *Hic liber est scriptus qui scripsit sit benedictus. Amen. Die vij.ᵃ novembris millesimo ccccxxii.º indictione xv.ᵃ Deo gratias totique celesti curie semper. Amen.*

Il fut acheté en 1461, par le frère Caubbet, comme l'indique la note sur la feuille de garde : *Hic liber est de ecclesia sti Petri Corbeiensis quem proprio sumptu emit Karolus Caubbet religiosus prefate ecclesie anno domini m.º iiij.º lxj.* Ce frère, dans une autre note, est qualifié infirmier, *infirmarius.*

Le catalogue de Montfaucon, cite ce Ms.

408. BOETIUS DE CONSOLATIONE PHILOSOPHIÆ.

Papier in-4.º, 92 f. Sans couverture.

Corbie.

xv.ᶜ siècle. Ecriture bâtarde ancienne, à longues lignes, 22 par pages, tracées à l'encre rouge ; quelques feuillets sont en vélin, notamment le premier dont l'initiale est peinte sur fond d'or, avec coin fleuronné très-élégant.

Texte sans note.

On lit à la fin : *Explicit liber de consolatione pertinet Johanni de Bosto.*

Ce Ms. appartint plus tard à *Sébastien Cosette*, moine de Corbie.

409. In libros de consolatione Philosophiæ Boetii commentarii.

Papier in-4.°, 138 f.   d.r. L.

Collégiale de St.-Nicolas.

xv. **siècle. Ecriture cursive à 2 colonnes de 44 lignes, non réglées, si ce n'est pour les marges ; initiales rouges ; les 30 premières pages d'une bonne écriture, le reste presqu'illisible.**

Ce commentaire est de Nicolas Trivet ou Treveth, dominicain, mort en 1328, dont d'Achery a publié une chronique dans son *Spicilége.*

On trouve une partie des prologues de notre Ms. dans l'ouvrage de Quétif. (Scriptores. ord. præd. t. 1, p. 562.) *Explanationem librorum Boetii, etc. Consolationes tuæ, etc.*

Ce commentaire n'a point été imprimé, comme d'ailleurs la plupart des autres ouvrages de Trivet.

On lit au haut de la première page : *Hic liber est de domo canonicorum clericorum sancti Nicolai Ambianensis.*

410. In v libros Boetii de consolatione commentarii.

Papier in-4.°, 101 f.   d.r. L.

Corbie.

xv. **siècle. Ecriture cursive à longues lignes, 37 par page, à peine lisible ; capitales rouges.**

Ce commentaire est aussi de Nicolas Trivet.

On lit à la fin : *Explicit scriptura magistri Nicolai Triv-*

vet (sic) doctoris eximii in theologia super quinque libros Boetii de consolatione philosophie.

Il diffère du précédent en ce qu'il ne contient point, après le premier prologue, la notice historique sur Boëce et sur Théodoric.

Au bas de la dernière page on lit en lettres rouges : *Iste liber est mei magistri Blanchii de Blanchis de Merocio grammatici.*

Ce Ms. est cité dans le catalogue de Montfaucon.

411. 1.° Boece de Consolation.

2.° Roman de Partenay.

Papier in–4.°, 96 et 59 f.   d.r. L.

Origine inconnue.

XV.° **siècle. Ms. à 2 colonnes de 30 lignes ; bonne écriture avec initiale de couleur ; bien conservé.**

La bibliothèque d'Amiens possède le volume imprimé dont M. Brunet a donné la description dans ses *Nouvelles recherches bibliographiques, t. 1, pag.* 183.

Notre Ms., généralement conforme à cet imprimé, qui n'est ni la traduction de Jean de Meung, ni celle de Regnault de Loiens, commence par ces vers :

> Cy comence un lirre notable
> A oir bon et proffitable
> Pour auoir en soi patience
> Et est dexcellente science
> Dentendement subtil et fort
> Nome Boece de cofort. plogue
> Celui qui bien bat les boissons (sic) etc.

qui ne se trouvent point dans l'imprimé. On remarque aussi de nombreuses variantes dans les deux premiers livres, et surtout dans le 3.me et le 4.me qui sont confondus en un seul.

Si l'auteur de cette traduction, *le translateur,* pour parler le langage du temps, ne s'est point fait connaître, l'écrivain, poète aussi, nous a laissé son nom.

On lit à la fin :

> Amen. Ainsi sans point mesprendre
> Voult le translateur congie prendre
> Cest le congie de lescrivain
> Icy endroit fine Boece
> En qui peuent trouuer ladresse
> Homs et femes par ces recors
> Asauuer leurs ames et corps
> Non pas eulx laissier tourmenter
> De desespoir ne seurmonter
> En orgueil lort pechie terrible
> Le plus grief de to³ et horrible
> Anicois est davoir pacience
> Nuit et iour et guerre science
> Glorieuse pour dieu amer
> Requerir seruir honnorer
> Et la doulce vierge marie
> Sur to³ les cielx danges chierie
> En qui divine pouuurance
> Se mist et ot double substance
> Merveilleuse pour nre amour
> Aus quelx prieros sanz demour
> Jouites mais qilz gardent dyre
> Li villas homs qui fit escrire
> Le liure assez bien compasséz
> Et les ames des trepassez
> Vueillent garder de maulx lies
> R. dit amen dorliens.
> Qui cest escript adroit verra
> Nom et seurnom y trouvera.

Cet anagramme fait connaître à l'adroit lecteur le nom

et le surnom de IEHAN DE LANGRES ESMAILLEUR, qui a aussi écrit le roman suivant, commençant par les vers :

> Le philosophe fut moult sage
> Qui dist en la premiere page
> De sa noble methaphisicque
> Que lumain entendement sapplicque
> Naturellement a concevoir
> Et a apprendre et a savoir.

L'auteur de cette chronique rimée, dont le fond est emprunté au roman de Jean d'Arras, s'appelait Coudrelte, comme il nous l'apprend lui-même à la fin de son livre, dont il laisse le titre à faire au lecteur.

> Et saucun demandoit comment
> Votre roman appelleray
> Cest le roman de Partenay
> Ainsi sire lappelle len
> Ou le romant de Lusignan....
> Nomez le come il vous plaira
> Tantot Couldreite se taira.

Et plus bas :

> A doncque se taira Couldrete.

Ce nom a été oublié de tous les biographes, et nous ne le trouvons que dans l'index de la *Bibliothèque protypographique* de Barrois, pag. 27. *Meluzine,* 1269, *par la Coudrette, vers* 1400. Encore cette indication se rapporte-t-elle à la Mélusine rimée.

Couldrete était poitevin et il écrivit son roman à la demande du seigneur de Partenay, dont il était le serviteur *lui et toute sa lignée.* Il indique lui-même les éléments dans lesquels il puisa son récit :

> Deux biaux livres furent trouues
> En latin et tous esperonnes
> Quon fit translater en francois

> Et puis apres v ou vi mois
> Forment celle histoire aussi
> Le compte de Salz et de Berry....
> De trois fut votre livre extrait.

Fait-il allusion au roman écrit en vers avant Jean d'Arras, dont parle la Bibliothèque des Romans. (Juillet 1775, tom 2.); il refuse du reste le mérite de l'invention.

> Mais ne veul pas le los avoir
> Si los y a. car aultre fois
> Elle a este mise en francois
> Et rimee si comme on compte.

Ce récit, terminé par une sorte de litanie, finit par :

> Doulx dieu qui tous as a jugier
> Je te requier de cueur entier
> Fay nous aller le droit sentier
> Et le chemin de saulvete
> Noz pechiez plaindre et larmoyer
> Si que nous ayons pour loyer
> Apres notre jour derrenier
> Pardurable felicite. Amen.

Explicit le Roumant de Lusuignan, auquel on donna pour titre, au XVI.ᵉ siècle : *Le livre de la vie de Mélusine la fée, laquelle fit a ruine le chasteau de Lusignan.*

Dans l'initiale du 3.ᵉ livre, on voit la date 1393.

Le nom de Jehan Trancart d'Amiens, et celui de Jeanne de Visme, sa femme, se trouvent ensuite plusieurs fois écrits avec celui de Jehan de Delacroix et de Rohault, sous la date 1614.

412. 1.º Boëce de consolation.

2.º Le testament maistre Jehan de Menum.

3.º Les miséricordes Notre Seigneur.

4.° La riule des cuers bien ordenes.

Vélin in-4.°, 117 f.   d.r. L.

Origine inconnue.

xv.ᵉ **siècle. Belle écriture à longues lignes, 28 par pages, réglées à l'encre; initiales sur fond d'or, dont deux armoriées.**

Cette traduction, en vers et en prose, du livre de la consolation que *très-excellent* ou *très-honorable orateur maistre Jehan de Meun, a translaté de latin en français*, ne contient point l'épître au roi *Philippe-le-Quart*, dans laquelle il fait l'énumération des ouvrages qu'il avait publiés avant cette traduction : Elle commmence par les vers :

> Chiaux qui sont en tres grand tritreches
> Conforte douchement Boesces

2.° Le testament a été plusieurs fois imprimé. Il débute : *Chi commenche le testament maistre Jehan de Menum.*

> Li pères et li filz et li sains esperis
> Un Dieu en iii personnez aoures et cheris, etc.

Et finit : *Ci fine le testament maistre Jeh. de Meun.*
La troisième partie est composée de fragments empruntés à St. Bernard et à St. Augustin, sous les titres :

1.° « Chi commencent les misericordes notre seigneur. » Si comme sains Bernars dist. Recordons nous des mise- » ricordes de notre seigneur pour ce que nous soiemes » embrase de lamour, etc. 2.° Des xii biens qui viennent » damer notre Seigneur. 3.° Ce sont les xii biens que li » sacrement fait a ceulx qui dignement le prendent. »

La quatrième a pour titre :

« Ci commence la riule des cuers bien ordenes. Chilz » qui convoite a pourfiter en la cognoissance de son crea- » teur et en bonne vie, etc. »

On lit à la fin :

Explicit de comtemplation. Egidius de Porta scriptor.

L'initiale armoriée du livre de la Consolation est aux armes de Séricourt, *d'argent à la croix de gueule chargée de cinq coquilles d'or.*

Celle du quatrième livre de Lannoy Dameraucourt, et porte *échiqueté d'or et d'azur de 25 pièces.*

413. Essais sur l'éducation d'un Prince.

Papier in-4.°, 2 vol., 468 f. d. r. L.

Bibl. du Chanoine Navières.

XVIII.ᵉ siècle. Grosse écriture cursive.

L'ouvrage est divisé en 126 chapitres ; l'auteur y traite de l'importance de l'éducation des enfants en général et de celle des princes en particulier, du choix du précepteur, de l'éducation religieuse et morale, de l'instruction à donner aux princes et des vertus qui leur sont nécessaires.

Voici comment l'auteur expose, dans la préface, l'origine de ce travail, commencé au mois de novembre 1709 et achevé en deux mois.

« Celui qui est l'auteur de ces essais, dit-il, s'entrete-
» nant, au commencement du mois d'octobre de l'année
» 1709, du plan et des idées générales qui lui avaient
» passé par l'esprit sur cette matière, pendant le peu de
» temps qu'il avait été engagé par son devoir à y réflé-
» chir, deux de ses amis à qui il en parlait, croyant
» y remarquer quelque chose de nouveau, et des idées
» qui leur faisaient impression, souhaitèrent de voir sur
» le papier, avec plus d'étendue, ce qu'ils venaient d'en-
» tendre en racourci dans la conversation. »

2.º POLITIQUE.

414. 1.º Moralis Philosophia.

2.º Abrégé de Politique.

Papier in-4.º, 171 f.   d.r. L.

Congrégation de l'Oratoire.

XVIII.ᵉ siècle. **Ms. très-bien écrit et conservé.**

La première partie, écrite en latin, traite de la morale Monastique, c'est-à-dire de l'homme en particulier.

La seconde, écrite en français, considère l'homme comme membre d'une société civile; elle se divise en deux parties; dans la première, on traite de l'homme dans l'état naturel, hors de toute société; dans l'autre, de l'origine des sociétés civiles, de l'autorité du prince et du devoir des sujets.

Ce Ms. paraît être une partie d'un cours dicté de philosophie.

415. TRAITÉ DE LA POLITIQUE DE FRANCE, 1667.

Papier in-4.º, 186 f.   d.r. L.

Origine inconnue.

Ms. du XVII.ᵉ **siècle.**

L'auteur y traite de la politique et de son objet, du vrai bien et du bonheur des états, de la monarchie française, du clergé, des huguenots, de la noblesse, des officiers de justice, des vertus royales, des libraires, des finances, de la paix et de la guerre, de la mer, de l'éducation des enfants, et de la conduite de la France envers les étrangers.

Ce petit traité n'est point sans intérêt, quelques chapitres y sont traités avec un esprit de liberté fort remarquable ; d'autres, au contraire, montrent les idées les plus étroites et les plus coërcitives.

416. TRAITÉ DE LA POLITIQUE DE FRANCE, 1667.

Papier in-4.°, 110 f.   d.r. L.

Origine inconnue.

Ce Ms., d'une écriture très-soignée, est une copie du précédent

3.° HISTOIRE NATURELLE.

417. Remarques tirées du premier tome de l'histoire naturelle de Pline, et du second jusques au 18.ᵉ livre.

Papier in-18., 152 f.   d.r. L.

Origine inconnue.

XVII.ᶜ siècle.

Ce Ms., sans valeur, porte le nom de Jean Joseph Madier ; c'est un recueil d'anecdotes tirées de Pline.

418. Abrégé de la botanique qui range chaque plante selon son vrai genre, après avoir expliqué sa classe et sa section.

Papier in-8.°, 131 f.   d.r. L.

Origine inconnue.

XVIII.ᶜ siècle.

C'est un genera, suivant le système de Tournefort, à

la suite duquel l'auteur a joint un dictionnaire des termes de botanique.

4.º Médecine.

419. Viaticus cum glossulis Geraudi.

Vélin in-fol., 120 f.   d.r. L.

Corbie. 103. MM.

XIV.ᵉ siècle. Ms. à 2 colonnes de 30 lignes, en nombre double pour le commentaire, réglées au crayon; capitales de couleur; bien conservé.

Constantin, surnommé l'Africain, parcequ'il était de Carthage, est l'auteur du *Viaticus;* il était moine du mont Cassin et fut l'un de ceux qui contribuèrent le plus à la renommée de la célèbre école de Salerne; il mourut en 1080.

Gérard de Crémone, médecin célèbre et traducteur du XII.ᵉ siècle, écrivit le commentaire; il est désigné sous le nom de *Giraldus Bituricensis* dans la bibliothèque Florenrentine. (Bibl. bibl. Mss. pag. 427.)

Le *Viaticus* de Constantin a été imprimé à Basle, in-fol., 1529, avec ses œuvres, dont on trouve la liste complète dans la *Bibliotheca* de Gesner.

Le catalogue publié par Montfaucon fait mention de ce volume et, comme celui de Corbie, nous apprend qu'il a appartenu à M.ʳᵉ Pierre de Fontaines (de Fontanis), médecin de Corbie.

Viaticus, seu tractatus de medicinâ, cum glossâ Geraudi, cod. memb. sæc. 14. qui fuit Petri de Fontanis, olim medici Ecclesiæ Corbeiæ.

22.*

420. Totius medicinæ compendium.

Papier in-fol., 187 f.   r. L.

Bibl. des Augustins d'Amiens ?

XVI.ᵉ siècle. Ecriture ronde à longues lignes, non tracées ; pages encadrées d'un filet rouge ; index sur les marges.

Ce Ms., qui porte la date de 1582, est attribué à Jean Riolan, célèbre médecin d'Amiens, et commence par les mots :

In nomine domini Joan. Riolani Ambiani physiologiæ libri quinque; aussi M. Le Prince l'a-t-il relié avec un luxe tout particulier.

Si cependant nous comparons cet ouvrage avec les œuvres de Jean Riolan, nous devons reconnaître qu'il n'est point l'œuvre du médecin Amiénois. Sa doctrine y est reproduite et l'auteur assurément devait être l'un de ses disciples ou peut-être l'un de ses auditeurs, rédigeant à sa manière les leçons du maître, auxquelles il conservait leur couleur et leur caractère philosophique.

Le Ms. renferme les traités suivants :

I.º Physiologiæ libri quinque. 1.º De Etæcheiologia, 2.º de temperamentis, 3.º de spiritu et calido innato, 4.º de facultatibus animæ — (quid sit anima — de animali facultate — de facultate vitali), 5.º de functionibus naturalibus (procreatione et nutritione).

On lit à la fin : *Laus Deo virginique Matri Mariæ anno dom. 1582 — 14 cal. feb.*

II.º De secunda parte medicinæ quæ υγιεινη appelatur.

III.º Pathologiæ medicinæ tertiæ partis libri II. 1.º De morborum et symptomatum differentiis et causis, seu Αιτιολογια, 2.º Σημειωτιχη quæ causarum abditarum morborum et symptomatum signa demonstrat, Σφυγμικη, ουρομαντεια, σκατομαντεια, ιδρομαντεια, ars divinandi per pulsus, per urinam, per excrementum, per sudorem.

IV. Methodus medendi 1.º de diœta ægrorum, 2.º de venæ sectione, 3.º de medicamentis.

V. Artis dignoscendi morbos interiores libri III. Liber primus de morbis partium internarum qui est de febribus.

Liber secundus de morbis partium. 1.º Morborum interiorum generalia signa, causæ, remedia., 2.º de morbis thoracis et partium quæ continet, pulmonis, cordis, diaphragmatis, 3.º De morbis et symptomatibus partium naturalium.

Liber tertius de externis et cutaneis morbis atque symptomatibus.

VI. φαρμακευτικη pars medicinæ quæ tractat de materia remediorum in morbis curandis. 1.º Materiæ fontes et classes., 2.º de remediorum internorum formulis, 3.º forma externorum remediorum.

VII. De Alexipharmacia libellus.

VIII. Generalis methodus febrium curandarum.

IX. Luis Venereæ curandæ methodus.

421. LIBER TRACTANS DE MEDICINA.

Papier in-fol., 145 f.   d.r. L.

Corbie. 131. MM.

XIV.ᵉ siècle. **Ms.** à 2 colonnes de 39 lignes, non réglées; écriture difficile à lire; quelques feuillets de parchemin se trouvent çà et là dans le volume.

Nous ignorons de qui est ce traité qui commence par les mots : *In nomine Dei misericordis incipit tractatus pri-*

mus istius operis id est de anathomia continens II *doctrinas;* et finit par : *Tempus est jam huc finire favorem supplicando illi qui in eo navigando gubernavit anchoram ut in celesti gloria fideles collocare animas quum mihi tum omnibus legentibus concedere dignetur ipsemet Deus benedictus qui venit regnaturus in secula seculorum. Amen.*

Dans la préface, l'auteur rappelle les travaux de Pierre d'Espagne, Guillaume de Saliceto, Armand de Ville-Neuve, Hugues de Lucques, Lanfranc de Milan et d'Hermondaville ; il a étudié aux écoles de Lyon, de Bologne, de Strasbourg et d'Avignon, et après avoir beaucoup voyagé et vu *cum diligentia quà potui studui,* dit-il, *et per multa tempora operatus fui in multis partibus et nunc eram in Avenione anno domini* m.º ccc.º *lxiij pontificatus domini Urbani* v *anno primo in quo ex dictis prenominatorum et meis expensis cum auxilio sociorum meorum hoc opus compilavi jussu dni Secte qui tunc vivebat tempore meo inter operatores istius artis* . . . .

Les quatre livres qui composent ce traité comprennent l'anatomie, les blessures, les ulcères et les antidotes ; çà et là dans le livre des blessures, quelques dessins grossiers d'instruments de chirurgie, dans des proportions toutes minimes, ont été représentés par l'auteur.

Ce Ms. est désigné dans le catalogue de Montfaucon sous le titre : *Tractatus de medicinâ. Cod. chart. sæc.* 15.

5.º MATHÉMATIQUES.

422. LIVRE D'ARITHMÉTIQUE.

Papier in-fol., 157 f.   r. m. d.

Origine inconnue.

XVIII.ᵉ siècle. **Très-belle écriture.**

Ce Ms. contient des règles générales pour faire toutes les opérations de l'arithmétique, les calculs des fractions, des nombres complexes, des règles d'intérêt, d'escompte, de société, de toisé, d'arpentage et des problêmes résolus pour chacune des questions.

423. Eléments de Géométrie.

Papier in-4.°, 57 f.   d.r. L.

Abb. de St.-Martin-aux-Jumeaux.

XVIII.ᶜ siècle.

Ce cours de géométrie est précédé d'un traité des proportions, et accompagné de 25 planches gravées.

ART MILITAIRE.

424. LE MESTIER DE LA GUERRE.

Papier in-fol., 72 f.   d.r. L.

Origine inconnue.

Ms. du XVII.ᵉ siècle ; bonne écriture batarde.

L'auteur adresse son livre à Philippe, duc de Clèves,
comte de la Marche., seigneur de Ravestin, « cognoissant,
» dit-il, que doresnavant je deviens viel pourquoi je
» crains que la puissance de vous pouvoir faire service
» dont jai le cœur et vouloir me faille. . . . . veulx
» je bien mettre paine de vous rediger par escript come
» pour une briefve instruction de toute maniere de guer-
» royer tant par mer que par terre et des choses y ser-
» vantes. » L'auteur est issu de la noble maison de Bourgogne ; il a été, comme il le dit à la fin, amiral.de Naples
et de Tunis.

Il exhorte le duc Philippe d'entreprendre la guerre
contre les infidèles, et traite de la déclaration de guerre,
des devoirs du connétable, du maréchal du camp, du maréchal des logis, du prévôt, des maréchaux, du maître
de l'artillerie, du capitaine des pionniers, de l'ordre de
la marche, du siége, de l'ordre qu'il faut tenir par mer,
de l'amiral et de sa charge.

BELLES-LETTRES.

BELLES-LETTRES.

1.° GRAMMAIRE.

425. PRISCIANI GRAMMATICA.

Vélin in-fol. , 38 f.   d.r. L.

Corbie. 76. S.

IX.ᵉ siècle. Ms. à 2 colonnes de 31 lignes, réglées à la pointe sèche ; titres en rouge et en vert ; 3 grandes lettres tournures peintes.

On y trouve incomplètement quatre livres de la grammaire de Priscien.

Le 1.ᵉʳ livre finit au milieu du chapitre *de ordine litterarum.*

Le 4.ᵐᵉ est incomplet.

Le 5.ᵐᵉ est complet, sauf le chapitre dit *caput subdi-
tium,* que l'on trouve dans les imprimés ;

Le livre 6.ᵐᵉ est incomplet, tous les titres manquent, et
les lignes sur lesquelles ils devaient être écrits sont restées en blanc ; il finit au mot *puer.*

On lit à la suite quelques notes sous le titre : *Glose
minoris Prisciani,* une colonne environ ; et 4 oraisons pour
prime , tierce, sexte et none.

Le 5.ᵐᵉ livre est continué par une autre main à partir du

mot *artus* et se termine au milieu du chapitre *de dativo et ablativo plurali secunde declinationis.*

On lit au commencement du 4.me livre : *Prischiani grammatici Cesariencis opera*, et au haut de la première page, *prestantissimus exemplar Prisciani operis cum glossa minoris.*

Priscianus majori ex parte mutilus, cod. memb. sæc. 9. du catalogue de Montfaucon?

Ce volume est sans doute celui que le catalogue du xiie siècle (Nouv. Trait. de Dipl.) indique sous le titre : *Prisciani tres integri.*

426. LIBRI GRAMMATICORUM.

Vélin in-4.°, 72 f.   d.r. L.

Corbie. 190.

xe siècle. Ecriture à longues lignes, de plusieurs mains ; quelques titres en rouge et en argent ; partie réglée à la pointe sèche, partie non réglée ; point de lettres tournures.

Ce Ms., que l'on trouve désigné dans le Catalogue de Montfaucon sous le titre : *Libri imperfecti quorumdam grammaticorum, cod. memb. sæc 9,* et dans le catalogue du xiie siècle. (Nouveau traité de diplomatique) sous le titre : *Foce grammatici ars*, contient quatre traités ou plutôt quatre parties de traités de divers grammairiens, dont un seul, Phocas, grammairien célèbre du vi.^e siècle, nous est connu.

Le premier ouvrage commençant par : *Expositio de prima declinatione. Prima declinatio nominibus latinis, etc.,* traite des huit parties du discours et de l'accent, il y manque seulement quelques feuillets au milieu.

Le deuxième a pour titre : *Ars Foce grammatici.*

Ars mea multorum est quos secula prisca tulerunt.
Rednovate brevitas adserit esse meam.

Après la préface dont nous venons de citer deux vers, vient le traité *Incipit ars Phoci grammatici de nomine et verbo;* il ne contient que quatre feuillets.

Le troisième traité commence par : *Incipit epitome xvi. Maronis ordinaria de sapienti. toto proficit in polo nostræ commemoratio litteraturæ (sic) que non peccuniarum contractans sed sapientiæ quæstus raciocinarum, etc.* Cet ouvrage incomplet comprend dix chapitres, dont le dernier, incomplet, a pour titre : *De scinderatione tonorum.*

Enfin le dernier commence par : *In nomine ihu xri incipit de nomine. Partes orationis quod sunt octo que nomen, etc. Quomodo definitur nomen ita Donatus dicit.*

Nous avions cru que le nom de Maronis pouvait bien être écrit ici pour Varronis, mais le traité dont il s'agit n'a point le moindre rapport avec celui du grammairien latin.

427. LIBER GRAMMATICALIS.

Vélin in-4.°, 132 f.   d.r. L.

Corbie. 217. S.

XIII.ᵉ **siècle. Ms. à 2 colonnes de 55 lignes, réglées à l'encre ; initiales de couleur, écriture fine et grossière.**

Nous n'avons point été plus heureux pour ce volume que pour le précédent, le nom de l'auteur nous est également inconnu.

Il commence par :

Editus in lucem iacuit sine viribus infans

In isto versu breviter duplex status hominis denotatur imperfectus videlicet et perfectus, etc.

Après une dissertation sur les sciences dont l'auteur présente les rapports et la liaison, il y est traité de l'orthographe, de l'étymologie et de la diasynthétique. Ysidore, Donat et le doctrinal d'Alexandre de Ville-Dieu sont souvent cités et servent de base à ce travail, où l'on trouve une grande mémoire et une foule de citations et d'exemples, tirés des auteurs latins, que l'auteur parait posséder parfaitement.

Cet ouvrage fut écrit à Toulouse, comme nous l'apprend l'auteur, à la fin de son livre où on lit, après les actions de grâces rendues à Dieu, à Alexandre de Ville-Dieu son maître, et à tous ceux qui l'ont aidé de leurs conseils et de leurs lumières.

Ista lectura finita et suscepta in curia Tholosana anno ab incarnatione dni m.ᵛ cc.º lxxxx primo.

Ce Ms. n'est point mentionné dans le catalogue de Montfaucon, à moins qu'il ne soit inscrit sous le titre : *Liber grammaticalis;* alors il serait faussement attribué au xv.ᵉ siècle.

428. Le Guidon Allemand enseignant la prononciation allemande exprimée par le moyen du son des lettres françaises, avec l'explication de chaque partie de l'oraison, un abrégé de syntaxe et des dialogues, dédié à la jeunesse française curieuse d'apprendre la langue allemande;

Par Dauvel Martin, linguiste, de nouveau imprimé, revu et corrigé par C. S.

Papier in-4.º, 111 f.   d.r. L.

Origine inconnue.

· C'est la copie d'un livre imprimé dans le siècle dernier, il est écrit dans les deux langues l'Allemand et le Français en regard.

2.º RHÉTORIQUE.

429. Institutionum oratoriarum compendium sive Rhetorica.

Papier in-4.º, 152 f.   d.r. L.

Origine inconnue.

Jean Claude Peret, prêtre à Paris et docteur en théologie, dont les armes se voient sur le livre, est l'auteur de ce traité, écrit au xvii.ᵉ siècle.

430. 1.º Institutiones Rhetoricæ.

2.º Abrégé des règles de la poésie française.

3.º Leges reipublicæ romanæ in duodecim tabulas redactæ.

Papier in-4.º, 147 f.   d.r. L.

Bibl. du chanoine Navières.

Ms. du XVII.ᵉ siècle ; sans valeur.

Il porte le nom de Turpin, rue des Maçons, chez M. Fréville.

La liste des élèves semble indiquer qu'il appartint à un élève du collége d'Angers.

431. Figuræ omnes locutionis versibus explicatæ.

Papier in-8.º, 166 f.   d.r. L.

Corbie. 246. K.

xv.ᶜ siècle. **Ms.** à longues lignes, 12 par page, initiales et finales des vers marquées d'un trait rouge ; écriture cursive, difficile à lire.

L'auteur de cet espèce de rhétorique, où l'on trouve avec l'histoire des lettres (caractères), les tropes, les figures, les synonimes, les homonymes, une sorte de prosodie ou de dictionnaire étymologique, nous est inconnu.

Les nombreuses ratures dont est surchargé cet ouvrage, le peu de soin avec lequel la fin fut écrite, nous font regarder ce volume comme un original.

L'auteur expose ainsi les motifs de son travail : « quo- » niam ignorancie nubilo turpiter excecati quidam impe- » riti fatuitatem exprimentes asinariam chimericas ymagi- » nantes statuas nescio quid ina mabile sompniantes dictio- » num discrepantiam matrimonio non legali et sensu nulla » tenus coherenti copulant indebite succurrendum opinoni » eorum fore existimavi et consulendum. »

Il expose ensuite le plan de ce travail qu'il a osé en- treprendre, malgré son peu de talent, *paupertas ingenioli*, et dont voici l'objet : « Dictionum significationes significa- » tionum differentias. . . . . . scilicet dictiones sibique » . . . . . . si quibus a se differant. Utilitati deserviens » omnium proposui declinare . . . . . sic deinceps stillum » acuere de figuris methaplasmi de figuris stematis de fi- » guris tropi de figuris barbarismi et solecismi de colo- » ribus rethoricis versuum de pedibus metrorum de com- » mutatione litterarum de nominibus monosyllabis . . . . » de nominibus musarum et gentilium de nominibus extor- » tis a greco et secundum alphabetum. »

Donat, le célèbre grammairien du ıv.ᶜ siècle, fut le guide de l'auteur.

Donati nostri vestigia prima secutus.

Voici quelques vers sur les pronoms, pris au hasard au milieu de cette œuvre :

Cuncta vocativo careant pronomina casu
Quatuor exceptis noster nostras que meas tu
Cum possessivo quintum teneat sibi casum
Quedam questio fit sive hec possessio ? Sive
Possessor faciat etc.

432. RECUEIL DE DIVERSES ORAISONS.

Papier in-12., 242 f.   d.r. L.

Bibl. du chanoine Navières.

XVIII.e siècle.

C'est un recueil de discours copiés, dont voici la liste.

1.º Oraison funèbre de Turenne, par Fléchier.

2.º Harangues de Démosthène, première philippique incomplète, 1.re, 2.me et 3.me olynthienne, traduites par Du Tourreil.

3.º Discours de Mascaron pour la reine, mère du roi, quand elle fut reçue en la charge de grand maître, chef et surintendant général de la navigation et commerce de France.

4.º Discours au grand conseil, pour la présentation des lettres de M. le Chancelier (M. De Boucherat), par M. Le Maistre de Ferrières.

5.º Harangue au roi, faite par la ville de Marseille, quand elle le supplie de lui permettre d'élever en bronze sa statue équestre.

6.º Discours pour persuader à un ami de s'adonner au commerce.

7.º Discours prononcé à l'académie française, le lundi 16 juillet 1690, à la réception de M. l'abbé Fleury.

8.º Réponse de M. l'abbé Regnier.

9.º Panégyrique de Louis-le-Grand, par M. Pélisson Fontanier, à la réception de M.ʳᵉ François de Harlay de Charallons, archévêque de Rouen, nommé par sa majesté archévêque de Paris.

10.º Harangue de l'Académie française à la reine de Suède, par M. Patru.

11.º Harangue à la reine d'Espagne, au nom du chapitre d'Orléans, par M. Fourcroy.

12.º Harangue faite au roi, sur la paix, par M. Rose, secrétaire de l'académie.

13.º Harangue à M.ᵐᵉ la dauphine, par M. Godet, avocat au présidial de Châlons.

14.º Généthliaque de monseigneur le duc de Bourgogne (en vers).

15.º Harangue au roi, pour l'académie, par M. Pélisson, 25 juillet 1676.

16.º Discours qui a remporté le prix d'éloquence à l'Académie française, (Du danger qu'il y a dans certaines voies qui paraissent justes) par M. Brunel,

17.º Même sujet.

18.º De la science du salut, opposée aux vaines et aux mauvaises connaissances et aux curiosités blâmables et défendues, par l'abbé de Meulun de Maupertuis.

19.º Même sujet.

20.º Que rien ne contribue davantage au bonheur du peuple que la piété du prince.

21.º Sur les paroles de l'ange à la Vierge : Je vous salue Marie, par Du.....

22.º Sur la louange et la gloire.

23.º Panégyrique de St. Augustin, par Fléchier.

433. Discours sur cette question : Est-il à propos que les filles s'adonnent à l'étude des bonnes lettres.

Papier in-4.°, 70 f.   d.r. L.

Origine inconnue.

XVIII.ᵉ siécle ; mauvaise écriture.

L'auteur se prononce pour la négative. Il paraît être un ecclésiastique, car la plupart de ses motifs sont tirés des auteurs sacrés, et la crainte de voir la femme savante se mêler des questions religieuses domine dans tout son travail.

3.° Poétique.

434. 1.° Abrégé de la poésie française.

   2.° La Batrachomyomachie d'Homère ou combat des rats et des grenouilles, traduite en vers français par M. Le Comte.

   3.° Artis poeseos compendium.

Papier in-12., 86 f.   d.r. L.

Biblioth. des Feuillants.

XVIII.ᵉ siècle. Frontispices imprimés.

Le premier traité est écrit en français ; le troisième, écrit en latin, traite surtout des différents genres de poésie.

La traduction du poëme d'Homère est versifiée avec assez de facilité, mais froide et sans mouvement.

435. Horatii carmina. (Epistolæ et satyræ.)

Vélin in-4.°, 66 f.   d.r. L.

Corbie. 224.

23.*

XII.ᵉ siècle ; vers distincts, dont l'initiale en couleur et séparée.

Il comprend l'art poétique, les épîtres et les satyres, à l'exception de la dernière, *Ut te Nasidieni;* la précédente finit au vers : *Ponere teque ipsum*, etc.

Ms. inscrit au catalogue donné par Montfaucon.

436. 1.º Disticha Catonis.

2.º Eglogæ Theoduli.

3.º Ovidii de Remedio amoris liber secundus.

4.º Historia Thobiæ.

Vélin in-8.º, 113 f.　　　　d.r. L.

Corbie. 266.

XIII.ᵉ siècle. **Ms.** mal conservé, écriture irrégulière ; texte confondu avec les notes qui couvrent les marges.

Les distiques de Caton ont été maintes fois imprimés et commentés au xv.ᵉ et au xvi.ᵉ siècle.

Théodule, poète du v.ᵉ siècle, né en Italie, fut, dit Trithème (Script. eccl.), aussi savant dans la littérature sacrée que dans la profane.

Voici comment l'Histoire littéraire de la France, t. viii, parle de ces églogues : « C'est un dialogue en vers, dans le-
» quel Théodule introduit, sous des noms grecs, trois
» personnages : le menteur, le véridique et la prudence.
» Les deux premiers discutent entre eux les raisonnements
» des payens et ceux des chrétiens, touchant la religion,
» et le troisième, après en avoir pesé la valeur, en juge
« sans partialité. »

Bernard d'Utrecht en donna un commentaire au xi.ᵉ siècle; nous ignorons si celui de notre Ms. est le sien, mais nous ne le croyons point, car sa préface ou lettre dédicatoire à son évêque, publié par Dom Martenne (Anal. tom. 1, pag. 153), ne se trouve point dans le Ms.

L'histoire de Tobie a été plusieurs fois imprimée, sous le titre : *Matthœus Vindocinensis historia sacra de Thobia.* Elle est l'œuvre de Mathieu de Vendôme, qui l'a écrite pour Bartholomée de Vendôme, archevêque de Tours, qui mourut en 1206. Voyez Hist. litt. de la France, tom. xv. Le Ms. est incomplet.

Le catalogue de Corbie indique encore, comme faisant partie de ce Ms., un fragment d'un ancien dictionnaire latin – français, et l'art d'aimer d'Ovide, *Ovidius de arte amandi cum notis,* qui ne s'y trouve plus aujourd'hui.

Le catalogue de Montfaucon mentionne également ces quatre ouvrages, il désigne ainsi la Thobiade : *Tobias versibus donatus ab authore quodam Vindocinensi, qui opus suum Epistolá metricá dedicavit Bartholomœo Turonensi Archiepiscopo, cod. memb. sœc. 15.*

437. 1.º ROMAN DE LA ROSE.

2.º Le Reclus de Moliens : 1.º Miserere.

2.º Charité.

Vélin in-4.º, 184 f.   d.r. L.

Corbie. 177.

XV.ᶜ siècle. **Ms.** à 2 colonnes de 38 lignes, réglées à l'encre ; initiales des vers séparées ; capitales rouges et bleues, écriture batarde ancienne.

1.º Le roman de la Rose, que commença Guillaume de Lorris et que la mort lui fit interrompre vers le milieu du xiii.ᶜ siècle, après avoir écrit 4150 vers ; que Jean de Meung, dit *Clopinel,* acheva à la fin de ce même siècle ou dans les deux ou trois premières années du suivant, est trop connu pour que nous puissions rien apprendre sur ce sujet.

Le premier feuillet de notre Ms. est entouré d'un encadrement or et couleur, avec une petite miniature représentant un jeune-homme endormi, traduction des vers :

> Au vintisme an de mon eage
> Ou point camours print le paiage
> Des jonles gens : couchier maloie
> Une nuit. Si com je soloie
> Et me dormoie mout forment
> Si vi 1 songe.

Le 14.ᵉ feuillet, aussi encadré, présente l'amant à genoux, percé d'une flèche, recevant les ordres du Dieu d'amour, lequel est vêtu d'une robe rouge doublée d'hermine; il a de grandes ailes rouges et une couronne d'or sur la tête.

> Li Dieus damours lors me caria
> Tout ensi que vous orres ja
> Mot a mot ses commandemens
> Bien les devises cis roumans.

Quatre feuillets déchirés, sans doute pour avoir les miniatures, rendent incomplet notre Ms.

On n'y trouve point les titres en vers qu'on voit dans les imprimés, mais seulement une note de la main du copiste signale l'excuse de l'auteur, au vers 15850.

> Or entendes signeur amant.

Ichi, dit-il, *deves noter comment li faiseres de cest oeure sestuse vers toutes dames vers tous religieus et vers tous cheus qui contre li rigueur alever vauroient et contre ses dis opposer.* On sait en effet quels célèbres antago-

nistes eut ce livre, et quel avis porta contre lui le chancelier Gerson.

Notre Ms. incomplet, comme nous l'avons dit, finit au
vers 22450.

> Trois fois sasist en la valee
> Tous las pour ravoir salenee
> Tant ot souffert paine et travail
> Et se qui chi tant me travail.

Nous ne nous arrêterons point à signaler les nombreuses
variantes, quant à l'orthographe et à la diction, que présente notre Ms., les quelques vers que nous en avons cités en donneront une idée.

2.° Les deux romans ou plutôt les deux poëmes du Reclus de Moliens, n'ont point été imprimés. Ils sont écrits
en vers de huit syllabes, et en strophes de 12 vers.

Notre Ms. présente, dans une vignette grossière en tête
de *Miserere*, un moine ou plutôt un hermite à longue
barbe, les mains levées vers le ciel; en tête de *Charité*,
une femme distribuant un vêtement et un pain.

On lit à la fin, sur un feuillet déchiré : *Explicit Le
Rommans du Renclus de Molyen et de Carite.*

Le premier poëme, commençant par :

> Miserere mei Deus.
> Trop longhement me sui teus.

contient 275 strophes; il porte le nom de *Miserere* ou de
Roman du Reclus de Moliens. (*Li romans le Reuclus de
Moliens de bons examples de moralitez sur tous estas de
tout le siecle.* Bibl. Roy. n.° 7649, fonds de l'église de
Paris n°. 2.)

M. Guigiené (Hist. litt. de la France, tom. xiv, pag.
33 et suiv.), a fait connaître ce poëme où l'auteur s'é-
lève avec autant de verve et de force que d'originalité

contre les mauvais riches, les prêtres et les moines qui se servaient des revenus de l'église pour leurs plaisirs.

Dans le second, qui comprend 215 strophes, l'auteur fait moins l'éloge de la charité que la satyre encore des mœurs en général, des désordres de toutes les professions, et surtout des hommes d'église, prêtres, abbés, évêques, prélats, cloitriers, qu'il accuse d'être peu charitables.

Aussi Du Cange, dans ses observations sur l'histoire de St. Louis, in-fol. 1658, pag. 99, 136, 177, parlant des plaintes des auteurs de ce temps contre les abus de la cour romaine, a-t-il cité les vers du Reclus de Molliens.

Quel est l'auteur de ces poëmes?

Tous les biographes se sont tu, et l'Histoire littéraire de la France ne nous apprend rien. Les seuls catalogues de l'ancienne bibliothèque du Louvre (Inventaire fait en 1373, par Gilles Mallet, Debure, Paris 1836 et la Bibliothèque protypographique de Barrois, Paris 1830), citent l'un onze l'autre dix exemplaires de ces satyres, appelant l'auteur tantôt *Reucluz*, *Reuclus*, *Reclu*, *Reclus*, ou *Recluz* de *Morleens*, *Morleenz*, *Morlens*, *Molyens*, *Morlyens*, *Morliens;* ailleurs il est appelé *Reclus de Molans* ou *Molens* (Hist. litt.) Du Cange l'appelle *Reclus de Molliens* (Index du Glossaire), et *le moine de Mollens* (Histoire de St. Louis); il vivait, dit-il, sous le règne de Henri II, roi d'Angleterre, par conséquent de 1154 à 1189.

M. Guinguené conjecture qu'il était religieux, à cause d'une vignette du Ms. 7649 de la bibliothèque royale. Notre Ms. présente aussi cette même figure d'hermite, et Du Cange l'appelle *moine.*

Le P. Daire (Tableau hist. des sciences et des arts en

Picardie, Paris 1768, pag. 160), avec Sanson (Histoire d'Abbeville), fait naître le Reclus de Moliens à Abbeville ; mais il ne paraît point connaître son livre, qu'il appelle une traduction du *miserere* et du *pater*, en vers à rimes croisées.

Le style de l'auteur ne démentirait pas cette origine, et l'offrande faite au roi par le gouverneur du bailliage d'Amiens, Jean Barreau, d'un exemplaire de ce poëme, serait une nouvelle et forte présomption à notre avis, en faveur de cette opinion. On lit en effet dans l'Inventaire de l'ancienne bibliothèque du Louvre de Gilles Mallet, n.° 173. *Le Reclus de Morleens ryme, couut de veluyau ynde a une fleur de lis de broderie d'or, q dona au roy le gouverneur du baillage d'Amiens.*

Le volume ne paraît point avoir été richement enluminé, et quelle qu'ait été à cette époque la rareté des livres, 1373 environ, on expliquerait mieux cette offrande si le Reclus était un poète picard.

Ce Ms. n'est point porté au catalogue de Corbie, donné par Montfaucon.

438. RECUEIL DE CHANSONS.

Papier in-8.° oblong., 4 vol., 628 f.　　d.r. L.

Origine inconnue.

XVIII.ᵉ siècle.

Les chansons que renferment ces quatre volumes sont toutes écrites de la même main, et avec beaucoup de soin ; elles sont notées pour une ou deux voix.

439. CHANSONS EN DUO, NOTÉES.

Papier in-4.°, 84 f.　　d.r. L.

Origine inconnue.

XVIII.ᵉ siècle.

La plupart sont des chansons à boire;on en trouve à la
fin une table alphabétique. Le tiers du volume est resté
en blanc.

440. Recueil de Chansons.

Papier in-4.° oblong., 163 f.   d.r. L.

Origine inconnue.

XVIII.ᶜ siècle.

Une table alphabétique précède ce recueil de chansons
à boire, notées, extraites de divers auteurs.

4.° Art dramatique.

441. Terentii comediæ.

Papier in-fol., 77 f.   d.r. L.

Corbie. 183. S.

XV.ᶜ siècle. **Ms. à 2 colonnes ; écriture batarde, très-lisible ; initiales rouges ; notes sur les marges.**

Ce Ms. contient les six comédies qui nous sont restées
de Térence.

Les notes marginales et la mention, en tête de chaque
pièce, de l'époque où elle fut jouée, furent ajoutées postérieurement; on les trouve dans tous les classiques, ils
appartiennent à Donat.

En tête est une notice biographique sur Térence.

Vient ensuite, pour toutes les pièces, un argument ou
sommaire, et les prologues de Sulpice Apollinaire, puis
la comédie avec son prologue.

Après l'argument de l'Adrienne, on lit cette notice biographique ou espèce d'épitaphe qu'un anonyme a placée dans la bouche du poëte :

> Natus in excelsis tectis Carthaginis alte, etc.

qui se trouve rapportée dans l'édition des classiques latins de M. Lemaire, tom. 1, préface, pag. 156, comme appartenant à un Ms. de la Bibliothèque royale, et aussi dans les prolégomênes du Térence *ad usum Delphini.* 1575.

Le prologue suivant ou plutôt cette revue des ouvrages du poëte, que nous trouvons dans notre Ms, manque dans les imprimés.

> Andria vel Eunuchus, Euthon Adelphus. Echyra.
> Phormio succedens fabula sexta datur.
> Adria quid potet juvenes que sponte sequantur.
> Servi quo pacto pelliciant dominos.
> Enuchi nexus quid sit thema. nomen et unum
> Ascinit. fraudes que fuerunt juvenis.
> Utontumerumenos que fert cruciatum
> Excessu gnati gaudia que reditu
> Delphis patriciis filio sumpsisse nepotem
> Alter que demea rus coluisse patrem.
> Ormio consilii quid det Phedrie parasitus
> Antipho sobrine captus amore sue
> Exta loco proprium quid traxit echyra,
> Est tunc sat notum. cetera deinde vide.

A la fin de chacune des pièces on lit la mention :

Caliopus recensui, que l'on trouve dans l'édition de Térence publiée par Robert Étienne. *Terentius. Parisiis,* in-4.º 1529.

Les deux prologues de l Eunuque donnés dans cette édition, se trouvent également dans le Ms., seulement l'ordre en est interdit; le premier du Ms. est le second de l'imprimé, avec de légères variantes.

Ce Ms. fut écrit le 25 octobre 1438 : *Die* xxv *octobris*

1438. *Manu scripta mei Blasii Manganelli de Cesana;* il fut acheté par Caubbet, en 1461, comme on le voit sur la feuille de garde : *Hic liber est de ecclesia sti Petri Corbeiensis quem proprio sumptu emit Carolus Caubbet, religiosus prefate ecclesie anno domini m.cccclxi.° orate pro eo.*

Ce Ms. est porté ainsi au catalogue de Montfaucon. *Terentii comediæ, cum duabus inscriptionibus que dicuntur esse Mediolani in Ecclesia Sancti Ambrosii, cod. chartac. sæculi 15.*

Ces deux inscriptions sont imprimées. Voyez pour l'une, celle de Jean de Gibelins, archévêque de Milan, *Italia sacra tom.* IV, *pag.* 357; pour l'autre, celle du pape Martin IV, *Vitæ et res gestæ pontificum Romanorum. pag.* 1154.

442. 1.° Oblato nomine Jesu de Beatæ Mariæ Virginis purificatione. (Drama pastoritium.)

2.° Ad majorem dei gloriam. Mater sospitalis vel filius reviviscens. (Drama.)

3.° Uter videndine an audiendi sensus ad eloquentiam magis conferat. (Oratio.)

Papier in-4.°, 77 f.   d.r. L.

Congrégation de l'Oratoire.

XVII.ᶜ **siècle.**

Ces trois pièces ont été représentées sur le théâtre des Jésuites, à Amiens, comme l'indique la mention *Datum est in theatrum a selectis Rhetoribus collegii Ambianensis societatis Jesu*, au bas de chaque titre. La dernière porte la date 1657.

La 1.ʳᵉ est en vers hexamètres.

La 2.ᵐᵉ, dont le sujet est tiré des annales du Danemarck et de Saxe, est écrite en vers iambiques.

Le discours est en prose, l'auteur conclut en disant que la vue et l'ouie sont d'une égale importance, mais que s'il était forcé de donner un avis, *aurium certe quam oculorum judicio atque utilitati ad eruditionem plus tribuendum esse existimaret.*

443. Laureata pudicitia, sive Suzanna martyr (Tragædia.)

Papier in-4.°, 90 f. d.r. L.

Congrégation de l'Oratoire.

XVII.ᵉ **siècle.**

Cette tragédie, qu'accompagnent un prologue et un épilogue en français, est composée de 5 actes, dont les scènes sont tantôt en vers latins, tantôt en vers français, de différentes mesures.

5.° ROMANS.

444. Histoire du prince Apprius, par Wertofel, docteur de l'université de Vindalte, trouvée dans la bibliothèque du roi Perse Achmet Othni, traduitte du Persan par Messire Esprit, Gentilhomme Français. 1734.

Papier in-4.°, 170 f. d.r. L.

Origine inconnue.

Ce roman de Godard de Beauchamps, qu'il a constamment et inutilement désavoué, (Biog. de Michaut) fut imprimé sous le titre *Histoire du prince Apprius, extraite des fastes du monde, depuis sa création, etc. Imprimé à Constantinople* (Paris vers 1722); La Haye (Lyon) 1728, in-12. (France litt., par M. Quérard).

L'imprimeur fut condamné au bannissement et à une forte amende. (Barbier, Dictionnaire des ouvrages anony. et pseu.)

6.° Philologie.

445. Parlement à la mode ou discours familiers sur chaque profession, charge et métier, contenant tout ce dont on parle ordinairement au commerce de cette vie.

Papier in-4.°, 235 f.   d.r. L.

Origine inconnue.

XVIII.ᵉ siècle.

Ce Ms. n'est autre qu'un manuel de la conversation en allemand et en français; l'écrivain n'était point fort habile, car son livre est criblé de fautes.

En tête est un dictionnaire des termes de guerre, aussi en français et en allemand.

On a écrit sur la couverture : *Discours et proverbes.*

446. Le sel de la conversation ou recueil de bons mots avec réflexions historiques, poétiques et morales. 1719.

Par le R. P. Théophile du Très-Saint Sacrement, carme déchaussé, mort à Amiens en 1723.

Papier in-4.°, 307 f.   d.r. L.

Bibl. des Carmes déchaussés d'Amiens.

XVIII.ᵉ siècle ; bien écrit et bien conservé.

Ce recueil de 200 anecdotes en contient d'assez curieuses, mais accompagnées de commentaires souvent très-peu piquants.

447. MÉLANGES CURIEUX.

Papier in-4.°, 2 vol. de 187 et 240 f.   d.r. L.

Origine inconnue.

XVIII.° siècle. Bonne écriture batarde; pages entourées d'un cadre noir, avec quelques petits ornements peints.

Ces deux volumes composent un recueil d'anecdotes, de poésies légères, de madrigaux, de fables, de bons mots, de pensées, d'épigrammes et de calembourgs, rangés par ordre alphabétique.

Le 1.ᵉʳ volume de la lettre A à la lettre F, porte pour épigraphe :

> Lectorem delectando pariterque monendo
> Quand on écrit il faut amuser son lecteur. Hor.

Le 2.ᵐᵉ de G à Z :

> — Neque te ut miretur turba labores
> Contentus paucis lectoribus.....
> Ne travaillez pas pour attirer les applaudissements;
> contentez-vous d'un petit nombre de lecteurs. Hor.

448. MÉLANGES CURIEUX.

Papier in-4.°, 160 f.   d.r. L.

Origine inconnue.

Ms. de la même main que le précédent.

Il porte pour épigraphe :

> Me raris juvat auribus placere.
> Je ne veux plaire qu'à peu de gens. — Martial.
> Diversos diversa juvant
> La diversité plait à beaucoup de gens. — Gallus.

C'est un recueil sans ordre d'anecdotes et de poésies légères auquel, comme dans le volume précédent, le goût le
plus pur n'a point toujours présidé.

449. MÉLANGES CURIEUX.

Papier in-4.°, 183 f.   d.r. L.

Origine inconnue.

Ce Ms. est dû au même collecteur que les précédents;
il est de la même main, mais beaucoup moins soigné;
l'épigraphe est celle du 2.me volume du n.° 447 Il contient des madrigaux, des poésies légères, des épitaphes
en vers français, des inscriptions latines, des maximes
en français, des passages latins avec la traduction, rangés
par ordre alphabétique, et une table des matières.

450. MÉLANGES CURIEUX.

Papier in-4.°, 94 f.   d.r. L.

Origine inconnue.

Ce volume contient une série d'éphémérides, du 1.er
janvier au 28 février, entremelés d'une série d'anecdotes
en prose et en vers, et de pièces diverses sans ordre et
sans suite.

Il est de la même main que les précédents, mais bien
soigné.

451. Recueil de lettres familières sur différents
sujets.

Par le chevalier ROBUTEL.

Papier in-12., 135 f.   d.r. L.

Origine inconnue.

L'auteur a tiré d'Adam, de Laserre, de Mainard, de Colletet et de quelques autres tout ce qu'il a jugé propre à un recueil de lettres familières, en ajoutant de son invention pour toutes les circonstances ordinaires.

On trouve à la fin une ample table des matières.

Ce MS. appartenait à Antoine Robutel, capucin d'Amiens, et porte la date 1746.

452. Selecta quædam ex variis et probatis auctoribus ad leniendos in hac tempestate animorum motus.

Papier in-fol., 98 f.   d.r. L.

Abb. de St. Acheul.

XVI.ᵉ siècle (1589).

Ces fragments de poètes et de philosophes anciens, des pères et des écrivains ecclésiastiques, sont rangés sous les titres : *Ad leniendos in hac tempestate animorum motus, de cruce et afflictionibus, in pacis et concordiæ quæ nunc exulant commendacionem, de taciturnitate, de vanitate, de curiositate, de cultu imaginum.*

A la fin est une harangue en français de *messire Lois Grot, aveugle né, deputé d'Adria, prononcé devant le duc de Venise, en mars 1568, pour congratuler la création du serenissime prince Pierre Lauredan naguères élu duc de Venise.*

HISTOIRE.

HISTOIRE.

I.ʳᵉ SECTION. — GÉOGRAPHIE ET VOYAGES.

1.º GÉOGRAPHIE.

453. 1.º SUMMA GEOGRAPHIÆ.

2.º Tractatus chronologicus.

3.º Tractatus de Physiognomiâ.

4.º Brevis de veteribus diis tractatus.

Papier in-12., 216 f.   d.r. L.

Origine inconnue.

XVIII.ᵉ siècle ; pages encadrées d'un filet rouge.

Ce Ms. latin est le cahier d'un écolier, il contient les cours dictés de plusieurs professeurs en 1645 et 1646.

On lit à la fin du cours de géographie :

Dictabat R. P. Johannes Foiart societatis Jesu 1646.

454. De Geographia.

Papier in-8.°, 110 f.   d.r. L.

Bibl. des Minimes.

XVII.ᵉ siècle.

Traité de géographie sans intérêt. Il est divisé en quatre journées. On y trouve des cartes géographiques manuscrites assez bien faites.

455. 1.° Appendix de mensurâ orbium cœlestium.

2.° Tractatus de terrâ.

3.° Compendium prodigiorum quæ in toto orbe re-
periuntur.

4.° Multa miracula explicanda.

Papier in-4.°, 158 f.   d.r. L.

Origine inconnue.

XVII.° siècle.

Ce Ms. est également un cahier d'écolier écrit à Amiens,
comme on le voit sur le titre : AMBIANI. *Andrœas de Ville
Rhetor* 1670.

Le 3.ᵉ traité, malgré son titre latin, est en français.

Parmi les miracles à expliquer, on cite ceux-ci en Picardie : *Est locus quidam Abbavillam inter et Ambianum, qui
ingenti aquarum strepitu instar gurgitis tumet, illicque
dicunt Deo ita permittente immersam aliquando nobilem do-
minam cum suo vehiculo.*

Il s'agit ici de Canaples et de la *Fontaine-Madame*, où
la tradition place cet évènement tragique.

*Est terra quœdam quá, deficiente ligno utuntur incolœ ut
ignem conficiant, quœ terra flammam facile concipit.*

Cette seconde merveille est la tourbe de nos vallées.

456. 1.° Introduction à la géographie. (Cosmographie.)

2.° Apparatus ad geographiam.

3.° Orbis terrarum proemium, sive introductio ad geographiam.

Papier in-4.° , 221 f.   d.r. L.

Origine inconnue.

XVIII.° siècle.

Ouvrage sans intérêt.

Les cinq premiers chapitres seuls du second traité sont en latin.

On trouve à la fin deux listes des archévéchés, des évéchés et des parlements de France.

2.° VOYAGES.

457. Les deux voiages faicts en Espaignes par Philippe, archiduc d'Austricc.

Papier in-fol. , 109 f.   d.r. L.

Origine inconnue.

XVI.° siècle. **Ms.** à longues lignes , d'une belle écriture ; bien conservé.

L'exposé suivant de l'auteur fera bien comprendre le sujet de l'ouvrage. « Anthoine de Lalaing, seigneur de » Montigny filz de sire Josse de Lalaing chevalier de honora- » ble recordation et memoire ay pour lamour de mon natu- » rel signeur Philippe dAustrice filz de lEmpereur Maximilien » premier de ce nom et de Marie de Bourgoigne fille du » très renommé duc Charles memoirié par ecrit a mon

» possible ce qui advint de deux voiages quy fit l'ung
» par terre et l'aultre par mer pour aller en Espaignes
» relever les terres royames et possessions qui lui suc-
» cedaient par la mort du frere de mere de sa femme
» et espouse Jehanne fille du tres noble et vertueux Roy
» Ferrandt d'Espaigne et de Elizabeth sa tres prudente et
» couragieuse compaigne et espouse

« Cette œuvre sera divisée en quatre livres. Le premier
» traitera de son premier voyage. Le second de son retour.
» Le troisiesme de son secondt voyage et de son naufrage.
» Le quatriesme du résidu de sa breve vie et de son tres-
» pas. En chascun livre y aura plusieurs chapitres comme
» orront les lisant et les oyant mes devises. »

Antoine de Lalaing mourut à Gand le 5 des nones d'a
vril 1540.

Un Ms. portant le même titre est indiqué par Sunde-
rus. *Bibliotheca belgica*, pag. 246, tom. 1, comme appartenant à la bibliothèque de la cathédrale de Tournay.

Valère André (Bibliotheca belgica, pag. 69), indique
le même ouvrage sous le titre : *Iter seu Profectionem Phi-
lippi 1 Austrii, e Belgio in Hispaniam, cum Joanna con-
juge ann.* cɪɔ. ɪɔ. ɪɪ. *et.* cɪɔ. ɪɔ. ɪɪɪ. *ac reditum eorumdem ad
Belgas.*

Diverses copies de ce voyage de Philippe-le-Beau existent
à Bruxelles. Bibl. des Ducs de Bourgogne, n.° 7382—
15856—15857—15858—15859.

Ce voyage doit être compris dans la *Collection des Voyages
des souverains de Belgique* que doit publier la Commission royale d'histoire de Bruxelles, pour la collection
des Chroniques Belges, et dont elle a confié le soin à M.
Gachard, l'un de ses membres. (Bull. de la Comm. roy.
d'Hist. de Bruxelles, mars 1836).

458. Mémoire et brief recueil des journées et choses qui se sont passées au voyage qu'a faict le serenissime ArchiDucq Albert à l'allée séjour et retour d'Espaigne.

Papier in-fol., 78 f.   d.r. L.

Origine inconnue.

XVII.ᶜ **siècle. Ecriture ronde, à longs traits.**

Ce Ms., qui commence par : *Après que feue sa majesté de tres haulte et tres heureuse mémoire eut faict resignation et cession des Pays-Bas, conté de Bourgogne en faveur de la serenissime infante Isabel sa fille ainée avec condition de Mariage entre elle et le 5.ᵒ archiduc Albert, etc*, raconte le voyage de ce dernier, parti de Bruxelles le 14 septembre 1598, pour se rendre en Espagne, jusqu'à son retour le 28 février 1600.

On trouve à la suite sous le titre : *Partie de ce que s'a passé depuis le retour de leurs altezes à Bruxelles*, l'enterrement de feu l'Archiduc les 15.ᶜ et 16.ᶜ jour de mars 1600.

On retrouve ce même voyage dans la Bibliothèque des ducs de Bourgogne, n.ᵒ 12971, xvii.ᶜ siècle.

Ce mémoire doit aussi faire partie de la *Collection des Voyages des souverains de Belgique*, n.ᵒ 5.

1.º VIES DES SAINTS ET DES MARTYRS.

459. 1.º Vita S. Antonii.

2.º Vita S. Hilarionis.

3.º De vitâ sanctorum Patrum Eremitarum.

Vélin in-4.º, 174 f.   d.r. L.

Bibl. du Collége des Jésuites.

XI.ᵉ siècle. Ms. à longues lignes, 23 par page, réglées à l'encre, pointées sur les marges; titres rouges, bonne écriture; incomplet au commencement et à la fin.

La vie de St. Antoine, écrite par l'évêque Athanase, est imprimée dans les Bollandistes, 17 janvier; sans doute la vie d'un autre saint précédait celle-ci, car notre MS. ne commence qu'après les six premières lignes du prologue; l'épilogue du traducteur ne s'y trouve point.

La vie de St. Hilarion, écrite par St. Jérôme, est dans Surius, 21 octobre.

La vie des Sts. Pères Ermites est celle de Rufin d'Aquilée; notre MS. comprend les deux premiers livres et le troisième jusqu'au n.º 153. Le reste manque.

Cet ouvrage est imprimé. Voyez : *Vitæ patrum de Vitâ et Verbis seniorum sive historiæ cremiticæ Heriberti Ros-weydi. Antuerpiæ. 1628, pag. 448 à 523.*

460. 1.º Martyrologium Usuardi.

2.º Regula S. Benedicti abbatis.

3.º Obituarium.

4.º Evangelia in capitulo legenda per totum annum.

Vélin in-4.º, 115 f.   d.r. L.

Corbie.

XIII.ᶜ siècle. **Ms.** à longues lignes; titres et initiales rouges et verts; très-mal conservé, bords rongés; écriture d'un grand nombre de feuillets détruite par l'humidité; incomplet.

Le martyrologe d'Usuard, souvent imprimé, ne commence qu'au 11 février; on trouve sur les marges un grand nombre de donations dont on ne peut lire qu'une moitié insignifiante. On y voit cependant que ce Ms. a dû appartenir à une abbaye de Flandre, car les donateurs y sont des bourgeois de Douay, Courtray, Ypres. Les noms inscrits à l'obituaire indiquent également la même origine.

A la suite de la règle de St. Benoit est une commémoration ou figure le pape Eugène, le roi Louis, Henri son fils, Richard d'Angleterre, Thibaut de Champagne, Henri, son fils; il en résulterait dès lors que ce Ms. daterait de l'an 1200 environ.

Des noms de baptême figurent seuls dans le calendrier obituaire.

461. 1.º Vita S. Adhalardi.

2.º Vita S. Anscharii Bremensis Archiepiscopi.

3.º Alia vita ejusdem, metrica.

Vélin in-fol., 116 f.   d.r. L.

Corbie. 132. BIS.

XIV.e siècle. **Ms.** incomplet, à longues lignes, 25 par page, réglées à l'encre; titres rouges, initiales ornées de traits; sur le premier feuillet, à demi déchiré, une miniature sur fond d'or, représentant un évêque.

La vie de St. Adhalard est celle du moine Paschase Radbert, que l'on trouve imprimée dans le recueil des Bollandistes, au 2 janvier.

A la suite est *l'Ecloga duarum Sanctimonalium*, pastorale qu'un autre écrivain fit sur la mort du célèbre abbé de Corbie, et dans laquelle il fait parler les deux Corbie (Corbie-en-Amiens et Corbie-la-Nouvelle, en Saxe), sous le nom de Galathée et de Philis.

Cette églogue, avec la vie de St. Adhalard, est imprimée dans les *Acta SS. Ord. St. Bened. sæc.* IV. *Pars* 1ª.

La vie de St. Anschaire, due à St. Rembert, est imprimée aussi dans les Bollandistes, 3 février, avec la vie écrite en vers par Gualdon, moine de l'ancienne Corbie; seulement, le premier vers

Principium libri lacrymas habet. Acta notandum

ne se trouve point dans le Ms. qui commence par le second :

Dulce tuis, Alberte, decus, iubar igne vaporum.

On lit à la fin de l'histoire de St. Adhalard : *Hic avulsa sunt quinquagenta unum folia a paucis annis et ni fallor a patre Dnico a Jesu carmelita discalceato in conventu suburbii S. Germani Paris.*

Par suite, quatre feuillets en papier complètent la vie de St. Anschaire, dont le commencement manquait. Ils sont écrits par l'auteur de la note, laquelle est rapportée dans le catalogue de Corbie.

Ce Carmélite était-il Dominique de Jesus (Girard Vigier.),

l'auteur du *Spicilegium ordinis Carmelitarum* , et aussi de quelques vies de saints restées manuscrites. (Voy. Bibl. Carmelit. , tom. 1, pag. 410, n.° LXVIII)? L'écriture de la note est contemporaine, mais à défaut d'autres preuves, nous devons nous abstenir.

On ne trouve plus dans ce volume le *Codex papiraceus recentioris scripturæ continens vitam S. Adhalardi a Gerardo monacho compositam*, dont parle le catalogue.

Déjà, à cette époque, avait aussi disparu une vie de Ste. Bathilde, qu'une note indique devoir suivre la vie de St. Anschaire.

Les deux premières parties de ce Ms. , la vie de St. Adhalard et l'églogue, sont citées dans le catalogue de Montfaucon, qui ne mentionne pas le reste du volume.

462. Legendæ sanctorum quas compilavit frater Jacobus nacione januensis de ordine fratrum prædicatorum.

Vélin in-4.°, 216 f.   d.r. L.

Abb. de Corbie. 257. N.

XIV. **XIV.**ᶜ siècle. **Ms.** à 2 colonnes, 57 lignes par page, non réglées ; mauvaise écriture minuscule, passée et souvent illisible.

C'est la fameuse légende dorée de Jacques de Voragine, si souvent imprimée au xv.° siècle, et traduite dans toutes les langues.

On lit à la fin : *Explicit legenda sanctorum completa a fratre Jacobo de sancto Petro de ordine fratrum prædicatorum anno dni m ccc xlvii.° xvii.° kalendas Augti scilicet in octava dedicationis ecclesie autiss. fratrum dicti ordinis et in vigilia beati Alexii inter nonam et vesperas. qui frater Jacobus fecit professionem in conventu senonen. dci ordinis anno dni m ccc xvi° xv Kalendas Julii sub fratre Bengario magistro ordinis et infra octavam dedicationis ecclesie dicti conventus senonen et anno dni m cc xlvii in crastino festi dedicationis ecclesie autiss. jam dicte fuit supper institutus. Cujus corpus et animam Xristus assistens pontifex futurorum bonorum sanctificare, benedicere, consecrare et sub perpetuo dedicare et immaculatum ab hujus sœculi contagiis conservare dignetur ut ipsum una cum patre et spiritu sancto in ecclesia militante et tandem in ecclesia triumphante cum angelis et omnibus sanctis digne laudare mereatur in sœcula sœculorum. Amen.*

A la suite est une table alphabétique des matières, attribuée à Pierre de la Palu, imprimée dans l'édition de la légende de 1493, et une autre table très-explicite, dont l'auteur ne nous est point connu. Il est terminé par une hymne pour la Vierge, sous le titre :

Cantilena devota de matre Xristi :

    Xristo gloriam Dmnus, etc.

Le Ms. fut terminé le 16 octobre 1359, comme on le voit par cette ligne. *Consummata fuit hœc scriptura anno domini m. ccc. lix°. xvi.ª die octobris hore prime.*

On trouve en tête une table pour trouver le jour de Pâques, du xv.ᵉ siècle.

Ce Ms. nous paraît le même que celui du catalogue de Montfaucon. *Legenda, seu vitœ plurium sanctorum, autore quodam religioso de ordine prœdicatorum, cod. memb. sœc. 14.*

Le catalogue de Corbie le désigne : *Legenda Petri de Palude patriarchœ Jerosolitami ord. frat. prœd.* C'est une erreur, car la légende est de Jacques de Voragine, et la table seule, attribuée, comme nous l'avons dit, à Pierre de la *Palu.*

463. Martyrologium Gallo-Francicum seu Natales Sanctorum Gallie et Francie.

Papier petit in-fol., 48 f.   d.r. L.

Abb. de St.-Jean d'Amiens.

XVI.ᵉ **siècle. Ecriture ronde, titres en rouge; pages encadrées de deux filets de cette couleur.**

Ce martyrologe, où les saints sont classés suivant l'ordre des mois, ne contient qu'une notice fort courte sur chacun d'eux. Il ne mentionne, comme l'indique le titre, que les saints qui sont nés en France et dont le nombre s'élève à plus de 600.

A la fin est une table des noms des saints par ordre alphabétique

464. Vita S. Germani scoti, Episcopi, martyris, patroni ecclesiæ parochialis S. Germani Ambianensis, cum annotationibus et officio ecclesiastico illius diei festæ et octavæ.

Vélin in-fol., 110 f.   d.r. L.

Abb. de St.-Jean d'Amiens.

Ecriture ronde et cursive; titres en rouge (1646.)

Jean Cauchie, curé de St.-Germain d'Amiens, de 1642 à 1668, est l'auteur de cet ouvrage qu'il composa en 1646. Il fit écrire le Ms. à ses frais, et le dédia à l'évêque d'Amiens, M. Lefebvre de Caumartin, dont on voit les armes sur le 2.ᵉ feuillet.

Cet ouvrage fut imprimé en 1646, Amiens, in-8.°, chez Hubault; en 1675, in-16, chez Caron et à St.-Quentin chez Claude-Lequeux, in-16, 1666.

On ne trouve point dans le Ms. la vie en français de St.-Germain, ni les vers adressés à Cauchie par Perdu, avocat fiscal d'Amiens, qui fit une ode en vers latins à St.-Germain, ni la préface de Pierre Borée, religieux de St.-Jean, qui fit l'adresse au lecteur en vers français; mais on y voit en plus le petit office, la translation des reliques du saint, la dédicace à l'évêque, et la liste des curés jusqu'à Adrien Cauchie, 1646, *adhuc vivens.*

Ce volume appartenait en 1690 à P. Boucher, successeur de Cauchie, que Daire appelle Jean de Cauchie, mort de la peste en 1668.

465. Vita S. Germani, Episcopi et martyris, patroni ecclesiæ parochialis ejusdem S. Germani Ambianensis, cum annotationibus et officio ecclesiastico illius diei festi et octavæ, cum opprobatione illustrissimi DD. Francisci episcopi Ambianensis.

Papier, petit in-4.°, 218 f.　　　　d.r. L.

Abb. de St.-Jean d'Amiens.

Ecriture ronde, mélangée de cursive, feuillets encadrées d'un filet rouge (1646).

Cet ouvrage est le même que le précédent, on y trouve tout l'imprimé, en plus une vie de St. Germain extraite d'un Ms. de Clairmarais, une autre d'un Ms. de Cologne, deux odes de Perdu, l'une en latin, l'autre en français; le petit office, avec la traduction française, sans doute du poète Adrien Perdu et la liste des curés de la paroisse continuée jusqu'à F. Guillebon, qui prit possession le 17 décembre 1757.

En tête sont trois autographes ; un billet de Du Cange, par lequel il envoie à Cauchie une vie de St. Germain de la Roüe, la permission de l'évêque et la dédicace de l'auteur.

Ce Ms. paraît, tant il est surchargé de ratures, avoir été celui de l'auteur qui l'aurait modifié pour le livrer à l'impression.

466. Dissertation sur le temps de la vie, de l'episcopat et de la mort de St.-Honoré, huitième évêque d'Amiens.

Papier in-fol., 140 f.   r. anc.

Origine inconnue.

XVIII.ᵉ siècle. **Bonne écriture cursive.**

L'auteur, E. Nerlande, adresse son livre à Mgr. de la Motte, évêque d'Amiens et abbé de Valloires ; c'est un homme de beaucoup d'esprit et d'une vaste érudition, aimant peu Baillet qu'il drape vertement ; mais il est trop bavard et diffus, et oublie souvent le sujet qu'il traite pour se jeter dans des digressions qui ne s'y rattachent que par un fil. Si l'on ne craint point les longues dissertations, on y trouvera d'excellents renseignements sur l'histoire de la Picardie, ses usages, ses mœurs, et l'éclaircissement de quelques points historiques traités avec autant d'intelligence que de connaissance des anciennes chartes et de nos vieux auteurs.

La date 1760, inscrite par le relieur, paraît être celle où ce travail fut composé.

467. Vitæ Sanctorum.

Papier in-fol., 252 f.   d.r. L.

Origine inconnue.

XVII.ᶜ **siècle.**

Les vies des saints renfermées dans ce volume sont :

Vita S. Leodegarii. — S. Faronis. — S. Maximi. — Beati Geremari. — Benedicti abb. Anian. — S. Alani conf. — S. Venantii m. — S. Urbani Lingonensis. — Stæ. Salabergæ abbatissæ. — S. Vulgisi. — S. Deicoli, Columbini discipuli ejus et Baltranni. — Memoriæ Luglii et Lugliani fratris ejus martyrum. — Translatio sanctarum reliquiarum Suessionensium ab urbe Constantinopolitanâ, tempore Balduini. — Qualiter reliquiæ B. Nicolai epis. et conf. ad Lotharingiæ villam que Portus nominatur (Vulgo nunc dicitur Orengeville) delatæ sunt. — S. Clarii. — S. Audeoli subdiaconi et marty. — S. Maxentii abb. et conf. Pictaviensis. — S. Romarici abb. Luxov. — S Vodoali. — Stæ. Adalgardis. — S. Drausii epis. Suessionensis. — S. Matris Dei miraculum de puellâ atrebatensi, vel potius miracula et quidem præclarissima (1202). — Miracula S. Waudregisili abbatis Fontanellæ. — Vita S. Hugonis. — Vita beatæ Berthæ piissimæ abbatissæ. — Opus in honore sanctæ crucis. Quomodo ab Antiochia lata sit Bronium. — Quomodo sancti innocentes apud Bronium revelati sunt. — Passio S. Piatonis marty. — Tituli virtutum meritis Beatissimi Quintini. — Inventio sanctorum Gentiani sociorumque ejus. — Vita S. Salvini epis. — Pauca de miraculis S. Vedasti. — Libellus de virtutibus S. Vedasti. — De miraculis beati Fursei.

On lit en tête de ce Ms., composé de plusieurs autres

évidemment, et dont la fin est d'une écriture plus ancienne :

*Ex cod. antiquissimo M. S. D. N. de Franciá præside
in parl. Massiliensi.*

Il semble, à en juger par les divers saints, qu'il aurait plutôt appartenu à quelque communauté d'Arras qu'au
diocèse d'Amiens.

On y trouve plusieurs détails assez curieux sur les reliques de quelques-uns de ces saints et sur la célébration
de leurs fêtes.

2.° Vie des Personnages illustres en Piété.

468. 1.° Vie de Monsieur l'abbé de Caulet.

2.° Mémoires sur la vie de M. de Laval, premier
évêque de Quebec.

Papier in-12., 136 et 156 f.   d.r. L.

Bibl. du chanoine Navières.

La vie de M. de Caulet, curé de Mireval, mort en
1736, fut imprimée en 1745 et 1762, in-12. Elle est de
l'abbé Bertrand de la Tour.

La seconde histoire, du même auteur, se termine à la
rupture de l'évêque et du gouverneur, à l'occasion de la
représentation du Tartuffe.

Elle fut imprimée en 1762, in-4.°, tome premier et
unique.

Il en existe une édition en deux volumes in-12. (Barbier, Dict. des ouvrages anony. et pseud., et Quérard,
France litt.)

25.*

469. Le grand favorit de la S.ᵗᵉ-Vierge, St.-Joseph, prestre et religieux de l'ordre de Prémontré.

Par le P.P. Borée, religieux de l'abbaye de St. Jean d'Amyens, du même ordre. 1648.

Papier in-4.°, 127 f.   d.r. L.

Abb. de S.-Jean des Prémontrés d'Amiens.

Ce panégyrique du bienheureux Herman, prêtre et chanoine de Stein–Velden, en 1232, dont le P. Vandersterre publia aussi une vie en 1627, a été imprimé à Amiens en 1648, in-12, chez Robert–Hubault, sous le titre : *Le grand favori de la Sainte-Vierge, saint Joseph Herman, prêtre religieux de l'ordre des Prémontrés, par le P. Pierre Borée.*

A la suite de ce Ms. original, est le recueil des œuvres dévotes du B. Joseph, traduites en vers français, savoir :

1.° *Le zodiaque eucharistique, ode à N. S. et à la Ste. Vierge ;* 2.° *les huit aspirations extatiques de l'Église ;* 3.° *cinq congratulations à la Ste.-Vierge ;* 4.° *épithalame de la Vierge*, auxquelles l'auteur a ajouté plusieurs odes à la Vierge, à St. Norbert, à St. Joseph, *des litanies très-rares et anciennes de 500 ans, composées selon aucuns par le B. Herman Joseph, extraites du coutumier de l'abbeye de Nostre-Dame de Tongres ou Tongrelo de l'ordre de Prémontré en faveur des ames zelées pour sa devotion ;* et le paranymphe des onze mille Vierges martyres, traduction de la prose *Virginalis turma sexus, etc,* qui se chante à Cologne et dans les autres églises de ce diocèse, le jour de la fête de Ste. Ursule, et une épigramme sur la constance de ces Vierges.

Ces deux pièces ont été imprimées avec l'ouvrage précédent et aussi à part sous le titre : *Paranymphe de Sainte Ursule et de ses compagnes, martyres*. Amiens, Robert Hubault 1648, in-8.º

Voyez le P. Daire, Histoire littéraire de la ville d'Amiens, pag. 168, art. Pierre Borée.

470. Vie du frère Jean Merehan et du P. Nicolas Fournier, qui ont rempli l'idée d'un véritable chanoine régulier.

Papier in-4.º, 64 f.   d. r. L.

Abb. de St.-Acheul.

Ms. de 1694, d'une belle écriture.

Ces histoires ont pour épigraphe : *Ce sont là deux enfants plein d'onction qui assistent devant le dominateur de toute la terre.* (Zacharie, 4. 14.)

La vie du frère Merehan de St.-Acheul, mort le 20 janvier 1694, se compose de quatre lettres : la première du P. Chartonnet de l'abbaye de Ste.-Geneviève, sur le noviciat ; la deuxième du P. Guérin, sous-prieur de N. D. d'Hérivaux, sur les études ; la troisième du P. d'Iury, prieur de St.-Acheul, sur la conduite ; la quatrième du P. de l'Étoile, abbé de St.-Acheul, sur la mort du F. Merehan.

Le P. Nicolas Fournier naquit en 1485, au Lude, en Anjou, passa successivement de l'abbaye de Waast à l'abbaye de Toussaint d'Angers, à celle de Beaulieu et à celle de Ste.-Geneviève de Paris, où il mourut.

471. Histoire du Père Faure.

Papier in-4.º, 156 f.   d. r. L.

Origine inconnue.

Ms. incomplet, la fin manque et quelques feuillets çà et là.

Cette vie du P. Charles Faure, abbé de Ste.-Geneviève et premier supérieur général des chanoines réguliers de la congrégation de France, contient de curieux détails sur l'état de l'église en France et l'ordre ecclésiastique et religieux à la fin du XVII.ᵉ siècle.

Elle diffère peu de celle que publia le P. Chartonnet. (La vie du R. P. Faure. Paris. Anisson 1698, in-4.°)

Peut-être serait-elle du P. Lallemand, qui l'avait commencée. Les nombreuses ratures dont est surchargé le Ms. doivent le faire considérer comme un original ; un grand nombre de phrases qui se trouvent presque textuellement reproduites dans l'ouvrage imprimé du P. Chartonnet confirmeraient cette hypothèse.

472. La vie du reverendissime père François Blanchart, supérieur général des chanoines réguliers de la congrégation de France, abbé de S.ᵗᵉ-Geneviève de Paris.

Papier in-fol. , 75 f.   d. r. L.

Abb. de St.-Acheul.

Belle écriture du XVIII.ᵉ siècle.

Cet ouvrage est l'œuvre du R. P. Le Royer, mort le 3 décembre 1675 ; il n'a point été imprimé.

On trouve à la fin un traité sous le titre : « Senti-
» ments de piété sur l'observance de plusieurs règles de
« communauté trouvés écrits de la propre main du reve-
» rendissime P. Blanchart. »

Le P. Lelong (Bibliothèque historique de France), en cite sous le n.° 13609, un exemplaire se trouvant à Paris dans la Bibliothèque de Ste.-Geneviève, in-f.°

473. Eloge du très – haut et très - puissant prince Henri Oswald de la Tour d'Auvergne, grand prévôt de l'église cathédrale de Strasbourg, co-adjuteur de l'abaïe de Cluni, abé de Redon et de Conches, etc., Tome premier. — Où l'on ne considère en cet illustre Prince, que l'éclat que ses glorieux ancêtres font rejaillir sur son auguste personne. 1701.

Papier in-4.°, 164 f.   d.r. L.

Le style de ce discours, précédé d'une longue préface et d'un avertissement, est l'emphase et l'exaltation la plus outrée.

L'auteur y fait l'éloge des ancêtres de son héros et annonce que dans son second volume il traitera l'éloge du cardinal de Bouillon.

474. 1.° Programe ou éloge de très-haut et très-puissant prince Henri Oswald de la Tour d'Auvergne, prévôt de l'église cathédrale de Strasbourg, co-adjuteur de l'abbaïe de Cluni, abé de Redon etc. 1702.

2.° Elogium summorum virorum a Turre Arveniæ et præsertim serenissimi abbatis ejusdem nominis. 1702.

3.° Præfationes ad argumenta in Thesibas.

Papier in-4.°, 229 f.   d.r. L.

Ce **Ms.** porte la date de **MVCCII** et le titre **Œuvres mêlées.**

L'éloge français de l'abbé de Cluni est écrit du style le plus emphatique et tout farci de latin.

L'auteur y dit au lecteur : *Si ma maniere d'ecrire fait que ce livre n'est peut etre pas bon, que ta maniere de vivre me donne occasion d'en faire un meilleur.*

Il a soin de faire observer à ceux qui blâmeraient le peu d'ordre qui y règne, que cet ouvrage n'est qu'un programme.

L'éloge latin n'est pas non plus un discours suivi, *l'auteur avait dessein de faire un miroir de la plus belle latinité sur toutes sortes de sujets,* quand il s'est senti emporté par l'éloge précédent à traiter le même sujet encore.

La troisième partie renferme quatre préfaces et autant de compliments pour des thèses soutenues par des Cordeliers et des Dominicains.

475. Decor Carmeli.

Papier in-4.°, 4 vol. d.r. L.

Abb. de St.-Jean des Prémontrés d'Amiens.

XVII.e et **XVIII.**e siècle.

Ces Ms. sont une collection de circulaires écrites par les supérieures des différents monastères des Carmelites de France, pour annoncer la mort des religieuses de leur maison. — Elles se composent, après quelques détails sur la vie de la défunte religieuse, de réflexions sur la vie du monde et sur la mort. On y demande, en terminant, les prières et une communion de la maison.

Les lettres sont datées : Tom. i de 1684 à 1687.

Tom. ii de 1693 à 1696.

Tom. iii de 1704 à 1706.

Tom. iv de 1707 à 1711.

Elles ont été recueillies sous le titre de *Decor Carmeli*, que nous leur avons conservé, par Pierre Postel, chanoine régulier et prieur de l'abbaye de St.-Jean des Prémontrés d'Amiens ; les nombreuses lacunes observées prouvent évidemment qu'il manque plusieurs volumes de ce recueil.

Le P. Daire (Hist. litt. de la ville d'Amiens, pag. 278), cite plus de 20 ouvrages différents de cet écrivain.

3.º Histoire des Religions et des Hérésies.

476. Chronologia.

Papier in-4.º , 300 f.   d.r. L.

Congrégation de l'Oratoire.

xvii.ᵉ siècle, écriture cursive.

Cet ouvrage n'est point à proprement parler une chronologie, mais une histoire ecclésiastique abrégée, depuis l'an 35 jusqu'à l'an 495 de notre ère.

Les notes des marges sont des développements à cette histoire.

On y trouve intercalés un fragment d'une dissertation française sur l'épître de St. Paul aux Hébreux, et un autre en latin d'une dissertation sur les différentes versions de la Bible, composé seulement de quelques feuillets.

477. 1.º Abrégé de l'histoire de l'Arianisme.

2.º Supplément touchant quelques points de l'Arianisme.

3.º Chronologie de ce qui s'est passé de plus remarquable au ivᵉ siècle.

4.° Notice sur Marie Stuart.

5.° Abrégé de l'histoire des Iconoclastes.

6.° Histoire de la décadence de l'empire après Charlemagne et des différends des empereurs avec les papes.

7.° Histoire du schisme des Grecs.

Papier in-4.°, 457 f.   d.r. L.

Congrégation de l'Oratoire.

XVII.ᵉ **siècle.**

Le premier traité va jusqu'en 1660, le 5.ᵉ jusqu'au 8.ᵉ concile de Trente, qui fut le dernier eucuménique.

Ces histoires ne renferment rien de remarquable.

478. HISTOIRE DU GRAND SCHISME D'OCCIDENT.

Papier in-4.°, 394 f.   d.r. L.

Congrégation de l'Oratoire.

XVII.ᵉ **siècle.**

Cette histoire, assez impartiale, est celle du Protestantisme de 1377 à 1677.

479. Histoire de la possession des religieuses Ursulines de Loudun.

Papier in-4.°, 357 f.   d.r. L.

Origine inconnue.

XVIII.ᵉ **siècle. Mise au net d'une belle écriture.**

Cet ouvrage a pour titre :

1.° La science expérimentale ou l'histoire véritable de la possession des religieuses Ursulines de Loudun, au diocèse de Poitiers, arrivée en l'année 1632 jusqu'en 1638, par le R. P. Jean-Joseph *Surin* de la compagnie de Jésus, exorciste de ces mêmes religieuses, ouvrage divisé en trois parties, par un solitaire, et réduit en meilleur ordre par un ecclésiastique, lequel, pour appuyer la vérité de cette histoire, y a ajouté plusieurs faits remarquables tirés de ses expériences, parce qu'il a lui-même pris soin de plusieurs possédés secrets, et exprès de son prélat durant plus de 20 ans, en forme d'annotation sur les deux livres.

> Venite et videte opera domini quia posuit prodigia super terram.

Autrement traité des peines de la possession, par une personne de piété qui les avait éprouvées, avec la différence de la possession et de l'obsession.

Chacun connaît l'histoire de la possession des Ursulines de Loudun, car elle donna lieu à une procédure qui a laissé après elle un sentiment d'horreur et d'effroi, qui nous fait sentir combien, malgré les progrès des lumières à cette époque, le fanatisme avait conservé de puissance et combien il y avait encore de férocité chez les prêtres comme chez les juges.

C'est après le terrible supplice d'Urbain Grandier, que le P. Surin fut chargé de la direction du couvent des Ursulines de Loudun, le 17 décembre 1634.

Le Ms. raconte avec détail toutes les circonstances, tous les événements prodigieux de cette possession, qui a donné lieu à tant de jugements divers, et après avoir commencé à paraître au mois de septembre 1632, ne finit qu'à la fin de l'année 1639.

Le P. Surin, dans cette mission délicate, s'appliqua davantage à cultiver l'intérieur des possédés par la pratique

de l'oraison mentale et des vertus solides, qu'a employer
à l'extérieur des exorcismes qu'il ne négligeait pourtant point.

Il est difficile, dans le Ms., de distinguer toujours l'œuvre du P. Surin, de celle du compilateur. Celui-ci accuse
Grandier d'avoir opéré le sortilège, loue le zèle de Lau-
bardemont, *qui s'était montré froid d'abord*, nous fait voir,
dans les tourments de l'enfer, le coupable qui était resté
endurci malgré les discours *capables de fendre les roches*
prononcés publiquement par un exorciste, et après avoir ra-
conté le supplice, suit dans sa mission le P. Surin, que tantôt il laisse parler, qu'il interrompt d'autres fois pour
poser lui-même ses propres réflexions ou des faits étrangers et postérieurs à ce Père, comme par exemple la conversion de M. de Quériolet et d'un avocat de Loudun.

L'ouvrage comprend trois parties. La première contient :
1.º l'origine de cette fameuse possession, ce que c'est que
possession du diable et obsession ; 2.º la nature des démons et de leurs opérations.

La deuxième partie : 1.º l'histoire de la possession des
religieuses de Loudun ; 2.º la manière dont la mère Jeanne
des Anges prieure fut délivrée.

La troisième partie comprend : 1.º Les peines que le
R. P. Surin a souffertes ensuite de l'expulsion des démons ; 2.º les moyens dont la divine providence s'est servie pour le tirer de ses peines..

La quatrième partie : Les grâces qu'il a reçues en particulier.

Ces deux dernières parties paraissent n'avoir point subi
de changement de la part de l'éditeur de l'histoire du
P. Surin, mais l'appendice qui s'y trouve joint est sans
doute son œuvre.

Cet ouvrage n'est ni celui d'Audin, *Histoire des diables de Loudun*, *etc. Amsterdam.* 1693, *in-12*, ni celui de la Menardaye, *Eclaircissements sur la possession des Religieuses de Loudun.* Liége. 1769. in-12.

La biographie de Michaut cite un Ms. ayant à-peu-près le même titre que le notre, et qui nous paraît être le même. M. Quérard, France litt., tom. ix, pag. 295, cite, sous le même titre, un ouvrage inédit. Paris, rue des Postes, n.º 24. 1838, in-12.

480. Romuleon seu de gestis Romanorum.

Papier in-fol., 278 f.   d.r. L.

Corbie. 139. O.

xv.ᵉ **siècle. Ms. à longues lignes, 34 par page; bonne écriture, batarde ancienne, initiales rouges.**

Ce Ms. commence par les mots : *Incipit liber qui Romulion intitulatur eo quod de gestis romanorum tractat, editus ad instantiam strenuissimi ac spectatissimi militis domini Gonietis Hispani de Albornatio.*

Le premier chapitre commence par : *Principibus placuisse viris non ultima laus est.*

Ce volume fut écrit à Lyon, l'an 1466, comme nous l'apprend la note finale : *Fuit hunc librum factus* (sic) *Lugdun. anno dni* M.º IIII.ᶜ cccc *et fuit completus in mense septembris circa finem.*

Plusieurs exemplaires de cette histoire romaine sont cités dans le Bibl. bibl. Mss. de Montfaucon. Une note, mise au commencement d'un Ms. de la bibl. de Besancon, pag. 1189, dit qu'elle fut composée par un gentilhomme français, aux instances de Dom Gomez Albornos, neveu du cardinal de ce nom; que ce Dom Gomez mourut à Viterbe, l'an 1367, et qu'une traduction française paraît avoir été faite par le même auteur.

Le Catalogue des Mss. de la Bibliothèque des ducs de Bourgogne (Répert., tom. 2, pag. 219), cite un exemplaire latin et plusieurs exemplaires français de cet ouvrage de Waurin de Forestel. Nous avons donné l'*incipit* de notre volume parce qu'il diffère un peu de celui de Bruxelles, quoiqu'au fond il soit le même.

« Cet ouvrage, dit M. Marchal, est un extrait de clas-
» siques latins : Orose, St.-Augustin, Valère Maxime,
» Salluste, Tite-Live, Virgile, Eutrope, Isidore, Suetone,
» Frontin, Florus, Lucain, Ciceron, Sénèque, Helius Spar-
» tianus, Julius Capitolinus, Flavius de Syracuse.

481. 1.° De gestis trium regum.

2.° Innocentii de miseriâ humanæ conditionis.

3.° De septem viciis capitalibus.

4.° Tractatus decem preceptorum.

Papier in-4.°, 235 f.   d.r. L.

Origine inconnue.

XV.ᵉ siècle. Ecriture batarde, lourde, à longues lignes, 26 par page, non réglées; pages encadrées d'un trait noir; titres en rouge; un grand nombre de feuillets déchirés.

Cet ouvrage, de Jean d'Hildeshen, de l'ordre des Carmélites, ministre de Thomas, général de l'ordre, qu'il dédia au XIV.ᵉ siècle à l'évêque de Munster, fut imprimé par Jean Guldenschaff à Cologne, en 1477, in-f.°, et à Mayence en 1486, in-4.°

1.ᵉ Il commence par ces mots : *Reverendissimo in Christo patre ac domino. Domino Florentino Uouellone divina providencia monasteriensis ecclesie episcopo dignissimo.*

On lit à la fin : *Sequitur tabula capitulorum historie*

trium regum qui obtulerunt munera summo regi Regum Intercedant pro nobis ad dominum. Amen.

On lit dans l'imprimé *Weuelkonen* au lieu de *Uouellone*, que nous lisons ici dans le Ms.

2.° Le traité du mépris du monde ou de la misère de l'état de l'homme, divisé en trois livres, est un ouvrage de piété pareil à celui de l'Imitation de J.-C. ; on en a fait un grand nombre d'éditions, et la première à Lyon en 1473. Innocent III a composé ce livre pendant son diaconat et l'a dédié à l'évêque de Porto ; aussi on lit : *Incipit prologus Lotharii postea pape Innocentii tertii qui fuit lucerna juris et doctor doctorum.*

3.° Le traité des vices commence par : *Cum confessor ydoneus hereat tamquam judex, etc.* L'auteur qui ne se nomme point, dit dans sa préface qu'il a composé cet ouvrage d'après le *Secunda secundæ* de St.-Thomas et la Somme des confesseurs de Jean d'Ertford et de quelques autres, à l'usage des confesseurs qui éprouvent souvent de grandes difficultés pour distinguer les différences des sept péchés capitaux de ceux qui en dérivent ou s'y rattachent.

4.° Le traité des dix préceptes dont le prologue commençant par : *Quoniam de quibus confitendum est, dictum est, etc.*, est la suite du précédent ; on y parle du mode et de la qualité de la confession, de l'obligation pour tous de connaître les articles de foi ; l'ouvrage s'adresse principalement aux curés et aux moines. Après la table vient le traité *Audi Israel precepta domini, etc.*

A la suite, et de la même main, on trouve une analyse des Décrétales, le sommaire donné par les vers que nous avons déjà rencontrés, n.° 358, et ce dernier qui les résume tous :

Judex. Judicium. Clerus. Sponsalia. Crimen.

1.º Histoire d'Italie.

482. Les anecdotes de Florence ou l'histoire secrète de la maison de Médicis.

Papier in-4.º, 201 f.   d. r. L.

Origine inconnue.

XVIII.ᶜ siècle. Très-belle écriture, avec belles marges.

C'est l'œuvre de Varillas, imprimée sous le même titre à La Haye, *Leers,* 1685 et 1687, in-12.

C'est le plus décrié de tous les ouvrages de Varillas, pour les inexactitudes et les faussetés dont il est rempli.

Ce Ms. porte les armes de M. Le Patis, lieutenant-général de Nemours, à la bibliothèque duquel il appartenait; il avait appartenu antérieurement au monastère du Mont St.-Quentin, suivant la note *ex libris monast. Sti.-Quintini de Monte,* qui paraît plus ancienne, et qu'on lit sur le premier feuillet.

2.º Histoire de France.

1.º Histoire des Croisades.

483. Guillaume de Tyr, traduit par Hugues Plagon.

Vélin in-fol., 251 f.   d. r. L.

Origine inconnue.

26.

xve siècle. **Magnifique Ms.** à 2 colonnes de 46 lignes, réglées à l'encre ; écriture très-nette, mais lourde ; initiales or et couleur ; miniatures.

Ce beau Ms., outre les lettres dorées et enjolivées dont il est orné, contient 24 grandes miniatures très-propres à donner une idée des costumes et des armes au xvme siècle.

Sur le premier feuillet une grande miniature, divisée en deux compartiments, présente à gauche Pierre l'Ermite remettant au pape les lettres du patriarche de Jérusalem ; à droite, Pierre remettant au roi Philippe de France les lettres d'Urbain ii. L'initiale offre les armes de Jean v, seigneur de Créquy et de Canaples, qui fut fait chevalier de la Toison d'Or, en l'an 1429 ; elles sont entourées du collier de cet ordre.

Dès lors le Ms. aurait été écrit entre 1430 et 1474, date de la mort du chambellan et conseiller de Philippe-le-Bon.

M. Rigollot, dans son Essai historique des arts du dessin en Picardie, a reproduit trois des miniatures (planch. 33, n.ºs 84, 85, 86, pag. 436 et suiv.) ; il les croit dues à des artistes flamands. Nous empruntons à sa savante notice une partie des considérations qui vont suivre.

Une note, écrite au siècle dernier, donne pour titre à ce Ms. : *Histoire de la guerre sainte sous Pierre l'Hermite,* 1005. *Traduction de Guillaume de Tyr, par Hugues Plagon.*

Du Cange, dans l'index qui précède son glossaire, cite *Hugues Plagon en sa version de Guillaume de Tyr.* — Scriptores Gallici vernaculi.

Fontette, Bibl. hist. de France, n.º 16681, indique, sous le titre de cet auteur, un Ms. de la bibliothèque d'Urfé, n.º 17, et croit l'édition de Dom Martenne la même que la traduction de Plagon citée par Du Cange.

Les biographies ne parlent point de Hugues Plagon, et cependant celle de Michaut dit à l'article Guillaume de Tyr que son histoire, qu'il avait laissée inachevée au 23.ᵉ livre (1183), a été traduite en français et continuée jusqu'en 1275 par Hugues Plagon où de Plagon, et que la continuation fut publiée par Dom Martenne et Durand dans leur *Amplissima collectio*, tom. vᵉ. La bibliothèque des croisades garde ensuite un silence complet sur ce traducteur.

M. Van Praet, en décrivant le Ms. de la bibliothèque royale, n.º 6744, qui provient des seigneurs de Gruthuyse, et serait dès lors contemporain du notre, dit que cette traduction est d'un anonyme.

M. Paulin Paris (les Ms. français de la bibl. roy. tom. I, pag. 84, n.º 6743 et 6744), combat l'opinion de M. Guizot qui, avec Muratori, l'attribue à *Bernard le trésorier* (Bernard trésorier de l'empereur Frédéric II), mais il ne cite aucun fragment de ces Mss.; ce qui fait supposer qu'ils sont conformes à l'*Amplissima collectio*, et à la publication de M. Guizot, à part les nombreuses erreurs qu'il reproche aux éditeurs.

Martenne et Durand ne nomment point davantage l'auteur, mais il résulte de leur préface deux choses certaines, c'est qu'il avait vécu jusqu'en 1275 et qu'il avait terminé en 1295.

M. Rigollot a publié quelques fragments de notre Ms., le début et les premières phrases de la continuation, qu'il a comparés à l'*Amplissima collectio*; on voit qu'ils s'accordent à peu de chose près, et que l'on peut trouver

26.*

cependant quelques éclaircissements et rectifications à la publication de Dom Martenne et Durand dans le Ms. d'Amiens.

Le Ms. finit en l'an *1274 et les confesserent et relegirent estre vraies et fu le conte,* pag. 747 de l'imprimé. Il ne manque donc seulement qu'un feuillet.

Il ne reste qu'un feuillet de la table des chapitres, à la fin du volume; elle devait être composée de deux, qui servaient de feuilles de garde, l'un au commencement l'autre à la fin.

2.º Histoire générale de France.

484. Andreæ prioris Marchianensis historia.

Papier in-4.º, 167 f.   d.r. L.

Bibl. des Carmes déchaussés d'Amiens.

XVII.ᵉ **siècle. Ecriture très-correcte.**

André Du Bois (Andreas Sylvius), plus souvent Andreas Atrebatensis ou Marchianensis, prieur de Marchienne, abbaye de bénédictins au diocèse d'Arras, écrivit cette chronique sur l'invitation de Pierre ɪ, évêque d'Arras en 1184. Il l'intitula *de rebus gestis et successione regum Francorum.* André mourut en 1194. Val. And. Bibl. belg.

Raphael de Beauchamp la publia sous le titre *Synopsis Franco Merovingica. Duaci* 1633, *in-4.º, typis Petri Bongardi.*

485. Histoire de St.-Louis où l'on voit ce qui s'est passé de plus mémorable soubs son règne depuis le commencement de l'année 1232 jusqu'à la fin de l'année 1243.

Papier in-4.°, 94 f.   d.r. L.

Origine inconnue.

XVII.ᶜ **siècle. Mauvaise écriture, mais lisible.**

Cette histoire, due à Varillas, est divisée en trois livres. Notre Ms. comprend le second qui raconte les événements de 1232 à 1238; et le troisième, de 1238 à 1243.

Le P. Lelong, (Biblioth. hist. de France, n.° 16875,) en cite un exemplaire en deux volumes in-4.°, conservé entre les mains des légataires de l'historien.

L'auteur d'une note écrite sur la marge du premier feuillet, attribue ces deux livres à Varillas; je ne sais, dit-il, s'ils sont imprimés.

Le premier livre, comprenant l'histoire de la minorité de St.-Louis, l'a été seul plusieurs fois, *La Haye* 1685, in-12. Amsterdam, 1687, in-8.° Paris, 1689, in-4°.

Mais l'auteur l'a désavoué, c'est pour cette raison sans doute que M. Weiss (Biogr. univ.) ne cite point cet ouvrage parmi ceux de Varillas que le P. Daniel, dans la préface de son histoire de France, traite de romans.

Voy. Niceron, tom. v, pag. 63 et suiv.

486. CHRONIQUE DE FROISSART.

Vélin in-fol., 208 f.   d.r. L.

Abb. du Gard.

XV.ᶜ **siècle. Ms. en très-beau vélin, à 2 colonnes de 60 lignes, ré- glées à l'encre; chaque feuillet numéroté d'un chiffre romain en or; cursive gothique, majuscules peintes or et couleur; une seule mi- niature.**

Le premier feuillet, entouré d'un cordon élégamment dessiné et accompagné de petites feuilles bleues et or, est orné d'une miniature représentant le célèbre chroniqueur écrivant son histoire ; à côté sont les armes de Jean de Croy, comte de Chimay, conseiller de Philippe-le-Bon, mort en 1472. Cette miniature a été reproduite par M. Rigollot. (Essai historique des arts du dessin. Pl. 33. n.º 83, page 435.)

Ce beau volume n'a subi d'autre mutilation qu'une légère déchirure qui a fait disparaître le chiffre en or du 102.ᵉ feuillet et l'enlèvement de la souscription du dernier. Il n'a ni titres, ni sommaires, ni rubriques ; les chapitres, non numérotés et différents de ceux des imprimés, ne se distinguent que par une grande lettre qui commence la ligne. Il renferme le premier livre des chroniques de Froissart, c'est-à-dire qu'il commence aux événements de 1325 et se termine vers 1377.

La comparaison de notre Ms. avec le texte des imprimés, découvre une différence presque totale de rédaction dans certains récits très-importants, où l'honneur des deux nations alors rivales se trouve intéressé. M. de Cayrol (de Compiègne) a, dans une lettre adressée à M. le docteur Rigollot, (Mémoire de la Société des Antiquaires de Picardie, tom III, pages 185 à 236) comparé ce livre avec les différentes éditions de Froissart qui ont paru jusqu'à ce jour et surtout avec la copie du Ms. in-4.º sur papier appartenant à la bibliothèque de Valenciennes, publié dernièrement par M. Buchon. Nous renverrons à cette curieuse et savante notice, qui fera connaître notre Ms. bien mieux que nous ne saurions le faire.

Dans le même volume, M. Rigollot a publié également un mémoire sur notre Ms. de Froissart, et en particulier sur le récit de la bataille de Crécy, qui peut en faire sentir toute l'importance. Cette version, dit M. de la Fontenelle de Vaudoré, qui a reproduit ce mémoire dans la Revue anglo-française, (3.ᶜ liv. 2.ᵉ série. 1840, p. 273) est le *Froissart Français*, on peut le dire, tandis que les textes connus jusqu'ici sont le *Froissart Anglais*. Le Ms. d'Amiens est en effet la version primitive bien plus favorable à la France dont Froissart n'avait pas encore abandonné la cause, qu'à l'intérêt de l'Angleterre, puissance à laquelle il s'était attaché en dernier lieu.

Un second récit, celui de la bataille de Poitiers, d'après le Froissart d'Amiens, a été inséré par M. de Cayrol dans la Revue anglo-française, (2.ᵉ série, 5.ᵉ liv. 1841, p. 59.) Il a été comparé par le savant critique avec les versions adoptées par Dacier, Sauvage et M. Buchon.

Ces trois mémoires ont été réunis en un petit volume sous le titre; *Le manuscrit de Froissart de la bibliothèque d'Amiens. — Dissertations et extraits particulièrement en ce qui concerne les batailles de Crécy et de Maupertuis, par MM. Rigollot (d'Amiens), de Cayrol (de Compiègne) et de la Fontenelle. Poitiers. Saurin. 1841. 104* pages. Ils fixeront l'attention des lecteurs tant pour l'importance des faits nouveaux que contient le Ms. que par l'idiome dans lequel il a été écrit.

« La publication textuelle du Manuscrit de la bibliothèque
» d'Amiens, dit M. de Cayrol, (lettre citée) aurait le
» double avantage de présenter, avec des couleurs plus
» vraies, certains événements de l'histoire du xiv.ᵉ siècle,
» et de compléter, sous le rapport de la langue, les sa-
» vantes recherches des Ste.-Palaye, des Legrand d'Aussy,
» des Roquefort, des Pougens, des Méon, des de La Rue,
» des Dinaux qui ont vengé le Nord de la France de la

» prétention ridicule du Midi, d'avoir été le berceau ex-
» clusif de la langue française. »

M. de Cayrol termine en engageant M. Rigollot à entreprendre cette publication.

Nous sommes heureux de pouvoir annoncer que M. le
docteur Rigollot, qui a presque terminé la copie du Ms.
se propose de donner une nouvelle édition de ce premier
livre du célèbre chroniqueur.

Le travail qu'il a déjà publié fera désirer vivement,
nous en sommes certain, qu'il puisse bientôt s'occuper
de cette publication qui doit lui acquérir de nouveaux
titres à la considération dont il jouit déjà dans le monde
savant.

487. Tome second des mémoires de Jacques du
Clerq, escuyer, sieur de Beauvois en Ternois.

Papier in-fol., 258 f.   d.r. L.

Origine inconnue.

XVII.e siècle. **Ecriture cursive**, très-lisible.

Ce Ms. comprend le iv.e livre et l'appendice, le v.e et
l'épitaphe sans l'appendice de ce dernier livre, des mémoires de Jacques Du Clerq.

Il ne diffère point de l'édition donnée par M. Buchon
dans le Panthéon littéraire, car les différences orthogra-
phiques ne méritent point ici d'être signalées.

Il porte la date 1629 1.er octobre.

488. Chronique de Jehan Molinet.

Papier in-fol., 2 vol.   d.r. L.

Origine inconnue.

XVI.ᵉ siècle. **Ecriture ronde très-correcte.**

Le premier volume, de 168 feuillets, a pour titre :

« En ce présent volume sont rédigées par escript les
» croniques de feu Mᵉ. Jehan Molinet, indiciaire et his-
» toriographe des tres-illustres maisons d'Austrice et de
» Bourgogne, commenchant icelles croniques en l'an mil
» quatre cent lxxiiij lorsque le tres-redoubte et tres-puis-
» sant duc Charles de Bourgogne assiegea la tres-forte
» ville de Nuysse en continuant icelles tant des loables
» gestes, glorieuses proesses et tres-nobles fais d'armes
» acheves par les cheualeureux champions et suppos d'i-
» celles maisons que d'autres advenues en ce temps ius-
» ques au lamentable trespas du Roy dom Philippe de Cas-
» tille etc. quy fut en lan xvᶜ. et vj qui sont pour le
» terme de xxxiij ans recoillies ecrites et mises au net
» par Augustin Molinet, chanoine de Conde filz dudit feu
» M.ᵉ Jehan Molinet. Et ce au tres-noble commandement
» de l'imperialle majesté Maximilien par la grace de Dieu
» empereur des Allemaignes toujours auguste etc. »

Il commence par les deux prologues : *Fundata est domus*
et *Militia est vita hominis*, entre lesquels se trouve l'index *en ce present volume*, et comprend les deux premiers
volumes ou les 117 premiers chapitres de l'imprimé.

Le second volume de 387 feuillets, a pour titre :

« Le second volume des croniques de feu M.ᵉ Jehan
» Molinet en son temps indiciaire etc. commencant ledit
» volume en l'an mil iiijᶜ iiij ˣ et cincq lorsque le tres-
» victorieux et redoubte prince l'Archiduc Maximilien se
» prepara pour aller en Allemagne par devers son pere
» l'empereur Frederic et continuant icelles croniques tant
» de loables gestes, glorieuses proesses et tres-nobles fais
» d'armes acheves par les cheualeureux suppos d'icelle

» maison d'Austrice, comme d'autres advenues en ce temps
» iusques au lamentable trespas du Roi Catolique dom
» Philippe de Castille, Leon, Grenatte etc. qui fut en lan
» xv.° et six qui sont pour terme de xxij. Et le premier
» volume commence en l'an mil iiij° lxxiij alors que le
» tres-redoubte et tres-puissant duc Charles de Bourgoi-
» gne assiegea la tres-forte ville de Nuysse. Qui font les
» deux volumes recoillis ensemble de xxxiij ans. Icelles
» croniques recoillies escriptes et mis au net de la main
» de Augustin Molinet etc. »

La même mention se trouve en partie reproduite à la
fin du volume, qni comprend les trois derniers de l'imprimé, mais sans la note « *fin du supplément au second*
» *volume, etc.*

Jean de Gaudefroy, archiviste de la chambre des comptes de Lille, se proposait de publier cette chronique dont
Aubert Lemire annonçait un extrait en 1610, M. le baron
de Reiffenberg doit la comprendre dans sa *Collection de
l'histoire de Belgique.* M. Buchon l'a publiée pour la première fois d'après les Mss. de la bibliothèque royale, dans
sa *Collection des Chroniques nationales du* XIII.° *au* XVI.°
siècle. Paris. Verdière. 1827. 5 *vol. in-8*.

Notre Ms. ne diffère de l'édition de M. Buchon que par
les deux notes que nous publions et qui signalent le concours du fils du chroniqueur dans la rédaction et la mise
au net de l'ouvrage de son père. Il n'est point fait mention de cette circonstance dans la préface de M. Buchon.

Déjà cependant M. de Godefroy, directeur de la chambre
des Comptes de Lille avait écrit à M. de Fontette (Bibl. hist.
de la France, n.° 39,292) que l'exemplaire qu'il possédait
avait été copié par François Huussert sous les yeux d'Augustin Molinet. La division de nos deux volumes étant la

même qui est indiquée par Godefroy, il est probable qu'ils ont été copiés sur le Ms. de la chambre des Comptes de Lille.

La remise faite en 1507 à Marguerite d'Autriche sur sa demande, par messieurs du chapitre de Valenciennes des *escripts, pappiers et croniques de la maison d'Austrice et de Bourgoigne délaissiés en leur garde par feu maistre Jehan Molinet* (1) et la découverte de la *Chronique annale de Jean Lemaire, continuateur de Molinet* et son successeur dans les fonctions d'indiciaire et de chanoine de la *Salle-le-Comte en Vallenciennes*, qui ne parlent point de cette collaboration, (2) nous font nous demander à quel titre Augustin Molinet a mis au net cette chronique, ou bien s'il a seulement aidé son vieux père qui *termina vie par mort, aggravé de vieillesse et de maladie, en l'aaige de lxxij ans*, à terminer ce long travail.

C'est mal à propos que l'on a donné pour titre à ces volumes *Dicts et faits de Molinet*, car les *faits et dicts de maistre Jehan Molinet* ne sont que des poésies plusieurs fois imprimées, qui valurent à leur auteur le nom de *chief et souverain de tous les orateurs et rhétoriciens de nostre langue gallicane*. Aussi M. Haenel, qui n'a vu que le titre, a-t-il inscrit à tort dans son catalogue, n.° 163. *Dits et faits de Molineux*.

489. De la vraie et légitime succession de Marie de Bourgogne, par Jean d'Offay.

Papier in-fol., 70 f.   d.r. L.

Origine inconnue.

---

(1) Lettre de M. Le Glay. Bull. de la Commission royale d'histoire de Bruxelles. Tom. IV. Page 109.

(2) Ibid. Tom. I. Page 241.

XVI.ᵉ siècle. Ecriture cursive, assez lisible.

Ce volume commence : *Ce present recoeul a este redigie par escript par maistre Jehan d'Offay pour obeir à ceux qui sur moy ont authorité et puissance, etc ;* et finit : *Fin dudit livre ou traitties faict et composé par son maistre Jehan d'Offay.*

Jehan d'Offay, est appelé Jean d'Auffay, du Fay, d'Offray, dans le catalogue des Ms. de la Bibliothèque royale des ducs de Bourgogne, où se trouvent neuf exemplaires du Ms., dont nous parlons, à l'un desquels on a donné pour titre :

« Cy apres sensieut la tres bonne, juste et leale que-
» relle avec lesclarchissement du droit que a et pretend
» avoir, ma tres redoubtee dame, madame Marie de Bour-
» gogne, ès duce de Bourgogne, contez Dartois, de Bour-
» gogne, etc, pour monstre la torchonniere guere que luy
» fait le roy Loys de France XI.ᵉ de ce nom, et à son
» mari, mon tres redoubte seigneur Maximilien, filz
» unique de lempereur Frederic II.ᵉ et de (à) ses pays
» et subgetz. » N.° 15854. (Catalogue des Mss. de la bibliothèque royale des ducs de Bourgogne, publié par ordre du ministre de l'intérieur, in-4.°, 1842 ; 2.ᵉ partie, pag. 244.

Ce titre fait connaître le but que l'auteur s'est proposé en écrivant ce livre.

Jean d'Offay, en latin Dauffaius (Valerii Andreæ Bibliotheca belgica pag. 489), de Béthune, maître des requêtes de Philippe-le-Beau, a composé cet ouvrage en 1480.

Cet exposé des prétentions seigneuriales des anciens ducs de Bourgogne, a été copié en partie par Desmazures , commentateur des coutumes d'Artois , et imprimé par Leibnitz, dans son *Mantissa codicis juris gentium diplomatici. Hanoveræ.* 1700. Le procureur du roi au parlement de Paris , Jean de St.-Romain , en fit, par ordre de Louis xi , une réfutation restée manuscrite à la bibliothèque des missions étrangères.

Jean d'Auffay est l'auteur de plusieurs ouvrages parmi lesquels on cite : *Consuetudines Artesiæ et Bethuniæ. De advocatiá Bethuniæ. De ponthivensi comitatu. De Austrovanensi comitatu.*

490. Divers traités de paix.

Papier in-fol. , 147 f.   d.r. L.

Abb. de St.-Acheul.

XVI.ᵉ siècle. Ecriture lisible , cursive.

Les divers traités que comprend ce recueil sont :

1.º Traitté de Madric (14 janvier 1526.)

2.º Traitté de Cambray (2 juillet 1529.)

3.º Traitté fait entre François i ᵗroy de France et Henry viii , roy d'Angleterre , en l'an 1546.

4.º Capitulation d'entre le roy très-chrétien et la république de Siene , arrestée ce 18 jour de janvier 1553.

5.º Traitté de paix entre Henry ii , roy de France , et Philippes , roy des Espaignes , fait à Chateau en Cambresis , le 3 iour d'april 1559 après pasques , inseré es lettres de ratification dudit roy Philippes qui ensieuvent.

6.º Autre traité particulier fait entre le roy Henry ii roy de France et Philippes roy des Espaignes , touchant certains differents daucuns de leurs subjectz : inseré dedans les lettres ratificatoires dudit roy Philippes.

7.º Traicte de paix entre le roy et l'empereur lu et prononcé en la court du parlement à Paris le vendredi
neuviesme jour de janvier mil cinq cens quatre ving.
(C'est le traité de St.-Jean des Vignes dit de Cressy.)

8.º Arrect du conseil privé du roy du 24 septembre
1563 touchant le different de certains arrects de partage
du parlement de Paris.

491. Affaires négociéez par Monsieur de Marquemont, archevesque de Lyon, tant à Rome qu'ailleurs.

Papier in-fol., 2 vol.   d. r. L.

Congrégation de l'Oratoire.

**XVII.ᵉ siècle. Ecriture cursive, de plusieurs mains, plus ou moins
facile à lire.**

Le premier volume, 350 f., contient *les negociations
depuis le vingt ung.ᵉᵐᵉ juillet mil six cent dix sept jusques
au dix sept.ᵉᵐᵉ avril mil six cent dix neuf.*

Le second, 340 f., *depuis le vingt deux.ᵉᵐᵉ decembre
mil six cent vingt deux jusques au douze août 1626.*

Ces deux volumes furent écrits en 1630, comme l'indique la souscription *Dromon scripsit ignorantissimus.* 1630.

Le nom de Denys Simon de Marquemont ne se trouve
point dans la biographie de Michaut. Feller et Morêri,
dans leur dictionnaire, lui ont consacré une courte notice. Envoyé à Rome, par Henri IV, avec Du Perron,
puis à Florence, avec Silleri, Dénys fut chargé de négocier le mariage de Henri IV avec Marie de Medicis.
Louis XIII envoya aussi de Marquemont en qualité d'ambassadeur à la cour de Rome où le pape Urbain VIII le fit

cardinal en 1626, à la demande du roi. *Socratis exemplo*, dit le Gallia Purpurata, *nihil edere voluit licet doctissimus.* pag. 698.

Ce sont les lettres relatives à ses ambassades de 1617 à 1626 qui font la matière de nos deux volumes.

La Bibliothèque historique, n.° 30440, cite un recueil Ms. de lettres du cardinal de Marquemout, écrites au roi et à M. De Puysieux, pendant son ambassade à Rome depuis le mois de juin 1617 jusqu'au 17 avril 1619. 2 vol. in-fol., conservés dans les Mss. de Brienne, n.°ˢ 352, 353.

Cette correspondance est contenue dans le premier volume de notre Ms.; le second contient celle des années 1622, 23, 24, 25 et 26.

Nous donnons ici un sommaire de cette curieuse correspondance.

TOME 1er. — ANNÉE 1617.

Suite du traité d'Ast dont le commencement occupe les vingt-sept premières pages du second volume.

Relation du voyage de Marquemont en Italie. — Le duc de Florence. — Le nonce du pape. — Strossi. — Arrivée à Rome. — Difficulté que peuvent éprouver les négociations, attendu que Marquemont n'a point le titre d'ambassadeur. — Lettre de Sillery touchant l'exécution du traité. — Différents de Venise et du Piémont. — Dispositions touchant la restitution des lieux des Monts acquis de Concini. — Affaires des Minimes, des Cordeliers, des Carmélites de Toulouse. — Evêque de Metz; Valladi, de Vaudemont. — Propines consistoriales. — Grand maître de Malte. — Accord et résolution des articles proposés par le roi d'Espagne. — Plainte du pape contre le duc de Savoie qui avait pris Félissan sur le roi d'Espagne. — Lettre du roi portant assurance que le duc de Savoie exécuterait les traités d'Ast. — M. de Cœuvre est nommé ambassadeur de Rome. — Dépêches sur l'accomplissement du traité d'Ast avec les articles accordés. — Armement de vaisseaux par le duc d'Ossone. — Différents entre les Vénitiens et le duc d'Ossone.— Rétablissement d'un cardinal français. — Accomplissement du traité d'Ast par les Espagnols.— Envoi de Cordeliers au St-Sépulcre ; négociations à entamer avec le grand seigneur pour la nomination aux évêchés de Palestine. — Trèves entre les Vénitiens et la Bohême.— Assemblée des notables à Rome. — Etablissements d'Oratoriens à St-Louis. —Reddition de places au duc de Savoie.—Demande du chapeau de de cardinal pour le duc d'Epernon.

1618.

Lettre du roi pour l'argent que la reine mère avait à Rome et que l'on voulait transporter à Florence. — Demande d'échange du château Gaillon contre les revenus de l'abbaye de St-Etienne de Caen. — Demande du cardinalat pour M. de Bondy. — Affaires du Piémont. — Demande d'une permission pour les Capucins de confesser par toute la France. — Affaires de Savoie. — Conversion de M. de Candale. —Mariage du prince de Galles avec la fille du roi d'Espagne.—Demande en faveur de l'archevêque de Toulouse de l'évêché de Paris. — Armement à Alger. — Affaires avec le duc d'Ossone, et avec dom Pedro, au sujet du désarmement. — Etat d'Avignon. — Mariage d'Angleterre avec l'Espagne. — Evêque de Paris nommé cardinal. — Mariage de Bassompierre. —Demande pour les S.tes-Claires d'Amiens, d'être gouvernées par les Capucins. —Réforme des Mathurins. — Etablissement de la fête de St-Louis.—Affaires de Bohême et de Constantinople. —Désarmement des Espagnols. —Conspiration à Venise. — Etablissement des chevaliers de la Merci. — Poëme à la louange du roi. — Voyage de Dalmas à Milan.—Affaires de Béarn. — Mémoire à MM. du clergé pour informer sa majesté d'une innovation qu'on prétend faire à la cour de Rome au préjudice du clergé de France.—Demande d'un jubilé pour parvenir à l'achèvement de l'église de Beauvais. — Prise des vaisseaux Espagnols par les Vénitiens.

1619.

Affaire de Bohême et des Grisons ; mariage de la sœur du roi avec le prince de Piémont. — Passage en France de la duchesse d'Ornano. — Affaire du golfe de Venise; restitution de vaisseaux à l'Espagne. — Envoi en Suisse des cardinaux Varallo et Aquino. — Débats entre les Vénitiens et le roi de Naples. — Ligue entre les Vénitiens et le duc de Savoie. — Entreprise du duc d'Ossone sur Duras.

2.ᵉ VOLUME.

Commencement du traité d'Ast.

1622.

Affaire du St.-Sépulcre; ambassade de Malte. — Mariage du neveu du pape avec la princesse de Venise. — Satisfaction du pape pour la paix. — Affaire de la Valtoline.

1623.

Mariage du prince de Galles avec la princesse d'Espagne. — Mort du pape. — Election d'Urbain VIII.

1624.

Différents entre les Capucins et les Ursulines de Lyon. — Etat de la cour de Rome. — Duché d'Urbain. — Les Grisons. — M. de Marquemont demande son rappel en se plaignant de n'avoir point été fait cardinal. — Rupture du mariage d'Angleterre et d'Espagne. — Armement des frontières de Picardie. — Demande du cardinalat pour M. de Marquemont. — Ambassade d'Angleterre. — Retour au pape du duché d'Urbain. — Mariage du prince Thomas avec mademoiselle de Soissons. — Suite des affaires de la Valtoline. — Passage du duc de Mansfield par la France.

1625.

Suite des affaires de la Valtoline. — Guerres d'Italie. — Légation, proposition de de paix. — Obéissance du roi d'Espagne. — Prise de Sommières par le duc Rohan, et reprise par le régiment de Picardie. — Les Huguenots, la Rochelle. — Traité des Huguenots.

1626.

Censure du livre *admonitio ad regem*. — Le pape envoie des gens de guerre dans la Valtoline. — Pardon accordé aux Huguenots, la Rochelle exceptée. — Le cardinalat accordé à M. de Marquemont. — Excommunication de ceux qui écrivent contre la personne du pape. — Paix de Madrid. — Proposition de mariage de Monsieur avec mademoiselle de Montpensier.

Deux tables à la fin des volumes.

492. Procès-verbal de la conférence d'entre messieurs les commissaires du Roy et messieurs les commissaires du parlement pour l'examen des articles proposés pour la composition de l'ordonnance du mois d'avril 1667.

Papier in-fol. 266 f. d.r. L.

Abb. du Mont-St.-Quentin.

Très-belle écriture cursive. 1777.

L'ordonnance civile du mois d'avril 1667, fut en vigueur jusqu'à la promulgation du code de procédure actuel. Elle fut préparée avec une grande solennité et les conférences, commencées le 26 janvier 1667, ne se terminèrent que le 17 mars, après 15 séances.

Aux membres du conseil qui se composait du Maréchal de Villeroy, président, Seguier, chancelier, Colbert, d'Aligre, d'Ormesson, de Lezeau, de Machault, de Sève, Menardeau, de Merangis, Poncet, Boucherat, de la Marguerie, Pussort, Voisin, Hotman et Marin (1), le roi voulut adjoindre une députation du parlement; il écrivit à cet effet au premier président de Lamoignon et au procureur général. Entr'autres commissaires du parle-

(1) Hénault. Nouvel abrégé chronologique de l'histoire de France, in-4.°, 1749, pag. 509.

ment, on peut citer Lamoignon, Talon et Bignon, qui mirent la dernière main à cette œuvre.

L'ordonnance civile touchant la réforme de la justice, publiée à St.-Germain-en-Laye, le 19 avril 1667, eut un trop grand nombre d'éditions pour que nous les citions ici.

Nous ignorons si les procès-verbaux ont été publiés et si l'ouvrage sous le titre : *Procès-verbal des conférences tenues par ordre du roi entre MM. les commissaires du conseil, pour l'examen des articles des ordonnances civile et criminelle. Louvain 1700, in-4.°*, que l'avocat de la ville, Claude Brossette, publia à Lyon, est bien le procès-verbal dont nous parlons.

Notre Ms. est divisé en deux parties comprenant, la première du titre 1 au titre 22; la deuxième, du titre 22 à la fin de l'ordonnance.

493. SACRE DE LOUIS XV ET DE LOUIS XVI.

Papier in-fol., 70 f.   d.r. L.

Bibl. du Chapitre d'Amiens.

Ce recueil comprend : 1.° Procès-verbal de la cérémonie du sacre de Louis xv.

2.° Lettre du roi, invitant l'évêque d'Amiens à y faire les fonctions de sous-diacre.

3.° Lettre de Louis xvi pour son sacre.

4.° Procès-verbal de la cérémonie du sacre de Louis xvi.

5.° Relation de ce qui s'est passé à Amiens au sujet de la naissance de Mgr. le Dauphin.

Ces deux procès-verbaux, copiés sur la minute de Reims, sont certifiés conformes, l'un par l'archevêque Armand de Rohan, l'autre par Mgr. de Talleyrand, en 1779. Ce dernier

27.*

contient la protestation contre l'admission des évêques d'A-
miens, de Soissons et de Senlis à la table des pairs ecclésiastiques, au banquet royal.

Les lettres des deux rois sont contresignées *Philippeaux*,
elles avaient été adressées, suivant l'usage, à l'évêque
d'Amiens, l'un des assistants du sacre.

494. OMISSA IN HISTORIA D. DE THOU.

Papier in-fol., 54 f.   d.r. L.

Bibl. des Augustins d'Amiens.

XVIII.ᵉ **siècle. Belle écriture ronde.**

Ce Ms. n'est autre chose qu'un *errata* et *addenda* aux
cinq premiers volumes de l'histoire de De Thou. On y lit le
nom de Jean Pioger.

On a relié avec ce volume un autre volume imprimé.
Jacobi Cuiacii 1. c. oratio in funere nob. præst. viri
Gasparis Chastrei Nancœi reg. stip. præfecti. Oliva Roberti
Stephani M. D. C. X.

Voyez sur cet ouvage la Biblioth. hist. de France, n.º
34908 et M. Raynouard, Ann. de l'imprimerie des Etienne,
tom. I, pag. 194.

495. MÉLANGES HISTORIQUES.

Papier in-fol., 164 f.   d.r. L.

Bibl. des Carmes déchaussés d'Amiens.

XVII.ᵉ **siècle. Ecriture batarde, très-lisible.**

Voici la table des matières de ce volume.

1.º Des dieux des anciens Gaulois. — 2.º Des prêtres
des anciens Gaulois. — 3.º De l'ancien évéché de Bou-
logne-sur-Mer. — 4.º Du pape Benoit VII.ᵉ, successeur de

Martin II.ᶜ — 5.º Du temps et édition de la notice de l'empire romain. — 6.º De l'ancienne chevelure royalle des Francs. — 7.º Distinction de plusieurs Conrads et Everards soubz le regne de Henry et Othon premiers rois de Germanie. — 8.º Origine de Brunon, depuis le pape Grégoire v. — 9.º Du titre impérial et Auguste entrepris par plusieurs rois. — 10.º Des titres de catholique très-chrétien, très-saint, très-révérend. — 11.º Ans de la vie et de la mort de Ste. Gertrude de Nivelle. — 12.º Si Frédéric de Luxembourg, duc de Lothier, a été aussi duc de la Lorraine Mosellane. — 13.º De la sépulture sur le sujet de quelques tombeaux trouvés auprès de la ville d'Arras. — 14.º Des filles de l'empereur Valentinien III.ᶜ et de leurs marys. — 15.º Princes des Pays Bas designez et appellez à des couronnes et le projet du royaume desdits pays. — 16.º Du tiltre d'archiduc d'Austriche. — 17.º Si Henry le Querelleux duc de Bavières père de l'empereur St. Henry était fils d'un autre Henry de Saxe, aussi duc de Bavières, frère de l'empereur Othon. — 18.º D'aucuns ducs et marquis nommés Henry qui ont gouverné en Bavière et aux environs du temps de Henri le Querelleux et de l'empereur St. Henry son fils. — 19.º Le grand Clovis roy des Francs appelé Auguste. — 20.º De l'an de la mort de Bouchard, évêque de Cambray et quy luy succéda. — 21.º De la sobrieté des princes d'Austriche. — 22.º Vie et gestes de Charles duc de Lothier et roy deshérité de France. — 23.º Quædam notanda de republicâ Namurcensi.

3.° HISTOIRE DES PROVINCES.

A. Flandre et Artois.

496. CHRONICON ANDRENSIS MONASTERII.

Papier in-fol., 138 f.   d.r. L.

Bibl. des Carmes déchaussés d'Amiens.

XVII.ᵉ siècle. Écriture ronde.

Cette chronique de l'abbaye d'Andres, par l'abbé Guillaume, est imprimée dans le Spicilége de d'Achery, tom. 2, pag. 781 à 871.

On trouve à la fin une composition faite entre l'abbaye et le chapitre d'Andres et le prieur et le chapitre de Waast concernant le bois de Clarbois, une aunée et une prairie, pardevant Hugues, religieux de Cluny, en 1197.

497. 1.° Liber Dni Hermanni abbatis de restauratione ecclesie St Martini Tornacensis.

2.° Historia abbatum monasterii Henniacensis per R. P. P. Balduinum de Glen.

Papier in-fol., 196 f.   d.r. L.

Bibl. des Carmes déchaussés d'Amiens.

XVII.ᵉ siècle. Écriture cursive très-lisible.

Ce Ms. porte la date 1631 et les lettres P. C. D. avec un paraphe.

1. L'histoire du rétablissement de l'église de St.-Martin de Tournay a été imprimée dans le Spicilége de d'Achery, tom. XII, pag. 358 à 487.

Le Ms., conforme d'ailleurs à l'imprimé, ne contient point le paragraphe 119. *Additio alia manuscripta.*

Herimannus ou, suivant le Ms., Hermannus, fut moine de St.-Vincent de Laon, puis troisième abbé de St.-Martin de Tournai, de 1126 à 1136. Il commença d'écrire cette histoire au palais de Latran, pour ne point périr d'ennui : *ne penitus tam longi temporis tœdio deficiam vel otio peream,* dit-il lui-même dans son prologue, en attendant la réponse du pape Innocent ii, auprès duquel il avait été envoyé pour négocier le rétablissement de l'église de Tournay.

Valère André (Bibl. belgica, pag. 379), cite une traduction française de cet ouvrage, avec des additions par Thomas Le Roy, prieur de St.-Martin.

2. Baudouin de Glen, abbé du monastère d'Hasnon, écrivit cette histoire *descripta,* dit le titre, *anno domini 1584 propria manu ejusdem abbatis qui obiit anno 1594. 19 decembris.* Valère André cite cet ouvrage. La bibliothèque d'Arras en possède deux exemplaires. L'un, n.° 237, xvi.° siècle, avec la note, *scripta propria manu, anno 1504,* que nous croyons se rapporter aussi à l'histoire et non pas au Ms.; l'autre, n.° 158, dans un volume contenant les chroniques d'Yperius, de Marchienne, de St. Pierre de Gand et la chronique précédente, écrit pour Etienne le Pez, qui fit écrire et écrivit lui-même un grand nombre de volumes concernant l'histoire du pays d'Artois et la Flandre. (Cod. Mss. in bibliotheca S. Vedasti apud Atr. Catalogue publié par sir Thomas Philips Paris 1808, broch. in-8.°)

498. 1.° Chronicon castri et Cenobii S. Bavonis.
2.° Breviarium de thesauro S. Bavonis.

3.º Excerpta ex chronicis et archivis.

4.º Genealogia nobilissimorum francorum imperatorum et regum.

5.º Genealogia flandrensium comitum et gesta eorum.

Papier in-fol., 144 f.   d.r. L.

Bibl. des Carmes déchaussés d'Amiens.

XVII.ᵉ siècle. Ecriture cursive de plusieurs mains.

1. 2. La chronique de St. Bavon a été probablement copiée sur le Ms. 14525 de la bibliothèque des ducs de Bourgogne, écrit au xii.ᵉ siècle. Nous sommes d'autant plus portés à le croire que le Breviarium qui est à la suite fait partie de cette même bibliothèque n.º 14526, in-fol., fin du xii.ᵉ siècle, et aussi en copie n.º 7957, in-fol., xvii.ᵉ siècle, sous le même titre : *Breviarium de thesauro S. Bavonis quod invenerunt fratres remansisse post normanniam infectationem. Invenimus de thesauro sancti Bavonis, etc.*

3. Les excerpta compris sous le n.º 3 forment une suite chronologique de faits et de pièces relatives au monastère de St. Bavon et à son église, tirées de la chronique de St. Bavon, du cartulaire de l'église, du cartulaire de St. Pierre de Blandin près Gand, d'une histoire des abbés de St.-Bertin, par Folquin, *levita sithiensis,* qui la termine en 962 (1), d'un cartulaire de St.-Bertin et d'un ancien Ms. de la même abbaye.

(1) Ce Folquin est l'auteur de la première partie du cartulaire de St.-Bertin, publié par M. Guérard de l'Institut. Paris 1480. Collection des cartulaires de France, tom. iii.ᵉ

4.º La généalogie des nobles Francs a pour titre : *Genealogia nobilissimorum Francorum imperatorum et regum dictata a Carolo rege Compendiensis loci* (1) *restauratore, post bina incendia;* elle commence par *Ambertus nobilissimus*, etc. Elle fut extraite d'un ancien Ms. de l'abbaye de St-Bertin. *Extractum ex veteri manuscrito catalogo bibliothecæ sithiensis insulæ S. Bertini.*

Ce Ms., conservé encore à la bibliothèque de St.-Omer, n.º 776. 2.º trois feuillets, velin, caractère du x.º siècle, est, dit M. Piers (Cat. des Mss. de la bibl. de St.-Omer, Lille 1840, in-8.º de 88 pag.), le plus ancien Ms. original que l'on possède sur l'histoire des comtes de Flandre. Il fut composé en 961 par un ecclésiastique inconnu, nommé *Witegerus*, peut être Reingerus, moine de St.-Bertin en 950. Cette généalogie, qui concerne spécialement l'ascendance de la dynastie carlovingiène, contient des détails précieux sur les familles illustres de Charlemagne et de Baudouin Bras de Fer.

5.º La généalogie des comtes de Flandre qui commence par : *Anno ab incarnatione domini 1292, etc*, n'est qu'une partie du Ms. de Clairmarais que Dom Martenne a reproduite et continuée jusqu'en 1348. (Thes. nov. anecd. tom. III, pag. 379.) Elle s'étend de Baudouin Bras de Fer à la fin du règne de Thierry d'Alsace et fut composée en 1172 par Guillaume de Lo. (Piers. Ibid. pag. 79.)

. On trouve encore dans ce volume quelques pièces concernant le comté de Guines, extraites des archives de St.-Bertin.

Ces pièces sont imprimées dans l'histoire de la maison de Guisnes d'André Du Chesne.

(1) St. Corneille de Compiègne.

499. 1.° Gesta abbatum Lobiensium.

2.° Libellus de Gestis abbatum Gemblacensium.

3.° Chronica brevis de fundatione et abbatibus Elnonensibus.

4.° Brevis chronica abbatum Marcianensium.

5.° Chronica abbatum monasterii Aquicinensis.

Papier in-fol. , 142 f.   d.r. L.

Bibl. des Carmes déchaussés d'Amiens

XVII.ᵉ **siècle. Ecriture ronde , assez difficile à lire dans les deux premières chroniques; écriture cursive , d'une autre main , pour les trois autres.**

1.° La chronique des abbés de Laubes ou Lobe, au diocèse de Cambrai, est celle de l'abbé Fulcuin, que l'on trouve imprimée dans le Spicilège de d'Achery, tom. VI, pag. 544 à 63.

Le Ms. ne contient point le prologue; les derniers chapitres y sont intervertis et la continuation s'arrête à la mort de l'abbé Franco; mais on trouve à la suite un chapitre de 32 pages, qui traite des différentes fondations faites en faveur de l'abbaye, et dont on pourra trouver les titres dans sa bibliothèque. *Multi multa loquuntur de statu monasterii, etc.*

2.° La chronique de l'abbaye de Gemblou est aussi imprimée dans d'Achery, tom. VI, pag. 505 à 540.

Le Ms. attribue cette chronique à Sigebert. On sait quelles sont les raisons qui lui donnent un autre auteur. Voy. la préf. qui la précède dans le Spicilège et la Bibl. hist. de France, n.° 11982.

Notre Ms., plus complet que l'imprimé, contient un plus grand nombre d'épitaphes, la copie d'une charte *de*

constructione ecclesiæ et reparatione loci montis sancti Gui-
berti, et un épilogue en vers latins à l'église de Gemblou.

Alterius verbis sit consolatio nostris.

3.º La chronique de l'abbaye d'Elnon (St.-Amand au diocèse de Tournay) s'arrête à l'année 1218. Elle commence
par les mots : *Anno incarnati verbi : 634 d. Amandus
Trajectensis.* Quoique peu développée, elle renferme plus
de détails que la chronique publiée par D. Martenne.
Thes. nov. an. tom. III, pag. 1390, mais peut être rem-
placée par le Gallia Christiana.

4.ᶜ La chronique de Marchienne, au diocèse d'Arras, s'arrête à l'année 1501, elle commence par : *Sanctus Jona-
tus primus abbas Marcianensis.*

Une note placée sur la marge, après l'année 1175, indique que la seconde partie est due à une autre main.
Reliqua alterius scriptoris videntur.

5.º La chronique d'Anchin, au diocèse d'Arras, s'arrête à
Simon I en 1177, successeur d'Alexandre.

Deux auteurs ont écrit cette histoire qui commence par
les mots : *Quantæ utilitatis, quantæque felicitatis existat.*
Le premier est l'auteur d'une vie de l'abbé Gosuin, et
d'un livre sur l'éducation des novices, comme il nous
l'apprend lui-même, *de eruditione novitiorum sed et de doctrina
venerabilis viri Gosuini aquici. abb.... . libellum pleniùs
disputavimus.* Le continuateur ne nomme point l'auteur du
livre. *Quæ jam ab alio dicta sunt,* dit-il, *iterum minime
narrare tentamus,* il commence en l'année 1079 et continue
jusqu'à Simon sous lequel il vécut, comme l'indique la
prière qu'il adresse pour l'abbé et pour le monastère dont
il faisait partie. La vie de Gosuin, attribuée à l'abbé
Alexandre, fut imprimée à Douay en 1620 in-8.º, mais

elle n'est point de cet auteur qui aurait dû être nécessairement nommé par le continuateur qui, vivant sous l'abbé Simon, était son contemporain et n'aurait point manqué par conséquent de nous faire connaître l'auteur de la première chronique, qui du reste paraît beaucoup plus ancienne. Voy. Valère André. Bibliotheca Belgica, page 41.

500. 1.° Episcopi Trevirenses.

2.° Archiepiscoporum Coloniensium catalogus.

3.° Episcopi Metenses.

4.° Excerptum domni sacerdotis Bertarii in gestis pontificum sanctæ ecclesiæ Virdunensis.

5. Gesta Virdunensium episcoporum et abbatum monasterii S. Vitonis Alberoni.

6.° Episcoporum Virdunensium catalogus.

7.° Episcoporum Tullensium catalogus.

8.° Abbatum Stabulensium catalogus.

Papier in-fol., 88 f.   d.r. L.

Bibl. des Carmes déchaussés d'Amiens.

XVII.ᵉ siècle. **Ms.** à longues lignes, de diverses mains; bonne écriture.

1.° Le catalogue des évêques de Trèves est composé de deux parties. La première, qui commence par : *Eucharius natione Grecus de 70 discipulis domini, etc*, s'étend jusqu'à 1353. On lit à la fin : *Finis. Ms. codicis in max.*ᵃ *membrana ab archiepiscopo aliquo editus forte hujus Balduini successore. Certe habuit hunc P. Broüneus.*

La 2.ᵉ partie, extraite d'un Ms. de la bibliothèque de

Trèves, reprend la chronique à 1353 et la continue jusqu'à Richard et vers l'an 1517. On la retrouve dans la
bibliothèque des ducs de Bourgogne, n.° 6886.

2.° Le catalogue des archévêques de Cologne a pour
titre : *Archiepiscoporum Coloniensium catalogus ex peranti-
quo Ms. qui in Conrado episcopo 50 creato anno 1237 de-
sinebat et eo quoque tempore scriptus videbatur. Estque
Cesarii Momachi (sic) Heisterbacensis qui scripsit vitam
S. Engilberti archiepiscopi 4.*

Apud Agrippam nobilem Galliæ civitatem, etc.

Ce même ouvrage se trouve aussi dans un Ms. du XIII.°
siècle à Londres (Harles. 3773.) Il est précédé de quatre
vers héxamètres et finit en l'an 1216. Il est continué par
quatre mains différentes.

Un autre exemplaire est à Paris (Blanc-Manteaux 57),
dans une copie du XVII.° siècle, prise sur un *Ms. canonicorum Enrici in Seerlandia.* Il finit sous le successeur
d'Engilbert II, mais ce qui se trouve là depuis 1216
n'est ni ce que contient le Ms. de Londres ni celui d'A-
miens. Celui-là est le seul qui semble contenir la forme
originale, surtout à la fin, et qui donne le nom de
l'auteur. (Cesarius Heisterbacensis.)

Cet ouvrage a servi de fonds à une chronique des archévêques de Cologne, plus ample, qui se trouve à Bruxelles.
2. *Chronica præsulum et archiepiscoporum ecclesiæ Colonien-
sis,* XV.° siècle. Bibl. des ducs de Bourgogne (2321), et plus
amplifiée encore à Paris. (Arsenal. Histoire 6.)

3.° La chronique des évêques de Metz est imprimée
dans d'Achery, tom. 2, pag. 224. Le Ms. comprend le
chronicon et *l'appendix prior.* Quant à *l'appendix posterior*

il est remplacé par de courtes notices sur les évêques Conrad, Jean, Jacques, Philippe, Guillaume, Laurent, Jean de Flandre et Brouchard, ce qui continue la chronique jusqu'à 1286, tandis qu'elle s'arrête dans l'imprimé à 1260.

En tête est une dissertation sur l'auteur, dans laquelle on établit que ni Paul, moine du Mont-Cassin, ni Sigebert de Gembloux, n'ont écrit cette histoire ; mais que l'auteur, quel qu'il soit, a connu les ouvrages de ces deux chroniqueurs, qu'il les a modifiés et abrégés, et qu'il a vécu de 1180 à 1190.

4.º Cette chronique des évêques de Verdun, du prêtre Bertaire, dédiée à l'archévêque Dadon, est imprimée dans d'Achery. Spicilegium, tom 2, pag. 234 à 241, in-fol.

Les vers de Fortunât ont été passés dans le Ms.

5.º Cette seconde chronique, de Laurent de Liège, est imprimée dans le même ouvrage, tom. 2, pag. 241 à 262.

Les n.ᵒˢ 6, 7, 8 ne sont que de simples catalogues, pour ainsi dire sans aucune indication.

501. Ardensis ecclesiæ presbyteri Lamberti super Ghisnensium historiam et Arnoldum de Ghisnes.

Papier in-fol., 103 f.   d.r. L.

Bibl. des Carmes. 24.

XVI.ᵉ siècle. **Ecriture très-nette.**

On lit à la fin : « Collation faite à certain livre en » parchemin au commencement duquel sont dépeintes les » armes du roi de France avec le collier de l'ordre de » St.-Michel dependant armes cy devant speciffiées avec » semblables collieux et collier du comte de Guisnes du-

» quel livre se trouve concorder de mot à autre par
» François des Robins bailly d'Anderbbecq et pays de Bre-
» denarde et Joachim Noel maitre d'escole dudit Anderb-
» becq le III de janvier mxv.ᶜ iiijˣˣ vi.

» ROBINS.   NOEL. »

En tête sont deux prologues commençant l'un par : *Licet familiares*, et le second par : *Audientes, etc.*

Une grande partie de cet ouvrage se trouve imprimée dans les preuves à la suite de *l'histoire généalogique des maisons de Guisnes, d'Ardres, de Gand et de Coucy, d'André Du Chesne.* Paris MDCXXXI in-fol.

La bibliothèque historique du P. Lelong cite , n.º 34209, sous le titre : *Lamberti ardensis opera super Ghisnensium historiam et super Arnoldum de Ghisnis. Papier petit in-fol.,* un ouvrage Ms. appartenant à la société littéraire d'Arras et un autre sous un titre presque le même, dans la bibliothèque du Vatican, parmi les Mss. de la reine de Suède.

502. RECUEIL DE PIÈCES SUR L'ARTOIS.

Papier in-fol., 154 f.   d.r. L.

Bibl. des Carmes.

XVI.ᶜ siècle. Ecriture ronde de diverses mains.

Ce Ms. renferme trois ouvrages distincts :

1.º Recoeuil de Damp, Antho. Taverne grand prevost de l'abbaye de St.-Vaast d'Arras, en l'an 1436.

Il commence par : *Traictie de la convention faicte à Arras à St.-Vaast pour le Bourguigne Paix l'an mil iiij.ᶜ xxxv et aus su le maniere des entrées des seigneurs.*

Cet ouvrage fut imprimé sous le titre : « Journal de

la Paix d'Arras , faite entre le roy Charles vii et Philippes le-Bon, duc de Bourgogne, en l'abbaye de St.-Vaast, recueilly par dom Antoine de la Taverne, et publié, avec des annotations, par Jean Collart. Paris , Billaine , 1651 , in – 12.

Sir Thomas Philippe, Cod. Mss. in Bibl. S. Vedasti , cite une édition de 1649. *This was printed in 1649 at Paris.*

2.º Recoeuil de Damp Gerard Robert , religieulx de l'ab- baye de sainct Vaast d'Arras , chapellain de l'abbé du dit lieu en l'an 1461 , chantre en l'an 1470 et finalement mort cellérier de la dicte église l'an 1502.

L'an de notre seigneur 1465 le duc Philippes de Bour- goigne devant le duc Charles son filz a grand ost et se partist du pays de Brabant.

Cette chronique d'Arras , de 1465 à 1494 , est aussi dans la bibliothèque de cette ville. Cod. Mss. , pag. 19.

3.º Auchunes choses mémorables advenues en ce pays d'Arthois et nomemment en le ville d'Arras es lieus cir- convoisins.

C'est une chronique très-succincte des événements inté- ressant surtout l'église et particulièrement St.-Vast , de 1475 à 1498.

On lit à la fin la chanson suivante : *Chanson de Grisart.*

> In quinta die capta fuit Arra cite que
> Mensis novembris deux ans post iiii.ˣˣ et dix
> Summo die mane per virum Louys de Waudre
> Associans par ung nobilis vir Robert de Melun ,
> Et erat providus vir my hier van forest
> Adveniens per relion vir quidam nomine Raucourt
> Metu du hasard chantant le gentil Grisart
> Marchez le dureau nunc tempus est rempe le chasteau

Attollite portas intrarunt Bourguignones Arras
Almanorum cohors lucrarunt les chasteau tres forts
Metu du mehain servat claves le gentil Lalain
A larbre de Beaumez castellum sur le grand marchez.

Ce Grisart, avec *cinq autres manans bourgeois de la ville de petit état,* rendit la ville d'Arras en 1492, le 5 novembre. Il était de si grand credit, qu'il rapportait tous les jours les clefs de la ville.

Ce Ms., désigné par M. Haenel, sous le titre : *Histoire d'Artois, n.º 279,* a fait croire à M. Piers qu'il existait réellement une histoire d'Artois manuscrite à la bibliothèque d'Amiens, il ajoute même qu'elle a fixé l'attention de la Société de l'histoire de France. (Cat. des Mss. de la Bibl. de St.-Omer, pag. 33.) C'est ainsi qu'il a été encore induit en erreur, en signalant, pag. 57, une *Vita Folquini* d'après le n.º 368 de M. Haenel qui, sans doute, aura compris sous cette fausse indication notre Ms. n.º 498.

503. Discours en bref des choses mémorables advenues en ce Pays-Bas, depuis la requête présentée au mois d'apvril 1566, signamment de ce qui s'est passé en la ville d'Arras, ville capitale du Pays et Comté d'Arthois, depuis les dernières altercations. Papier in-fol., 125 f.   d. r. L.

Bibl. des Carmes déchaussés d'Amiens.

XVI.º siècle. **Ecriture ronde,** difficile à lire.

Ce discours est adressé à haut et puissant seigneur Mgr. le comte de Hennin, vicomte et baron de Barlin, de Hoble-Fort, seigneur de Cappres, Rancicourt, Division, Bondues, etc., gouverneur et capitaine des ville et cité d'Arras, et à Messieurs les Mayeurs et Eschevins de la dite ville.

Dans un long prologue commençant par : *Le prince des philosophes de la secte académique,* l'auteur traite des qualités de l'orateur.

Cette chronique renferme de très-curieux détails sur les progrès du protestantisme à cette époque, les prêches à Amiens, l'emprisonnement et la mort du duc d'Egmont, l'érection du conseil des troubles à Arras, la surprise de Louvain, de Malines, d'Alost, la mort de plusieurs grands personnages, la révolte de Gand, l'assemblée des bourgeois d'Arras et des états d'Artois, les journées de St.-Jacques et de St.-Christophe, et l'assemblée des états d'Artois en la ville de Béthune.

504. RECUEIL POUR L'HISTOIRE DE FLANDRE.

Papier in-fol. , 167 f.   d.r. L.

Bibl. des Carmes déchaussés d'Amiens.

XVIe siècle. **Ecriture de diverses mains.**

Les diverses pièces que contient ce volume se rapportent toutes aux troubles de Gand, à la ligue du prince d'Orange, et au procès de Lamoral d'Egmont; ce sont :

1.º Verbal de l'emprisonnement de ceulx qui furent detenus estant les estatz de Flandres assamblez en la ville de Gand le mois d'octobre 1577, mis en memoire par le sieur de Zweeneghem l'ung d'iceulx.

C'est le même ouvrage qui se trouve à Bruxelles, Bibl. des ducs de Bourgogne, n.º 16890, sous le titre :

« Recit circonstancié de tout ce qui est arrivé à Gand » pendant les troubles sous Philippe II, depuis l'an 1577

» jusqu'en septembre 1579, concernant l'emprisonnement » des divers seigneurs et membres des états, exécuté » par le conseil secret du prince d'Orange. » *L'an de notre seigneur 1577 les deputez des estats generaux assemblés à Bruxelles.*

2.° Deffences quy iustement se pouuoient faire aux cherges et coulpes publiees en la mort de feu Messire Lamoral d'Egmont, chevalier de l'ordre du thoison d'or, si luy fut este permis se purger et auxquelles sa Majeste preferant sa clemence à la rigueur de iustice eut peu prendre favorable regard. *Le deffendant n'eut jamais vacillé en la foy catholicque.*

3.° Discours politicque et general sur les occasions principales de la prosperite ou ruyne d'ung estat par la bonne ou mauvaise observance de la Religion et Iustice, et de la Reformation requise en toutes les deulx partyes. — *Comme de tout tamps a esté tenu pour notoires.*

L'auteur cite à l'appui de son systême les exemples domestiques des comtés de Flandre et des princes des Pays-Bas.

4.° Copie d'une certaine information donnee par l'empereur Charles v.ᵉ au sieur de Montros M.ᵉ d'hostel sur certain malcontentement survenu entre les seigneurs du conseil ainsi que Madame de Savoye gouvernante des Pays-Bas. Donnée à Valladolid, le dernier avril 1523.

5.° Advys donné à Madame la duchesse de Parme, gouvernante des Pays-Bas au temps des premiers troubles populaires y advenuz en l'an 1566. *Pour aultant que la religion.*

6.° Memoires et remonstrances representées par M. De Rassenghies à son maitre sur l'emprise du gouvernement de Hollande et des jours de guerre estant par de là. 1574.

28.*

7.º Advys donne a Monseigneur et grand commandeur de Castille lieutenant gouverneur et capitaine general des Pays-Bas le xxvi novembre 1574 au conseil d'estat auquel estoit present le dict seigneur M. le commandeur, le duc d'Arschot, les comtes de Barlaymont, du Royau, de Lalaing et moi (De Rassenghies) soubsigné les évêques d'Ypres et de Bruges, le sieur Hieronimus de Breda, le conseiller d'Assonloville, les chanceliers de Brabant et de Gueldres, et le president de Hollande, et pour secrétaire Barty, sur la proposition faite par son excellence aux mêmes personnages le 24 dudit mois. *Monseigneur par la proposition quil a plu à votre volonté nous faire*, etc.

Cet avis fut d'abord donné verbalement, puis délivré par écrit le premier décembre suivant, sous la signature de De Rassenghies. Les deux points traités sont ceux-ci :

1.º *S'il est expédient et convenable de pacifier et traiter avec le prince d'Orange et les états.* — L'avis se prononce pour l'affirmative.

2.º *Par quels personnages et instruments l'affaire pourrait mieux induire ; en quels lieux et sous quelles assurances les remèdes se pourraient donner aux troubles.*

B. Picardie.

505. Mémoire sur l'état général de toutes les provinces de France. Tome — Contenant la province de Picardie. Année 1700.

Papier in-4.º, 200 f.   r.a.

Don de M. de Cayrol.

Beau Ms. d'une belle écriture coulée, avec pages encadrées d'un filet rouge.

Voici ce qu'écrivait M. De Cayrol, le 11 août 1837, en envoyant ce Ms. à M. Rigollot.

» Je m'empresse de répondre à votre lettre d'hier et de
» vous faire passer le Ms. ci-joint, je vous prie d'en
» faire hommage, en mon nom, à la bibliothèque d'Amiens
» à laquelle il revient en quelque sorte de droit, parce
» qu'il y a cent à parier contre un que ce Ms. a ap-
» partenu au P. Daire.

» On m'a offert, il y a quelque temps, un autre exem-
» plaire à un prix assez minime, 8 à 10 fr., je crois,
» ce qui me fait partager votre opinion que les exemplaires
» de ces sortes de statistiques ne sont pas rares. En voici,
» suivant moi, l'origine :

» Quand le duc de Bourgogne fut admis au conseil,
» Louis xiv, afin d'initier le jeune prince aux détails du
» gouvernement, fit demander à chaque intendant un
» rapport sur le pays soumis à son administration. Mais
» tous ces mémoires paraissant trop volumineux, ils furent
» remis au Comte de Boulainvillers, pour en faire des
» extraits, et ce sont ces extraits qu'il réunit ensuite
» en un seul corps d'ouvrage sous le titre d'ÉTAT DE LA
» FRANCE, qui fut imprimé en 1727, 3 vol. in-fol.;
» 1737, 6 vol. in-12, et 1578 8 vol. in-12.

506. MÉLANGES.

Papier in-fol., 295 f.   d.r. L.

Abb. de St-Acheul.

Écriture de diverses mains et de diverses époques.

Ce Ms., qui peut-être eut dû occuper une autre place,

est un recueil de pièces la plupart historiques, écrites en différents temps.

1.º Mémoire sur la Picardie. 1697.

2.º Nombre des âmes des villes, des bourgs, des villages et des hameaux de la généralité d'Amiens, avec les noms des seigneurs.

3.º Mémoire sur la Flandre occidentale. 1697.

Ces trois pièces paraissent une copie des rapports adressés par les intendants de Flandre et de Picardie, publiés par Boulainvillers dans son Etat de la France. Elles proviennent de l'abbaye de Clairfay.

4.º Trois sermons ; ils n'offrent rien de remarquable, ils sont de la même main que ceux du n.º 59.

5.º Cursus philosophiæ ex libris Petri Stellæ et amicorum dono datum a D. Beroaldo preceptore meo, auctore. Scribebam. 15 cal. Julii 1571. — Ce Ms. provient de St.-Acheul. Quel était D. Beroaldus, et de qui fut-il le précepteur ?

6.º Recueil de pièces et de lettres concernant la chasse de la bête de Gévaudan.

On y trouve toute la correspondance de Duhamel capitaine des dragons de Clermont, les détails des ravages causés par la bête et les chasses ; toutes ces pièces sont originales.

7.º Histoire entière et véritable du procez de Charles Stuart roy d'Angleterre.

8.º La déclaration des deux maisons du parlement d'Angleterre contenant les causes et les raisons qu'elles ont de ne plus avoir affaire au roy 25/15 fevrier 1648/7.

9.º La déclaration des communes d'Angleterre assemblées en parlement touchant la révocation et cassation de cer-

tains suffrages et la rupture du traité de l'île de Wigt.
28/18 févr. 1349/8.

Ces trois pièces sont données comme des traductions
faites sur des ouvrages anglais imprimés à Londres, en
1650.

507. Cartons du père Daire.

Don de M. de Cayrol.

M. de Cayrol (de Compiègne) a fait don à la bibliothèque, le 15 décembre 1837, de ces Mss., qu'il avait
acquis à la vente de la bibliothèque du savant orientaliste
M. Caussin de Perceval; il a publié un excellent travail
sur Daire, auquel nous renvoyons nos lecteurs. Ils y verront le jugement porté sur le mérite des ouvrages d'un
homme que l'on s'est trop plu à rabaisser, et envers lequel on n'a pas toujours montré toute la reconnaissance
qu'on lui devait, pour les nombreux emprunts qu'on lui
avait faits sans en avertir.

Voy. Essai sur la vie et les ouvrages du P. Daire, ancien bibliothécaire des Célestins, par M. de Cayrol, avec
les épîtres farcies, telles qu'on les chantait dans les églises
d'Amiens au XII.ᶜ siècle, publiées pour la première fois
d'après le Ms. original par M. J. R. Amiens, Caron-
Vitet, 1838, in-8.º

I.ᵉʳ Carton. Histoire civile, ecclésiastique et littéraire
des doyennés du diocèse d'Amiens.

1.º Doyenné de Conty.

In-4.º, 22 f., une table, 2 plans du château, 1 plan de
la jonction de la Selle et de la Somme par Guépière,
juin 1695.

2.º Doyenné de Poix.

In-4.º, 10 f., une carte et une table du doyenné.

3.º Doyenné de Fouilloy.

In-4.º, 42 f., une table, un plan de Corbie (gravure), une carte du doyenné, un plan de Corbie en 1636.

On y trouve une lettre de M. Graincourt, sur Antoine Graincourt, son oncle, né à Corbie en 1748, peintre d'histoire, qui fit la collection des maréchaux et amiraux de France, 40 tableaux, pour l'hôtel de la guerre à Versailles, en 1780.

4.º Doyenné de Picquigny.

In-4.º, 19 f., carte du doyenné, plan du château et du camp de César.

5.º Doyenné de Moreuil.

In-fol., 20 f. et la table.

6.º Doyenné de Mailly.

In-fol., 13 f. et la table.

7.º Doyenné de Lihons.

In-fol., 9 f. et la table.

8.º Doyenné d'Avesnecourt.

In-fol., 9 f. et la table.

9.º Doyenné de Roye et Rouvroy.

In-fol., 19 f., avec un plan de la ville de Roye et du doyenné de Rouvroy.

(La lacune existant de la page 8 à la page 17, n'est point à considérer, elle n'est qu'une erreur dans le numérotage.)

La rédaction de ces travaux était définitive et la permission d'imprimer accordée. On lit en effet à la suite du doyenné de Mailly :

« J'ai lu par ordre de Mg.ʳ le garde des sceaux la par-
» tie de l'histoire civile, ecclésiastique et littéraire d'Amiens
» comprenant les différents doyennés, suite de l'histoire gé-
» nérale d'Amiens déjà imprimée, et je crois que cette
» partie du travail de l'auteur ne mérite pas moins d'ac-
» cueil que les précédentes et qu'on peut en permettre
» l'impression. A Paris, 21 octobre 1783. GUYOT. »

Toutes les pages sont en effet paraphées par le censeur
Guyot.

Toutes ces histoires qui n'attendaient, dit lui-même
le P. Daire, qu'une occasion favorable pour voir le jour (1),
sont rédigées d'après le même plan que l'auteur avait
suivi pour celles d'Amiens, de Montdidier, de Doullens,
d'Encre, aujourd'hui Albert, et de Granvillers, qu'il avait
déjà publiées.

II.ᵉ CARTON. Fragments biographiques et historiques.

172 f. de divers formats.

L'auteur considère la Picardie dans toute son étendue
ancienne, et comme comprenant le Pays reconquis, le
Boulonnais, le Ponthieu, l'Amiénois, le Beauvoisis, le
Santerre, le Vermandois ; la Thiérache, le Noyonnois, le
Laonnois, le Soissonnois et le Valois.

Cet ouvrage devait avoir plusieurs volumes. Le premier
volume sera peut-être moins goûté que ceux qui le sui-
vront, dit l'auteur, parce que les personnages qui y ap-
paraissent sont trop éloignés de nous.

Dans la préface, l'auteur s'occupe de ce qui s'est passé
dans la Belgique pendant les 10 premiers siècles ; elle a

(1) Hist. litt. d'Amiens, page 364.

deux chapitres sous le titre : *Réflexions préliminaires sur
la Belgique. — Idée des anciens Gaulois.*

Ces réflexions, qui se trouvent deux fois répétées, avec
de nombreuses variantes, sont un fragment d'une dissertation que le P. Daire avait envoyée en 1752 à l'Académie d'Amiens, en réponse à la question : *Quelle est l'étendue du Belgium dont parle César dans ses commentaires, etc.*
qu'elle avait mise au concours. L'abbé Carlier, qui traita
cette question d'une manière supérieure, obtint le prix,
et le P. Daire, une mention honorable.

Un catalogue des personnages du XIII.ᵉ, du XIV.ᵉ et du XV.ᵉ
siècle, qui se trouve dans ce recueil, permet d'en rétablir
l'ordre.

On y trouve une ode en latin. *Piis manibus Honorati
d'Albert ducis de Chaulnes dum corpus translatio funere
in Mariæ apud Ambianis effertur.* v cal. nov. a. r. s. M.D.C.L.

       Mærendum hic, lætandumne !

Nous ignorons si cet éloge du gouverneur de Picardie
est du P. Daire, du moins ce n'est point son écriture.

III.ᵉ CARTON. Notes généalogiques sur les différentes
    familles de Picardie.

Recueil de pièces sur des bandes et des morceaux de
papier de toutes formes et de toutes grandeurs.

L'auteur, dans un avis à la noblesse de Picardie, re-
lève l'insuffisance des ouvrages de Lamorlière, Haudiquez
de Blancourt, de Rousseville, et prie les curés et les
seigneurs, dans toute l'étendue du diocèse, de l'aider à
faire mieux.

On a joint à ce cahier, sous le titre : *Suite des défunts
et défuntes de l'année* 1710, un nécrologe d'Amiens du 13
juin 1710 au 30 décembre 1711, in-12, 23 f.

IV.ᵉ CARTON. Matériaux pour l'histoire littéraire de Picardie.

Collection de notes sur des fragments de cartes, de petites bandes et de petits carrés de papier de diverses grandeurs, enliassés par ordre alphabétique.

Extraits des divers ouvrages de Du Cange, de Lelong, de Montfaucon, des journaux et de diverses bibliothèques.

La plupart de ces notes ont été employées dans l'histoire littéraire qui compose le 2.ᵉ cahier.

508. CORRESPONDANCE DE M. DE BRETEUIL.

4 vol. in-fol.   rel. v.

Achat de 1839.

M. de Breteuil, conseiller d'état, maître des requêtes, intendant de Picardie et d'Artois, de 1680 à 1683, correspondit en cette qualité avec le roi et ses ministres.

Cette correspondance de la cour forme la matière d'un recueil, composé de 1975 lettres, toutes signées, beaucoup corrigées et annotées par les ministres mêmes qui les ont expédiées, presque toutes annotées par l'intendant M. de Breteuil à qui elles sont adressées.

On comprend tout l'intérêt que doit offrir une correspondance qui embrasse toutes les affaires civiles, religieuses, administratives et relatives à la police, au commerce, à la guerre, à la marine, aux manufactures, aux tribunaux, aux subsistances, aux finances, aux états provinciaux, pendant quatre années, de 1680 à 1683, et résume en un mot toute l'histoire administrative, pendant ces quatre années, de la province de Picardie et du pays conquis. On y voit en effet parfaitement tout le système du gouvernement absolu de Louis xiv, et ces lettres prouvent

que rien n'échappait à la surveillance administrative de
ce monarque et que les plus simples affaires étaient examinées avec autant de soin que d'exactitude.

Cette collection est probablement unique, et peut être
il n'existe pas même dans les archives du royaume les
minutes de cette correspondance ministérielle.

Les pièces sont ainsi réparties :

1.ᵉʳ volume, année 1680, 403 pièces ;
2.ᵉ volume, année 1681, 517 pièces ;
3.ᵉ volume, année 1682, 594 pièces ;
4.ᵉ volume, année 1683, 461 pièces.

Elles sont signées : 1 de Louis xɪv, 1 de Philippe de
Valois, 1 de Condé, 963 de Louvois, 360 de Colbert, 94
du marquis de Seignelay, 32 des deux Letellier, 17 de
Desmaretz, 46 de Chateauneuf, 1 de Pelisson, 1 d'Arnaud
de Pomponne, les autres de l'archevêque duc de Cambray,
de Moncriff, de Scarron, de Lepelletier, de St.-Panange,
du duc de Charost, de du Fresnoy, de Pellepart, de
Bombelles, de Guy, évêque d'Arras, de Sifredi, de Cour-
tanvau, de Pommereuil, de Sourdis, et de plusieurs échevins et margraves de l'époque.

Ces quatre volumes, parfaitement conservés, reliés en
veau, aux armes de M. de Breteuil, ont été achetés par
la ville à M. le baron de Marguerite, en 1839.

509. Histoire des Comtes d'Amiens, par Du Cange.
Papier in-fol., 143 f.   d.r. L.

Origine inconnue.

XVIII.ᵉ siècle. Bonne écriture, avec indication des sources sur les
marges.

Ce Ms. est conforme à celui de la bibliothèque royale.
L'histoire des Comtes d'Amiens a été publiée par M.

H. Hardouin, membre de la Société des Antiquaires de Picardie. (*Histoire des Comtes d'Amiens , par Ch. Du Fresne , sieur Du Cange , ouvrage inédit , publié d'après l'autographe conservé à la bibliothèque royale , précédé d'une notice sur la vie et les principaux ouvrages de Du Cange , ainsi que d'une introduction avec notes et texte d'un certain nombre de pièces inédites.) (Amiens. Duval et Herment. 1840.)*

Nous renverrons à la notice de M. Hardouin en tête de son livre, et au 3.ᵉ volume des Mémoires de la Société des Antiquaires de Picardie, les personnes désireuses de connaître les ouvrages de l'illustre Amiénois.

510. CHRONIQUE D'AMIENS.

Papier in-fol. , 21 f.   d.r. L.

Don de M. Delahaye.

C'est une suite chronologique des évênements les plus importants qui se sont passés à Amiens depuis l'an 696 jusqu'à l'an 1715. La partie le plus longuement traitée concerne la prise d'Amiens par Henri iv. On y trouve un grand nombre de faits curieux et de détails que l'on ne rencontre point dans nos histoires locales.

Cette chronique a été copiée par M. Delahaye, conservateur de la bibliothèque, sur un Ms. du sieur Bernard, maître d'école de St.-Firmin-le-Confesseur , à Amiens. M. d'Allonville la cite , pag 137 de son ouvrage sur les camps romains du département de la Somme.

511. Registre aux délibérations de la compagnie des Médecins d'Amiens.

Papier in-fol. , 138 f.   r. m.

Collège des Médecins.

Ce registre comprend les délibérations de la compagnie depuis le 3 novembre 1653 jusqu'au 17 juillet 1789.

Le collége des médecins d'Amiens, dit le P. Daire « (Hist. » litt. d'Amiens, pag. 441), l'un des douze du royaume, » a été établi en 1656 par lettres patentes homologuées » au parlement, et ses statuts furent enregistrées au bail- » liage le 1.er juillet. »

La compagnie existait cependant depuis longtemps avant l'époque indiquée par le P. Daire, comme celle de sa créa- tion, et se réunissait le jour de St.-Luc en un banquet auquel les femmes des médecins assistaient.

En effet, en 1653, maître René Roussel, docteur en médecine, doyen de la compagnie des médecins de la ville d'Amiens, la convoquait par billet exprès, le 3 no- vembre, pour délibérer sur le rapport de M.e Nicolas De Baudricourt, aussi docteur, député pour visiter le li- vre commun. *Alors il a été trouvé bon que toutes les cons- titutions fussent abrogées comme peu convenables à une telle compagnie que celle des médecins de la capitale de la pro- vince et qu'il fut fait un livre nouveau.*

La compagnie prend le titre de collége dès sa délibé- ration du 15 décembre 1654, et le 1.er avril 1655 elle prend une délibération à l'effet d'obtenir des lettres pa- tentes pour l'approbation de ses statuts. La date de 1656 serait donc celle de la réforme et non de la création, comme le dit le P. Daire.

Ce livre, dans lequel on croirait pouvoir trouver les éléments d'une histoire de la médecine à Amiens, ne renferme que bien peu de faits. A part la nomination des nouveaux membres et des doyens, celle des médecins conseillers du roi, les observations concernant la réforme des droits et prérogatives des colléges de médecins en

1728, le rétablissement en 1732 de la fête de St.-Luc, qui se célébrait dans l'église des Célestins, la décharge du service de garde en 1740, et de rares détails sur quelques épidémies qui ont désolé la ville, on ne voit guère dans ce registre que des persécutions exercées contre les apothicaires, les charlatans, les médecins étrangers, et les membres du collége qui consulteraient avec eux.

512. Registre aux délibérations contenant les demandes et observations des commissaires aggréés par l'administration révolutionnaire du district d'Amiens, pour les recherches, transports et inventaires, recolements et conservation des monuments des arts appartenant à la nation.

Papier in-fol., 81 f.   r. par.

Administration du District.

Ce registre comprend les procès-verbaux des séances du 14 prairial, an II.e au 10 frimaire an IV.e, où le registre est clos et arrêté par les administrateurs du directoire du district d'Amiens Joly et Vassel, attendu la cessation de leurs fonctions et la suppression du district.

A la suite est ouvert un nouveau registre par les mêmes commissaires dont les séances doivent, aux termes de l'arrêté du département de la Somme, du 4 frimaire an IV, se continuer jusqu'à l'organisation de l'école centrale. Il ne comprend que quatre feuillets écrits et huit séances, du 13 frimaire au 28 ventôse an IV.

Dans cette seconde partie les commissaires Huchette, Levrier, Bellegueulle, Dhervillez, Du Puget, Baron, Rousseau, sous la présidence du citoyen Derveloy, pré-

sident délégué de l'administration, sollicitent l'établissement de l'école centrale et de la bibliothèque.

Le premier registre est du plus haut intérêt.

Les commissaires sont les citoyens Dhervillez, Rousseau,
Gruau, Huchette, Lendormi, Crotwel, Levrier, Delorme,
Baron, Adviné, Godefroy, Arrachard, Irlande, Miger,
Hullin, Masse, Bellegueulle, Bourry, Du Puget, Derveloy, Lequien-Moyenneville, dont nous nous plaisons à
reproduire les noms, à cause des immenses services qu'ils
ont rendus aux arts et aux monuments.

Soit qu'ils aient inventorié les bibliothèques des couvents et des émigrés, et veillé à leur conservation, soit
que, conservateurs des archives, ils aient arrêté l'enlèvement de ce qu'on appelait rebut, et procédé chez le
cartonnier adjudicataire à un triage intelligent des pièces,
avant qu'on ne les livrât au pilon, soit qu'ils aient empêché la vente des cuivres et des métaux, avant qu'un
commissaire ait reconnu qu'il ne s'y trouvait aucun
objet d'art digne d'être conservé, ils se sont acquittés de
leur mission avec zèle et dévouement.

D'autre fois on les voit, préoccupés de la pensée de
l'organisation des écoles, mettre tous leurs soins à conserver les instruments de physique, les tableaux, le jardin
botanique et tous les objets propres à entrer dans la
composition d'un muséum, solliciter avec empressement un
local où ils puissent être déposés sans que l'on ait à en
craindre l'altération; ou bien, élevant une voix pleine
d'une noble indignation contre la commission des armes
qui veut enlever pour son service les plombs de la flèche
de notre cathédrale, les grilles du chœur, ou les tombeaux de bronze de ses évêques, tasser du foin dans sa
superbe basilique et en réclamer les débris, applaudir aux

rapports du citoyen Rousseau qui déplore ce vandalisme, délibérer d'enthousiasme une lettre au représentant Grégoire qui, dans son rapport à la convention, avait accusé avec tant d'éloquence les destructions déjà opérées, et fait voter le decret du 14 fructidor an II, qui devait arrêter ces ravages.

513. ARCHIDIACONÉ D'AMIENS.

Papier in-4.°, 406 f.   d.r. L.

Bibl. du chapitre d'Amiens.

Fin du XVIIIe siècle. Ecriture très-nette.

Chaque feuillet de cette statistique est imprimé et divisé en neuf sections, sous les désignations de patron, seigneur, décimateurs, revenu, comunians, revenus de la fabrique, réparations, ornements, curés.

Ce sont autant de questions auxquelles sont faites de brèves réponses.

On y trouve de nombreux renseignements sur l'état des églises à cette époque et sur leur richesse. Sur le verso sont consignées les observations qui n'ont point trouvé place sous les rubriques imprimées ; telles que l'indication des chapelles, des hôpitaux, des maladreries, des couvents, des diverses fondations et des personats.

En tête est une table des coutumes par doyenné.

On trouve dans ce volume tout l'archidiaconé d'Amiens, c'est-à-dire les doyennés de Conty, Davesnecourt, Doullens, Encre (Albert), Fouilloy, Grandvillers, Lihons, Mailly, Montdidier, Moreuil, Picquigny, Poix, Rouvroy, Vinacourt, et des notices sur chacune des communes qui les composent.

514. ARCHIDIACONÉ DE PONTHIEU.

Papier in-4.°, 340 f.   d.r. L.

Bibl. du chapitre d'Amiens.

Ce volume, suite du précédent, est composé tout-à-fait sur le même plan.

Il comprend les doyennés d'Abbeville, Auxi-le-Château, Labroye, Airaines, Gamaches, Hornoy, Montreuil, Mons, Oisemont, Rue, St.-Riquier, St.-Valery.

515. Recueil de pièces concernant le diocèse d'A-miens.

Papier in-fol., 231 f.   d.r. L.

Abb. de St.-Jean des Prémontrés d'Amiens.

XVIII.ᵉ **siècle.**

Ce recueil de pièces, extraites du trésor littéral de l'évêché d'Amiens, est terminé par une table due au P. Postel qui, sans doute, avait fait faire ces copies.

On y trouve : les statuts synodaux de 1455 et toutes les pièces relatives à la tenue de ce synode, les procurations des abbayes, les statuts du pape Grégoire (1237) pour l'eglise St.-Vulfran d'Abbeville ; les statuts pour les chapelains de St.-Jean-des-Prés (1223) ; l'exemption de résidence en faveur de l'église d'Amiens (1461) ; l'établissement de quatre prébendes dans l'église d'Amiens (1279) ; l'exemption de la régale par le roi Philippe III, en 1284, la confirmation par Henri IV en 1579 et par Louis XIII en 1612 ; amortissement des biens du chapitre de l'église d'Amiens ; *Acta sanctorum quorum peculiaris memoria habetur in ecclesiá Ambianensi ex veteribus ejusdem ecclesiæ breviariis* ; statuts de l'église collégiale de Saint-Nicolas,

1484; statuts relatifs aux maisons de chanoines qui ne pouvaient être louées à des laïcs; fondation de quelques chapelles de la cathédrale d'Amiens; sentence du bailly d'Amiens pour la fourniture du tapis et carreau lors de l'entrée du gouverneur ; testament de Adrien de Henencourt , doyen et chanoine d'Amiens.

Plusieurs feuillets ont été arrachés à ce volume depuis peu d'années; ils contenaient des pièces relatives à la fondation des chanoines de Nesle, aux étendards ou establiers mis sur le corps des Bourgeois, aux bannières des poissonniers en la paroisse de St.-Germain; une sentence du bailly d'Amiens touchant les intestats , et une composition pour les draps et bannières.

516. Notes pour l'histoire ecclésiastique d'Amiens.
Papier in-fol.°, 220 f.   d.r. L.

Origine inconnue.

Ms. de la fin du XVII.ᵉ siècle; d'une ériture cursive, très-lisible.

Recueil de notes et de pièces pour l'histoire des évêques et des doyens, continuée jusqu'en 1742 pour la liste des dignitaires des églises et des abbayes. Plusieurs de ces pièces , dont les copies ont été faites sur divers cartulaires, ont été imprimées.

1.° Séries episcoporum Ambianensium. — 2.° Concessio Girardi episcopi C. solidorum abbati S. Martini pro indemnitate translationis hospitalis Sti. Johannis in parochia Sti. Lupi. 1247. m. janu. — 3.° Confirmatio ejusdem concessionis ac capitulorum 1247. m. Janu. — 4.° Compositio inter abbatem et conventum Sti. Martini ad Gemellos et hospitalaria amb. pro turribus præsbyteri Sti. Lupi. 1279. — 5.° Modificatio et interpretatio compositionis superioris. 1396. 4 jun. — Donatio monasterio Sti. Petri Hasnonensis plurium villarum ab. Henrico 1. rege

29.*

1058. 4. aug. cui subscribit Guido ep. amb. — 7.º Excerpta ex alterâ donatione factâ eidem monasterio a Philippo rege 1062 cui idem subscribit. — 8.º Comites Pontivi. — 9.º Fundatio 20 primarum prebendarum in ecclesiâ Sti. Vulfranni Abbatisvillæ a Johanne 1. comite Pontivi. 1121. — 10.º Fundatio sex aliarum præbendarum in eâdem ecclesiâ a Johanne 11. 1138. — 11.º Institutio canonicorum in ecclesiâ Sti. Firmini martyris in Vinacurte a Reginaldo de Ambianis 1216. — 12.º Littera regia super præbendis ecclesiæ Amb. vacantibus, sede vacante per regem non conferendis. 1278. — 13.º De capellanis ecclesiæ Amb. pro missâ diei. 1293. — 14.º Tenora cujusdam bullæ Alexandri papæ IV de præposito Amb. qui quinque clericos suspendit. — 15.º Transcriptum litteræ privilegii hospitalariæ. 1238. — 16.º Littera Girardi epis. quâ committit Anselmo de Lehericorte can. litem componendam inter hospitalaria et curatum S. Lupi cum peregrinationem transmarinam aggrederetur. 1249. — 17.º De concordiâ factâ inter episcopum et capitulum per Johannem archiep. Remensem in cursu visitationis. 1268. — 18.º De vicecomitatu Guidonis episcop. et Rodulphi comitis. 1069. — 19.º De ordinatione altarium de Folliaco, de Plaisseio, tempore Arnulphi epis. 1241. — 20.º De ecclesiis de Loecourt et de Tilloy de Dæcourt et de Cersoy. — 21.º De dono vicecomitatuum Guidonis et Ivonis comit. — 22.º Scriptum Ludovici regis de pace confirmatâ inter nos et dominum Joannem de Contiaco 1154. — 23.º De decimâ de Guignemicourt et de Bougainville et de institutione capellaniæ Joannis de Pinconio. 1196. — 24.º Conventio inter capitulum et priorem de Bovâ. 1148. — 25.º Abbates Corbeienses. — 26.º Abbates S. Fusciani in nemore. — 27.º Abbates Gardi. — 28.º Abbates St. Richarii. — 29.º Abbates St. Petri de Selincourt. — 30.º Abbates St. Valarici. — 31.º Notitia aliarum abbatiarum diæcesis. — 32.º Compositio Ricardi de Gerboredo epis. cum ecclesiâ Roiensi. 1205. — 33.º Juramentum decani St. Quintini in Viromandiâ. — 34.º Parochi Ambianenses. — 35.º Comites Ambianenses, Pontivi et Monstrolienses. — 36.º Fundatio prioratus St. Petri de Abbatisvillâ. 1100 — 37.º Excerpta ex vitâ St. Geofridi epis. amb. scriptâ à Nicolao monacho suessionensi. — 38.º

Compositio inter episcopum et archidiaconum amb. 1218. — 39.º Concordat entre le chapitre et les archidiacres pour la vacance du siège. 24 décembre 1575. — 40.º De invocatione ecclesiæ St. Nicolai. 1193. — 41.º Epitaphium Petri Burri Thomæ de Sabaudiâ Drogonis de Marchiâ archid. Pont apud Cartusienses Abbatisville. — 42.º Carta Arnulphi epis. de collatione parochiæ de Dreuil pro St. Martino ad Gemellos. 1245. — 43.º Institutio curati in ecclesiâ St. Germani Ambianensis. 1198. — 44.º Mandatum capituli pro eleemosynis elargiendis hospitali St. Nicarii de Hamo. 1476. — 45.º Viri illustres ecclesiæ Ambianensis. — 46.º Acquisitiones capituli. — 47.º Consuetudines variæ. — 48.º Decani. — 49.º Canonici comissarii juridictionis capituli.

517. Recueil de pièces concernant le chapitre d'Amiens.

Papier in-fol., 183 f.   d.r. L.

Origine inconnue.

XVIII.ᶜ **siècle.**

Ce recueil, qui paraît écrit vers le commencement du siècle dernier, comprend des extraits des registres du chapitre concernant les priviléges, les droits, les usages, les fondations, les prébendes, les confrairies, les reliques, les joyaux, les processions, les sepultures, les cérémonies observées pour la réception des rois et des reines, des évêques et des gouverneurs, l'élection de doyens, l'installation des doyens et des évêques, et un grand nombre de pièces et de fragments de pièces relatives à des débats entre l'évêque et le chapitre, ou relatives à la juridiction épiscopale.

Les plus curieuses sont une espèce d'inventaire des épitaphes de la cathédrale et des tableaux que l'on y remarquait, les chapitres de 1599, l'installation des Jésuites à

Amiens, la distribution du psautier faite aux chanoines en 1563, à l'occasion du comté de Dommelier qui fut donné à condition que le psautier serait récité tous les jours ; la liste chronologique des chanoines, de 1382 à 1694 ; celle des doyens, des archidiacres de Ponthieu et d'Amiens, des écolâtres, des pénitentiers.

La date 1756, inscrite sur le dos du volume, est évidemment fausse, car les listes dont nous parlons s'arrêtent à 1729, et la continuation de quelques-unes jusqu'en 1756 est d'une autre main que le reste de l'ouvrage.

Ce recueil sera lu avec intérêt ; il fourmille de renseignements et de notes très-curieuses semées çà et là, sans ordre, mais pour la plupart, malheureusement, sans indication de source.

518. Census communes decani et capituli ecclesiæ Ambian. scripti anno dni millino CCC^{mo} sexagesimo tertio.

Vélin in-fol., 65 f.   d.r. L.

Bibl. du Chapitre d'Amiens.

Il comprend les redevances des paroisses St.-Remy, St.-Martin-au-Bourg, St.-Firmin en Castillon, St.-Firmin-au-Val, St.-Jacques, St.-Germain, St.-Firmin-Confesseur, St.-Michel, St.-Leu, St.-Pierre, St.-Sulpice.

Les redevances des forêts, des terres, des prés, des aires, des églises et des ecclésiastiques, du grand hôpital, de l'hôpital des pauvres, vis-à-vis St.-Leu, de St.-Ladre, de St.-Acheul, de St.-Martin-aux-Jumeaux ; les rachats des moulins de St.-Maurice, Camons, Vaulx, Ver, Longueau, Revelle, enfin *census de festo sci Firmini* et *census qui debentur a capitulo.*

On y trouve quelques renseignements sur les rues et les maisons de la ville à cette époque, et quelques noms déjà connus dans l'histoire.

M. Ledieu a fait don à la bibliothèque de cet intéressant Ms.

519. Cartulaire de l'Université des Chapelains de l'église N.-D. d'Amiens.

Vélin in-4°., 75 f.   r. a. à fermoir.

Bibl. du chapitre d'Amiens.

XV.ᶜ **siècle. Ms.** à longues lignes, mauvaise écriture, mal conservé.

Ce Ms. comprend les statuts de l'Université des chapelains formée, comme on le sait, en l'an 1204 ; il commence par les mots : *In nomine patris et filii et spiritus sancti. Amen. Sequuntur constitutiones universitatis capellanorum ecclesie ambianensis per eos facte jurate et observande.* Après la table des chartes placée en tête des volumes, sont les formules des serments des divers officiers. — A la suite des statuts viennent les déclarations relatives au sceau qui avait été renouvelé après l'incendie, en 1458, de la maison de Pierre le Bosquillon, gardien de l'ancien, et 33 pièces en latin et en français, concernant diverses donations faites à la congrégation, et les lettres d'amortissement. Parmi les pièces les plus curieuses, il faut noter le récipissé de Walleran de Soissons, seigneur de Moreuil, de Poix et de Mareuil, contenant un dénombrement de 1441 de la terre de Castel, qu'il tenait de Robert de Sarcus et qu'il vendit au chapitre ; la lettre d'achat, la sentence du bailly de Corbie contre les tuteurs et curateurs de François de Sarcus.

Don de M. Ledieu.

520. Cartulaire de l'église collégiale St.-Firmin-le-Confesseur d'Amiens.

Vélin grand in-fol., 100 f.   d.r. L.

Eglise de St.-Firmin-le-Confesseur.

XVI.ᵉ siècle. **Mauvaise écriture cursive, lignes non tracées.**

La collégiale de St.-Firmin-le-Confesseur, située anciennement sur l'emplacement des fonds baptismaux de la cathédrale d'aujourd'hui, fut démolie au XIII.ᵉ siècle pour faire place à la cathédrale, et transférée, en 1236, à l'endroit où elle subsista jusqu'en 1795. (Voy. Daire, hist. d'Amiens, tom. 2, pag. 19).

Le cartulaire est précédé d'une table des matières sous le titre : *Table ou repertoire pour plus facilement trouver les lettres contenues en ce present livre appartenant à Messeigneurs les chanonnes et prebendez en lesglise collegialle sainct Firmin le confez en Amiens.*

Cette table, dressée avec beaucoup de soin, fait parfaitement connaitre toute l'importance du recueil ou l'on trouve : la lettre de l'évêque pour la construction et l'édification de l'église, le concordat entre les chanoines et les paroissiens pour l'entretien de l'église; on y puisera des renseignements nouveaux sur le droit d'offrandes et de collation des chanoines, leurs débats avec les curés du lieu à ce sujet, les droits de l'évêque, la renonciation faite par l'abbé de Saint-Acheul du droit qu'il avait de conférer le bénéfice de la cure de St.-Firmin, la fondation des chapelles, des bénéfices, des obits et surtout les nombreuses donations et les cens ou revenus de la collégiale dans la ville, et dans les divers villages du diocèse.

521. Recueil de pièces concernant les tombeaux de St.-Acheul et les reliques de St.-Firmin-le-Confesseur.

Papier in-fol., 276 f.   d.r. L.

Collection de pièces imprimées et manuscrites du XVIIe et XVIIIe siècle.

En voici la liste :

1.º Difficultez proposées à M. V. (1), curé de St -Es de C., sur la translation de St.-Firmin-Confesseur, troisième évêque d'Amiens, par le Sr de Ville-Franche.

(M. Thiers parle de ce Ms. dans l'avant-propos de sa dissertation en 1699. C'est de là qu'a été extraite la critique de la vie de St. Salve, dans l'ombre de M. Thiers, en 1172).

2.º Lettres de MM. De Brou, Thiers, De Vert, Gillot, Senet, Chartonnet, Quevin, Quevauvillers, De la Chapelle, Coffin, Masclef, Belquin, Mabillon, Filleux, sur la question des reliques de St.-Firmin-le-Confesseur et des ouvrages publiés à cette occasion.

3.º Procès-verbal de la découverte de plusieurs tombeaux dans l'église de St.-Acheul.

4.º Acte touchant l'ouverture de la châsse de St.-Firmin-le-Confesseur. (Original et copie signée.)

5.º Mandement de Mgr. De Brou, qui rétablit la fête de la translation de St.-Firmin-le-Confesseur.

6.º Légendes et certificats des églises de St.-Quentin-en-Vermandois, de St.-Firmin-Confesseur, de la collégiale de

_____

(1) M. Vauquet, curé de St.-Estienne de Corbie.

St.-Martin-aux-Jumeaux, de Reims, de Montreuil, concernant St.-Salve et St.-Firmin-le-Confesseur.

7.º Vie de St. Salve, par le P. Hugues Menard, Bénéd.

8.º Certificat du curé de St.-Fuscien, touchant la nouvelle translation des reliques de St.-Firmin, par M. Faure, le 22 décembre 1664.

9.º Sentence du bailly d'Amiens de 1442, touchant la relique de St.-Firmin le-Confesseur, dans l'église d'Amiens de ce nom.

10.º Arrest de 1699, qui supprime la dissertation de M. Thiers. (Copie.)

11.º Original de l'épître et de l'avant-propos de l'ouvrage de M. Thiers.

12.º Mémoire abrégé de la découverte des tombeaux de St.-Acheul, en 1697, sous le titre : *Acheolus subterraneus seu monumentorum et inscriptionum in abbatiá St. Acheoli detectorum explanatio.* 1699, avec des dessins et les plans des lieux.

On y trouve aussi quelques ouvrages imprimés, où il est parlé de la découverte des tombeaux de St.-Acheul, ce sont :

1.º Ordonnance de Mgr. de Brou, évêque, concernant le rétablissement de la fête de St. Firmin.

2.º Requête du clergé et des habitants de Châlons à leur évêque, touchant le rétablissement de la fête du Saint Nombril.

3.º Ordonnance de Mgr. de Brou, portant condamnation de la lettre à un curieux.

4.º Journaux des savants, 28 mars 1712, 8 mai 1715, 25 janvier 1712, 14 avril 1698.

5.º Eusebii Romani ad Theophilum Gallum epistola de

cultu sanctorum ignotorum. Parisis apud Petrum de Bats. 1698? in-4.°, 31, pag.

Ce receuil est d'un très-haut intérêt à cause des lettres autographes qu'il renferme; il serait impossible de traiter de nouveau la question des tombeaux de St.-Acheul, sans y avoir recours.

Voir Daire, Histoire d'Amiens, pag. 133, Hist. litt. pag. 299.

522. Commemoratio omnium fratrum familiarium ordinis atque benefactorum Conventus Celestinorum. Vélin in-4.°, 14 f.   d.r. L.

Bibl. des Célestins d'Amiens.

Ce Ms., écrit au siècle dernier, est très-bien conservé. Cette liste de bienfaiteurs, rappelés avec leurs dons, est disposée selon l'ordre des mois; elle a été reproduite en partie par Daire. (Art. Célestins. Hist. d'Amiens, tom. 2, pag. 288 à 296.) Il cite comme source le cartulaire des Célestins.

523. Livre concernant la démolition et la réédification nouvelle de l'église des Célestins d'Amiens, dédié à très-révérend père César Hugonet, et à très-révérend père François-Alexandre Fredy, supérieurs généraux de l'ordre, premiers et principaux zélateurs de cette grande entreprise commencée en l'année 1725 et finie en 172...

Papier in-4.°, 44 f. et 14 plans.   d.r. L.

Bibl. des Célestins d'Amiens.

Ce Ms. commence par un abrégé de la vie de Saint

Martin, patron titulaire de cette église, bâtie à l'endroit même où il a coupé son manteau, et par un historique de l'église de St.-Martin-aux-Jumeaux.

Un oratoire avait été bâti au iv.ᶜ siècle pour les fidèles en cet endroit. L'évêque Gui, dans le xi.ᶜ, y bâtit une église en même temps que Drogon, évêque de Térouanne, bâtissait la collégiale de St.-Nicolas. (Gall. Christ., tom. x, pag. 1165 et 1226. Daire. Hist. d'Amiens, tom. ii, pag. 126. Lamorl. Antiq. d'Amiens, pag.   .)

Le 26 mai 1634, des lettres patentes de Louis xi établirent dans l'abbaye de St.-Martin-aux-Jumeaux les Célestins dont le monastère, situé près de la citadelle, avait été détruit en 1725. L'église était en si mauvais état que les pierres tombaient, ce qui donna une si grande épouvante que *tumultueusement grand amas de peuple fut trouver avec chaleur monsieur l'avocat du roi du bailliage de la ville pour lui en donner advertissement aux fins d'y donner ordre incessamment.* L'église fut démolie, et l'évêque, M. de Sabatier, posa la première pierre de la nouvelle le 29 septembre 1726, et la consacra le 28 mars 1732. Gall. Christ. tom. x, pag. 1215.

Le livre de la réédification de l'église se divise en 3 parties, dont voici les titres.

« Dans la première on remarquera toutes les démoli-
» tions commencées par les autels; décorations, telles
» qu'étaient les tabernacles, figures des saints, de l'orgue,
» des lambris, etc., ensuite du clocher, des couvertures et
» généralement de toutes les charpentes et tout ce qu'elles
» auront couté séparément d'avec la démolition de la
» maçonnerie.

» Dans la seconde on y remarquera tout ce que la réé-
» dification aura coutée commençant par tous ses fonde-

» ments qui auront été faits, avec leur profondeur, lon-
» gueur et largeur représentées par figures, et même le
» nombre de toutes les terres qui en sont sorties et toutes
» les matières qui y sont rentrées pour les remplir et
» ensemble tous leur prix ; après quoi il sera parlé de toutes
» les matières qui auront été employées pour l'élévation
» et ce qu'elle aura coustée.

» Dans le 3.ᶜ, on remarquera tous les embellissements
» commençant par la décoration du grand autel qui sera
» fait à la romaine, le dessin des formes, des confes-
» sionnaux, le grand nombre des billets des ouvriers, si-
» gnées par M. l'architecte pour en remarquer en ra-
» courci toutes les dépenses.

Les plans et tableaux sont : 1.º Le nombre de tous les
outils à l'usage de la démolition et construction nouvelle
de notre église avec leurs prix. 2.º Le plan de l'ancienne
église. (Grossièrement exécuté.) 3.º Le portail, les couvertures et le clocher de l'ancienne église, démolis en
1727. 4.º Représentation du grand autel de l'ancienne
église, fait par Blasset. 5.º Le puy pour faire couler
les eaux dans le bassin. 6.º Les figures de tous les
fondements de l'église. 7.º Le plan de la nouvelle église.
8.º L'étendue de l'église pour les pavés. 9.º Le portail
de la nouvelle église dessiné, fait et conduit par M. Mi-
chel-Ange Caristie, architecte italien, en 1727. (C'est le
seul plan fait par un architecte.) 10.º Etendue du portail, figurée par pieds et par toises. 11.º Le premier
panneau du dessin des formes avec les quatre sièges hauts
et bas. 12.º Décoration du grand autel de l'ancienne
église. 13.º Figure de la couverture de l'église. 14.º Représentation de la grue qui a élevé tous les fardeaux
de l'édifice.

524. 1.º Perantiqui et insignis admodum monasterii S. Petri de Corbeiâ fundatio.

2.º Gesta abbatum Fontanelle.

Papier in-fol., 234 f.   d.r. L.

Corbie.

XVI.ᵉ siècle. Écriture batarde très-correcte ; celle de la seconde partie, plus ancienne, est surchargée d'abréviations.

1.º La chronique de Corbie, qui commence par les mots : *Anno verbi incarnati sexagentesimo sexagesimo secundo existente domino Vitelione*, finit au siége de Vienne par Soliman, en octobre 1529, aux mots *nocte autem appropinquante*....., après lesquels on lit : *Cetera desiderantur.*

Cet ouvrage, tout incomplet qu'il soit, est plein d'un véritable intérêt, soit que l'on y cherche l'histoire de l'abbaye, de l'église, de ses richesses, soit qu'on y veuille trouver les événements politiques auxquels elle prit part, où le récit abrégé des événements les plus importants qui concernent la France et les états voisins.

La chronologie des abbés diffère en plus d'un point de celle du Gallia Christiana ou des Actes des saints de l'ordre de St. Benoit.

Suivant le Gallia, Theodefridus, premier abbé, fut mis à la tête de l'abbaye en 657, fait évêque d'Amiens en 670, c'est le 12.ᵉ évêque du catalogue. Le Ms. le fait abbé en 662, et évêque de Cambrai en 667, après la mort de St. Auber. *Camaraci conscriptus episcopus post mortem videlicet beati Auberti.*

L'installation de Rodogarius est fixée en 667 et non en 670, comme le disent Mabillon et le Gallia.

Après l'abbé Guntharius, 19.ᵉ, le Gallia place Angilbertus. Il n'en est point question dans le Ms., qui place Heilo aussitôt après Guntharius.

Bodo, qui mourut suivant le Gallia en 921, meurt ici en 929.

Le Ms., d'accord avec Mabillon, place en 927 l'élévation au siége de Noyon de Valbert, que le Gallia place en 932.

A Fulco, mort en 1097, succède immédiatement Nicolas I, sans qu'il soit question d'Evrardus, que le Gallia place entre les deux abbés, en 1095.

Nouvelle dissidence pour la mort de Nicolas II. Le Ms. dit 1150, le Gallia 1158.

L'auteur de cette chronique est Antoine de Caulincourt, official de Corbie en 1521, qui se nomme lui-même dans le cours de l'ouvrage, sinon positivement, indirectement du moins ; on lit en effet, page 374 : *Eodem anno* (1521) *penultimá die januarii, obiit dominus Joannes de Laudas bonœ memoriœ officialis Corbeiensis, post cujus mortem fuit mihi oblatum officium per dominum Guillelmum abbatem quod officium octo diebus elapsis a predictá oblatione vix tandem acceptavi : cum illud officium sit maximi oneris et parvi valoris;* plus loin page 381 : *ex abusu appellavimus per os Antonii de Caulincourt officialis* (1523), et page 390, un différent entre le prieur Claustral, Aubert Cardon et l'official Antoine de Colincourt (1524). Ces mots indiquent suffisamment le nom de l'auteur.

Lelong (Bibl. hist. de la France, n.ᵒˢ 34167 et 11869 S.), cite la chronique dont celle-ci est une copie, parmi les Mss. de St.-Germain-des-Prés.) *Chronicon Corbeiense a Johanne de Caulincourt monacho hujus monasterii ab anno 662 ad annum 1529, in-fol.* La différence des prénoms

ne saurait nous laisser aucun doute sur l'identité, Antoine
de Caulincourt était l'auteur de plusieurs ouvrages ; car
nous lisons dans le Ms. suivant : *Antonius de Caulincourt
officialis plures tractatus edidit Ms. chartas genealogicas omnium regum et principum in Europá evulgavit et gesta
abbatum sui monasterii et de sacris reliquiis tractatum fecit
et de aliis multos.*

2.º L'histoire des abbés de Fontenelles ou de St.-Van-
drille, au diocèse de Rouen, a été publiée dans le Spicilège de d'Achery, t. III, sous le titre *Chronicon Fon-
tanellense.* Notre Ms. en est la reproduction tantôt littérale,
tantôt abrégée, depuis St.-Vandrille jusqu'à l'abbé An-
sigise.

525. Historiæ regalis abbatiæ S. Petri Corbeiensis
compendium.

Papier in-4.º, 152 f.   d.r. L.

Corbie.

XVII.º **siècle. Ecriture batarde, peu lisible.**

Les titres des différents chapitres sont :

1.º Monasterii primordia ; 2.º ecclesia; 3.º jura seu
prerogativæ speciales. (-On les retrouve en partie dans le
Gallia Christiana, à l'exception de l'investiture de la mitre
et de l'anneau.) 4.º prærogativæ temporales; 5.º acade-
mia (c'est la liste des abbés qui ont écrit et de leurs
ouvrages jusqu'en 1540); 6. bibliotheca ; 7.º splendor monasterii; 8.º præcipui benefactores ; 9.º sepulturæ insigniores ; 10.º catalogus abbatum (la chronologie est celle
du n.º 524; la liste des abbés commendataires offre aussi
d'assez grandes différences avec celle du Gallia Christiana);
11.º monachorum illustrium series ; 12.º eventus insignio-

res; 13.º nomenclatura abbatiarum, prioratum etc. (presque toujours avec indication des revenus.)

Cette histoire abrégée, écrite évidemment par un moine
de l'abbaye, vers 1678, contient un grand nombre de
faits, mais aucune indication de source; elle est néan-
moins très-bonne à consulter.

Les 52 derniers feuillets, écrits un siècle plus tard, d'une
main plus rapide, forment un recueil de pièces ou chartes
relatives à l'abbaye, toutes imprimées dans Labbe ou les
Actes de St. Benoit. Bon nombre sont copiées en entier,
pour d'autres les titres seuls ont été indiqués. On y trouve
aussi les statuts attribués à l'abbé Erembert, comme dans
le n.º 524.

526. CHARTES SUR PAPYRUS.

1.º Bulle du pape Bénoit III, pour l'abbaye de
Corbie.

Corbie.

IX.ᵉ siècle.

Cette bulle, aussi remarquable par son exécution gra-
phique que par son étendue, est un rouleau de *Papyrus*
de 6.ᵐ 5 de long sur 0.ᵐ 68 de large; il contient
184 lignes d'une belle écriture lombarde, dont les 44
premières sont malheureusement fort altérées. Le papyrus est collé sur un rouleau de peau blanche, douce et
molle, rebordée, mais dont le bord manquant au commencement, a causé l'altération de cette partie; à la base
0ᵐ, 44 ne sont point écrits. Un sceau de plomb portant
d'un côté BENEDICTI de l'autre PAPE est suspendu par
un cordon. Ce précieux rouleau est conservé dans un étui
de cèdre.

30.

Cette bulle du pape Benoit III, portant confirmation des priviléges pour l'administration des biens de l'abbaye de Corbie et pour l'élection des abbés, fut accordée sur la demande des magnifiques empereurs des Français, Lothaire et Louis.

Une copie existe au cartulaire blanc de l'abbaye, fol. 1, (Biblioth. roy.) et l'extrait. Armoire 1, liasse 6, n.º 1. (Archives du département de la Somme.)

Le texte fut plusieurs fois imprimé. Voy. la table des diplômes de Bréquigny.

Mabillon en inséra un *fac simile* dans sa diplomatique, pag. 436, tab. XLVIII et rectifia dans les *Acta SS. ord. S. Ben.* (IV.ᵘᵐ sæcul. Pars II.ª, pag. 128), les erreurs et les inexactitudes des publications qui avaient été faites de ce document. Le *fac simile* donné par Mabillon fut reproduit plus tard dans la *Nouvelle Diplomatique*, t. V, pag. 184, malgré ce qu'il avait d'incomplet.

M. Champollion-Figeac, auquel l'administration municipale a confié ce précieux document, a publié (Chartes et Mss. sur papyrus de la bibliothèque royale, etc. Paris, 1840, in-fol., feuilles XI et XII), deux planches calquées fidèlement sur l'original, qui sont une copie exacte des trente et une dernières lignes.

La date de cette bulle, qui a occupé tant d'habiles critiques, n'offre aucune difficulté au savant conservateur de la bibliothèque royale; il y lit clairement, et en caractères chronologiques précis, la date du 7 octobre de l'an 855.

2.º Bulle.....

Fragment, collé sur peau blanche, d'une charte sur papyrus de 0ᵐ, 45 de long, sur 0ᵐ, 65 de large, contenant 12 lignes d'une ecriture tout-à-fait altérée et il-lisible.

Sur le dos on lit : *On pense que ce fragment est la bulle du pape Christophe de l'an 908 qui confirme les priviléges des papes Benoit III et Nicolas I. Il y en a une copie au cartulaire blanc, fol. v. Lemoine. 1775.*

Aucun des rares fragments de mots que l'on peut à grand peine découvrir, ne nous paraît se rapporter à la charte mentionnée de Christophe, ni à celle de Nicolas, aussi est-elle pour nous, comme pour l'auteur de la suscription écrite au siècle dernier, *Charta ignota.*

Don de M. Ledieu.

527. Pièces concernant l'abbaye de Corbie.

1.° Inventaire des reliques du trésor de Corbie.

Corbie.

XIII.ᵉ siècle. Vélin.

Magnifique rotulus de 1ᵐ, 25 de long sur 0ᵐ, 19 de large, écrit des deux côtés; titre rouge, initiales rouges et vertes alternativement, avec un simple trait de l'une ou de l'autre couleur; il se compose de deux feuilles cousues par une lanière de vélin.

On lit l'indication suivante écrite sur le verso, au bas de la feuille. *Vers 1200 — Inventaire des reliques du trésor de Corbie. — Armoire 6. — Liasse 13. — N.° 2.*

Le Ms. commence par les mots : *In hoc rotulo continentur quedam nomina tam sanctorum quam reliquiarum que in Corbeiensi requiescunt ecclesia veneratione digna. Scilicet non omnia. — Proprium corpus beati Gentiani martyris.*

A la suite de ce premier inventaire de reliques, dont l'origine n'est point indiquée, continue une seconde liste

30.*

de reliques apportées de Constantinople par Robert de Cléry. *Sanctuarium quod Robertus miles de Clari attulit Constantinopole.*

2.° Translation des reliques de l'église de Corbie, du vase ou châsse donné par Charlemagne à St.-Adalard abbé, dans un autre vase plus grand et plus riche.

XIII. **siècle. Vélin.**

XIII.ᵉ **siècle. Vélin.**

Rouleau de 0ᵐ, 80 de long sur 0ᵐ, 19 de large, en deux feuilles grossièrement réunies par une couture faite récemment, l'ancienne ayant été détruite, d'où il résulte une lacune entre les deux feuillets ; écriture d'un seul côté, lignes tracées à la pointe sèche. La deuxième feuille, d'une encre plus noire, est mieux conservée que la première ; nous la croyons un autre inventaire d'une époque un peu postérieure à la première, mais assurément c'est une copie du même acte, due seulement à une autre main.

Nous reproduisons le sommaire : « Anno domini mille-
» simo ducentesimo octogesimo tercio tempore domini Hu-
» gonis de Vers abbatis Corbeie translate fuerunt reliquie
» de vase quod appellatur prima sancti Petri. quod quidem
» vas secundum antiquorum virorum narrationem Excel-
» lentissimus princeps Karolus magnus francorum rex et
» romanorum imperator contulit sancto Adalardo condam
» abbati Corbeiensi et consanguineo suo. quod quidem vas
» cum esset propter summam antiquitatem nimium deforme.
» de consilio predicti domini abbatis Hugonis et aliorum
» proborum predicte reliquie translate fuerunt in quoddam
» vas cuius materiam superat opus quod frater Acardus
» monachus Corbeiensis tunc temporis prepositus de terra

» nostra de Meneriis et Domnipetra de consilio predicti
» domini abbatis et licencia de sua parsimonia compara-
» vit. Translate autem fuerunt prefate reliquie, anno pre-
» dicto mense aprili feria sexta in passione domini. Pre-
» sente vero domino Hugone abbate predicto et aliis pluribus
» fratribus probis et fide dignis. Nomina vero reliquiarum
» inferius annotantur. »

Suit la liste des reliques et la finale :

« Somma istarum reliquiarum C et quatuor. Item con-
» tinentur ibidem quedam plurime reliquie quarum no-
» mina non potuerunt legi propter nimiam vetustatem
» scripture vel quia erant deleta. »

On ajouta quelques noms plus tard, et substitua le mot
quinque à quatuor, et plus tard encore *sunt per totum C
et octo reliquie.*

Ce Ms. était porté au trésor. (— Armoire 6. — Liasse
13. — n.º 2), sous le titre que nous lui avons donné.

3.º Catalogus sanctarum reliquiarum sacri Corbeiensis monasterii.

Papier in-fol., 8 f.

XVII.ᵉ siècle.

Les cinq premiers feuillets sont un catalogue descriptif
des reliques de l'abbaye de Corbie, mais ce catalogue
n'est point complet. *Sunt adhuc multa alia reliquiaria*, dit
l'auteur, *sed vix omnia hic possunt describi ea tamen quæ
hic descripsimus sunt ea in quibus continentur insigniores
reliquiæ*; car 30 sachets, *sacculi*, sont encore conservés
dans le trésor, et renferment de nombreuses et précieuses
reliques; mais il ignore d'où elles viennent et par qui elles
furent apportées.

Ce catalogue de reliquaires, que l'auteur a tous vus de ses propres yeux ; *meis oculis cum anno 1648 tempore sacræ quadragesimæ inspicerentur et in meliorem ordinem restituerentur*, fournit de précieux renseignements sur la forme et la richesse de ces meubles, leur origine et leur date.

A la suite se trouve une copie des deux catalogues dont nous avons parlé précédemment n.º 1 et 2.

4.º Charte de Philippe de Valois du 23 octobre 1346.

XIV.ᶜ **siècle. Ecriture cursive. Vélin**, largeur 0,4, hauteur 0,35.

La lettre suivante de M. Ledieu, qui en fit don à la bibliothèque, en explique l'objet.

« Une charte que j'aurais pu ajouter à celles que j'ai déjà données » à votre bibliothèque est celle-ci :

» C'est une reconnaissance du roi Philippe de Valois, donnée à » Compiègne le 23 octobre 1346, à l'abbaye et au monastère de » Corbie, c'est-à-dire moins de deux mois après la funeste bataille » de Crécy ; acte curieux où le monarque reconnaît que les secours » en chevaux, étoffes et divers objets propres au service de la guerre, » qu'il a obtenus de cette abbaye, ne lui ont été accordés que par » pure bonne volonté de sa part, et que dans aucun temps cette li- » béralité ne pourra être invoquée comme principe d'un droit con- » traire aux franchises du monastère. Ce monument, d'une époque » malheureuse de notre histoire, est une pièce originale digne d'être » conservée dans nos archives ; c'est la raison qui me détermine à » en faire cadeau à la bibliothèque, à qui, si je vis, j'en ferai en- » core d'autres. »

Amiens, 30 novembre 1835. Ledieu.

Le sceau qui accompagnait cette pièce a disparu ; elle est contresignée Ferrière.

5.° **MANDEMENT** du grand prieur et official de l'abbaye de St.-Pierre de Corbie (Philippe Bastide) pour le jubilé du pape Clément x, donné le 14 mars 1671.

Cette pièce est écrite à la suite d'une bulle du pape, traduction française, imprimée en placards.

6.° **ORDONNANCE** du grand prieur et official de l'abbaye royale de St.-Pierre de Corbie (frère Noël Brammeret), du 6 septembre 1727, concernant les salaires des curés tant de la ville de Corbie que des bourgs et villages de la même exemption.

Deux feuillets.

7.° **MANDEMENT** du R. P. grand prieur official et vicaire-général de l'abbaye royale de St.-Pierre de Corbie (Jean-Baptiste Sarazin), qui ordonne des prières de 40 heures dans toute l'étendue de la juridiction de la dicte abbaye pour la conservation du roi et la prospértié de ses armes.

23 juin 1747.

Une feuille in-fol.

8.° **MANDEMENT** du grand prieur de l'abbaye royale de St.-Pierre de Corbie (dom Antoine-François Reynaud), pour faire chanter le *te Deum* en actions de grâces de la victoire remportée dans la Hesse sur les ennemis de sa majesté.

1.er octobre 1762.

Une feuille in-fol.

9.° **STATUTS SYNODAUX** publiés aux synodes tenus dans l'église abbatiale de Corbie jusqu'en l'année 1777.

10 f. in-4.°

Ces statuts comprennent six chapitres : 1.º De l'instruction du peuple ; 2.º du service et culte divin ; 3.º des
sacrements ; 4.º des synodes, visites et autres assemblées;
5.º de la sépulture ; le chapitre 6.ᶜ sera imprimé comme
dans les anciens statuts dont ceux-ci ne sont qu'une mo-
dification.

A la suite se trouve un mandement de l'official François
Reynaud , du 15 février 1758 , concernant les honoraires,
et portant interprétation du réglement de 1676 et de celui
de 1727, mais le tarif n'y est point annexé.

528. Cartulaire de l'abbaye de S. Pierre de Selincourt.

Vélin in-4.º, 72 f.   d.r. L.

Abb. de Selincourt.

**XIII.ᶜ siècle. Ecriture à deux colonnes , 33 lignes par pages , réglées
au crayon, pointées sur la marge; titres rouges; bien conservé.**

Ce cartulaire commence par une bulle du pape Innocent
II de 1137. *Privilegium domini Innocentii pape II super
possessionibus nostris. Innocentius episcopus servus servo-
rum Dei dilecto filio suo Galtero etc.*, et finit par une
reconnaissance de Raoul de Sommon, seigneur de Beu-
sencourt, de 1280, écrite en cursive; c'est la 202.ᶜ pièce
du recueil.

On lit sur le 71.ᶜ feuillet : *Le dénombrement de tous les
biens de l'abbaie de St.-Pierre de Selincourt est à la chambre des comptes, chambre d'Anjou, en la 30.ᶜ armoire. Sur
le registre ou la couverture est escrit denombrement du
bailliage d'Amiens et Dourlens feuillet 151 ou sept cens
onze. L'abbaie de St -Pierre les Selincourt.*

A la suite sont deux pièces qui avaient été séparées du

volume et que nous y avons réunies : la première est un acte signé *de Saint Deliz*, lieutenant général du bailly d'Amiens, du 10 mai 1527, constatant qu'il a vu et collationné les copies contenues dans ce cartulaire, lequel était à cette époque *recouvert de bois avec une peau de mouton blanche par dessus*, avec les originaux desdites copies auxquelles elles se sont trouvées conformes.

La deuxième, de Jacques d'Estouteville, conseiller et chambellan du roi et garde de la prevoté de Paris, du 5.ᵉ jour d'avril 1502, après paques, donnant acte de la même conformité.

529. Obituarium ecclesiæ sancti Petri Selincurtis. Vélin in-fol., 90 f.   d.r. L.

Abb. de Selincourt.

XVIII.ᶜ siècle. **Ecriture ronde ; pages encadrées de deux filets rouges et divisées en deux parties.**

Cet obituaire de la riche abbaye de Selincourt, dont il ne reste pas une ruine aujourd'hui, n'est qu'une copie d'un obituaire, *recens exscriptum*, faite en 1713. On lit à la fin : *Hoc exscriptum perfectum fuit et factum simile originali in die sancti Gilberti scilicet quarta februarii anno Jesu Christi* 1713.

On n'y trouve guère que des noms de prêtres et de chanoines, avec des dates qui ne remontent pas au-delà du XVII.ᶜ siècle. et quelques noms ajoutés dans le XVIII.ᶜ Nous y remarquons au 14 janvier, le nom de Jeanne Darras, qui avait payé la grille du chœur du côté gauche. *Construendorum clathrorum gratiá in sinistrá parte chori pecunias impertit.*

530. Cartulaire du doyené de Lihons en Sangters, recouvré en l'année 1750, par les soins de R. D. Nicolas-Aimé de Saint Vincent, docteur en Sorbonne, prieur claustral et prévôt de ce prieuré.

Papier in-fol. , 100 f.   d.r. L.

Origine inconnue.

C'est une copie du cartulaire du *doyéné de Lihons en Sangters*, écrit sur velin, petit in-folio, cotté n.º 5460 de la bibliothèque du roi, certifié et paraphé par le bibliothécaire Bignon, le 3 septembre 1751.

A la suite se trouve la liste des prieurs depuis 1095 jusqu'à 1488, et celle des chartes contenues dans le volume.

Voyez histoire de *Lihuns en Sangterre* de Seb. Rouillard, in-4.º, Paris 1627.

531. 1.º Vita Anghilberti.

2.º Chronicon Centulense.

Papier in-fol. , 228 f.   d.r. L.

Corbie.

XVIII.ᵉ siècle.

1.º La vie de St-Angilbert est d'Anscher, moine de la même abbaye ; elle se trouve dans les *Act. SS. Ord. S. Bened. Sœc.* iv. *Pars* 1. pag. 123 à 130.

2.º Cette chronique de l'abbaye de St.-Riquier est celle d'Hariulphe ; elle est imprimée dans D'Achery, t. 2, pag. 291 à 356.

Le Ms. qui fut copié, dit-on, sur un Ms. de la bibliothèque de Peteau, finit après l'épilogue d'Hariulphe, et ne contient point son épitaphe.

532. Journal historique écrit dans l'abbaye de Saint-Jean d'Amiens.

Papier in-4.°,   d.r. L.

Abb. de St.-Jean des Prémontrés d'Amiens.

Tom 1.ᵉʳ, — 1708. — 238 f.

Recueil incomplet de pièces imprimées et manuscrites, auquel un grand nombre de feuillets ont été déchirés depuis qu'il a été relié par M. Leprince, en 1828.

Le P. Postel est l'auteur de cette collection à laquelle il manque un grand nombre de volumes ; on y trouve quelques faits intéressants, au milieu d'une foule de notes insignifiantes et sans aucune valeur.

Les pièces imprimées sont :

1.° Une thèse de Jean-Baptiste Pingré, 6 juillet 1708, sur la logique et la morale.

2.° Une thèse de Nivard, Augustin, 20 juillet, questions théologiques.

3.° Factum pour les religieux, prieur et couvent de l'abbaye de St.-Jean d'Amiens, anticipants et demandeurs contre Claude Feuqueul, écuyer, seigneur de la Vicogne.

4.° Avis de la mort de Marie de Flesselles, dite de Ste. Colette, du monastère de Ste. Elisabeth d'Amiens, 27 août.

5.° Mémoire signé Escouvette avocat, contre le conseil d'Artois.

Il y manque les 10 premières pages.

6.° Ordonnances et instruction pastorale de Mgr. l'évêque de Chartres, portant condamnation des institutions théologiques du P. Juenin. Chartres. Nicolajo. 1708. — 322 pag.

Les pièces manuscrites sont :

1.° Mandement de Mgr. l'évêque de Séez, pour l'établissement des conférences.

2.° Divers extraits de la gazette, concernant principalement la guerre de Flandre et la prise de Lille.

3.º L'indication des solennités principales, des officiants et des prédicateurs dans les divers couvents d'Amiens.

4.º Divers faits relatifs à la panique qui s'étendit à Arras, Doullens et les environs, que désertaient alors les paysans pour venir chercher refuge en ville.

5.º L'opposition du P. Debonnaire à la prise de possession du P. Durieux, curé de Selincourt, nommé à la cure de Saint-Firmin-la-Pierre.

6.º Une suite de lettres entre le P. Postel procureur, et le P. Brunel prieur, avec toutes les procurations et transactions relatives au paiement des charges imposées aux abbés, dues par les héritiers de Mgr. de Coislin, évêque de Metz, ci-devant abbé de St.-Jean, et par Mgr. Fleuriau d'Armenonville, évêque d'Orléans, alors abbé, aux intentions duquel le P. Postel rend hommage, *car il ne veut pas*, dit-il, *thésauriser des revenus de notre abbaye.*

Tom 2.ᵉ, — 1709. — 238 f.

Pièces imprimées :

1.º Oraison funèbre de très-illustre dame Françoise-Angélique d'Estampes de Valancay, abbesse des Clairets, par M. Gontier. Paris, Guérin, 1709, 48 pages.

2.º Avis de la mort de la sœur Anne des Anges, carmélite d'Amiens.

3.º Amortissement de l'édit du mois de may 1708, qui ordonne le recouvrement des droits d'amortissement depuis le 4 octobre 1704 jusqu'au 1.ᵉʳ mai 1708.

4.º Arrêt du conseil d'estat du roi, qui décharge les actes qui seront passez pour prets d'orge et autres menus grains de tout droit de contrôle, de sceau et autres.

5.º Constitutio illustriss. et rever. domini. D. episcopi Ambianensis quâ damnantur et prohibentur institutiones theologiæ Gasparis Juenin.

Pièces manuscrites :

1.º Mandement de l'évêque de Noyon (Claude-Maur d'Aubigné

sur les institutions théologiques du P. Juenin. (Incomplet.) (Imprimé en 1708, in-8.º)

2.º Le mandement de M. l'évêque de Noyon, abrégé et accompagné de quelques notes, suivi de la doctrine des institutions théologiques sur le jansénisme et sur les matières de la grâce.

L'auteur y critique le mandement de l'évêque de Noyon, qu'il regarde comme deshonorant l'épiscopat.

3.º Extraits de gazettes concernant les rigueurs de l'hiver.

4.º Lettre du P. Dupuy, jésuite, au P. d'Augiers, au sujet de la mort du R. P. de la Chaise.

5.º Divers actes concernant la démission que le Fr. Louis Debonnaire a faite de sa cure de St.-Firmin-au-Val, entre les mains de l'évêque.

6.º Arrest de la cour ensemble les vers et discours latins escrits sur marbre noir en lettres d'or, es quatre faces de la base de la pyramide dressée devant la grande porte du palais à Paris.

7.º Prosopopée de la pyramide dressée devant la grande porte du palais. (Le tout figuré et écrit par Etienne de Faye.)

8.º Mandement de Mgr. l'évêque d'Amiens pour des prières de 40 heures à cause de la famine.

9.º Arrest du parlement qui pourvoit à la subsistance des pauvres mendiants. 19 avril 1709.

10.º Déclaration du roi qui oblige ceux qui ont des grains d'en faire une déclaration exacte sur les peines qui y sont portées, donnée à Versailles le 27 avril 1709.

11.º Contribuables de la paroisse du Petit-St.-Jean.

12 º Déclaration du roi portant que par les commissaires qui seront nommés par sa majesté, il sera fait des visites générales dans tous les greniers, magasins et autres lieux où ils auront avis qu'il peut se trouver des bleds et autres grains. Donné à Marly le 7 mai 1709.

13.º Propositions extraites du livre des réflexions sur le nouveau testament, édition de 1699, censurées à Rome comme séditieuses.

14.º Propositions extraites des théologiens de la société, approuvées à Rome comme orthodoxes et propres à maintenir la fidélité des royaumes et la foi de l'église.

15.º Différence de la version du nouveau testament imprimée à Paris en 1699, d'avec celle de Mons, et sa conformité avec la Vulgate.

16.º Déclaration du roi portant. nouveau règlement sur les droits de minage, d'estalage et autres semblables qui se perçoivent sur les grains, farines, légumes, dans les marchés, et qui explique quelques articles des déclarations du roi des 27 avril et 7 mai dernier. Marly, 14 mai 1709.

17.º Edit du roi pour la fabrication des nouvelles espèces d'or et d'argent, donné à Versailles au mois d'avril 1709.

18.º Pour l'augmentation des espèces d'or et d'argent. Marly, mai 1709.

19.º Arrest du conseil d'état pour le même sujet. I4 mai 1709.

20.º Déclaration du roi contenant plusieurs règlements sur les labours et semences. Versailles, 11 juin 1709.

21.º Acte de société envoié aux religieux de St.-Jean par les religieux de Selincourt. Mars 1621. (Pièce latine.)

22.º Mandement de l'archévêque de Cambray pour la paix.

23.º De l'évêque d'Amiens, qui ordonne des prières pour le roi.

24.º Manifeste du roi concernant la paix générale, écrit au gouverneur de la ville de Paris.

Ce volume contient comme le précédent des extraits de la gazette, le nécrologe de toute la ville, les offices des abbayes, les noms des officiants et des prédicateurs ; l'auteur s'intéresse beaucoup aux factums relatifs à la constitution *Unigenitus*, aux Jésuites et aux affaires de la Chine, et se fait envoyer de Paris les brochures qui y ont trait ; il sollicitait l'approbation pour la vie du P. Mathon, qu'il publia en 1740, et dédia à son abbé l'évêque d'Orléans. Quelques notes relatives aux discussions élevées pour la cure de St.-Firmin-à-la-Porte, sont assez curieuses, ainsi que les débats entre l'évêque et les religieuses de Ste.-Geneviève ; mais la partie la plus intéressante est une réunion de faits sur la famine qui désolait à cette époque tout le pays. On y trouve, outre les ordonnances du roi, celle de l'intendant, du maire et des échevins, ordonnant de faire la déclaration du blé, ou le faisant vendre, defendant aux brasseurs de faire de la bierre , et aussi de faire du pain blanc, des flans et des tartes ; prescrivant aux religieux de livrer du blé pour les soldats, defendant les attroupements et ordonnant de sonner le tocsin quand on verra gens attroupés et nouveaux. Cependant les pauvres dilapidaient la Hautoye et detruisaient les arbres à tel point que le lieutenant du roi ordonne aux privilégiés de prendre les armes pour empécher le désordre ; ceux-ci lui répondent qu'ils sont prêts à obéir s'il veut se mettre à leur tête ; mais comme il aimait encore la vie, il recula et laissa son ordre au néant. — MM. du présidial s'etaient assemblés au palais épiscopal pour déliberer sur les moyens qu'il y avait à prendre pour augmenter les aumônes ; le président choqué du discours de l'évêque , répond vertement à sa grandeur que quand elle montrerait l'exemple avec son chapître, et qu'ils payeraient au prorata du bien qu'ils possèdent , sans faire d'injustice, le présidial et les autres corps augmenteraient leur taxe.

Tom 3.ᵉ, — 1709. — 265 f.

Pièces imprimées.

1.º Mandement de l'évêque d'Amiens sur l'abstinence du carême.

2.º Mandement de l'évêque d'Amiens qui ordonne des prières pour l'heureux accouchement de la reine.

3.º *Te Deum* pour la guérison du roy.

4.º Mandement de l'archevêque de Noailles pour demander à Dieu par des prières publiques un dauphin. Paris, Delespine , 1728.

5.º Discours de Mgr. l'archevêque de Paris à la tête du clergé de l'église métropolitaine fait à la reine pour sa réception dans l'église de N.-D., le 4 octobre 1728.

6.º Mandement du même pour l'acceptation et publication de la constitution de N. S. P. le Pape Clément xi, du 8 septembre 1713, portant condamnation d'un grand nombre de propositions. Paris. Maguet, 1728.

7.º Liste des prédicateurs de l'avent de l'année 1728, à Paris et aux environs.

8.º Description du mausolée dressé à N.-D. pour Anne-Marie d'Orléans.

9.º L'ordre et la marche de M. l'ambassadeur de Venise dans son entrée à Paris.

10.º Etat des baptêmes, des mariages et mortuaires de la ville et faubourgs de Paris.

Ce volume, moins curieux que les deux précédents, contient aussi le nécrologe de la ville, les prises de possessions, les visites, les dîners de la communauté et ceux du dehors; l'analyse de tous les sermons auxquels assista l'auteur, quelques-uns qu'il a prononcés, les programmes imprimés des pièces jouées au collége, quelques thèses, la mention d'un acte par lequel les habitants de la Motte en Santerre reconnaissent devoir à l'abbaye la dixme à 6 pour 100 gerbes; l'auteur y prend la défense des religieuses de Ste.-Geneviève, auxquelles l'évêque enlevait le droit de nommer leur abbesse, en imposant une de son choix; enfin quelques détails sur l'enterrement du chanoine Masclef, célèbre hébraïsant, qui avait appelé de la constitution, opinion partagée par l'auteur.

Tom 4.ᵉ — 1712, 1715, 1716, 1718. — 316. f.

Pièces imprimées :

1.º Lettre du roy écrite à Mgr. le cardinal de Noailles, archevêque de Paris, pour faire demander à Dieu par des prières publiques l'heureux succès des conférences de la paix. Paris. Josse. 1712.

2.º Mandement de l'archevêque à cette occasion.

3.º Arrest du parlement sur les libelles répandus dans le royaume, touchant les affaires de religion, du 3 février 1712.

4.º Arrest du conseil d'estat du roy, sa majesté y estant, concernant les billets de monoye et les billets de cinq ans du 16 février 1712.

5.º Mandement de l'évêque d'Amiens sur la dispense du lait, du beurre et du fromage pendant le carême.

6.º Mandement qui ordonne des prières pour le repos des âmes du Dauphin et de la Dauphine.

7.º Thèses.

8.º Mémoire de Mgr. le Dauphin pour nostre Saint Père le Pape, imprimé par ordre exprès de sa majesté.

9.º La conservation de la personne du roi. Sujet du feu d'artifice élevé devant l'hôtel de ville par les ordres de messieurs les prevôts des marchands et échevins de la ville de Paris, pour la solennité de la fête de la St.-Jean-Baptiste, en l'année 1712.

10.º Arrest de la cour du parlement sur un imprimé portant pour titre : Réponse du cardinal de Noailles au mémoire que le roy lui a fait l'honneur de lui donner. 15 juin 1712.

11.º Arrest de la cour de parlement qui condamne au feu un libelle ayant pour titre : Réflexions sur un écrit intitulé Mémoire de mons le Dauphin pour notre saint père le pape, imprimé par ordre exprès de sa majesté, avec une déclaration du P. Quesnel sur ce mémoire.... 1712. Du 17 juin 1712.

12.º Lettre de Mgr. le cardinal de Noailles, archevesque de Paris, à Mgr. l'évesque d'Agen.

13.º Oraison funèbre de Louis xiv, prononcée en l'église de la Flèche, le 26 novembre 1715, par M. De Contance Ribot, prêtre.

14.º Oraison prononcée en l'église cathédrale de Soissons le 11 décembre par J. B. Z. Gosset, grand archidiâcre de Soissons.

15.º Oraison avec une ode sur la mort, prononcée dans l'académie, le 19 décembre 1715, par Houdart de la Motte.

16. Invitation aux muses pour célébrer le nouveau règne, poëme prononcé dans l'assemblée publique de l'académie, le 19 décembre 1715, par M. Dauchet.

17.º Arrest de la cour du parlement pour les vols.

18.º Arrest pour le privilége des deniers royaux contre les septuagénaires.

31.

19.º Censura sacræ facultatis theologiæ remensis lata in novem propositiones excerptas ex tractatu de pœnitentiâ professoris theologi fundationis furnerariæ in universitate remensi. 14 janu. 1716. Remis Pottier.

20.º Déclaration du roi concernant les faillites et banqueroutes dont la connaissance est attribuée aux juges et consuls, donnée à Paris le 11 janvier 1716.

21.º Déclaration du roi portant nouveau délai pour le rachapt du prest et annuel jusqu'au dernier décembre 1716. Donné à Paris le 18 janvier 1716.

22.º Mémoire pour messire Pierre de Ponssemothe de l'Estoille, prestre, chanoine régulier de l'ordre de St.-Augustin de la congrégation de France, abbé de l'abbaye de St.-Acheul-lès-Amiens, et les prestres religieux chanoines réguliers de ladite abbaye appelants comme d'abus contre messire Pierre Sabathier, évesque d'Amiens et maistre Maximilien Filleux, prestre, chanoine de l'église d'Amiens et promoteur. Paris. Huguier. 1716. *Il s'agit du tombeau de St. Firmin.*

23.º Ordre du roi qui commet le sieur Tisserand, inspecteur de police, pour veiller à l'exécution de ses ordonnances concernant la prohibition des toiles peintes et étoffes des Indes.

24.º Mandement de l'évêque d'Amiens pour le carême de 1716.

25.º Arrest de la cour du parlement portant suppression d'un libelle intitulé : *Mémoire pour le corps des pasteurs qui ont reçu la constitution unigenitus.* 4 avril 1716. Paris. Muguet.

26.º Ordonnance de l'évêque d'Amiens qui deffend certaines mascarades sous peine d'excommunication. 23 mars 1718.

27.º Mandement de Mgr. l'évêque d'Amiens au sujet de la constitution unigenitus et de l'appel qui en a été interjecté au futur concile. 23 août 1718. — (Ce mandement jeta l'alarme et le trouble dans le diocèse, on reprocha aux chanoines de l'avoir laissé lire, mais ils dirent que mandement lu n'est pas mandement accepté, et que quand sa grandeur leur signifiera de l'accepter, ils verront ce qu'ils ont à répondre. Le chapitre de St.-Wulfran d'Abbeville envoya un huissier nommé Fruitier signifier qu'il n'acceptait point. Le curé de St.-Remy et celui du faubourg de St.-Pierre refusèrent d'en faire la lecture et la défendirent à leur vicaire. Le prieur des prémontrés, le P. Brunel, n'a point accepté, mais n'a point appelé au futur concile.

28.º Avis de Mgr. l'évêque d'Amiens aux confesseurs de son diocèse. 10 octobre 1718.

29.º Acta universitatis studii parisiensis super appellatione solemniter interjectâ nomine ejusdem universitatis ad futurum concilium a generale constitutione pontificiâ quæ incipit Unigenitus Dei filius. Lutetiæ Parisiorum. Thibaut. 1718.

30.º Mandement de Mgr. l'évêque de Chaalons pour la publication de son acte d'adhésion au deuxième appel interjecté le 3 octobre 1718 par Mgr. de Noailles. Chaalons. Seneuze. 1718.

31.º Mandement du même pour publier l'acte du 21 avril 1717, par lequel il a adhéré à l'appel interjecté le 3 du même mois par Mgr. le cardinal de Noailles. Chaalons. Seneuze. 1718.

32.º Arrest de la cour du parlement de Bordeaux qui déclare y avoir abus dans les mandements des évêques de Saintes, d'Aire et de Limoges. Du 18 novembre 1718. Rouen. Vaultier. (sur l'imprimé à Bordeaux.) 1718.

33.º Acte d'appel de la constitution Unigenitus de nostre saint père le pape Clément IX, interjecté par le chapitre de Saintes. 1718.

Pièces manuscrites :

1.º Dissertation théologique sur cette parole de St. Paul à Timothée, gardez le dépôt, *depositum custodi.*

Les mandements de M. de Noailles et ses censures contre ses collègues paraissent avoir donné à l'auteur l'idée d'examiner la question, en faisant abstraction des personnes.

2.º Lettre de Mgr. le cardinal de Noailles, archevêque de Paris, à Mgr. l'évêque d'Agen. 20 décembre 1711. Imprimé. voy. n. 12, plus haut.

3.º Mémoire concernant la réunion de Mgr. l'évêque de Beauvais avec ses curés.

31.*

4.ᶜ Sentence arbitrale entre les abbés et les religieux de St.-Jean d'Amiens, 17 avril 1679, portant partage en trois lots des biens de l'abbaye ; un pour l'abbé, un pour les religieux exempts de charges excepté du foncier, le troisième destiné à payer les charges.

5.º Troisième decret de l'évêque pour l'érection de la cure du Petit-St.-Jean. 16 novembre 1748. (Les deux autres arrêts sont du 29 décembre 1744 et 12 février 1745.)

Les autres pièces les plus intéressantes sont relatives à l'opposition que rencontra l'acceptation de la constitution *unigenitus*, qui donna lieu à l'interdiction de trois prêtres de St.-Remi et du P. d'Opsen, jacobin ; le procès qui s'éleva entre M. Roussel, curé de St.-Germain, et ses marguilliers, M. Roussel prétendant avoir seul le droit de nommer les diacres et les sous-diacres de sa paroisse ; le procès de l'abbaye avec M. De Thoury, pour les terres de Savières et Montovillers.

Le reste est encore un nécrologe de la ville , le détail des offices, des visites, des dîners de l'abbaye, de quelques achats de livres et d'ornements, enfin des nouvelles extraites de la gazette.

On y raconte la mort du couvreur Boulié, qui avait éteint le feu du clocher frappé de la foudre le 26 juin 1712, et qui mourut en tombant d'une fenêtre très-basse de sa maison dans laquelle il voulait entrer *après avoir un peu pinté ;* que M. Dubois, l'un des échevins, ayant eu quelque contestation dans l'hôtel-de-ville avec le maire M. De Frechencourt, et lui ayant dit beaucoup de duretés, avait eu ordre d'aller en prison où il était demeuré environ 24 heures, avec défense de se plus trouver à l'avenir en présence de maires et eschevins.

Tom 5ᵉ. — 1733. — 133 f.

Pièces imprimées.

1.º Lettre contenant un récit abrégé de la vie sainte et de la mort édifiante de reverendissime père en Dieu Mgr. Pierre de Sabatier évêque d'Amiens, décédé à Amiens le 20 janvier 1733.

2.º Mandement du chapitre d'Amiens, le siége épiscopal vacant.

3.º Théses.

4.º Programme d'exercices au collége des Jésuites d'Amiens.

5.º Catalogue des cartes du S.ʳ Chevillard généalogiste du roy et historiographe de France.

Quant à la partie manuscrite, c'est encore un recueil des professions faites dans cette année, avec l'indication des offices ; l'auteur n'oublie point de mentionner tous les diners auxquels il était invité pour les professions ou les mariages, et de citer les personnes qui s'y trouvaient, surtout s'il avait l'honneur de diner avec Mgr. d'Orléans qui était venu visiter son abbaye, ou Mgr. de Boulogne qui passait par Amiens.

Le seul fait curieux est la protestation des curés qui n'avaient point eu le pas sur les abbés dans la visite au corps de Mgr. de Sabatier, évêque décédé. Voici la teneur de cette protestation écrite à M. Godet, curé de St.-Leu, chanoine de la cathédrale :

« Monsieur,

» MM. les curés de St.-Michel, de St.-Firmin-le-Confesseur, de
» St.-Sulpice, St.-Jacques et St.-Remy, sont convenus de ne point
» aller en station à la chapelle épiscopale, aux heures indiquées par
» messieurs du chapitre, à raison du pas que messieurs les curés de
» ville doivent avoir avant les Messieurs de St.-Jean d'Amiens, de
» St.-Acheul, de St.-Martin. Ainsi vous aurez la bonté de faire aver-
» tir messieurs les autres curés du délibéré entre les cinq messieurs
» cy-dessus. Ce 24 janvier 1733 à midi. DE LAIRE, Curé de St.-Remy. »

Les chanoines de St.-Nicolas, de St.-Firmin-le-Confesseur et de St.-Denys n'y ont pas été pour la même raison et même les curés prétendent, ajoute l'auteur, avoir le pas avant tous ces chapitres.

Un autre fait curieux est le vol du corps d'un pendu, déposé dans le jardin des privilégiés, grande rue de Beauvais, qu'avait acheté un jeune médecin du nom de Madière.

Un grand nombre de feuillets ont été déchirés.

533. Traité du blason.

Papier in-12, 95 f.   d.r. L.

M. Baron.

XVIII.ᶜ siècle. Mauvaise écriture; pages encadrées de deux lignes rouges.

Cet ouvrage, divisé en 39 chapitres, ne traite que de généralités sur le blason.

On trouve à la fin un discours latin commençant par : *Sapienter olim a principe totius orbis*, etc. C'est un éloge de Louis XIV, écrit d'un style diffus, toutefois en latin assez correct.

Le nom de M. Baron, inscrit au haut de la première page, me fait supposer qu'il provient de sa bibliothèque.

534. Les généalogies des Empereurs, des Roys, des Ducs, des Comtes et autres illustres grandes maisons de l'Europe, depuis les années environ 1000 continuées jusques à l'année présente 16... ensemble les armes de chacune famille blazonnées de leurs métaux et couleurs.

Papier grand in-fol., 120 feuillets doubles. d.r. L.

Abb. de St.-Jean des Prémontrés d'Amiens.

XVII.ᶜ siècle. Dessins à l'encre.

Les cartes contenues dans de volume comprennent les
généalogies des rois de France, celles des familles de Lon-
gueville, Bourgogne, Angoulême, Vendôme, Bretagne,
Montfort, Richemont, Etampes ; en dehors de France, celles
des Stuarts, d'Allemagne, de Sicile, de Naples, d'Espagne,
Portugal, Bragance, Navarre, Mantoue, Milan, Ferrare,
Parme, Médicis, Savoye, Orange, Lorraine, Guise, Bar-
le-Duc, Limbourg, Luxembourg, Cléves, Danemarck,
Suède, Pologne, Prusse, Saxe, Bavière, Hongrie, Bohême, Transylvanie, Moscou, et enfin celles des empereurs
Ottoman et des César.

Nous croyons y reconnaitre l'écriture du P. Postel, prieur
de l'abbaye de St.-Jean, et dans le dessinateur des armoiries, l'auteur des dessins du n.º 400, M. de la Faye.

C'est probablement le volume que le catalogue de l'abbaye
de St.-Jean intitule : *Les armoiries, cris de guerre, devises des peuples, des nations, princes et nobles tant anciens que modernes. in-fol., arm, fig.*

535. Recueil abrégé des principales familles du
royaume de France. — 1793.

Papier in-4.º, 260 f.   d.r. L.

Abb. de St.-Martin-aux-Jumeaux.

XVII.ᵉ siècle. **Ecriture batarde**, très-lisible.

En tête de chaque article on décrit les armes ; les notes y sont courtes et plutôt généalogiques qu'historiques.
On ajouta plus tard la généalogie de Beauvillé-Saint-Aignan.

A la fin est une table des familles.

BIBLIOGRAPHIE.

Les catalogues rédigés par les commissaires près le district d'Amiens, sont tous reliés en parchemin sur papier in-fol., à tête imprimée, divisé par colonnes contenant : le n.º des cartes, le nom de l'auteur, le titre du livre, le nom de l'imprimeur, le lieu, la date, le format, le nombre de volumes, et une colonne d'observations.

536. Catalogue alphabétique de la bibliothèque des ci-devant religieux Augustins d'Amiens, fait au district d'Amiens par les citoyens Baron (1) et Devermont, (2) commissaire adjoint à la garde des livres es années 1792 et 1793, vieux style, premier et deux de la république française.

425 f.

On y indique deux manuscrits que nous n'avons point retrouvés.

1688. Desses Gabriel. *Proprium ad usum chori ecclesiæ Augustianorum Ambianensium.* 1680, un vol. in-fol. min. Fait avec des caractères, écrit seulement au recto sur de mauvais papiers.

(1) Baron, bibliothécaire de l'école centrale, fut ensuite conservateur de la bibliothèque communale jusqu'en 1823.

(2) Devermont est l'auteur d'un voyage à Amiens, devenu très-rare.

5705. Trochereau (Antoine). *Supperior conventus Augustianorum Ambianensis. Antiphonale Augustinianum ad usum fratrum eremitarum S. Augustini provinciæ communitatis Bituricensis conventús Ambianensis , scriptum a dicto Trochereau.* 1646-55. 1 vol. in-fol. atlantic. Exécuté sur vélin au caractère, orné d'encadrement à chaque office et de lettres à chaque strophe, relevées d'or et couleur.

9743 volumes.

537. Catalogue alphabétique de la bibliothèque des ci-devant Feuillants de la commune d'Amiens rédigé par le citoyen Huchette (1), commissaire, et dont la minute est restée à la bibliothèque du district d'Amiens. Ce 23 messidor an 2ᵉ de la république française une et indivisible.

79 f.

538. Catalogue alphabétique de la maison de l'oratoire d'Amiens, l'an 2ᵉ, par les citoyens Huchette et Delorme (2), commissaires.

233 f.

La colonne des observations ne porte aucune indication remarquable.

539. Catalogue alphabétique de la bibliothèque de la ci-devant abbaye de St.-Fuscien , rédigé par les

(1) Huchette , bibliothécaire du district fut ensuite archiviste du département.

(2) Delorme avait été oratorien.

citoyens Baron et Huchette commis, et dont la minute est restée à la bibliothèque du district d'Amiens. Le 28 prairial an 2ᵉ.

40 f.

Cette bibliothèque comprenait 759 volumes, dont quelques-uns du xv.ᵉ siècle.

540. Catalogue alphabétique de la bibliothèque de Machault, ci-devant évêque d'Amiens, émigré, fait par le citoyen Delorme commissaire, l'an 3.

252 f.

Il comprend 2038 ouvrages.

Un grand nombre de ces livres furent rendus aux héritiers Rabardel, comme on le voit à la colonne des observations.

541. Catalogue alphabétique de la bibliothèque de la ci-devant abbaye de St.-Jean d'Amiens, l'an 3 de la république une indivisible et inséparable.

Papier in-fol., 3 vol en 2

Tom 1.	A. K.	411 f.
Tom 2.	L. Z.	323 f.
Tom 3.	Anonyme.	108 f.

On n'y trouve point le nom du commissaire que nous croyons être le citoyen Godefroy, ni d'indication remarquable.

542. Catalogue alphabétique des imprimés de la bibliothèque des Capucins d'Amiens, par le citoyen Bellegueulle, (1) commissaire, l'an 3.

353 f.

On y remarque un assez grand nombre d'imprimés du xv.ᵉ siècle, lesquels sont indiqués sur la colonne des observations.

543. Catalogue alphabétique de la bibliothèque des ci-devant Carmes de la commune d'Amiens, par le citoyen Delorme, commissaire, l'an 3.

330 f.

4198 articles.

544. Catalogue alphabétique des imprimés de la bibliothèque des ci-devant religieux Minimes de la commune et district d'Amiens, par le citoyen Bourry (2), commissaire à la partie littéraire près le district d'Amiens, l'an 3.

300 f.

On y signale un exemplaire de St.-Augustin *de civitate Dei. Mayence. Scheffer.* 1473. 2 vol fol. v. b. fil., doré sur tranches, imprimé sur vélin, avec lettres tourneuses, en or et et couleur, bien conservé et conforme à la notice de Debure. Théologie, n.º 326.

Il s'y trouve quelques autres volumes du xv.ᵉ siècle.

(1) Bellegueulle, ancien capucin, et principal du collége d'Amiens, avait été bibliothécaire dans les maisons de son ordre.

(2) Bourry ou Bourri, était le fils d'un teinturier.

545. Catalogue alphabétique des livres de la bibliothèque des ci-devant religieux Cordeliers d'Amiens, fait par le citoyen Bellegueulle, commissaire bibliographe près le district d'Amiens, l'an **3**.

228 f.

546. Catalogue alphabétique de la bibliothèque des ci-devant Dominiquains de la commune d'Amiens, par le citoyen Gaudefroy, commissaire, an 3.

535 f.

547. Catalogue alphabétique des imprimés de la bibliothèque de la ci-devant abbaye de Corbie, district d'Amiens, par le citoyen Huchette, commissaire littéraire près le district d'Amiens, l'an 3, 2 vol.

Tom 1.   A. L.   264 f.

Tom 2.   M. Z. et les anonymes. 300 f.

On y remarque un grand nombre de livres du xve siècle.

Le premier volume compte 4409 articles.

La colonne des observations ne constate que l'absence des volumes ou des erreurs d'attribution dans les noms d'auteurs.

548. Catalogue alphabétique de la ci-devant abbaye de St.-Acheul d'Amiens, par le citoyen Delorme, commissaire, an 3.

330 f.

549. Catalogue des livres de la bibliothèque de Croy d'Havré, émigré, trouvée en sa maison à Wailly et actuellement déposée en la maison du district d'Amiens, fait par le citoyen Huchette, commissaire littéraire, l'an 3.

100 f.

Le total des articles de ce catalogue est de 732.

550. Catalogue alphabétique des livres de la bibliothèque du ci-devant marquis de Vérac, émigré, trouvés en son château d'Orival, fait par le citoyen Gaudefroy, commissaire bibliographe près le district d'Amiens, l'an 3.

146 f.

M. De Vérac, inscrit sur la liste des émigrés en 1792, pour n'être pas rentré en France après avoir donné sa démission de l'ambassade de Suisse, au mois de juillet 1791, avait réuni cette bibliothèque en son château d'Orival, canton d'Hornoy. Ses livres lui furent rendus en 1816.

551. Catalogue alphabétique de la bibliothèque de Navière, fait par le citoyen Huchette, commissaire, an 3.

341 f.

Ce catalogue est écrit et rédigé avec beaucoup de soin.

Le chanoine Navières avait émigré, par suite ses biens avaient été confisqués et sa bibliothèque envoyée au district.

552. Catalogue alphabétique du ci-devant collége et de l'académie d'Amiens, à Amiens, fait par le citoyen Huchette, commissaire à la bibliographie et par le citoyen Baron, bibliothécaire du district d'Amiens, an 4.

343 f.

Il est constaté dans la colonne des observations qu'un grand nombre de ces livres étaient en très-mauvais état de conservation, et beaucoup surchargés de notes.

553. Catalogue de la bibliothèque de l'abbaye de St.-Martin-aux-Jumeaux, à Amiens.

Papier in-fol., 95 f.

Dans ce catalogue, le seul qui reste des anciennes abbayes, la bibliothèque est classée par ordre des matières, et chaque section classée ensuite suivant le format: in-fol., in-4.º, in-8 º, etc. Les indications y sont très-succinctes, le titre, le nom de l'auteur, quelquefois la date et le lieu d'impression.

Les Mss., au nombre de 47, sont classés parmi les imprimés, sans indication plus étendue; nous en avons conservé une partie.

554. Catalogue alphabétique des livres des bibliothèques réunies de plusieurs communautés de filles religieuses, fait par les citoyens Bellegueulle et Huchette, commissaires bibliographes près le district d'Amiens, l'an 4.

74 f.

960 articles.

555. Catalogue alphabétique de la bibliothèque du ci-devant séminaire d'Amiens, fait par le citoyen Huchette, commissaire bibliographe, l'an 4.

304 f.

556. Catalogue alphabétique des livres de la bibliothèque des ci-devant religieux de l'abbaye de St.-Pierre-les-Selincourt, dite Sainte-Larme, Prémontrés, fait par le citoyen Bellegueulle, commissaire bibliographe près le district d'Amiens, l'an 4.

100 f.

Ce catalogue comprend 1257 articles et quelques volumes du xv.ᵉ siècle.

557. Catalogue de la bibliothèque de St.-Martin-aux-Jumeaux, par le citoyen Delorme, commissaire.

170 f.

Le nombre des articles est de 1965. On y trouve quelques raretés bibliographiques, entr'autres l'histoire de Pierre le Mangeur de 1455.

558. Catalogue de la bibliothèque de Lestocq, chanoine d'Amiens, par le citoyen Boury, commissaire.

171 f.

Le chanoine de Lestocq est l'auteur de la justification de la translation de St.Firmin, évêque d'Amiens. On connaît le réponse de Thiers et les débats que cette question souleva à la fin du siècle dernier. — On lit à l'article Mazarinades. « *Rien de remarquable, collation faite avec le » catalogue de La Vallière, il n'y a que la pièce :* La Fin » tragique de tous les partisans, arrivée de temps en » temps et tirée de l'histoire de France. Paris, Huot, 1649. »

559. Catalogue alphabétique de la bibliothèque de la ci-devant abbaye du Gard.

101 f.

1972 articles.

560. Catalogue d'une bibliothèque.

Papier in-12., 82 f.   d.r. L.

Bibl. du Chanoine Navières.

XVIII.ᶜ siècle. **Très-belle écriture.**

Les livres, la plupart de théologie, ce qui annoncerait la bibliothèque d'un prêtre, y sont rangés par ordre alphabétique, non point des noms d'auteurs, ni des matières, mais des titres des livres, comme on l'a fait pour le Dictionnaire des Anonymes.

561. Catalogues des manuscrits de la bibliothèque de l'abbaye de Corbie.

1.º Papier in-fol., 30 f.

Ce catalogue est la copie d'un autre, daté de 1761, qui se trouve à la bibliothèque royale, dans la collection Dom Grenier, où je l'ai fait copier. Il y a encore, dans les cartons d'où celui-ci a été extrait,

32.

un troisième catalogue que le docte bénédictin avait rangé
d'après un système bibliographique pour le faire servir de
preuve justificative à son histoire; ce catalogue a donc
sur celui-ci un avantage, c'est d'être dans un ordre plus
méthodique, mais comme il ne renferme exactement que
les mêmes ouvrages, que de plus on y a supprimé toutes
les notes si nombreuses dans celui-ci, je l'ai jugé plus
utile.

En le comparant à celui que je publie, on verra le
parti que j'en ai pu tirer; c'est dans ce but que j'en ai
fait hommage à la bibliothèque.

2.° Notice des manuscrits de la ci-devant abbaye de
Corbie, faite par le citoyen Levrier, magistrat,
commissaire littéraire près le district d'Amiens en
l'an 3.

Papier in-fol., 60 f.

J'ai fait cette copie sur une autre qui se trouve déposée aux archives du département. Elle est certifiée Baron, bibliothécaire de l'école Centrale, et fut remise au
préfet le 24 prairial an XI. C'est sur ce catalogue, de-
mandé au préfet par le ministre Chaptal, que Capperonnier choisit 75 des plus précieux Mss., qui furent aussitôt expédiés à la Bibliothèque royale où ils forment aujour-
d'hui le fonds Corbie.

Je regrette que ce catalogue m'ait échappé dans mes
premières recherches aux archives, et de ne l'avoir connu
qu'en ce moment et après mon travail terminé, j'y aurais puisé plusieurs renseignements que j'ai longtemps et vainement cherchés.

MÉLANGES.

562. Mélanges.

Papier in-4.º, 360 f. d.r. L.

Bibl. de St.-Acheul.

XVII.ᵉ **et XVIII.**ᵉ **siècle.**

Voici la liste de ces pièces écrites de différentes mains :

Institutio, creatio, fundatio et statuta S. Joannis Lugdunensis.

Constitutiones congregationis Aroasiensis ad verbum fideliter transcriptæ ex codice in pergameno bothico caractere manu exarato qui servatur in bibliothecâ abbatiæ S. Mariæ ad fontem S. Eligii ord. can. reg. diæc. noviom. quæ fuit quondam membrum dictæ congregationis.

Lettre de M.ᵐᵉ le comtesse X....., au sujet de la vie de quelques saints des maisons de Tonnerre et de Hauterive.

(On y conteste à Mgr. l'évêque de Noyon la haute noblesse dont il se vante.)

Lettres concernant l'affaire de la communauté des Clairets. (1698.)

Lettre du P. Quesnel au roi (sans date). (Elle est écrite après sa sortie de la prison de Bruxelles, pour le justifier des sentiments hostiles au roi dont on l'accusait.)

Extrait de la gazette d'Utrech sur l'assemblée du Clergé.

Oratio a S. S. D. N. Clemente Papâ XI habita in secreto consistorio die 15 décembris 1700.

Carissimo in christo filio nostro Ludovico Francorum regi christianissimo Clemens Papa XI.

(C'est le bref du 13 février 1703 sur les cas de conscience.)

32.*

Du même au même.

Bref du 35 août 1706 relatif à l'acceptation de la *Constitution*.

Abrégé de la vie de feu Mgr. l'évêque de Beauvais.

(Cet éloge, de M. Choart de Buzenval, mort le 20 juillet 1679, est de M. Bridieu.)

Relation de ce qui s'est passé à la mort de M. l'évêque d'Alet. (5 décembre 1677.) — Son testament. — Son épitaphe.

Relation de quelques actions remarquables et dépositions de feu Mgr. Felix de Vialart, évêque et comte de Chaalons.

Il était, comme l'on sait, le protecteur du P. Quesnel.

Testament de Mgr. L'Escot, évêque de Chartres (5 janvier 1655.)

Lettre de la reyne d'Angleterre au roy. *Une pauvre reyne fugitive*, *etc.*

Réponse de Mgr. l'abbé de Caumartin au discours de Mgr. l'évêque de Noyon, à sa réception à l'académie.

Cas de conscience proposés à MM. les docteurs de Sorbonne par l'abbé Dumas, chanoine régulier et sous-prieur du chapitre de N.-D. des Quarante, près Béziers. (5 août 1706.)

Pensées sur un nouveau bréviaire pour M. l'évêque de Châlons-sur-Marne. (1699.)

Traduction d'un escrit intitulé : *In decretum Romanæ Inquisitionis de autoritate principum apostolorum Petri et Pauli notationes.* (1647.)

Arrest du parlement, 1647, contre le décret de l'inquisition du 25 janvier précédent.

Bulle du pape Alexandre VII (26 juin 1665) contre deux censures faites par la faculté de théologie de Paris *de la défense des cardinaux*, *etc.* par JACQUES VERNANT. Metz. 1658, et de l'ouvrage de Amédée Guimené. Lyon. 1664.

Arrest du parlement.

Diverses anecdotes.

Bref du pape au roi. (6 avril 1665.)

Lettre sur ce qui s'est passé à l'assemblée du clergé à Paris au sujet des libertés de l'église gallicane.

Mémoire présenté au roi vers 1700, touchant les charges du clergé.

Bref du pape Clément XI. (4 juin 1701.)

Avertissement de M. de la Poype de Vertrieu, évêque de Poitiers, aux curés et confesseurs de son diocèse, au sujet des cabaretiers. (13 juin 1707.)

(Cette ordonnance ayant soulevé les consciences de la ville de Poitiers, fut aussitôt supprimée par l'évêque, qui détruisit tous les exemplaires imprimés.)

Stances à M. Arnaud, au retour de son exil.

Relation de ce qui s'est passé le deuxième aoust MDCXL devant Arras.

Considérations sommaires sur le procès de M. Fouquet.

Dix requêtes présentées au roi par M.ᵉ Fouquet.

Requête au roi par M.ᵐᵉ Fouquet la mère.

Elégie aux nymphes de Vaulx. — Sonnet. — Stances de Bois-Robert sur le même sujet.

Deux lettres concernant les dignités des chanoines de Poitiers, par Nioland, chanoine et député de l'église de Poitiers. (Juillet 1664.)

Lettre d'envoi de la protestation des Jésuites à l'archevêque, écrite de Chartres par le chanoine La Chapelle au P. L'Estoile, abbé de St.-Acheul. (1698. 29 janvier.)

568. MÉLANGES.

Papier in-4.°, 424 f.   d.r. L.

XVII.ᵉ et XVIII.ᵉ siècle.

De psalmodiâ in choro a canonicis personaliter obeundâ.

De fonctionibus per se et non per subditos a canonicis exercendis.

De residentiâ dignitatum.

De præfationibus.

De præbendâ theologali.

De suffragiis ecclesiæ.

De oratione ad orientem.

De loco laicorum in ecclesiâ.

De lumine ante eucharistiam.

De sacramento baptismi domi non administrando.

De sacramento matrimonii.

De missâ non celebrandâ sine ministro.

De decimis earumque institutione.

De parochis.

Annales des prébendes appartenant à des abbayes.

Extrait de la critique générale de l'histoire du calvinisme. (Querelle des quam quam.)

Anecdotes sur les inhumations.

Notæ de sacramento extremæ unctionis.

Extrait du journal des audiences de Jean Du Fresne 1658 (Des maisons claustrales.)

Abbayes qui ont des prébendes dans les cathédrales.

De sententiis interdicti.

De filiis concubinorum presbyterorum.

De l'union des bénéfices.

Lettre au sujet de la provision pour cause de permutation.

Excerpta ex synodis Ratherii.

Excerpta ex Johanne Molano librorum de canonicis.

De conceptione immaculatâ.

Hincmari de unâ et non trinâ deitate. (Fragmentum prologi.)

Excerpta ex statutis ordinis Cartusiensis.

Fondation du séminaire de St.-Nicolas du Chardonnet.

Transaction pour la chancellerie entre Mgr. dè la Martonie (évêque d'Amiens), et le chancelier du bailliage d'Amiens.

Extrait des registres du conseil d'état (arrêt portant suppression d'un mémoire relatif aux acquéreurs des droits de litres, prières nominales), etc. 29 juillet 1704.

Arrest pour l'évêque d'Alet contre les gentilhommes et les réguliers de son diocèse.

Ordonnance d'Orléans et de Blois concernant les marchés et les cabarets.

Arrest portant que l'avis du doyen prévaudra en cas de partage pour la collation de bénéfices.

Arrest pour l'inhumation des bénéficiers de l'église de Paris. 1631.

Donation de Thomas de St.-Valery à l'abbaye de St.-Josse-au-Bois (xii.ᵉ siècle.)

Propositiones Duaci propugnatæ.

Visite de la clôture des religieuses par les évêques.

Confirmation des biens de l'abbaye de St.-Michel de Doullens, par l'évêque Guarin. (Gall. Christ. tom. 10, pag. 347.)

(Questiones juris canonici.) An fratres predicatores in urbe Abbavillâ possint suas facere processiones extra ecclesiam suam et conventum. (Respondetur posse.)

Mémoire touchant les droits de l'église d'Amiens sur la terre de Beaugency.

Li parole du respit de St.-Fremin.

Extrait du procès-verbal de l'assemblée générale du clergé de France, le 15 juin 1700. — (Arrest du parlement de Paris du 30 décembre 1698), sur l'abus du visa et des conclusions capitulaires de Reims.

Arrest maintenant l'édit du chapitre de St.-Quentin (1632), donnant dispense de manger du fromage en carême.

Ordonnance du cardinal Le Camus, évêque de Grenoble, contre les mascarades. (1704.)

Arrest pour les comptes de fabrique. (1704.)

Arrest rejetant l'appel du présidial de Châlons, appelant comme d'abus contre une ordonnance de l'évêque de Châlons concernant la confession. (1704.)

Déclaration du frère J.-B. l'Amiable, concernant la confession paschale.

Rétractation du P. Carascouët (1693.)

—   de Pierre de Marca.

Lettre de M. De Riencourt concernant l'office de nuit par Revend de St.-Pierre d'Abbeville.

Mémoire pour montrer avec combien de justice les boursiers du cardinal le Moine demandent d'être payés du temps de leur séminaire.

Extractum de scriptis dictatis a domino Despalunques professore.

Ex libro Hincmari de non trinâ deitate.

Requête des chanoines de Gamaches à l'évêque, 1704, concernant des droits qui leur sont ravis par M. de Gamaches.

Parallèle des psaumes selon la vulgate avec l'Hébreu selon la version de M. De Muis.

Arrêt de réglement entre le doyen et le chapitre de Noyon. 1669.

Arrêt entre le doyen et le chapitre de Péronne 1619.

Censure faite par l'évêque d'Apt (1703) d'un imprimé contenant la décision d'un cas de conscience signé par 40 docteurs de Sorbonne.

Déclaration de M. Couet à l'évêque de Rouen. (1703).

Arrest pour l'évêque contre le chapitre du Mans.

Revenus de l'hôpital général d'Amiens et legs des chanoines.

De terrâ emptâ apud Hem et Montières. (1298.)

De emptione portionis molendinorum de Hem. (1269.)

De 4 modis bladi emptis in molendinis. (1240.)

Lettre au pape sur les maux de l'église (en latin). Elle a trait au Jansénisme.

Mandement de l'évêque d'Angers portant défense de manger des mortons les jours que la chair est défendue.

Mandement de l'évêque de Rouen pour les pilets.

De expositione sacramenti Eucharistiæ.

Instructions pour les séminaristes.

Récit de ce qui s'est passé de plus considérable dans l'établissement des élèves de St.-Maclou. Réglement pour les élèves.

Mémoire du revenu des quatre chapelles de Sarcus érigées en canonicats.

Bref du pape Clément XI, 1702, contre deux ouvrages du P. Quesnel

Sentence du cardinal de Noailles pour le chapitre de St.-Germain-l'Auxerrois. (1701.)

Mandement de ce chapitre au pape pour St. Vincent de Paule.

Formulæ provisionum.

Clément XI à l'évêque de Chartres concernant le Jansénisme.

Déclaration du patriarche d'Antioche sur les cérémonies chinoises. (Diverses pièces à ce sujet.)

Baptême d'un Sarrazin par le chanoine Cambrin d'Amiens. (1482.)

Extrait du traité de la police par De la Mare. (Jouissance de la haute et basse voirie accordée à l'église de Paris.)

Formulæ administrationis baptismi ad usum ecclesiæ Ambianensis.

Episcopi in capitulo.

Arrêt contre l'évêque d'Amiens en faveur du chapitre pour la collation des chapelles de St. Honoré et de St. Nicolas. 1617.

Ordonnance de l'évêque d'Orléans portant règlement des sonneries dans son diocèse.

Don du seigneur de Moreuil à la chasse de St. Honoré.

Don du seigneur d'Heilly. 1290.

Testament de Enguerrand de Sessolieu. 1248.

Visite de la cathédrale d'Amiens en 1497.

Reliques conservées dans l'église de St.-Martin de Picquigny.

Reliques de l'abbaye de St.-Jean d'Amiens. 1468.

Bref du pape Clément XI contre les mandements de l'évêque de St.-Pons.

Extraits des registres de l'abbaye de N.-D de Beaugency.

Enfants exposés.

Disciplina ecclesiæ circa delationem barbæ

Testament de Nicolas Damerval mari de Gabrielle d'Estrée. (Très-curieux.)

Ordinaire enchaîné dans le chœur d'Amiens.

Composition entre la ville et le chapitre. (1579.)

De caligis et cirothecis.

Lettre de Guillaume de Macon, évêque d'Amiens, au roi Philippe concernant l'abbaye de Moreuil.

Martyrologe de St.-Nicolas d'Amiens.

Ordinaire de St.-Martin-le-Confesseur.

Lettre de l'official d'Amiens concernant l'assistance des chapelains à l'office.

Lettre concernant la chasse de St. Sauve à Montreuil.

Ordre que l'on peut garder dans l'étude du droit canonique de France.

Charte de l'évêque Guarin concernant St.-Martin-aux-Jumeaux.

Titres divers concernant la prébende de St.-Acheul.

Donation à St.-Martin-aux Jumeaux.

Donation de Gaultier de Pois.

Sur Simon de Arceiâ.

De emendatione pro quinque clericis suspensis a Ballivo.

De emptione decimarum de Framerville a Balduino de Longavalle.

Lettre de Pierre de Laval, archévêque de Reims, concernant Saint-Acheul.

Les adieux de Rousseau. (Poésie.)

Lettre du P. Quesnel à Clément XI.

Mémoire touchant le serment et la chappe dus à l'église de Reims par les évêques de la province à leur promotion à l'épiscopat.

De Eusebio cæsariensi episcopo ecclesiæ Ambianensis testimonia.

Sur l'heure des matines les fêtes solennelles pendant l'été.

Bref du pape aux évêques apostoliques de la Grande-Bretagne. (1721.)

Clément XI à l'évêque de Luçon.

Lettre des évêques de Luçon et La Rochelle au roi.

Ordonnance de M. de Noailles contre les pastorales des évêques de Luçon , La Rochelle , etc. 1711. (Imprimé.)

Lettre de l'abbé Bochard de Sarron à l'évêqne de Clermont son oncle, touchant la question précédente.

Lettre de l'abbé Le Tellier servant de modèle à l'abbé Sarron.

Lettre de l'abbé Bochart au R. P. Le Tellier.

Requête à l'archévêque de Paris sur l'interdiction des Jésuites. (En vers.)

Mandement de l'évêque de Bethléem. (En vers.)

Mémoire de Mgr. le Dauphin pour notre Saint Père le Pape. (Imprimé.)

Lettre de Clément XI à Louis XIV touchant la mort du Dauphin.

Arrêt du parlement qui condamne les réflexions sur le mémoire du dauphin. (Imprimé.)

Réponse du cardinal de Noailles au mémoire du roi.

Arrêt du parlement contre la réponse du cardinal de Noailles.

De continentiâ recens conjugatorum.

Ex computo sigilli. 1518.

Declaratio societatis Jesu Clementi XI. (1711).

Declaratio Clementis XI in honorem card. de Tournon.

Débat entre St.-Acheul et St.-Fuscien.

De quittancione hominis de Bovâ. 1227.

Fondation d'obit par Enguerrand de Boves. 1202.

Exemption du travers par Robert de Boves. 1247.

Officiales Ambianenses.

Notæ in Johannem de Cherchemont epis. Amb.

Extraits des comptes de la trésorerie d'Amiens.

Benefactores ecclesiæ.

Inscriptions des six petites cloches du clocher doré.

Epigramme sur le cardinal de Créquy.

— sur les amis du temps.

— sur la réduction de Laon.

— sur Ronsard.

Arrêt contre les échevins pour honneurs dus à l'évêque.

Arrêt pour le chapitre concernant la seignerie des eaux.

564. MÉLANGES.

Papier in-4.°, 368 f. d.r. L.

Abb. de St.-Jean des Prémontrés.

XVIII.e siècle.

Ce recueil comprend :

Notes critiques sur les anciens martyrologes.

Remarques sur le martyrologe de Nevelon, moine de Corbie. Extraits de ce martyrologe par Pierre Cordier.

Invention du corps de St.-Amator par Pierre, évêque d'Autun en 1320.

Don fait à Jean de Conty par Evrard de Lesignes, évêque d'Autun, d'un fragment du Manteau de St.-Martin. 1274.

Remarques sur la célébration des offices à Amiens.

Lieux où l'on ne fait point abstinence entre noël et la purification.

Translation de l'office de Saint-Marc avec abstinence et procession.

Sur l'étole pendant le carême et l'avent, à Noyon. (Lettres de M. Lesquemy.

Petit mémoire touchant le devoir et l'office du préchantre.

Quelques redevances.

Notes critiques sur les chartes de Thibaut, évêque d'Amiens, qui sont dans le cartulaire de l'abbaye de St.-Acheul.

Lettre du P. Lebrun, auteur de l'explication littérale des cérémonies de la messe, à MM. de la Hettroye et de Riencourt, et réponses aux questions par lui posées.

Ex historiâ obitus Nicolai Gellant episcopi Audegavensis et electionis Guillelmi Le Maire ejus successoris ab ipsomet Le Maire conscriptâ anno 1290.

Lettre de l'abbé de la Trappe, Armand de Rancé, à l'évêque de Meaux, au sujet du livre de Fénélon. 1697.

Mort de l'évêque d'Alet. (1677.)

Lettre de l'évêque de Noyon (Fr. de Clermont Tonnerre) en voyant son livre à l'abbé de la Trappe. — Réponse de l'abbé.

Mandement de l'évêque de Beauvais sur le duel. 1654.

Diverses pièces concernant l'évêque de Beauvais, au sujet de la signature du formulaire. (Constitution d'Innocent X et d'Alexandre VII.) 1658 à 1666.

Ordonnance de l'évêque de Beauvais sur les confessions hors de son diocèse.

Lettre de l'évêque d'Ausonne à l'archévêque de Paris touchant l'évêque de Fétry. 1676.

Bref du pape Alexandre VII aux vicaires généraux de Paris. 1661.

Mandement des vicaires généraux de Paris pour la signature des deux constitutions d'Innocent X et Alexandre VII.

Note sur la destitution des officiaux.

Sur la tonsure et la couronne des prêtres.

Propositiones collectæ ex diversis thesibus.

Vingt-et-une propositions erronées, signées par quelques ecclésiastiques du Languedoc et envoyées au Pere La Chaise.

Declaratur veritas propositionum thesis propugnatæ in conventu minimorum Dippæ anno 1676.

Lettre du roi de Pologne au pape.

Expérience du sieur Alprum touchant la peste.

Excerpta ex itinere germanico J. Mabillon. 1683.

Manuale bellovacense Aug. Potier, episcopi. 1637.

Decretum sacræ indicis congregationis quo damnati, prohibiti ac respective suspensi fuerant quidem libri Romæ 17 novembris 1664.

Eloge de M. de Buzenval, évêque de Beauvais.

Protestation contre la prise de possession de l'évêque d'Amiens Ant. de Créquy.

Réglement de la princesse de Conty pour les juges, sindics et collecteurs de Camberonne. 1666.

Compliment de l'église de Senlis à Mme la Duchesse d'Orléans. 1643.

Mandement de l'évêque d'Angers pour la mission de 1681.

Mémoire délibéré en Sorbonne en 1695, touchant la prétention qu'ont quelques sujets de la congrégation de la mission d'obtenir la dispense ou la commutation de leurs vœux d'autres que du pape et du supérieur général de la congrégation.

Arrêt du grand conseil ordonnant que l'exemption de payer les dixmes ne peut être prescrite même entre les ecclésiastiques.

Abjuration de quelques personnages entre les mains de M. Le Camus, évêque de Grenoble.

Acte de refus donné par M. de Noyon à M. Gillot, pourvu d'un canonicat en cour de Rome. 1694.

Statutum seu ordinatio super sedibus et locis inter dominos ecclesiæ Trecensis observandis.

Extractum ex testamento Joannis d'Aubigny episcopi Trecensis.

De ecclesiâ S, Salvatoris, litteræ patriarchæ Constantinopolitani.

Avis généraux touchant la visite des pauvres.

Conférence de l'oraison, de la patience, pour se convertir et découvrir la volonté de Dieu.

Des visites des paroisses par les vicaires généraux.

Elogii sopra il catafalco Innocentii XI, con le figure.

Propositions téméraires avancées par le curé de Terchin dans le sermon du scapulaire.

Procès-verbal de l'assemblée générale du clergé du 9 avril 1627.

Propositions extraites des cahiers du P. Girard, professeur aux Augustins d'Amiens, concernant la confession.

Origine des cardinaux.

Lettre de l'abbé de la Trappe à M. De Brou sur le roi d'Angleterre.

Lettre du même au roi d'Angleterre. (1690.)

Bref du pape Innocent XI au P. Werbiest, vicaire-général des Jésuites. 1681.

Censure de la faculté de théologie de Paris, d'une thèse sur le purgatoire. 1664.

Sacræ indicis congregationis decretum 1667.

Discours du duc de Chaulnes au conclave.

Mémoires du chapitre de Nevers contre l'évêque M. Vallot. 1674.

Thèse du P. Chavillez minime, de divinâ gratiâ.

Dissertation sur le prêt.

Lettre de l'évêque de Toulon à M. de St.-Pons sur sa censure du rituel de M. d'Alet.

D'une thèse sur le molinisme soutenue à Sens dans l'assemblée provinciale de 1680

Funus novæ doctrinæ.

Sur M. de Valville, évêque d'Alet, et de Harlay, évêque de Paris.

Requête au roy par MM. de la R. P. R.

Eloge du P. Lallemant, chancelier de l'académie de Paris.

Propositions soutenues aux jésuites de Caen par le P Carascouet. 1693.

De sancto Ludovico ex Guill. de Nangis.

Lettre écrite au roi par l'assemblée générale de l'oratoire. 1678.

Actes de la 16.ᵉ assemblée générale de cette congrégation.

Lettre du prince de Condé à M. Hubert pour remerciement de son livre de la défense de la foi, qu'il lui a dédié.

M. de Launois sur la conception de la S.-V.

Arrêt du parlement concernant les religieux de l'abbaye de St.-Quentin, de Beauvais.

Lettre de l'évêque de Langres à l'évêque de St.-Malo touchant les maximes de l'abbé de St.-Cyran.

Déclaration de M. Arnauld sur son livre de la fréquente communion.

Harangue de M. Talon au parlement de Paris. 15 janvier. 1665.

Arrêt du règlement des grands jours de Clermont sur les dixmes. 1665.

Testament de M. de Launois.

Sommaire du discours prêché à Orléans par le P. Crasset. 1656.

Quelques notes extraites de la nouvelle description de Paris.

Lettre de Fouquet au roi.

Déclaration du roi portant que les enfants de la R. P. R. pourront se convertir à l'âge de 7 ans.

Hildeberti epistola. Narrat causam indignationis regis Francorum in se.

Pasquinade de 1681.

Epitaphe de Fra Paolo.

Animadversiones in hymnos novos breviarii Romani per P. Ludovicum Chevaux, minimi. (Voy. script. ord. min.)

Ordonnance de l'évêque de Noyon contre la fille Malin et le sieur de Villerye, prêtre. 1668.

Bulle de Clément IV. (1266) sur les mitres des évêques et des abbés.

Lettre de l'évêque de Vence (M. Godeau) au pape. 1661.

Déclaration du revenu de la ferme de la Magdelaine. (Amiens)

Estat du revenu de la ville d'Amiens.

Lettre de M. l'abbé Dubois Olivier, prisonnier au château de St.-Ange, au prince de Condé. 1622.

Harangue au roi par le recteur de l'académie de Paris, contre l'agrandissement du collége des jésuites. 1682.

Nom des membres de l'académie française de 1650 à 1684.

Pasquinade contre les évêques et le pape Innocent.

Series beatorum qui solemni ritu sanctorum in numero adscripti sunt de 803 à 1674.

Archiepiscopatus.

Vocabularium quorumdam verborum ecclesiasticorum.

Tituli cardinalium.

Sacræ scripturæ versiones

Charte de confirmation de Guillaume de St.-Omer d'une donation faite par son père à l'église St.-André. 1244.

565. MÉLANGES.

Papier in-fol., 270 f.   d.r. L.

Origine inconnue.

XVIII.e siècle.

Traduction du poëme de St. Prosper contre les ingrats.

Lettre à Mgr. le cardinal de Noailles.

Mandement de Mgr. l'évêque de Bethléem, revu et augmenté. (En vers.)

Aux RR. PP. de Trévoux, à Boileau, contre les journalistes.

A MM. des missions étrangères.

Lettre de l'évêque d'Embrun à l'évêque de Gap.

Réflexions sur la lettre de l'abbé Bochard de Saron au P. Le Tellier. 31 juillet 1717.

Réflexions sur la lettre de l'abbé Bochard de Saron à l'évêque de Clermont son oncle,

Réflexions sur la lettre du P. Le Tellier à l'abbé Bochard pour l'évêque de Clermont,

Requête adressée à Mgr. le cardinal de Noailles au nom de tous les pécheurs de Paris, pour le supplier de lever l'interdit jeté sur les confessions des R. P. Jésuites. (Vers.)

Commandements des jésuites.

Lettre du P. de Ste.-Marthe à Mme la Dauphine.

—   à Mlle de Berry.

—   à Mgr. le Dauphin.

—   à Mg. le duc d'Alençon.

—   en réponse au compliment de M. Castrie.

Compliment du cardinal de Rohan présentant le corps de Louis XIV. à St.-Denys, le 11 novembre 1815.

Harangue du duc d'Orléans au parlement, le lendemain de la mort de Louis XIV.

Sermon du père de la Motta à Rouen, quelques jours après la mort de Louis XIV.

Deuxième mandement de l'évêque de Bethléem (1714) enrichi de plusieurs choses instructives et agréables. (Vers.)

Lettre de J. H. au P. Le Tellier.

Mandement de l'évêque de Bethléem à l'occasion de la lettre de l'abbé Bochard à l'évêque de Clermont.

Réponse à M. le cardinal de Noailles.

Lettre de l'évêque de Langres au roi. (1710.)

Lettre du P. Quesnel à un évêque de l'assemblée. 1714.

Idée générale de la nouvelle constitution contre le livre des réflexions morales sur le nouveau testament. 1713.

Lettre de l'évêque de Séez à Mme l'abbesse de.... 1720.

La nouvelle cacade de D. Thuillier le polybite.

La gasconade de D. Jean Bourdet.

Sur la mort de M. Turgot.

Dissertation dans laquelle on établit des principes généraux pour juger de la constitution.

Examen de la constitution du 8 septembre 1713, selon la méthode des géomètres.

Maximes générales qui doivent servir de fondement aux démonstrations particulières et sur lesquelles on peut juger du parti qu'on doit prendre par rapport à la constitution.

Lettre pastorale de l'évêque de Châlons au sujet de la constitution.

—   de l'évêque de Boulogne.

Conjectura P. N. cardinalis de Cusa de novissimis diebus.

Acte d'opposition des quatre évêques pour l'enregistrement de la bulle.

Lettre de cachet au général de la congrégation de St.-Maur. 1723.

Nouveau catéchisme à l'usage de ceux qui recevront la constitution.

Mandement de l'évêque de Mirepoix.

Lettre du chapitre de Laon à M. St.-Albin. — Réponses.

566. MÉLANGES.

Papier in-4.°, 360 f.   d.r. L.

Origine inconnue.

XVIII.ᵉ siècle.

Les diverses pièces de ce volume sont :

Exercice de la volonté de Dieu.

Peintures et figures représentant diverses choses.

De la prédestination et de la pénitence. (Ces deux petits traités sont des réponses aux questions controversées sur ces points par la R. P. R.)

Exemples de mémoire prodigieuse.

Des oiseaux et de quelques animaux considérés allégoriquement. *Français et latin.* (Chapitre remarquable sous le rapport de l'originalité de points de vue).

Mors, morbi, funera, luctus, dolor, sepulcra, epitaphia. (Recueil d'oraisons et de méditations sur la mort, en latin et en français, et de quelques épitaphes en latin.)

Virtutes, musæ, doctrina, litteræ, eruditio, honor, ambitus, tituli, genus, dignitates, labores, spicula, forum, judicia, causæ, lites, leges, jura, loca amœna, sylvæ, fontes, viridaria, horti, diætæ, porticus, ædificia, statuæ, colossi, arcus, trophæa, formulæ loquendi, laus, commendatio, vituperatio, execratio, gratiarum actio, sont les titres d'autant de collections de sentences, réflexions, anagrammes, pensées sur ces divers sujets.

Miscella. (On y traite du péché, de la prière, de la distribution du temps, du corps humain. On y trouve un grand nombre d'hymnes, un recueil d'apophtegmes de Bacon, l'explication morale de quelques paraboles de Salomon par le même, et quelques vers rétrogrades souvent cités.)

Dii, genii, sacrificia, ceremoniæ, juramenta, cultus divinus.

Recueil de proses, d'énigmes, paraphrase du pater, ave maria,

oraisons, formule des novices par le Fr. Jean Nys, dominicain d'Anvers, de l'emploi de la journée, de la vie religieuse, dialogue de
Ste.-Catherine de Sienne sur la perfection, office de la purification,
du Sacré-Cœur, des sept douleurs de la Vierge, du saint nom de la
Vierge, de St. Raphaël.)

A la fin une table alphabétique.

567. MÉLANGES.

Papier in-4.°, 255 f.   d.r. L.

Origines diverses.

XVIII.ᵉ siècle.

Les pièces de ce volume, dont plusieurs sont imprimées,
sont :

De lateranensibus parietinis ab illustrissimo et reverendissimo domino D. Francisco Carol. Barberino restitutis, dissertatio historica Nicolai Alemamni. Romæ apud heredem Bartholomæi Quannotti anno
jubilæi. MDCXXV.

C'est une copie de l'ouvrage plusieurs fois imprimé sous ce titre,
qui provient de l'abbaye de St.-Jean-des-Prémontrés.

Eléments d'arithmétique et de physique.

Extraits des fastes chronologiques du nouveau monde.

Extraits de l'essai sur l'histoire naturelle de la terre, traduite de
l'Anglais de M. Wodward, par M. Noguez.

Ces notes sans valeur proviennent de la bibliothèque du chanoine
Navières. La physique rappelle celle de l'abbé Para du Phangas.

Mémoires du sieur de Massiac sur son voyage de la Guinée à la
rivière de la Plata, contenants les choses les plus remarquables qu'il
y a veües à Buenos Ayres, les coutumes, le gouvernement et la manière de vie des Espagnols et des Indiens qui habitent le royaume
de Chile, le Turcoman, les provinces du Paraguay, avec le traffic et
les autres particularités de ces régions.

Ce mémoire provient de la bibliothèque du chanoine Pingré.

33.*

Le curé Ardennois et son seigneur, ou les contradictions de Béli-
saire au xv.ᵉ chapitre.

Cette satire philosophique et religieuse provient de la bibliothèque
des Augustins.

568. MÉLANGES.

Origines diverses.

XVI.ᵉ XVII.ᵉ XVIII.ᵉ siècle.

Ce carton contient les pièces suivantes :

1.º Lettre du R. P. CARLO SPINOLA, jésuite, au P.
Rembertengo, jésuite à Milan. (Autographe.)

Le R. P. Spinola fut brûlé vif pour la foi à Nangasaquy au Ja-
pon, le 10 septembre 1622.

Dans cette lettre, écrite en Italien et datée de Lisbonne, 31 mars
1598, il annonce son départ pour la terre australe où il va prêcher
l'évangile.

2.º Lettre de ST. FRANÇOIS DE SALES, évêque de Genève, à M. de Ste.-Catherine, du 27 juin 1614. (Autographe. Inédite.)

Il le charge de négocier un changement de vœu pour Mme de
Gouffier, afin qu'elle puisse être reçue en la congrégation de la Visitation, à cause de sa faiblesse de santé.

3.º Lettre de St. FRANÇOIS DE SALES à la bienheureuse
J. F. de Chantal. (Autographe.)

Une partie de cette lettre est imprimée, c'est la 139.ᵉ, 25 juin
1608. (Œuvres complètes de St. François de Sales. Paris. Béthune.
1836, in-8.º, tom. 3, pag. 155.) La nôtre contient en plus un paragraphe sur le P. de Monchy, dont il blâme le penchant aux exorcismes ; et sur l'impossibilité pour les femmes de ministrer à l'autel.

4.º Lettre de la bienheureuse JEANNE FREMIOT de CHAN-
TAL à St. François de Sales. (Autographe.)

Cette lettre sans date paraît être de 1608, car elle y remercie l'évêque de Genève de sa visite à Anessy.

5.° Lettre du cardinal BELLARMIN à Michel Angelo Richet, prêtre de Castelnuovo, à Raguse. (Autographe.)

Cette lettre en Italien, du 17 avril 1621, datée de Rome, est une réponse à une autre dans laquelle probablement le prêtre s'était plaint des périls qu'il courait à Castelnuovo, d'être pris par les Turcs ; le cardinal lui parle de l'obligation de la résidence, promettant toutefois de parler au pape.

6.° Lettre de Mme de CHANTAL à Mme de Thonlonson, sa fille. (Autographe).

Elle lui parle de son amitié et de sa confiance en Dieu, à la bonté duquel elle recommande toute sa famille.

7.° Lettre de Marie-Angélique de Ste.-Magdelaine à la reine.

Cette lettre est datée du monastère de Port-Royal, 25 mai 1661 ; Marie-Angélique Arnaud, abbesse depuis 55 ans, y justifie la conduite de la maison de Port-Royal ; elle a suivi les avis de St. François de Sales et fut unie avec Mme de Chantal ; elle repousse l'imputation d'erreurs touchant la foi publiée par le P. Brisacide, et ose espérer que la reine n'a point cru à ces calomnies.

8.° Lettre de Henri (Feydeau de Brou), évêque d'Amiens, à l'abbé de St.-Acheul (M. de l'Estoile.) (Autographe.)

Dans cette lettre datée de Paris 29 janvier 1699, il s'informe de l'auteur du projet d'un nouveau bréviaire annoncé par les journaux du 15 et du 22 décembre, dont le nonce lui a parlé, disant qu'il ne pouvait être qu'improuvé.

La réponse de l'abbé est à la suite. Le projet du bréviaire communiqué par l'auteur à un de ses amis, et par celui-ci à un rédacteur du Journal des Savants, n'était point destiné à la publication. M. de l'Estoile y fait voir ses idées peu ultramontaines, en faisant allusion à l'improbation du nonce.

9.º Lettre de l'abbé Devert (2 février 1699), à l'abbé de St.-Acheul.

Il écrit du collége de Clugny qu'il n'a pu rencontrer l'évêque d'Amiens occupé à Paris de ses prétentions sur Picquigny ; que les idées de l'abbé sur le brévaire sont fort goûtées ; que la cour de Rome vient de réduire à 8 propositions le livre de M. de Cambray ; et il adresse la prédiction suivante de Nostradamus : *Lorsque noe (Noailles) se conduira, que l'ave (archevêque) de Reims s'adoucira, et le bossu (Bossuet) s'humiliera, lors Cambray se rétractera.*

10.º Requête.

Cette requête en vers est adressée au chapitre d'Amiens par maître Du Meige, chaudronnier à Moreuil ; il s'y plaint de ce que le chanoine Delfaut a empiété sur ses droits au château de Thésy, en mutilant un chien,

> Hors de temps et de saison
> Et par une main maladroite.

11.º Epître du curé de Montières à l'évêque d'Amiens, au jour anniversaire de sa naissance

> Reprenons en ce jour nos lyres éclatantes.

12.º Lettre de l'archévêque de Reims François de Mailly à l'évêque d'Amiens. (M. de Sabatier.)

Dans cette lettre datée de Reims 30 mars 1848, il adresse une circulaire qu'il vient d'écrire à ses doyens ruraux, et parle de la nomination de l'abbé de Rochebonne à la coadjutorerie de Carcassonne ; il demande à M. de Sabatier de ne prendre d'engagement pour l'agence que lorsqu'ils seront assemblés.

15.º Interdiction du maire d'Amiens Florimont Le Roux, le 12 août 1780.

Lettre de M. Amelot à MM. les officiers municipaux de la ville, pour les blâmer au nom du roi de ce qui s'est passé dans la salle de spectacle le 23 juillet 1780.

14.º Fragments de Gresset. (Autographes.)

Ils se composent de 15 feuillets comprenant :

1.º Réflexions sur le naturel dans les ouvrages de l'esprit.

2.º Quelques fragments du Parrain magnifique.

3.º Un mot d'une préface sans doute ou d'une lettre au sujet de ce poëme dans lequel il dit : *Le Parrain a près de 700 vers*..... *il ne m'a point été possible de ne point rendre ridicule ce pauvre M. Casier que je ne connais point, et qui est peut-être un fort galant homme.*

17.º Lettre de J.-B. Rousseau à Gresset. (Autographe.)

Elle est datée de Bruxelles, 4 octobre 1727, il le remercie de l'envoi de ses derniers vers.

18.º Règle ou méthode facile pour apprendre la langue anglaise. Cahier de 13 f.

Cette grammaire que l'astronome Delambre avait composée pour lui-même, est écrite de sa main; elle a été donnée à la bibliothèque par ses héritiers en 1834.

19.º Lettre de Delambre à sa sœur. (Autographe.)

Il lui adresse de Paris le 15 novembre 1807 le second volume de la méridienne, pour différentes personnes.

20.º Deux pages de musique (duo de guerriers) par Lesueur. (Autographe.)

Elles ont été données par Mme Lesueur, le 24 octobre 1840.

21.º Lettre de M. Lapostolle au marquis de Villeneuve, préfet. (Autographe.)

Il lui envoie plusieurs exemplaires de sa notice concernant la découverte des paragrêles en cordes de paille.

22.° Sermon sur la pensée de la mort par J.-A. Limonas, 11 f.

Jacques-Adrien Limonas, décédé à Amiens le 8 février 1830, était en 1789 supérieur de la maison des oratoriens de La Rochelle. Il avait prêché avec distinction à la cour.

Pendant la terreur il vint se réfugier à Amiens et ne tarda pas à être nommé juge par le crédit de Fouché qui était du même ordre. M. Limonas devint ensuite conseiller à la cour et fut longtemps secrétaire-perpétuel de l'académie d'Amiens.

Ce Ms. fut donné à la bibliothèque par M. Delahaye, bibliothécaire, qui fut l'exécuteur testamentaire de l'auteur.

OMISSA.

569. 1.° S. Augustini in Johannis evangelium.

2.° Epistolæ canonicæ.

Vélin in-fol. , 156 f.   d.r. L.

Abb. de Selincourt.

XII.ᵉ **siècle. Ms. très-bien conservé , belle écriture de deux mains à deux colonnes de 33 lignes , réglées à l'encre , pointées sur les marges ; titres rouges , initiales légèrement ornées ; second feuillet écorné.**

La première partie comprend le traité de St.-Augustin sur l'évangile de St.-Jean (*Tractatus in Johannis evangelium. Aug. opera. Parisiis.* 1690. tom. 3.), depuis le chapitre 55 jusqu'au chapitre 124.

La seconde comprend les épitres de St.-Paul, de St.-Jacques, de St-Pierre et de St.-Jude , sans commentaire , avec la préface de St.-Jérôme , et quelques notes dont les auteurs nous sont inconnus.

Ce Ms. est inscrit dans le catalogue de Montfaucon sous le titre : *Tractatus in Johannem quibus additæ sunt epistolæ S. Pauli, in-fol.*

On lit sur la feuille de garde : *Augustinus super Johannem pars secunda. Simplices Pauli epistolæ. Epistolæ canonicæ. Hoc volumen manuscriptum optime servatum continet duas partes diversis manibus exaratas* 1.° *S. Aug.*

super evangelium S. Joh. — 2.° ejus. S. Augustini sup.
epist. Pauli quæ ultima pars continet insuper epistolas ca-
tholicas cum prologis Hieronymi. 1.ª *pars* 12.ᶦ *sæc.* 2.ª *in*
fine ejusdem aut initio sequentis.

Cette indication est fautive, en ce qui concerne les
épitres de St.-Paul qui sont sans commentaire, *simplices*,
comme nous l'avons dit plus haut.

570. HISTORIA CLEMENTIS.

Vélin in-fol., 230 f.   d.r. L.

XII.ᶜ **siècle. Ms. à deux colonnes de 31 lignes, tracées à l'encre,**
pointées sur les marges, d'une belle écriture, initiales peintes ; bien
conservé, à l'exception des premiers feuillets dont l'encre a disparu.

Cet ouvrage, qui a pour titre *Historia Clementis (Clementi*
attributa), est dû au pape Clément ; cette traduction est
de Rufin d'Aquilée, et commence par *Incipit prefatio Ru-*
fini presbyteri in historia Clementis ; elle a été souvent
imprimée sous le titre : *Divi Clementis libri X recognitionum.*

Notre Ms. présente douze livres, quoique le traité n'en
contienne que 10 ; c'est que le 10.ᶜ a été divisé en deux
parties, et le 12.ᶜ formé de la première lettre du pape
Clément imprimée dans ses œuvres. *Clemens Jacobo.*

Ce Ms. a pour titre dans le catalogue de Montfaucon :
Rufinus presbyter in historiá Clementis (sic) *in-fol.*

571. DECRETALES.

Vélin in-12., 225 f.   d.r. L.

XIII.ᶜ **siècle. Ms. à longues lignes, 21 par pages, réglées à l'encre,**
pointées ; belle écriture avec initiales ornées de traits.

Ce Ms. est incomplet au commencement et à la fin ; il est divisé en quatre livres : *De symoniá et perjurio*, *de homicidiis et furto*, *de ordinatione*, *de sponsalibus*; en tête de chaque livre, excepté du premier, auquel il manque les premiers feuillets, est une table des articles et des divisions principales.

Nous ne savons à qui attribuer la composition de ce recueil.

572. Dénombrement que Guillaume de Mascon, évêque d'Amiens, donna à la Chambre de Comptes de Paris, en 1301.

XIV.c siècle. **Vélin.**

Achat de 1843.

Magnifique *rotulus* de 4m,40 de long, 0,22 de large, sur beau vélin, écrit à longues lignes, des deux côtés ; lignes tracées au crayon, pointées sur les marges ; écriture droite, carrée, très-correcte ; encre bien noire et bien conservée ; titres des différents paragraphes en rouge.

Il se compose de huit feuilles cousues bout à bout, avec du fil, les six premières de 0m,55 à 0m,63, les deux dernières de 0m,38 de long ; en haut, une bande de vélin a été cousue avec de la soie blanche ; on y a écrit récemment : *Terrier de l'évêché d'Amiens*, 13.e siècle.

Le recto, écrit dans toute la longueur, sauf une marge de 0m,015, contient 968 lignes, le verso qui ne commence qu'au dessus d'un blanc de 0m,14, laissé pour servir de garde et d'enveloppe au rouleau, n'est écrit que sur une longueur de 2m,10 et contient 462 lignes, ce qui présente une surface écrite de 136 centimètres carrés, ou une ligne de 300 mètres environ d'écriture.

Ce dénombrement n'avait point échappé à Du Cange ; on trouve en effet à la Bibliothèque royale, parmi les Mss. de ce savant concernant l'histoire de Picardie (Suppl. Franç. n.° 1225 ᵸ· page 323-326) « Extrait d'un rôle en » parchemin tiré de la chambre des comptes, intitulé : » *Hi sunt reditus et census dni episcopi Ambianensis tam* » *in civitate quam extra civitatem de ann.* CCC.° I.°

» NOTA. A la suite se trouvent quelques autres extraits » fort courts, relatifs à l'église d'Amiens, dont un inti- » tulé : *Homines domini episcopi feodales.* » (Mémoires de la Société des Antiquaires de Picardie. Tome II, p. 166. Notice sur Du Cange par M. H. Hardouin.)

L'histoire des Comtes d'Amiens qui fait également men- tion de cette pièce (Histoire des Comtes d'Amiens par Du Cange, publiée par M. H. Hardouin, 1841. Page 411.) nous apprend que ce dénombrement, présenté à la chambre des comptes en 1301, s'y conserve aussi bien que dans les archives de l'évêché, Du Cange s'en est servi pour prouver que l'évêque d'Amiens n'était pas exempt de la régale, puisqu'il était obligé de se trouver à la guerre du prince, comme il résulte de plusieurs parties de cet acte, obli- gation qui n'incombait pas à ceux qui en étaient exempts.

Quelle est l'origine de ce document ? est-il celui qui appartint aux archives de l'évêché, ou bien celui de la cour des comptes ? M. le docteur Nicod, de Paris, qui l'a vendu à la ville, l'a acheté en Angleterre, il y a plusieurs années, sans en connaître la provenance. Le mot *Amyens,* écrit sur le verso, vers le XVI.ᶜ siècle, pourrait faire croire pourtant qu'il appartenait à la chambre des Comptes de Paris. Les archives du dépar- tement ne possèdent point cette pièce, et un incendie détruisit le dépôt de la chambre des comptes, à la fin du siècle dernier ; il y a donc tout lieu de penser que c'est l'unique exemplaire d'un acte de la plus haute importance pour l'histoire ecclésiastique et l'organisation administrative de cette époque.

Le conseil municipal d'Amiens, après un savant rapport de M. le maire, et quelques explications de M. le docteur Rigollot, n'a point hésité un instant à voter dans la séance du 3 juin une somme de 1,000 fr. pour l'acquisition d'une pièce dont il appréciait toute la valeur ; c'est un nouveau titre qu'il s'est acquis auprès des savants qui n'ignoraient point d'ailleurs l'empressement avec lequel il a toujours pourvu aux besoins des beaux-arts et de la science.

M. Lavernier, secrétaire-général de la mairie, se proposant de publier un travail complet sur ce dénombrement, nous nous contenterons d'indiquer les divers titres de cette pièce ; ils suffiront pour faire juger de l'importance du *Rotulus* et de l'intérêt qu'il présente.

Hi sunt redditus et census dni epis Amb. tam in civitate quam extra civitatem. De anno ccc° primo.

Quedam redevantie in quibus tenentur domino epo. Amb. ii qui sunt de banneriis inferius nominatis.

Redditus bladi et avene venientes ad granarios Amb. Primo de blado. Secundo de avena.

Redditus de extra civitatem anno ccc° primo.

Valor reddituum de santo Rychario.

Vechi les chens que on doit a Rebreuves.

Numerus terrarum domini epi. Amb. ubicumque sint.

Homines domini Amb. epi. feodales. (apud Roboretum. apud Amb.

Ad hoc tenetur dominus ep. (*Ce titre est d'une écriture cursive postérieure.*)

Vechi les terres et le valure de Rouvroy. Sans le terre qui fut maistre Iehan de Caumenchon.

Ab istis recipiuntur oboli sci Firmini.

Ab istis recipiuntur pectines.

Vechi plusieurs droitures que mesires li Vesques a en le chite dAmiens.

Chest contenu en le cartre de le vile dAmiens.

Vechi le valeur de Miravaut et des appendanches.

Chi paroles du respit saint Fremin.

Vechi comment li forages monseigneur sestent par le vile dAmiens.

Census domini epi in decollatione beati Iohannis Baptiste de anno ccc° primo.

Census dni epi. de termino bi Firmini vel Remigii in Hoketo — Census de Cauda vace — Census de Manso — Census qui fuerunt Mathei monetarii ultra Pontem amorum — Census vinee epi — Census de Divite burgo — Census de feodis de Heilly.

Census de Hoketo in natali de anno ccc° primo.

Census de Cauda vace de termino natalis domini. — Census de Manso— Census qui fuerunt Mathei monetarii. — En gloriete.— Census vinee — Census ultra aquam Caude vace — Census culture — Census vici Corbeye — Census de Divite burgo — Census de feodis de Heilly — Census thesauraire.

Census de Hoketo de termino pasche ccc° primo — Census de Cauda vace — Census de Manso — Census qui fuerunt Mathei monetarii — Census de glorieta — Census vinee — Census culture— Census de Divite burgo — Census de Heilly — Census thesaurarie.

Census in ascentione domini.

Census in festo nativitatis beati Iohannis Baptiste in Cauda vace ccc° primo.

Census thesaurarie in nativitate bi. Iohis Bapt.

Census de Hoketo in festo beati Petri ad vincula.

Census de Cauda vace de termino beati Petri ad vincula, — Census de Manso — Census vinee — Census culture dni epi — Census de Divite burgo — Census de glorieta — Census de feodis de Heilly.

Vechi les chens du froc le roi en Aamiens et des grans maisiaus qui sont deu as iiij seigneurs au Roy. a leveske. au vidame au seigneur dAmiens qui la vendu au Roy. tel quart le Roy prent li vidames le quart et doit on payer les chens des maisiaus le nuit de saint Martin en yver. Et chiaus du froc le nuit du noel. seur. ij. s. damende. le quele amende est iugans as iiij. seigneurs et premierement du froc.

Vechi les chens des grans maisiaus dAmiens.

Vechi comment on prend le greage en le vile dAmiens.

Census de Monasteriis de anno tercio primo in festo beati Remigii.

Tallia de Monasteriis de anno ccc° primo in festo bi Remigii.

Advena marcii de Monasteriis.

Census de Hamo de anno ccc° primo in festo beati Remigii.

Tallia de Hamo.

Advene marcii de Hamo.

Census de Monasteriis in natali de anno ccc° primo.

Census pasche apud Hamum de anno predicto.

Census penthecostes de anno eodem.

Census de termino nativitatis beati Iohannis Bapt. apud Hamum.

Chi apres est noumes chou que li home de fief tienent de monseigneur le Vesque dAmiens.

Vechi cou que le vidame tieent de levesque dAmiens.

Census de Pierregot.

Vechi chau que me sires li Vesques a a Markaisviler.

Vechi les homes de catel monseigneur le Vesque dAmiens.

TABLES.

TABLE

INDIQUANT L'ORIGINE DES MANUSCRITS.

SAINT - ACHEUL.

N.ºs 2 — 29 — 112 — 158 — 228 — 253 — 275 — 348 — 452 — 470 — 472 — 490 — 506 — 521 — 562 — 563.

AUGUSTINS.

96 — 106 — 107 — 164 — 173 — 174 — 207 — 257 — 264 — 264 — 273 — 287 — 290 — 391 — 292 — 293 — 294 — 295 — 298 — 299 — 350 — 420 — 473 — 474 — 494 — 567.

CAPUCINS.

98 — 336 — 343 — 344 — 345.

CARMES.

165 — 179 — 333 — 346 — 394 — 401 — 446 — 484 — 495 — à 504.

CÉLESTINS.

522 — 523.

34.°

CHAPITRE.

120 — 129 — 141 — 175 — 184 — 194 — 210 — 388 — 493 — 513 — 544 — 548 — 549.

COLLÉGE DES JÉSUITES.

459.

COLLÉGE DES MÉDECINS.

511.

CORBIE.

1 — 3 à 12 — 15 à 18 — 21 à 28 — 32 à 45 — 47 — 43 — 50 — 51 — 62 — 66 — 69 — 70 — 71 — 74 — 75 — 76 — 78 — 79 — 83 — 85 à 88 — 92 à 95 — 97 — 100 — 102 — 115 à 118 — 121 — 122 — 131 — 139 — 142 à 144 — 146 — 147 — 151 à 157 — 162 — 172 — 176 — 177 — 187 — 192 — 195 — 196 — 198 — 200 — 205 — 215 — 220 — 222 — 223 — 230 — 232 à 244 — 262 — 265 — 266 à 271 — 274 — 276 — 282 — 285 — 285 — 297 — 301 à 305 — 307 — 308 — 310 — 317 — 321 — 338 — 339 — 340 — 347 — 348 — 349 — 352 à 376 — 378 à 384 — 390 — 397 — 402 à 408 — 410 — 419 — 421 — 425 à 427 — 431 — 435 à 437 — 441 — 460 à 462 — 480 — 524 à 527 — 531.

CORDELIERS.

191.

DISTRICT D'AMIENS.

512 — 536 à 552 — 554 à 559.

DOMINICAINS.

94 — 127 — 128 — 593.

DONS.

M. Baron 533. — M. De Cayrol 505 — 507. — M. De la Haye 510.

M. J. Garnier 561. — Les héritiers de M. le président Hanocq 56 — 74
— 77 — 80 — 259 — 260. — M. F. Tillette d'Acheux 135. — M.
Ledieu 518 — 519 — 526 — 527 — M.ᶜ Lesueur 568.

FEUILLANTS.

68 — 246 — 434.

ÉGLISE SAINT-FIRMIN-LE-CONFESSEUR.

133 — 167 — 168 — 186 — 520.

SAINT-FUSCIEN-AU-BOIS.

19 — 20 — 111 — 189 — 360.

GARD.

486.

SAINT-JEAN-DES-PRÉMONTRÉS.

49 — 59 — 113 — 123 — 163 — 190 — 246 — 254 — 263 — 277
— 309 — 314 — 315 — 316 — 323 — 328 — 329 — 342 — 389 —
391 — 392 — 400 — 463 — 464 — 465 — 469 — 475 — 515 — 532
— 534 — 564 — 567.

SAINT-MARTIN-AUX-JUMEAUX.

52 — 63 — 64 — 109 — 124 — 126 — 136 — 138 — 148 — 149
— 159 — 160 — 164 — 178 — 185 — 193 — 208 — 286 — 330 —
422 — 423 — 428 — 456 — 535 — 553 — 5

MINIMES.

104 — 105 — 180 — 272 — 334.

MONT-SAINT-QUENTIN.

492.

NAVIÈRES (Chanoine émigré.)

60 — 280 — 289 — 313 — 326 — 331 — 337 — 351 — 413 —
430 — 432 — 468 — 560.

COLLÉGIALE SAINT-NICOLAS.

125 — 409.

ORATOIRE.

99 — 166 — 197 —203 — 227 — 229 — 245 — 247 — 248 — 249 — 296 — 395 — 396 — 414 — 442 — 443 — 476 — 477 — 478 — 491.

PARACLET.

403.

SELINCOURT.

13 — 14 — 46 — 54 — 55 — 57 — 65 — 67 — 72 — 81 — 82 — 84 — 89 — 90 — 140 — 145 — 150 — 211 — 212 — 213 — 214 — 219 — 221 — 224 — 225 — 226 — 231 — 284 — 377 — 528 529 — — 569 — 570.

SÉMINAIRE.

181 — 183.

ORIGINE INCONNUE.

30 — 31 — 53 — 58 — 61 — 101 — 108 — 114 — 119 — 130 — 132 — 134 — 137 — 140 — 169 — 170 — 171 — 182 — 188 — 199 — 201 — 202 — 204 — 206 — 209 — 217 — 248 — 250 — 252 — 254 à 256 — 258 — 278 — 279 — 281 — 286 — 300 — 311 — 312 — 319 — 320 — 322 — 324 — 325 — 327 — 330 — 332 — 335 — 341 — 385 — 386 — 387 — 398 — 399 — 411 — 412 — 415 à 418 — 424 — 428 — 429 — 433 — 438 — 439 — 440 — 444 — 445 — 447 à 451 — 453 à 455 — 457 — 458 — 466 — 467 — 471 — 479 — 481 — 482 — 483 — 485 — 487 — 488 — 489 — 509 — 546 — 547 — 530 — 565 — 566 — 568 — 571.

ACHATS DIVERS.

405 — 508 — 572.

LISTE

DES MANUSCRITS INVENTORIÉS DANS LES ANCIENS
CATALOGUES ET QUI ONT DISPARU.

CORBIE.

Catalogue de D. Joseph Avril.

(Bibl. bibl. manuscriptorum nova. tom. 2, *pag.* 1406.)

Petri Comestoris commentarius. (1483)

Commentarii in epistolas Pauli S. Ambrosio attributi. *Sæc.* 9.

Epistola Pelagii ad Demetriadem. — Expositio S. Aug. in Symbolum et in Epis. Joh. — Tractatus Alcuini de Fide. — *Sæc.* 9.

Moralia S. Gregorii in Job. lib. 1 ad 5. *Sæc* 12.

Dialogus S. Gregorii et Tractatus suppositius de reparatione Joan. Chrys. *Sæc.* 13.

Tractatus S. Thomæ contra Gentes. *Sæc.* 14.

Robertus de Bertelle de officiis divinis. *Sæc.* 14.

Synopsis historiæ sacræ cum vitâ et miraculis apostolorum. *Sæc.* 14.

Flavii Josephi Antiquitatum Judaïcarum libri 20.

Martyrologium Adonis. *Sæc.* 14.

Martyrologium Nevelonis. *Sæc.* 11.

Vitæ plurimorum SS. martyrum. *Sæc.* 11.

Aristotelis philosophia. *Sæc.* 14.

Comment. in physic. Aristot. *Sæc.* 15.

S. Thomæ in-8.º physicor. *Sæc.* 14.

Collecta ex S. Augustino. *Sæc.* 11.

Priscianus de grammaticâ. *Sæc.* 9. — Id. *Sæc.* 14.

Compendium theologicæ veritatis. *Sæc.* 15.

Compendium theologiæ et brevilogium totius scripturæ. *Sæc.* 16.

Vita et translatio S. Bathildæ. — S. Bertillæ. — Carmen de visione episcopi.

Gaudefridus Meldensis de Computo. *Sæc.* 15.

Summulæ auctorum quorumdam græcorum quæ ad historiam profanam pertinent. *Sæc.* 15.

Logica Aristotelis. *Sæc.* 14.

Boëtius de disciplinâ scholarum. — Michaël. — Marbasius de variis modis significandi. — Tractatus de regimine sanitatis. *Sæc.* 15.

Donatus de octo partibus orationis.. *Sæc.* 10. — Id. *Sæc.* 12.

Pars grammaticæ latinæ *Sæc.* 10.

Tractatus de grammaticâ. *Sæc.* 15.

Opus mutilum de humanoribus litteris. — Vocabularium Britonis. *Sæc.* 15.

D. Steph. de Contiaco. *Sæc.* 15.

Ovidii metamorphoseos cum glossâ. *Sæc.* 13.

Catalogue de 1704.

(*Bibl. Roy. Collection de dom Grenier et* n.º 564 *de ce Catalogue.*)

1 — 2 — 6 — 16 — 19 — 22 — 23 — 24 — 25 — 26 — 27 —
31 — 32 — 33 — 34 — 39 — 44 — 46 — 47 — 48 — 49 — 54 —
57 — 61 — 63 — 67 — 69 — 83 — 88 — 91 — 95 — 96 — 97 —
98 — 100 — 108 — 118 — 120 — 121 — 122 — 125 — 126 - 127
— 133 — 134 bis. — 136 — 137 — 145 — 147 — 149 — 152 — 157
— 158 — 161 — 164 — 169 — 176 — 179 — 195 — 195 bis. — 197
— 198 — 200 — 203 — 206 — 207 — 208 — 209 — 210 — 211 —
212 — 215 — 216 — 222 — 225 — 226 — 231 — 232 — 233 — 236
242 — 243 — 244 — 245 — 246 — 247 — 249 — 250 — 251 — 252
— 253 — 254 — 255 — 256 — 259 — 260 — 262 — 263 — 264 —

— 265 — 267 — 269 — 270 — 272 — 274 — 277 — 280 — 284 — 285.

Catalogue de l'an III, dressé par Levrier.

(*Archives du département et n.º 561 de ce Catalogue.*)

285 à 294 — 296 à 307 — 309 — 310 — 314 — 345 — 346 — 348 349 — 320 — 323 — 324 — 325 — 328 — 329 — 339 — 340 — 344 — 353 — 374 — 375 — 376 — 379 — 380 — 384.

ST.-JEAN-DES-PRÉMONTRÉS.

Catalogue trouvé parmi les papiers du Père Daire.

(N.º 507. Carton IV.)

Annales breves ordinis Premonstratensis. 3 *vol. in-4.º*

Vita S. Norberti et aliorum sanctorum. *in-fol.*

Annales ecclesiæ S. Johannis olim extra nunc intra muros Ambiani. *in - folio.*

Inscriptionum antiquarum romanarum lib. x. *In-fol. fig.*

Recueil des armes, blazons, armoiries et devises des papes, cardinaux, archevêques, évêques et monastères. *In-fol. fig.*

Tabula chronologica in quâ, servatâ annorum serie, breviter ostenditur qui pontifices, imperatores, reges, duces et principes orbi terræ præfuerunt a Christi domini nativitate ad hæc nostra usque tempora. *In - folio.*

Sacræ venerandæ antiquitatis monumenta, numismata aurea et argentea et ærea et hæbreorum et græcorum populorum. *In fol.*

Fasciculus exerzitiorum spiritualium. *In-4.º*

Commentarius catenatus in regulam S. Augustini. *In-4.º*

Tractatus de sacramentis, de Deo et ejus attributis, de virtutibus theologicis et de resurrectione. 2 *vol. in-fol.*

ST.-MARTIN-AUX-JUMEAUX.

(Catalogue n.º 553.)

Leodulphus de Saxoniâ in psalmos. *In-fol.*

Beda in epistolas Pauli. *In fol.*

Table des explications des épîtres et des évangiles par Nicole.

Sermones varii in evangelia. Part. impress. part. Ms.

Tractatus de ecclesiâ et attributis. *In-4.º*

Tractatus de peccatis et pænitentiâ.

Tractatus de sacramentis.

Institutiones theologicæ. 3 *vol. in-4.º*

Réflexions sur le Pater *In-12.*

La passion de J.-C. dans la messe. *In-12.*

Vita S. Germani. ep. et mart. 1646.

Chronologie. 4 *vol. In-4.º*

Figures d'architecture. Les cinq ordres. *In-fol.*

Figures de perspective. *In-fol.*

Tractatus de philosophiâ. 5 *vol. in-4.º*

Breviarium Amb. cum notis. Pars. æst. *In-fol.*

Psalterium ecclesiæ S. Dyonisii.

Psalterium (ter.) *In-4.º*

Breviarium. *In-4.º*

Diurnale (bis.) *In-4.º*

Pontificiale Redonense. *In-4.º*

Psalmi pænitentiales et officium defunctorum. *In-8.º*

SELINCOURT.

Catalogue publié par Montfaucon.

(*Bibl. bibl. manuscript. nova. tom. 2. pag. 1197.*)

Chronographia Sigeberti Gemblacensis in cujus fine addita est chronologia ab Adam ad Ludovicun pium. Item series summorum pontificum et episcoporum morinensium ad annum 1160. *In-4.º*

Libri etymologiarum fragmenta quædam. *In-4.º*

Homiliæ Origenis in lib. judicum et denique fragmenta quædam SS. Patrum. *In-fol.*

Gregorialis sive excerptiones ex operibus S. Gregorii super Psalterium, etc. *In-fol.*

De diversis sententiis pars 4.ª Excerptiones. *In-fol.*

Adalberti levitæ collectiones ex lib. Moralium. *In-fol.*

Fragmenta quædam homiliarum S. Augustini. *In-fol.*

Sermones Petri Comestoris.

Duo vol. Guidonis ord. Prædicatorum.

Item Guilberti de Tornaco Vol. unicum.

Comment. in varia loca script. unum vol. in Jeremiam. unum in Lucam. *In-fol.*

Historia scholastica Petri Trecensis. *In-fol.*

De proprietatibus rerum. *In-4.*

De virtutibus et vitiis. *In-8.*

Serapionis medici tractatus. *In-4.*

Aliud volumen medicinæ.

Peraldi summa virtutum et vitiorum. *In-4.*

Regula S. Augustini latino gallica.

Const. Benedicti papæ XII. *In-4.*

Historiæ sanctorum. *In-4.*

Ordo judiciarius. *In-4.*

Aliud. vol. de advocatione.

Vita S. Norberti. *In-4.*

Ambrosius de officiis. — De apologiâ David. — Baccharius de pœnitentiâ.— Interrogationes Augustini Angl. Apost. et responsiones Gregorii papæ. *In-4.*

Commentaria in psalmos ex (Aug.) et Cassiodoro. *2 vol in-fol.*

Concordia evangelica. *In-fol.*

TABLE GÉNÉRALE DES MATIÈRES

ET DES

NOMS DE PERSONNES ET DE LIEUX

———◆◆◆◆◆◆———

(Le chiffre indique la page.)

———

D.

35.*

H.

I.

36.

W.

X.

Z.

FIN.

Amiens.— Imp. de DUVAL et HERMENT, Place Périgord, 1.

www.ingramcontent.com/pod-product-compliance
Lightning Source LLC
Chambersburg PA
CBHW071138270326
41929CB00012B/1798